CB076685
9788527306454

A Multidão Solitária

Coleção Debates
Dirigida por J. Guinsburg

Equipe de realização – Tradução: Rosa R. Krausz e J. Guinsburg; Revisão: Sérgio Micelli e Mauro W. Barbosa de Almeida; Produção: Ricardo W. Neves e Adriana Garcia.

david riesman

com nathan glazer
e reuel denney

A MULTIDÃO SOLITÁRIA

UM ESTUDO DA MUDANÇA DO CARÁTER AMERICANO

EDITORA PERSPECTIVA

Título do original inglês
The Lonely Crowd – A study of the changing American character

Copyright 1950, 1953 © 1961 by
Yale University Press

2ª edição

Direitos reservados em língua portuguesa à
EDITORA PERSPECTIVA S.A.
Avenida Brigadeiro Luís Antônio, 3025
01401-000 – São Paulo – SP – Brasil
Fone: (011) 885-8388
Fax: (011) 885-6878
1995

SUMÁRIO

Prefácio à edição brasileira 7
A Multidão Solitária vinte anos depois 13
Prefácio 25

PRIMEIRA PARTE: CARÁTER

1. *Alguns tipos de caráter e sociedade* 67
   I. Caráter e sociedade 69
   II. A luta caracterológica 95
2. *Da moralidade à moral: mudanças nos agentes de formação do caráter* 101
   I. Mudanças no papel dos pais 102
   II. Mudanças no papel do professor 119
4. *Contadores de estórias como preceptores na técnica: mudanças nos agentes de formação do caráter (cont.)* 148
   I. A canção e a estória no estágio da direção traditiva 151
   II. As funções socializadoras do impresso no estágio de introdireção 153
   III. Os meios de comunicação de massa no estágio da alterdireção 162
5. *A esfera de vida introdirigida* 175
   I. Homens em trabalho 177
   II. O número suplementar do prazer 182
   III. A luta pela auto-aprovação 189
6. *A esfera de vida alterdirigida: da mão invisível à mão cordial* 192
   I. O problema econômico: o elemento humano 193
   II. A via láctea 204

7. *A esfera de vida alterdirigida (cont.): O turno da noite* 208
    I. As alterações no significado simbólico da comida e do sexo 209
    II. Alterações na maneira do consumo da cultura popular 216
    III. Os dois tipos comparados 227

SEGUNDA PARTE: POLÍTICA

8. *Os estilos políticos traditivo-dirigidos, introdirigidos e alterdirigidos: indiferentes, moralizadores e inside-dopesters* 231
    I. Os indiferentes 233
    II. Os moralizadores 240
    III. "Os que estão por dentro" 249
9. *Persuasões políticas: indignações e tolerância* 256
    I. Política como objeto de consumo 258
    II. Os meios de comunicação como tutores de tolerância 260
    III. Será que os meios de comunicação de massa escapam da política? 265
    IV. O reservatório de indignação 268
    V. "Nos sonhos começam as responsabilidades" 273
10. *Imagens do poder* 275
    I. Os líderes e os liderados 276
    II. Quem tem o poder? 282
11. *Americanos e Kwakiutls* 295

TERCEIRA PARTE: AUTONOMIA

12. *Ajustamento ou autonomia?* 309
    I. O ajustado, a anômico, o autônomo 310
    II. O autônomo entre os introdirigidos 320
    III. Os autônomos entre os alterdirigidos 325
13. *Falsa personalização: obstáculos à autonomia no trabalho* 331
    I. Definições culturais do trabalho 332
    II. Glamorizadores, "featherbedders", indispensáveis 334
    III. A sociedade superpersonalizada 340
14. *A privatividade imposta: obstáculos à autonomia na diversão* 346
    I. A recusa da sociedade 347
    II. Sociabilidade e a privatização da mulher .. 350
    III. Sociabilidades empacotadas 353
15. *O problema da competência: obstáculos à autonomia na diversão* (continuação) 356
    I. A diversão é a questão 357
    II. As formas de competência 360
    III. Os consultores do lazer 370
    IV. Libertando o mercado infantil 372
16. *Autonomia e utopia* 375

Índice 381

PREFÁCIO À EDIÇÃO BRASILEIRA

Em 1969, em preparativos para uma nova edição americana da *A Multidão Solitária*, reli cuidadosamente o trabalho, pela primeira vez em uma década. Na leitura, dei-me conta do quanto se alterava, graças aos estudos recentes, o quadro da América do século dezenove, que o livro usa para fins comparativos; e, como é natural, vieram-me à memória as tremendas mudanças de perspectiva ocorridas na classe média americana desde 1950. O livro apareceu numa época em que a maioria dos americanos, talvez, incluindo mesmo nossos intelectuais, sentia-se relativamente confiante quanto ao futuro da sociedade industrial; agora, em 1970, essa fé no progresso parece quase irreparavelmente destroçada, fato que é indubitável no caso dos intelectuais, mas também no de muitos outros americanos, cultos ou não. Provavelmente, é verdade que, no campo das idéias, as modas nos Estados Unidos mudam mais depressa do que as realidades que devem refletir, e que o país tenha mudado menos desde 1950 do que o clima contemporâneo nos leva a crer. Mesmo assim, ao reapresentar *A Multidão Solitária* aos leitores americanos em 1969 e, sobretudo à gente jovem nascida depois que foi escrito, precisei de uma introdução inteiramente nova [1].

Ao redigir tal introdução para meus próprios conterrâneos, eu tinha a vantagem de dispor de certo conhecimento quanto à acolhida que a obra obtivera nos Estados Unidos, das críticas que lhe foram opostas e das interpretações certas ou errôneas que suscitara. Contudo, ao escrever um prefácio para uma edição brasileira, devo fazê-lo, por assim dizer, às cegas, com um conhecimento dos mais limitados a respeito das correntes em ação sob e à superfície da vida intelectual brasileira e, em conseqüência, com reduzida idéia sobre quais interpretações ou comparações seriam úteis a meus leitores brasileiros. Não sei o que os brasileiros, das mais diversas convicções culturais, étnicas e políticas pensam, hoje, dos Estados Unidos ou mesmo se, como a maioria dos americanos e grande parte de não-americanos, estão obsedados pelos Estados Unidos. Sei o suficiente para suspeitar que *Bandeirantes e Pioneiros*, de Viana Moog, é um interessante ensaio comparativo a respeito de ambos os países, mas dificilmente um guia seguro para alguém que queira entender as atuais formas brasileiras do pensamento.

O livro de Viana Moog, no entanto, se assemelha a *A Multidão Solitária* pelo fato de ser um ensaio impressionista. Ensaios desse tipo tem sido o produto básico dos estudos humanísticos em grande parte da América Latina e na França. *A Multidão Solitária*, quando apareceu, foi considerado por muitos sociólogos americanos como uma interpretação excessivamente extensa, baseada num mínimo de dados empíricos; e esse juízo não se modificou quando, dois anos mais tarde, foi publicado *Rostos na Multidão*, no qual (com a colaboração da Nathan Glazer), procurei mostrar o quão difícil era aplicar os conceitos de *A Multidão Solitária* a indivíduos específicos; e, ao apresentar retratos individuais, procurou-se uma concretização que *A Multidão Solitária* só possui em suas ilustrações. Nós mesmos considerávamos ambos os livros como tentativos e esperávamos que fossem um prelúdio a uma grande quan-

(1) Vide "The Lonely Crowd Twenty Years Aftes", *Encounter*, outubro de 1969, pp. 1-5, reproduzida nesta edição, pp. 13-23.

tidade de trabalhos detalhados sobre problemas de caráter social e nacional. Ficamos surpresos com a acolhida popular que encontrou entre estudantes e adultos cultos, pois previramos principalmente uma audiência de gente profissional e acadêmica. Não tenho certeza se, hoje em dia, com o que me ensina a visão do outro lado da ponte, eu tentaria generalizações tão amplas, que muitos leitores poderiam, muito apressadamente, tomar como fato consagrado.

De maneira paradoxal, boa parte dos sociólogos norte-americanos hesitam menos atualmente do que em 1950 diante da crítica social generalizadora, enquanto que, no meu entender, muitos brasileiros passaram a interessar-se mais pelas pesquisas pormenarizadas da sociedade brasileira. O tom de parte ponderável da crítica, nos Estados Unidos, é negativo, chegando ao niilismo, pois, na realidade, hoje em dia, um intelectual americano estabelece sua autenticidade pela natureza apocalíptica de seus comentários. Essa atitude depreciatória para com a América do presente é realçada pela criação dum quadro nostálgico do passado americano, visto como mais vigoroso e admirável. Por vezes, a descrição que *A Multidão Solitária* faz de uma América anterior de caráter mais introdirigido é empregada para reforçar essa comparação, embora creia que o resultado seja não só um quadro falso do passado, como também, por contraste, do presente. Na medida em que *A Multidão Solitária* sugira um quadro róseo do passado americano, labora em erro.

Em minha opinião, ambivalências e conflitos profundos desfiguraram a história dos Estados Unidos desde seu início. Muitos observadores notaram que os escravos nos Estados Unidos foram mais cabalmente desumanizados do que na América Latina ou no Caribe. Isso não foi tanto porque os americanos fossem mais brutais e violentos do que seus vizinhos do Sul, embora traços de brutalidade e violência tenham sem dúvida atravessado nossa história foi, antes, porque os norte-americanos possuem uma tradição igualitária e democrática mais coercitiva, de maneira que o negro só podia ser excluído do clube do homem branco pela desumanização, já que não podia ser excluído por princípios lógicos de *status* e hierarquia [2]. A violência da Guerra Civil de 1861-1865 reflete as paixões ideológicas em conflito sobre a escravidão, as quais não se extin-

(2) Para um tratamento polêmico, convincente e imaginativo do tema, em perspectiva comparativa, ver Stanley M. Elkins, *Slavery: A Problem in American Institutional and Intellectual Life*, University of Chicago Press, 1959.

guiram [3]. Mesmo agora, a aceitação de negros americanos em escolas, bairros e contextos sociais se faz problemática por muitas razões, mas entre elas figura o persistente igualitarismo que torna difícil para muitos americanos, tanto brancos como negros, efetivar distinções entre os negros com base na classe social e no nível cultural. Poderia acrescentar que a relativa ausência de discussão das atitudes raciais de brancos e negros em *A Multidão Solitária*, constrastando com a acentuada preocupação atual com questões de raça e cor nos Estados Unidos, é uma indicação das dramáticas mudanças ocorridas nas duas últimas décadas e da incapacidade dos autores de *A Multidão Solitária* em antecipar o que seria salientado para os americanos no futuro.

Em seu livro *The Paranoid Style in American Politics*, o historiador Richard Hofstadter ilustra a tendência dos americanos para acreditar que alguma conspiração secreta — os mações, a Igreja Católica Romana, os judeus, os banqueiros internacionais, os comunistas — está em vias de se apoderar da direção de suas vidas: esta tendência endêmica à paranóia grupal (por certo não é a mesma coisa que a doença psíquica individual) me parece constituir prova de que muito da complacência que impressionou observadores de uma América anterior foi superficial, ocultando dúvidas que explodiram em revivalismos evangélicos e cruzadas políticas.

À luz dessa história, cumpre indagar por que tantos leitores de *A Multidão Solitária* o consideraram uma crítica do presente *apenas* e não também do passado. Em parte, isso pode refletir a difundida ignorância de nossa própria história e a preocupação com o presente, que é característica de muita gente jovem, mesmo em nossas universidades. Mas parece justo acrescentar que, hoje em dia, americanos cultos têm menos fé em que o futuro possa ser melhor talvez recordando o passado idealizado. Como *A Multidão Solitária* argumenta ela mesma, nós americanos estamos mais perturbados hoje em dia, não tanto porque somos mais cruéis do que éramos, mas porque somos um tanto menos inocentes e nos tornamos muito mais críticos com respeito a nós mesmos e à nossa sociedade. O mundo inteiro nos torna cônscios de nosso impacto sobre os outros: nossos meios de comunicação de massa nos trazem essas notícias apesar dos filtros do preconceito e etnocentrismo.

(3) O Prof. C. Vann Woodward, da Yale University, empenhou-se num extenso estudo comparativo da emancipação através das Américas, o qual demonstra claramente nenhuma delas ter sido fácil, mas poucas tão traumáticas como nos Estados Unidos.

Além do mais, sucede com povos assim como com indivíduos, o que os outros pensam de nós e o que pensamos de nós mesmos influencia nosso comportamento conseqüente. A perda de confiança em si mesmos dos americanos pode ser perigosa se levar a movimentos de revitalização baseados na força militar e na recusa de reduzir a escala do arsenal nuclear, que ameaça tanto os seus possuidores, ou a responder em tempo aos perigos, que emergem mais lentamente, do desequilíbrio ecológico, intensificados pelo alto consumo da sociedade industrial. Os Estados Unidos, em seu passado, não abrigaram fatalismo a respeito de si mesmos e da sociedade que se expandiu na história do mundo, mas abrigaram fortes esforços protestantes no sentido da melhoria da própria pessoa e, em muitos casos, de suas comunidades (uma perspectiva que também influenciou amplamente os católicos norte-americanos). No entanto, é preciso crer que haverá um futuro, se se deseja que as pessoas voltem a dedicar-se à tarefa de reconstruir a América.

Os indivíduos que lêem *A Multidão Solitária* como uma alegação em favor de um acentuado individualismo e inconformismo, lêem errado. O livro não foi escrito em louvor à ética de fronteira. O temor da dependência pessoal é muito grande em nosso país, e daí ser comum a rejeição da interdependência. Muitos jovens americanos de hoje fazem a experiência de uma vida mais comunal e menos competitiva. No entanto, o individualismo desafiador, que é particularmente forte entre os cultos, torna isso difícil. Esse individualismo se exibe num descaso pelas formas sociais e de cortesia. Mas, com um intensificado sentimento de comunidade, torna-se concebível um retorno às formas sociais e de cortesia. No momento, entretanto, isso mal existe. Os Voluntários do Corpo de Paz americanos, em outros países, descobrem freqüentemente que não sabem como enfrentar as formas sociais de uma sociedade mais hierárquica e tradicional que a nossa [4].

Quando americanos e não-americanos se encontram, é possível muitas vezes ver o que é americano nos americanos. Isso é assim apesar das numerosas variedades de estilos étnicos, ocupacionais, regionais e culturais dos americanos. E, quando observados por não-americanos, temos parecido sempre mais igualitários, amistosos e superficiais do que visitantes franceses, ingleses ou outros. Como notaram muitos não-americanos, para alguns cida-

---

(4) Isso é lindamente ilustrado num livro do primeiro diretor de Corpo de Paz nas Filipinas: Lawrence Fuchs, "Those Peculiar Americans", *The Peace Corps and the American National Character*, Meredith Press, 1967.

dãos dos Estados Unidos não há graduação entre frieza e intimidade. Assim, se alguém examina os americanos em relação a não-americanos, poderá concluir que o caráter americano não mudou basicamente, pois continua a ser descrito da mesma forma [5].

Mas tudo depende do que está sendo focalizado. Comparativamente, as diferenças de ênfase e grau entre americanos e não-americanos podem ainda ser o que eram antes. Americanos como eu, no entanto, nascidos antes da Primeira Guerra Mundial, possuem um forte sentimento subjetivo de que nosso país mudou dramaticamente. *A Multidão Solitária* foi um esforço para detectar alguns aspectos dessa mudança na classe média superior, a parcela metropolitana da população. Procurou levar em conta ampla variedade de espécies de materiais: dados demográficos e econômicos, padrões de educação dos filhos e sua escolaridade, análise de conteúdo de fantasia e dos meios de comunicação de massa, e observações da vida cotidiana. Gostaria que a edição brasileira estimulasse seus leitores a fazer algumas comparações interessantes e a aumentar sua curiosidade acerca dos misteriosos americanos.

7 de outubro de 1970

DAVID RIESMAN

---

(5) Trata-se de um ponto enfatizado pelo Prof. Seymour Martin Lipset em seu artigo crítico, "A Changing American Character?", em S. M. Lipset and Leo Lowenthal, eds. Culture and Social Character: *The Work of David Riesman Reviewed*, Free Press, 1961, pp. 136-171

A MULTIDÃO SOLITÁRIA,
20 ANOS DEPOIS.

Ao tempo em que foram publicados *A Multidão Solitária* e *Rostos na Multidão* não alimentávamos a esperança de que esses livros fossem amplamente lidos fora dos campos acadêmicos relevantes. *A Multidão Solitária* foi acolhida em revistas especializadas muitas vezes com críticas acerbas e só lentamente abriu caminho até um público maior e não-profissional. Esses leitores não-profissionais devem ser lembrados de que poucos estudiosos, mesmo de moderada sensatez, se sentariam hoje para escrever uma obra compreensiva e empiricamente orientada como *A Multidão Solitária*. Estudos de tal escopo estão, compreende-se, fora da moda. Na verdade, em alguns domínios da pesquisa acadêmica em que *A Multidão Solitária* se apóia, inclusive diferentes aspectos da história americana, foram provavelmente publicadas tantas ou mais, nos últimos vinte anos, que em todos os anos precedentes.

Quando, em 1960, a Yale University Press planejou uma reedição do livro, em brochura, aproveitei a oportunidade para escrever novo prefácio a fim de delinear alguns dos principais erros que o livro me parecia conter, apontando como eles poderiam ser melhor apreciados ao tempo em que a obra foi escrita, e como se afiguravam ao clarão do retrospecto [1]. E agora, quase uma década depois, reli *A Multidão Solitária* em preparo para nova edição. Embora sem fazer mudanças substanciais, de maneira a que ainda se aplicassem quaisquer críticas com que o leitor se deparasse na edição original, vi-me redigindo muitas páginas de notas marginais, indicação de que determinada afirmativa agora me parecia duvidosa, excessiva ou simplesmente errada.

Isso não me preocuparia muito, já que o conhecimento se processa por aproximações sucessivas e mesmo por especulações que por fim resultam ser errôneas, não fosse pelo fato de que *A Multidão Solitária* em certa medida entrou no retrato que muitos americanos — e alguns leitores em outros países — têm de nós, tanto no passado como no presente. Num certo grau, por menor que seja, o livro contribuiu para o clima de crítica à nossa sociedade e ajudou a criar ou reafirmar uma visão niilista entre muita gente que faz gala de inconformismo intelectual ou moral, ou que simplesmente deseja estar "com isso" para escapar de ser considerada caso geriátrico. Desde que o prefácio de 1960 foi redigido, a disposição dos jovens americanos bem educados alterou-se bastante e o mesmo se deu com o contexto de nossa vida em geral; também meu próprio modo de pensar continuou a evoluir; assim sendo, acho que algumas observações de advertência estão a calhar.

Obviamente, os problemas que preocupam os americanos atentos são diferentes agora daqueles que preocupavam as pessoas quando *A Multidão Solitária* foi escrita. Entre os que refletem, uma atmosfera do que me parece extravagante autocrítica sucedeu a uma tendência anterior de loquaz auto-satisfação. Em minha opinião, a sociedade americana não é basicamente pior e mais brutal que no pas

---

(1) Simultaneamente, Seymour Martin Lipset e Leo Lowenthal organizaram um livro de crítica sobre *A Multidão Solitária* e *Rostos na Multidão* para o qual eu e meus colaboradores fomos convidados a escrever um capítulo de reconsideração. Sua coletânea, *Culture and Social Character: The Work or David Riesman Reviewed* (The Free Press, 1961), permanece a nosso juízo a melhor fonte para a análise tanto das contribuições quanto das limitações de nosso trabalho. Minha contribuição para o volume foi escrita em colaboração com Nathan Glazer.

sado. A despeito da guerra e dos preparativos para a guerra e apesar do aumento da tensão racial, a diminuição dos fanatismos descritos em *A Multidão Solitária* continuou; educação melhorada e meios de comunicação de massa mais liberais causaram impacto na tradicional xenofobia. O fato de que medidas, homens e atitudes avançadas não tenham trazido paz dentro do país ou fora dele mantém os americanos polarizados entre nossos impulsos generosos e nossos receios.

Críticos da direita e da esquerda se persuadiram de que o liberalismo e as medidas avançadas dominaram a sociedade americana; trata-se duma afirmação imensamente exagerada, a qual ignora que os Estados Unidos foram historicamente dominados pelo conservantismo não-ideológico, sendo o liberalismo na linha da ideologia do bem-estar (*welfarism*) e tolerância contemporâneos a tradição duma minoria periodicamente influente. No entanto, por se haver acreditado que o liberalismo era dominante, a sensação do profundo mal-estar que tantos americanos nutrem acerca de nossa sociedade repousa na convicção de que medidas liberais foram realmente tentadas e não conseguiram endentar nossos quase insuperáveis problemas. Mas esse mal-estar reflete também nossas intensificadas expectativas quanto à sociedade que deveríamos ser e a contribuição que deveríamos dar ao mundo. As crenças que alimentamos a nosso próprio respeito também são fatos; elas ajudam a moldar nossa realidade (eis o significado da profecia auto-realizadora sobre a qual Robert K. Merton e outros escreveram). O desespero mensurado de nossa sociedade, publicamente expresso, pode servir para nos prevenir contra a catástrofe e nos despertar da letargia. O desespêro excessivo, no entanto, pode levar alguns a se retirarem da atividade política e cultural, ao passo que outros encontram justificativa para atos de destruição e não logram apreender os potenciais de mudança não-violenta que realmente existem.

A Multidão Solitária foi lido por muitos como se argumentasse que os americanos dos velhos tempos eram mais livres e de qualidade humana mais ereta. Desenvolvendo uma tipologia situada entre o "introdirigido" e o "alterdirigido" focalizamos mudanças que a maioria dos leitores tomou, ao que parece, como mudanças para pior. Mas outros leram o livro como benigno demais no diagnóstico de nossa época. Ao passo que nós encarávamos a ambos, o americano do passado e do presente, com ironia e ambivalência, leitores nossos tendiam a identificá-los com as fraquezas que sentiam em si mesmos ou em gente que conheciam; e puderam encarar as crueldades e insensibilidades de americanos de outros tempos com a compassiva imparcialidade que reservamos aos males que não mais ameaçam nos assoberbar.

A Multidão Solitária certamente contribuiu para essas interpretações errôneas. Por exemplo: os capítulos sobre política caem por vezes numa nostalgia que o livro em geral evita. Assim, foi exagero afirmar que o cinismo para com a política como um todo era virtualmente desconhecido no século XIX, e não menos errado foi declarar que os problemas políticos definidos daquela época "pareciam manejáveis" [2]. Da mesma forma, embora me pareça que no livro o retrato do moralizador do século XIX seja tão pouco lisonjeiro quanto o do contemporâneo *inside-dopester*, a autozombaria para a qual tendem os leitores contemporâneos leva muitos a presumir que o segundo foi invenção de nossa própria era decadente.

Várias contribuições à antologia Lipset-Lowenthal contestam que a ética do igualitarismo e da realização tenha sido caracteristicamente americana desde o próprio começo da República e que o caráter americano não tenha mudado fundamentalmente [3]. Em minha opinião a ênfase na continuidade ou a descontinuidade deveria depender daquilo em que a pessoa esteja interessada, tanto quanto da sua avaliação das evidências conflitantes. Naturalmente, há um bocado de continuidade; mas penso que o americano afluente, de classe média superior, descrito em *A Multidão Solitária* e em *Rostos na Multidão*, se diferencia de seus antepassados pela qualidade de suas relações com os outros. Não que os americanos de hoje em dia sejam mais conformistas — isso foi sempre uma interpretação profundamente errônea. E não é que o americano de hoje seja específico no desejo de impressionar os outros ou ser apreciado por eles; em geral todas as pessoas foram e são assim. A diferença reside na maior ressonância nos outros, na autoconsciência mais acentuada em relação às pessoas e no alargamento do círculo de pessoas com as quais se quer estar em contato. À medida que os representantes da autoridade adulta e da geração mais velha declinam em legitimidade, gente jovem e os milhões que procuram permanecer jovens ficam ainda

(2) Vide, por exemplo, Richard Hofstadter, *The Paranoid Style in American Politics* (1965) e Joseph Gusfield, *Symbolic Crusade* (1964), principalmente o Capítulo 7.

(3) Vide Seymour Lipset "A Changing American Character"; também seu *The First New Nation; The United States in Historical and Comparative Perspective* (1963); também Talcott Parsons e Winston White, "The Link between Character and Society", em *Culture and Social Character*.

mais expostos ao poder de seus contemporâneos, quer pessoalmente, quer através dos meios de massa. Esse foco de atenção muitas vezes leva a resistência e inconformidade, mas o essencial da questão é antes de tudo o grau de ressonância e não tanto de conformidade.

Desde 1950 o declínio de peso e autoridade dos adultos registrado em *A Multidão Solitária* acentuou-se ainda mais. Hoje, encontram-se freqüentando o ginásio e a universidade os filhos dos pais sem confiança em si mesmos, que se sentiram expostos em livros como *A Multidão Solitária*. A perda de confiança interior entre adultos é um fenômeno de amplitude universal, que espelha rápida mudança na tecnologia e nos valores. Margaret Mead falou de pais americanos natos que se sentiram feito imigrantes no país dos jovens. Os jovens reagem à perda de legitimidade dos adultos com acrescida autodesconfiança, confusão e rebelião. Há diferenças de grau, naturalmente, de modo que, enquanto estudantes de Tóquio a Praga se alimentam dos mútuos protestos e aprendem as táticas uns dos outros, o conflito geral não é o mesmo em toda a parte. Na verdade, os movimentos estudantis americanos me parecem sob alguns aspectos singulares. A África do Sul pode defrontar-se no futuro com uma crise racial comparável à dos Estados Unidos, mas a prioridade moral e intelectual que essa crise agora força entre brancos sensíveis tanto como entre negros é caracteristicamente americana. As atividades no terreno dos direitos civis, em anos anteriores, forneceram o catalisador moral e muito da experiência tática mais tarde deslocada para os protestos contra a guerra e contra faculdades e universidades. Embora em outras partes os estudantes protestassem contra a guerra no Vietnã, nem mesmo no Japão encontram-se eles tão diretamente envolvidos como os rapazes americanos, compelidos pelo recrutamento a enfrentar dilemas morais, ambíguos e intransigentes.

Uma sensibilidade intensificada diante de tais dilemas reflete, entre outras coisas, a mudança havida depois que *A Multidão Solitária* foi escrita, no sentido de uma maior preocupação com a autonomia e uma rejeição do ajustamento como compromisso imoral. Há também em nossa cultura, elevada ou popular, preferência pela anomia, em face do ajustamento, e maior consciência da anomia existente. Essa dimensão universal do caráter permanece significativa mesmo numa época em que uma suposta mudança da introdireção para a alterdireção talvez não mais fosse o melhor esquema para delinear o caráter social do americano de classe média superior. Hoje em dia, muita gente jovem parece dirigida por impulsos ou por circunstâncias, e isto a um ponto muito além do que era certo na mesma camada social, algumas décadas antes. No entanto, uma vez que nenhum país — nem mesmo os Estados Unidos — muda de repente, muito do que foi dito sobre o caráter social contemporâneo em *A Multidão Solitária* ainda me parece pertinente. O mais importante, porém, é continuar trabalhando no problema do caráter social em si. Existe pouca obra empírica com respeito ao que distingue o caráter social de uma era ou camada e o de outra. Se devemos separar o caráter social de ideologia ou comportamento, as vinhetas que publicamos em *Rostos na Multidão* sugerem a necessidade de usar material projetivo. Só poderemos compreender nossa sociedade, se formos capazes de analisar não apenas o modo como as pessoas se comportam, falam e como são as suas disposições fundamentais amiúde inconscientes, mas também como são plasmadas pela história e como, por seu turno, elas plasmam a história [4].

A Multidão Solitária foi um dentre vários estudos que utilizaram a análise de conteúdo de estórias infantis filmes, ficção e literatura de inspiração como meio de avaliar as atitudes de leitores e auditórios. Semelhante trabalho é ilativo, implicando um julgamento sobre o que uma audiência teria visto em uma obra — e se essa audiência é morta e não está mais disponível para entrevistas, a mais requintada análise de conteúdo fica no terreno especulativo. Meu colega David McClelland converteu esse tipo de análise de material de fantasia como chave para atitudes de outras épocas numa arte primorosa, embora arriscada [5]. Estudos comparativos das audiências de cultura popular são infreqüentes, ainda que os fichários dos pesquisadores de mercado devam conter dados suscetíveis da análise histórica. Presentemente seria de interesse ter alguns estudos sobre os *talk jockeys,* os quais, dando espaço no ar aos que anteriormente eram desprovidos de voz, às vezes espalham e às vezes combatem a paranóia contagiante dos impotentes.

Os inquéritos de opinião pública continuaram a melhorar e dispomos de maior número de levantamentos dignos de confiança e de referência sobre quem pensa o

(4) O conceito de autoritarismo, tal como desenvolvido em *The Authoritarian Personality,* foi talvez mais fecundo por suscitar réplicas e novas análises. Mas, como muita gente observou, o conceito, para começar, é obscuro, empregando diferentes peculiaridades encontradas em diferentes camadas sociais e ambientes históricos. Ver, e.g., Riesman, "Some Questions about the Study of American Character in the Twentieth Century", *The Annals of the American Academy of Political and Social Science* (vol. 370, março, de 1967) pp. 36-47. Sou grato a Michael Maccoby pela proveitosa discussão dessa e outras questões pertinentes.
(5) Vide David McClelland, *The Achieving Society* (1969).

que a respeito de Raça, Bomba, guerra no Vietnã, felicidade humana, da popularidade dos líderes, e sobre quem, acredita-se, "dirige a América". Ainda assim, como muitos observaram, nossos indicadores de desemprego, produto nacional bruto e outros índices econômicos são melhores que nossos indicadores dos intangíveis, tais como satisfação no amor e trabalho, ou dos sentimentos latentes que ainda não foram mobilizados pela evocação cultural ou política.

Mas os indicadores ao nosso dispor oferecem apenas ajuda modesta na avaliação das questões políticas culturais mais amplas suscitadas pelo incessante aumento do produto nacional bruto e no concernente aos usos que fazemos de nossa relativa abundância. *A Multidão Solitária* partiu da suposição, um tanto nova na época, de que o problema econômico da abundância fôra inteiramente resolvido pelo que tange à produção, se não à distribuição. O prefácio de 1960 tratou do que eu concluí fosse a errônea noção de que o trabalho econômico não mais era importante e que podíamos nos permitir as atitudes pós-industriais, agora prevalentes em tão larga medida. Muitos outros falaram prematuramente no mesmo estilo, inclusive o economista Robert Theobald e o crítico Paul Goodman. John Kenneth Galbraith foi provavelmente o mais influente crítico social a insistir em que os Estados Unidos não necessitavam de mais produção, mais abundância, porém preferivelmente de mais bens "públicos", tais como ar mais limpo, ruas e água, em vez de mais obsolescentes bens "privados"[6]. É inegável que a caça da produção como um fim em si é patológica, embora seja menos perigosa do ponto de vista social que a caça do poder como fim em si.

Entre os que estão razoavelmente bem de vida, e sobretudo entre seus filhos, os níveis americanos de consumo são amiúde atacados como extravagantes. No entanto, dada a estrutura política dos grupos de veto, é difícil para mim imaginar como será possível politicamente algum dia integrar os realmente pobres dentro da América, para não falar nos de fora, sem ao mesmo tempo elevar grandemente os níveis de vida dos grupos sócio-econômicos inferiores (mas não pobres). Isto é, não será possível persuadir as classes médias e classes operárias superiores afluentes de um modo ainda muito inseguro, a serem generosas para com os que de fato nada têm, principal-

---

(6) Vide John Kenneth Galbraith, *The Affluent Society* (1958). Ver também meu ensaio "Leisure and Work in Post Industrial Society", em *Mass Leisure* (1958), de Eric Larrabee e Rolf Meyersohn, reeditado em *Abundance for What? and other Essays*, de Riesman (1964), pp. 168-83.

mente se estes são negros e turbulentos (embora a maioria dos pobres na América sejam brancos), se elas próprias não viverem numa curva sempre crescente de satisfação do consumidor. Os pobres, brancos e negros, e seus afluentes aliados de consciência pesada são minorias (e também os grupos de veto tàticamente eficazes em muitas situações locais, com o poder de criar tumulto). Mas, em escala nacional, são incapazes de promover uma distribuição mais justa dos recursos crescentes. Na verdade, o êxito tático é obtido muitas vezes à custa do declínio estratégico a longo prazo [7]. *A Multidão Solitária* não levou bastante a sério o problema de continuar a expansão de recursos para moderar as invejas e ressentimentos dos moralmente indignados não-de-todo-pobres.

Fui membro da "Nacional Commission on America's Goals and Resources" da National Planning Association, cujo trabalho sugere que, para arcar com as exigências que a economia americana já faz a si mesma, no sentido de enfrentar a pobreza no gueto e algures, precisamos de uma produção largamente expandida, somada, é claro, a um afastamento dos gastos de guerra e preparativos para guerra. A Comissão tentou orçar o custo das metas até agora admitidas em geral como legítimas, tais como incremento de saúde, bem-estar, melhores moradias, controle da poluição que nos propúnhamos. Alcançá-las, mesmo que a guerra no Vietnã terminasse, excederia de muito nossa maciça produção num futuro previsível — e sem atender aos pedidos de ajuda provenientes dos países em desenvolvimento [8]. Ao contrário do que eu pensava antes, a economia não é autopropulsiva. Podemos ver na Inglaterra os problemas que surgem quando a sociedade se torna psicologicamente pós-industrial muito antes que a infra-estrutura econômica seja bastante saudável para suportar o peso de expectativas em constante elevação. Os jovens americanos mais talentosos continuam a evitar carreiras de algum modo envolvidas na produção e nas questões econômicas e estão agora também evitando carreiras nas ciências físicas (outras que não a medicina). [9] Estas são consideradas como carentes de "sentido". No entanto, nossa economia cada vez mais sofisticada exige não só trabalho mais consciencioso como imaginação mais desembaraçada do que poderá

(7) Vide meu artigo "America moves to the Right", *New York Times Magazine*, 27 de outubro de 1968.

(8) Vide, por exemplo, *Manpower Needs for National Goals in the 1970's* (1969), de Leonard A. Lecht, publicação da National Planning Association.

(9) Para alguns, a rejeição de ciências físicas reflete o medo de que estejam irrevogavelmente vinculadas à dominação militar. Mas a rebelião contra a modernidade estende-se a assuntos tais como economia e em certa medida a qualquer trabalho racional quantitativo.

conseguir se o conceito de administração empresarial adotado pelos jovens for o de que se trata de carreira de bobo alegre, destinada a "homens de organização".

A *Multidão Solitária* contribui para a depreciação esnobe das carreiras comerciais, subestimando o componente intelectual de muitos trabalhos em organizações complexas, na sua discussão da mudança da habilidade profissional para a habilidade manipulativa. Para se afastar da manipulação física rumo à manipulação conceitual, e do trabalho com coisas para o trabalho com gente, não deveria ser visto como deterioração. As grandes companhias hoje em dia dependem mais de idéias e menos de grosseira tentativa e erros como era o caso antes. E *A Multidão Solitária* apontou a maior sensibilidade e a menor tolerância para a exploração em nossa vida empresarial. No entanto, como sempre, tal avanço deu origem a novos problemas. Nossa maior percepção do fato de que os homens são interdependentes conduziu a uma percepção maior das relações manipulativas remanescentes. Numa população acrescida, a solidez das organizações em que os homens trabalham e sua maior distância do produto final geram sentimentos de irrealidade em muitos profissionais e empregados de escritório. A abundância, conquanto desigualmente distribuída, permite a seus possuidores exigir um significado no trabalho e a não se satisfazer com a mera subsistência, ao mesmo tempo que a relativa falta de desafio que a abundância produz torna mais difícil a muitos encontrar tal significado. Numa época anterior (e em muitos aspectos, mais inocente), os americanos foram freqüentemente exploradores sem o perceber ou sem se incomodar com o fato. Queriam resultados, e não procuravam ainda "significado" como tal.

Faz uma geração, Joseph Schumpeter falava acerca da remoção do afeto do sistema *entrepreneurial* (empresarial). À medida que os filhos do opulento renunciam à motivação da ganância, do mesmo modo que à mentalidade do trabalho, eles poderão achar difícil descobrir outras fontes de comprometimento mais libertadoras. Vejo muita gente jovem hoje em dia que espera dar com um engajamento, ou com uma identidade, ou então com um significado para suas vidas, tal como gente jovem e romântica espera dar com um amor. Muitas vezes, se mostram relutantes em expandir-se a fim de que possam encontrar a si mesmos. Com o contínuo declínio na legitimidade da autoridade adulta, a hegemonia do grupo cômpar continuou a crescer. Em termos de caráter social, isso poderá envolver certa medida de "alterdireção". Mas os outros aos quais se responde tendem a ser atraídos por estreito círculo de íntimos; daí por que não houve aumento na alterdireção, no seu aspecto de franqueza para com outrem. A tolerância e a franqueza são estendidas apenas a pequenas redes, marginalmente relacionadas, cujas normas incluem a intolerância para com os de fora das redes.

Pequena minoria desta minoria atirou-se na política, encontrando nos movimentos contra a guerra, dos direitos civis e antiuniversidade uma nova religião secular e muitas vezes uma nova família; pois aí estão mais livres que antes de suas famílias e parentes, de sua ascendência étnica ou religiosa e suas vizinhanças locais [10]. Parece provável que uma porção variável desta minoria vive consciente de que armas nucleares poderão destruir a própria iniciativa humana, o que reforça sua profunda ansiedade, desconfiança e sensação de descontinuidade histórica [11].

Fiquei preocupado com o perigo nuclear desde Hiroshima e lhe dei principal prioridade em minha qualidade de cidadão. Muitas pessoas facilmente se tornam obcecadas por esse perigo (por exemplo, decidindo não mais trazer filhos a um mundo tão precário e terrível), assim como vi outros abstraírem-se de tudo o mais em sua preocupação com outras crueldades, injustiças e estupidezes sociais. *A Multidão Solitária* advoga a empreitada moral e praticamente difícil de viver ao mesmo tempo em dois níveis: o dos ideais e mesmo visões utópicas e o da existência do dia-a-dia. Nossa vida diária e nosso idealismo devem alimentar-se mutuamente e dialogar entre si. Contra isso, há uma forte e por vezes fanática tradição na América, no sentido de que a pessoa autônoma deve ser um profeta e agir segundo suas convicções, com a mínima consideração para com as conseqüências pessoais ou sociais — uma tradição em disputa com o pragmatismo que também é admirado. A pessoa autônoma, esboçada de maneira muito sumária no último capítulo de *A Multidão Solitária*, seria alguém com capacidade e coragem para ver corretamente, *tenha ou não coragem ou poder de agir* de acordo com seu discernimento. A maioria dentre nós não é constituída de heróis ou santos e se insistimos em que os homens devem sempre agir segundo seus ideais, isso pode significar ou que os ideais serão modificados

(10) Cf. Kenneth Keniston, *The Young Radicals: Notes on Committed Youth* (1968); também Keniston, *The Uncommitted: Alienated Youth in American Society* (1965). Embora, sob certo ponto de vista, membros dos Young Americans for Freedom (pró-republicanos de Goldwater) pareçam ligados a bases tradicionais, seu fervor evangélico não é tradicional, do mesmo modo que os jovens radicais de Keniston executam às vezes mandatos parentais com um evangelismo nada parental.

(11) Cf. Roberty Jay Lifton, *Death in Life: Survivors of Hiroshima*, 1968.

para adaptar-se ao grau de coragem e energia da pessoa ou que os indivíduos se tornarão cínicos a seu próprio respeito ou desiludidos com respeito à sua sociedade, ou mesmo ambos. Assim, essa crença caracteristicamente americana de que é preciso não só ver as coisas corretamente, mas também ser sincero e agir corretamente, poderá algumas vezes dar hegemonia aos complacentes e outras vezes àqueles que são capazes de grande excesso moral e dedicação. Meus colaboradores e eu, quando escrevemos *A Multidão Solitária*, e ainda hoje, optamos por uma visão mais benigna e não-violenta acerca do que é historicamente possível. Acreditamos que a melhor esperança de mudança em direção a nossos ideais não reside em esforços para a melhoria total na pessoa mesma e na sociedade, mas sim no trabalho paciente no sentido da mudança gradual à luz de um rumo tentativo de muitos futuros possíveis.

PREFÁCIO

Quando, no outono de 1947, tive oportunidade de ir a Yale, sob os auspícios do Comittee on National Policy, eu estava lecionando Ciência Social no curso da Universidade de Chicago. Eu havia sido presidente de uma comissão formada para desenvolver um curso interdisciplinar sobre "Cultura e Personalidade", — o qual deveria incluir, não apenas contribuições de antropólogos, psicólogos e sociólogos, mas deveria estender-se além desses círculos, a fim de possibilitar a cooperação de economistas, cientistas políticos e historiadores. O entusiasmo pela tentativa de construir um currículo de ciências sociais não departamentalizado envolveu vários colegas, inclusive um amigo de muitos anos, Reuel Denney, que passou a interessar-se por comunicações de massa, do ponto de vista das humanidades e da crítica literária. Em meus primeiros meses em Yale, aliciei Nathan Glazer, cujas críticas incisivas a trabalhos de vanguarda em ciências sociais eu lera na seção "Estudo do Homem" da revista *Commentary*. Meus colaboradores e eu reunimos um bom número de abordagens intelectuais no trabalho que resultou em *A Multidão Solitária* e em *Rostos na Multidão*. Retomando alguns destes primeiros passos no preparo da presente edição de *A Multidão Solitária*, sinto-me impressionado com a grande transformação da vida intelectual e acadêmica americana desde 1948; essas mudanças refletem, em parte, mudanças mais amplas em nossa vida nacional e na situação mundial e, em parte, progressos autônomos dentro das próprias ciências sociais.

Antes da guerra, eu estivera trabalhando como professor de Direito no campo da psicologia social da difamação, procurando compreender o significado diverso dos insultos e da injúria política violenta nos diferentes estratos sociais e em vários países ocidentais [1]. Incitara-me a tanto o progresso dos estudos sobre opinião pública, simultaneamente como forma de responder a algumas questões levantadas nesta investigação e de compreender mais claramente o significado da opinião; na verdade, quando a pesquisa de opinião pública (*polling*) começou a ser usada de forma sistemática, por volta da década de 1930, parecia prometer — tal como fizeram os estudos de comunidade de uma outra forma — trazer os inarticulados e relativamente impotentes para a órbita do estudioso da sociedade. Num esforço de compreender melhor esse instrumento, apoiei-me no trabalho de meus amigos do Bureau of Applied Social Research e no Eastern Office of the National Opinion Research Center; e o primeiro trabalho que Glazer e eu realizamos em conjunto foi uma tentativa de apreender o tipo de comunicação que intervinha num estudo político e verificar o que uma resposta "não sei" poderia significar [2].

Naquela época, menos de uma década e meia atrás, a pesquisa em ciências sociais carecia de seu atual acabamento, de sua solidez de processo e volume de produção. A mudança é, talvez, especialmente surpreendente na Antropologia cultural, que nos interessava tanto quanto a pesquisa da opinião pública.

(1) Vide "Democracy and Defamation", *Columbia Law Review,* XLII (1942) 727-780; 1085-1123; 12-1318; vide também "The Politics of Persecution", *Public Opinion Quartely,* VI (1942), 41-56.

(2) Vide "The Meaning of Opinion", reeditado em *Individualism Reconsidered* (Glencoe, Illinois, Free Press, 1953), pp. 492-507.

Embora Lloyd Warner houvesse conduzido ou estimulado importantes explorações em modernas comunidades, a maioria dos antropólogos permanecia, até a Segunda Guerra Mundial, como uma espécie de representantes acadêmicos, algo periféricos, daquilo que poderíamos chamar de dados "desprivilegiados" — dados de tribos sem escrita, sem marinha, sem o que se costumava chamar "cultura". Além disso, os antropólogos foram impedidos, necessariamente, pela natureza de suas expedições, todas realizadas individualmente, a uma espécie de amadorismo, no qual as artes, a economia, a mitologia, os métodos pedagógicos, o sistema legal e o sistema de parentesco estavam todos dentro de seu campo de ação, requerendo uma organização de alguma forma holística. Quando a Antropologia era pobre, não se podia permitir o envio de mais de uma pessoa a um local; e as tribos eram pobres também, no sentido de que não podiam proteger-se contra o contato do branco e não se podia exigir que permanecessem intatas até a próxima pesquisa de campo. Ademais, quando a Antropologia era pobre, os antropólogos eram autocratas e aristocratas; com isso quero dizer que, como os primeiros psicanalistas, estavam prontos a generalizar com base em escassíssimas provas. Praticavam uma arte que exigia imaginação e confiança em si próprios, assim como habilidade para observar e registrar. Corajosos pesquisadores, como Margaret Mead, Ruth Benedict e Geoffrey Gorer, sentiam-se desejosos de tentar, sob o impacto da guerra, interpretações holísticas ou configuracionais dos Estados Unidos, do Japão ou da União Soviética.

Mal seus achados vieram a público, tiveram de enfrentar uma avalanche de críticas, por causa de suas indubitáveis lacunas metodológicas e conceituais e excessos de interpretações, similares, porém menos implacáveis, às que a crítica profissional dedicou a *A Multidão Solitária* e *Rostos na Multidão* [3]. Apesar dessa crítica, os trabalhos prosseguiram em terrenos como o do caráter nacional e da cultura e personalidade, embora de modo menos am-

---

(3) Leitores que gostariam de acompanhar com mais detalhes os resultados de e as críticas contra a escola da "cultura e personalidade", poderão consultar Alex Inkeles e Daniel J. Levinson, "National Character: The Study of Modal Personality and Sociocultural Systems", em Gardner Lindzey, ed. *Handbook of Social Psychology* (Boston, Addison-Wesley, 1954) pp. 977-1020; e Bert Kaplan, "Personality and Social Structure" em Joseph Gittler, ed. *Review of Sociology. Analysis of a Decade* (New York, Wiley, 1957) pp. 87-126. Algumas das críticas sobre *A Multidão Solitária* são descritas e discutidas em S.M. Lipset e Leo Lowenthal, eds., *The Sociology of Culture and the Analysis of Social Character*: *The work of David Riesman* (Glencoe, Illinois, Free Press, a ser publicado); este prefácio retrata, em parte, as contribuições de Glazer e as minhas para aquele volume.

bicioso; os antropólogos mais jovens pareciam evitar uma área tão "controversa". Atualmente, os antropólogos não podem mais ser chamados de elite esotérica, pois procuram familiarizar os demais homens com aquilo que antes estava além ou abaixo de sua atenção; o que era esotérico se tornou parte de nosso entendimento comum, e os antropólogos, pertencendo agora a uma profissão mais sólida e bem mais assegurada, estão, atualmente, também sobrecarregados com objetivos descritivos e analíticos que, muitas vezes, se acham além da capacidade de um único explorador.

Durante o mesmo período, alguns progressos análogos ocorreram no pensamento psicanalítico — e foi a psicologia psicanalítica que se tornou a mais estimulante para os antropólogos e outros cientistas sociais preocupados com personalidade e cultura (ou, como Clyde Kluckhohn e Henry A. Murray o formulam, "personalidade na cultura"). A teoria freudiana dos estágios psicossexuais, como a elaborou Karl Abraham, aplicou os conceitos de caráter "oral" ou "anal" a culturas inteiras, o que importava na centralidade de um universalismo biológico para a compreensão da história. Em contraste, nosso empenho em *A Multidão Solitária* era tratar de um problema histórico mais amplo que a genitalidade, embora mais restrito que o destino. Assim, nós mesmos estávamos dentro da tradição dos neofreudianos, particularmente de Erich Fromm, com quem estudei. *Escape from Freedom* (Medo à Liberdade) e *Man for Himself*, de Fromm, decididamente foram modelos influentes na aplicação da caracterologia psicanalítica, socialmente orientada para problemas de mudança histórica. Tal como os antropólogos, os psicanalistas haviam insistido sobre a importância de dados anteriormente negligenciados ou desprivilegiados: lembranças fugazes, sonhos, jogos infantis, maneiras de desmamar, conteúdo simbólico de anúncios publicitários, estórias populares e filmes — tudo se tornou matéria de história. Os psicanalistas tiveram a temeridade de enfrentar culturas inteiras, num esforço para ligar a criação de um tipo particular de estrutura de caráter na infância ao modo de produção, amor, guerra e folclore da sociedade adulta. Em todo esse tipo de trabalho houve o empenho de ver o que condizia com o que, o que emparelhava com o que, como uma sociedade canalizava seus impulsos de sexo e agressão; e isto constitui um fator no encorajamento dado a historiadores (como ressaltou Richard Hofstadter [4]) para que pensassem em termos de configuração e

---

(4) Em *The Varieties of History*, ed. Fritz Stern, (New York, 1956) p. 362.

estilo, e, assim, delineassem padrões, tanto quanto descrevessem acontecimentos. Na verdade, os historiadores trabalharam dessa forma no passado, quando se permitiram referências a um período como o "barroco", ou quando falaram da época "romântica", mas o ímpeto psicanalítico implicava uma vinculação mais ampla e explícita de variados motivos individuais a grande número de formas sociais.

Freud foi senhorial, para não dizer "principesco", no manuseio de dados, e alguns de seus discípulos mais ortodoxos imitam atualmente sua teimosia, sem possuir seus dotes. Mas outros psicanalistas e psiquiatras aclimataram-se às ciências sociais: e mostram-se compreensivelmente hesitantes, quanto a generalizações que são meras extrapolações de casos individuais, pois percebem que, para compreender a sociedade, são necessárias, não apenas histórias de vida, mas também história [5].

Em minha opinião, Freud e boa parte de seus seguidores admitiram, com demasiada rapidez, que sabiam o que é básico ou "primário" numa cultura particular, e determinaram o destino do homem de modo muito prematuro, supondo-o como simples realização de experiências psicossexuais dominadas ou sofridas nos primeiros anos da infância. Talvez mesmo este livro, enfatizando, como enfatiza, o papel do grupo cômpar (*peer groups*) e da escola, durante a adolescência, na formação do caráter, subestime a possibilidade de mudanças como resultado das experiências da idade adulta. Embora *A Multidão Solitária*, como um todo, sublinhe desenvolvimentos históricos específicos, a partir da direção traditiva * para a introdireção e a alterdireção, sombreia-se, contudo, na Parte III, um esboço mais psicológico e menos histórico ou cultural de modos de adaptação — ali denominados "autonomia", "ajustamento" e "anomia" — que poderiam, em princípio encontrar-se em qualquer sociedade [6]. Infelizmente, muitos leitores tenderam a desintegrar as dimensões histórica e universal e, como veremos adiante, de forma mais com-

---

(5) Lamentando os bons velhos tempos, não tão longínquos, quando grandes erros e grande entusiasmo andavam de mãos dadas, não pretendo desprezar o meticuloso trabalho que vem sendo feito por vários antropólogos de orientação psicanalítica (para uma análise de tal trabalho, vide John J. Honigman, *Culture and Personality*. (N. York, Harpers, 1956). Entretanto, dado que outras disciplinas limítrofes e os subsetores da Antropologia construíram seus anteparos, ocorre um vazamento, um tanto menor, desse trabalho para compartimentos vizinhos.

(*) Para transpor os conceitos de *tradition-direction*, *innerdirection* e *other-direction* optamos pelas seguintes formulações: direção traditiva, introdireção e alterdireção (N. dos T.)

(6) Esta tipologia é devida, tanto como sugestão concreta, quanto em sua forma de abordagem, ao ensaio de Robert K. Merton "Social Structure and Anomie", em seu *Social Theory and Social Structure*, ed. revista (Glencoe, Illinois, Free Press, 1957).

pleta, a considerar a autonomia e a introdireção como equivalentes — e a conformidade que se encontra em todas as sociedades, como se fosse característica exclusiva da alterdireção. Sem dúvida, nosso enfoque sobre a conformidade — em outras palavras, adaptação e ajustamento — e sobre o desvio ou anomia, reflete alguns dos problemas de uma sociedade diferenciada em larga escala, tal como a nossa própria. De forma mais geral, enquanto que as tipologias explicitamente psicanalíticas (como a de Abram Kardiner) se movem "para fora" dos indivíduos, rumo à sociedade, *A Multidão Solitária* procede de maneira inversa: começamos pela sociedade industrial e por determinados desenvolvimentos históricos dentro da sociedade americana. Preocupamo-nos, além disso, com as camadas sociais mais altas em particular, com o que se tem chamado a "nova classe média" de profissionais assalariados e administradores de empresas. Supusemos que haveria conseqüências, para o caráter individual, na perda ou atenuação de antigas funções sociais nas fronteiras (*frontiers*) da produção e da exploração e na descoberta de outras "fronteiras" no âmbito do consumo e das relações pessoais. Não presumimos que um indivíduo seria a réplica de seu papel social, mas, antes, que poderia existir grande tensão entre a busca de realização pelo indivíduo e as exigências das instituições das quais ele participava, ou das quais se sentia alienado.

Está implícito no que acabamos de dizer que a interioridade dos indivíduos é apenas, se o for, canhestramente captada por uma tipologia destinada à compreensão de mudanças sociais em larga escala. É mais fácil classificar indivíduos mediante tipologias desenvolvidas por psicólogos exatamente para essa finalidade, o que nos permite dizer de alguém ser ele um tipo "oral" ou "receptivo", ou um tipo "sadomasoquista" e levar em conta muito do que é importante a seu respeito como indivíduo ao proceder assim. Porém é muito mais difícil, senão impossível, classificar um determinado indivíduo de alterdirigido ou introdirigido, e depois de assim agir, chegando talvez a uma enunciação que ajuda a explicar seu papel social ou profissional, mas não muito além, dizer algo mais a seu respeito, aquilo que saberíamos sobre ele se fôssemos seus amigos. Entretanto, apesar das advertências quanto a este efeito, seja em *A Multidão Solitária,* seja em *Rostos na Multidão,* muitos leitores, inclusive alguns cientistas sociais profissionais, não só julgaram possível efetuar tais classificações, mas também se precipitaram à conclusão de que as hipóteses tentativas de *A Multidão Solitária* sobre o caráter social poderiam ser afirmadas inequivocamente e consideradas como provadas [7].

As idéias mais tentativamente sustentadas sobre o caráter americano — idéias que nós mesmos consideramos obscuras ou impalpáveis — são agora citadas como definitivas, e de uma forma intelectualmente reduzida em perspectiva. É compreensível que semelhante emprego do livro fosse feito por leitores e divulgadores que gostam de crer que todo aparato cuidadoso das ciências sociais constitui mero e frívolo trançado intelectual, e que esforços escrupulosos e metódicos para descobrir se algo, que se acredita ser assim, o é realmente, reflete o pretensioso pedantismo de sociólogos adventícios. Relendo *A Multidão Solitária*, agora com base em um contato um tanto menos superficial com o trabalho empírico e teórico das ciências sociais, encontro generalizações exageradas em muitos pontos onde, presentemente, eu me inclinaria a ressalvar ou desdizer, ou a esperar por mais provas. (No que se segue, entretanto, levei em conta apenas as críticas e lacunas mais amplas, e não os numerosos itens menores, que precisariam ser alterados se o trabalho fosse escrito ou reescrito hoje.) O que desejo ressaltar é que não seria possível escrever o livro sem o meticuloso labor de muitos pesquisadores em cujos dados e interpretações nos abeberamos; esperávamos, por nosso turno, contribuir para o trabalho em curso, sugerindo questões e quadros de discussão para investigações ulteriores. Em suma, os autores de *A Multidão Solitária* têm sido pluralistas em sua abordagem das ciências sociais, simpáticos ao trabalho holista e mesmo extravagante em veios mais antigos, mas também, receptivos em relação aos esforços mais recentes e rigorosos — nosso interesse em técnicas de análise e de entrevista reflete estas últimas preocupações.

Já nos referimos à tendência, entre os leitores de *A Multidão Solitária*, de equiparar introdireção e autono-

(7) Definindo cuidadosamente nossos termos e trabalhando intensivamente com pequena amostra de universitários primeiranistas, Elaine Graham desenvolveu um engenhoso teste projetivo com respeito ao caráter social; seu estudo consiste, tanto quanto é de meu conhecimento, na tentativa mais perquisitiva do emprego de conceitos de *A Multidão Solitária* e *Rostos na Multidão*, em trabalho empírico com indivíduos. As oportunidades e complexidades de tal trabalho são elucidadas por seu trabalho "Inner-Direction, Other-Direction, and Autonomy", em Lipset e Lowenthal, eds. *Sociology of Culture*. Esse estudo trouxe também à luz a fascinante possibilidade de que, com base nos testes psicológicos, estes indivíduos considerados como introdirigidos fossem também homens de "gravidade", isto é, do ponto de vista fisiológico dirigidos gravitacionalmente, capazes de se sentarem direito como um fuso, na prova do quarto-inclinado e cadeira-inclinada de Witkin, enquanto aqueles que eram considerados alterdirigidos eram também externa ou ambientalmente dirigidos, ao serem influenciados tanto pela inclinação do quarto como pela gravidade.

mia. Apenas uma reduzidíssima minoria, às vezes pessoas educadas em um ambiente puritano, reagiu calorosamente aos valores da alterdireção, à sua franqueza e falta de inibição, a seu interesse pelos outros, e à sua presteza em mudar. Muito possivelmente, *A Multidão Solitária* não acentuou de modo suficiente esses valores; de qualquer forma, a grande maioria dos leitores, nos últimos dez anos, decidiu que era melhor ser *cowboy* introdirigido do que publicitário alterdirigido, porque, no conjunto, eles não se confrontavam com os problemas do boiadeiro, porém, mais com os do publicitário [8]. Todos, desde o livre empresário até o socialista, se manifestaram contra a conformidade, a tal ponto que, quando a pesquisa de Elaine Graham desenterrou um apóstolo fervoroso da alterdireção, o estudante em questão não era um defensor ingênuo da unidade, porém um crente nos valores do *kibutz* israelense, que pretendia emigrar e lá fixar residência.

A distinção entre estrutura de caráter e sua manifestação no comportamento é, na melhor das hipóteses, obscura. Além disso, introdireção e alterdireção são conceitos abstratos e, como este livro e o volume adjunto (*Rostos na Multidão*) procuram deixar claro, nenhum indivíduo jamais é inteiramente um ou outro, sobretudo se a sua vida é visualizada como um todo e não em um momento qualquer. Assim, embora seja interessante comparar os indivíduos em termos de graus de introdireção e alterdireção, tal trabalho dificilmente poderá ser definitivo, e aqueles que tem reclamado um teste empírico, em larga escala, dos mencionados traços, aplicado a toda uma população, não avaliam bem a complexidade e extensão da análise teórica e da investigação empírica que seriam necessárias antes que semelhante trabalho pudesse sequer começar.

A passagem de Tolstoi, no primeiro capítulo, e as citações de Alexis de Tocqueville, espalhadas através do livro, refletem nossa preocupação em saber se a alterdireção é algo especificamente novo no mundo. O Professor Seymour Martin Lipset argumentou, convincentemente, em recente artigo, que, com base em relatórios de visitantes europeus a este país (inclusive Tocqueville), os americanos sempre foram alterdirigidos, sendo isso fruto psi-

---

(8) Para um exemplo interessante, v. Michael Olmsted, "Character and Social Role", *American Journal of Sociology*, LXIII (1957) 49-57, que descreve um pequeno estudo, no qual se perguntava a um grupo de estudantes do Smith College se se consideravam mais introdirigidos ou alterdirigidos do que os seus pais, seus amigos de ambos os sexos, e a môça "média" em Smith. A maioria considerava-se mais "introdirigida" do que os outros estudantes.

cológico de uma estrutura social sem hierarquia estabelecida e com forte impulso para a igualdade e a mobilidade social [9]. Quando estávamos elaborando *A Multidão Solitária*, ficamos frustrados com a escassez de material histórico em muitas áreas que julgávamos relevantes; não pudemos encontrar, por exemplo, provas fidedignas sobre o significado da religião para os diferentes estratos sociais, na época em que Tocqueville aqui esteve, por volta de 1830. Poderíamos obter dados quanto à filiação e atividades religiosas dos vários movimentos de reavivamento da fé e às disputas teológicas, porém pouca coisa que nos desse indicação segura do peso emocional da religião para homens e mulheres, para adultos e crianças, para as classes mais e menos respeitáveis, para as seitas mais recentes e mais antigas. Só nos era possível especular sobre a maneira como os jovens do século XIX teriam respondido aos questionários que estávamos aplicando, de modo extremamente duro e rápido, a jovens de meados do século XX. O que fizemos, ao trabalhar em *A Multidão Solitária* e *Rostos na Multidão*, foi procurar indivíduos que poderiam, de alguma forma, falar pelo século XIX — aqueles que, por razões de localização ou ocupação, estavam menos diretamente no caminho da modernização e não estavam sendo preparados para ingressar na nova classe média e na sociedade afluente. Mas a história enterra seus mortos, e aqueles que preservam tradições mais antigas numa situação alterada são, por sua vez, alterados.

Não obstante, concordaríamos com Lipset e outros críticos, em que o americano de hoje e seu antepassado de cem anos atrás são muito semelhantes, se os compararmos com sul-americanos, asiáticos ou africanos, ainda não emancipados. Continua sendo válido, como na época em que Tocqueville aqui esteve, que os americanos, pelo menos fora do Sul, carecem de tradições feudais, igreja fortemente estabelecida e extensos laços de família; são pessoas que se acreditam pragmáticas e que, às vezes, no conjunto (novamente, excluído o Sul), tendem a ser otimistas com respeito a si mesmas, a seus filhos, à sua bela cidade e a seu país; e são móveis em termos de posição social e região. Além disso, como observou Harriet Martineau em sua visita, os pais americanos pareciam, mesmo então, mais prisioneiros do que senhores de seus filhos, cortejando-os e interessando-se por sua opinião favorável.

(9) "A Changing American Character?" in Lipset e Lowenthal, eds. *Sociology of Culture*. Ver também, no mesmo volume, um argumento de Talcott Parsons e Winston White de que os valores americanos permaneceram aproximadamente os mesmos desde o início, "The Link between Character and Society".

Acho que não se deveria considerar este julgamento como significando que as práticas educacionais americanas do século XIX eram tão "centradas na criança" como vieram a sê-lo em nossos dias, porém que, neste país, esperava-se que as crianças adquirissem autoconfiança mais cedo do que na Europa, e fossem algo menos rigidamente subordinadas.

Por certo, nenhuma mudança histórica se realiza de uma vez. Precursores daquilo que denominamos "alterdireção" são encontráveis no século XIX e antes disso. Nunca é demais ressaltar, entretanto, que a alterdireção consiste num passo além da preocupação conformista com a opinião favorável dos outros (v. pp. 87-88). Os americanos sempre procuraram esta opinião favorável, e sempre tiveram que procurá-la num mercado instável, onde as cotações do eu poderiam cambiar, sem a restrição de preço de um sistema de castas ou de uma aristocracia. O que queremos dizer com alterdireção (apesar do termo propriamente dito conotá-lo apenas em parte) envolve uma redefinição do eu, afastada da ênfase dada por William James dos aspectos externos do nome, roupa, posses, e no rumo das qualidades interiores e de interação. A pessoa alterdirigida deseja ser amada mais do que estimada; ela não quer burlar ou impressionar, muito menos oprimir os outros, mas, em linguagem corrente, relacionar-se com eles; procura menos um *status* esnobe aos olhos dos outros, do que a segurança de estar emocionalmente em harmonia com eles. Vive numa casa de vidro, não por trás de cortinas de renda ou de veludo.

Na sociedade autoconsciente de nossos tempos [10], os aspectos negativos destas qualidades foram salientados por muitos leitores de *A Multidão Solitária*, e os aspectos positivos foram pouco salientados. Os autores de *A Multidão Solitária* não são conservadores de orelhas voltadas para um individualismo inflexível, que, durante algum tempo, foi um ideal emersoniano radical [11]. Nenhum amante da dureza e da invulnerabilidade deveria esquecer os ganhos que se tornaram possíveis graças à deferência, à sensibilidade e à tolerância, que se contam entre as qualidades positivas da alterdireção. Americanos jovens e bem educados pretendem hoje da vida coisas diferentes e em maior quantidade do que os antepassados: segurança e abundância permitem-lhes desejar "a boa vida" de pre-

(10) Eric Larrabee, *The Self-Conscious Society* (New York, Doubleday, 1960).
(11) Para uma breve discussão do paradoxo no conceito de individualismo veja John W. Ward, "Individualism Today", *Yale Review* (Spring, 1960) pp. 380-392.

ferência à caçamba do jantar cheia, embora, ao mesmo tempo, a multiplicidade nas escolhas haja suscitado dúvidas quanto ao que é bom. Tem havido uma tendência geral, facilitada pela educação, pela mobilidade e pelas comunicações de massa, a um alargamento dos círculos de empatia além do clã, além mesmo da classe e às vezes, mesmo além do próprio país. Isto é, não há apenas grande consciência psicológica de quem é igual, mas disposição de admitir ao *status* de igual um círculo maior de pessoas, seja no próprio círculo imediato, ou indiretamente, através dos meios de comunicação de massa. O problema para as pessoas na América contemporânea são as outras pessoas. A paisagem social e psicológica ampliou-se porque essa outra gente é mais numerosa e, possivelmente, mais heterogênea do que nunca. Mas outras figuras na paisagem — a própria natureza, o cosmo, a Divindade — retrocederam para o segundo plano ou desapareceram, resultando daí que aspectos de caráter que, em algum sentido, sempre estiveram "ali" presentes ou disponíveis se tornaram mais salientes, e outros aspectos declinaram.

Os conceitos de introdireção e alterdireção, empregados sem muito rigor para designar, a um tempo, o ambiente social e o caráter social, ajudaram-nos a organizar, em feixes, certo número de desenvolvimentos históricos, possivelmente relacionados. No curso da história, entretanto, várias configurações sociais e psicológicas que pareciam permanentes estilhaçaram-se, dando lugar a novos alinhamentos, de maneira muito parecida aos partidos políticos que neste país tem servido, a um tempo, para dividir alguns interesses e reunir outros. Similarmente, alguns dos itens comportamentais que ligamos à introdireção à alterdireção não podem mais classificar-se da mesma maneira. Por exemplo, muitas pessoas da classe média superior, que no decênio de 1940 propunham o "ajustamento à vida" na escola, encontrar-se-iam hoje, depois da Coréia e do Sputnik, nas fileiras daquelas que exigem disciplina e "dureza". Assim, também, uma investigação em curso num subúrbio da Califórnia indica que a linguagem da popularidade e do ajustamento grupal é favorecida pela classe média inferior e evitada pela classe média superior.

O conceito de caráter social, tal como foi empregado em *A Multidão Solitária,* envolvia uma decisão experimental sobre o que seria importante para grupos proeminentes na sociedade contemporânea. Tratava-se, assim, de um conceito diverso do caráter modal ou nacional, que é, em geral, uma afirmação agregativa sobre as disposições de personalidade em um grupo ou nação; estávamos interessados apenas em certos aspectos do caráter de alguns setores da população especificados de maneira muito imprecisa e mesmo aí, antes de tudo, no que estava mudando. Entretanto, não distinguimos com suficiente cuidado entre caráter, comportamento, valores, e um estilo ou *ethos* de instituições particulares — a classificação que isto implica continua sendo uma tarefa inacabada para a pesquisa. Quando estávamos trabalhando em *A Multidão Solitária*, tínhamos a convicção de que as ciências sociais mais antigas — a história, a ciência política, a economia — concediam importância demasiado reduzida à compreensão da mudança social que se poderia colher de uma melhor apreensão da psicologia psicanalítica; mesmo assim, procuramos enfatizar no livro, quer o caráter social, quer as principais instituições do mundo moderno, e não pressupor que as instituições eram meras formas congeladas, atribuídas por adultos nelas rigidamente presos aos seus sonhos de criança. E, no entanto, toda a nossa experiência do mundo, desde que o presente livro foi escrito, levou-nos a crer que a moderna sociedade industrial pode concentrar a seu serviço grande variedade de tipos de caráter social. Assim, no Japão vemos instituições contemporâneas que foram bastante poderosas para incorporar as pessoas, sem esperar durante vinte ou trinta anos até que uma nova geração surgisse. O que os japoneses fazem e dizem mudou mais radicalmente do que seu caráter social [12].

Qualquer sociedade suficientemente grande produzirá uma lista de tipos psicológicos bastante variada para sugerir possibilidades em direções muito diferentes; se os Estados Unidos não são fascistas, por exemplo, não é por falta de sádicos ou de autoritários. Eles são em número suficiente para prover a lotação das mais tenebrosas cadeias e hospícios, ou para competir pelo posto de xerife em muitas comunidades sulinas; são as formas institucionais e jurídicas — e suas próprias limitações — que dificultam a estes a aglutinação em um movimento político. Na verdade, estas garantias de liberdade desmoronariam na ausência de homens de caráter apropriado para dirigi-las. Mas nosso ponto de vista é que, em amplos limites, numa grande sociedade, as instituições suscitam dentro dos indivíduos o caráter apropriado. Ou, mais precisamente, dado o âmbito das respostas de que os homens são capazes, as instituições podem selecionar algumas para reforço (enquanto outros impulsos, mais rebeldes, são escoados através de uma variedade de

(12) Compare com a esclarecedora discussão sobre a mudança social e psicológica na China Comunista, de autoria de Robert J. Lifton, *Thought Reform and the Psychology of Totalism* (N. York, Norton, 1961).

'escapes"); e uma vez que as instituições aí estão — criadas, como salienta Kenneth Boulding em *The Organizational Revolution,* pelas realizações do organizador de tempo integral — muitas facetas de muitas pessoas mostram-se adaptáveis ao interesse em curso. Karl Marx viu as fábricas da Revolução Industrial como um poder maciço arrancado ao trabalho dos operários, e a colocá-los agora em face desse trabalho em forma "alienada", de modo a torná-los por sua vez alienados. Max Weber encarou as burocracias de um estágio posterior do capitalismo e socialismo como uma "jaula de ferro" em que o homem estava encarcerado e à qual só lhe restava resignar-se com estoicismo, enfeitando o senso de dever com sua perspectiva histórica.

Foi segundo esta concepção que muitos cientistas sociais concluíram que o caráter social e o individual poderão vir a ter importância decrescente como "fatores de produção" no mundo moderno; que, para realmente interpretar a sociedade, não é preciso inquirir sobre os motivos dos homens, mas antes observar que as situações por eles enfrentadas são muito semelhantes, que a força da tecnologia moderna e da ciência, da moderna organização econômica, da moderna organização ideológica e partidária é tal, que um único estilo de sociedade torna-se possível em toda parte: uma sociedade baseada em burocracias eficientes e na produção de grandes quantidades de bens, que podem ser empregados para aumentar a força ou o prestígio nacional, ou para melhorar as condições materiais de vida. Muitos americanos, inclusive os autores de *A Multidão Solitária,* têm relutado em aceitar essas versões do determinismo e julgaram possível moderar as intratabilidades das instituições, acreditando especificamente que faria uma diferença enorme, se tais instituições fossem criadas e controladas por uma elite central com objetivos definidos, como nos países totalitários, ou fossem desenvolvidas com menos orientação central, crescendo de um modo mais vegetativo.

Numa reconsideração, ainda resistimos a respostas simplistas com respeito à questão do peso relativo do caráter social e das instituições sociais, mesmo num mundo perturbado pela drástica mensagem inscrita no céu, acima de todos os países: "Você, também, pode ser moderno e industrial".

Apesar da plasticidade residual da maioria dos adultos, que os torna utilizáveis em uma variedade de sistemas sociais, há limites. Os índios americanos constituíam maus escravos e os africanos, bons — e isto, não apenas porque (como Stanley Elkins ressalta em *Slavery*) os barcos negreiros quebravam o espírito e destruíam a coesão cultural destes últimos; algumas tribos africanas eram melhores para o trabalho agrícola, outras para o trabalho doméstico. Por razões empíricas de experiência, não por motivos ideológicos, os espanhóis puseram-se a eliminar os nativos das Índias Ocidentais e a substituí-los por outros importados, mais adaptáveis, cujo caráter social possibilitou a sobrevivência em ásperas condições. Sob nossa tutela, os índios Pueblo mostraram-se menos quebradiços do que outras tribos indígenas, mais resistentes, se não mais resilientes. Assim, também, a história da imigração neste país está dramaticamente repleta de exemplos de respostas diferenciais a condições aparentemente similares: a segunda geração de nipoamericanos procurou educação, enquanto a terceira geração de sinomericanos continuava a trabalhar em tinturarias e restaurantes — e assim por diante, através da lista inteira dos que aqui entraram, os quais só começam a aproximar-se uns dos outros na terceira geração e depois. Inteiramente à parte da importância dos indivíduos na história, e do seu caráter idiossincrásico, o papel do caráter social independente das instituições pode, às vezes, ser decisivo. Além disso, como se ressaltou em *A Multidão Solitária,* conquanto diferentes espécies de caráter social possam ser usadas para o mesmo gênero de trabalho, dentro de uma sociedade ou instituição, acreditamos que deverá ter, eventualmente, conseqüências. O fato de tipos de caráter que se ajustam mal pagarem alto preço em anomia, contrasta com a liberação de energia que proporciona a congruência entre caráter e tarefa.

Isto tampouco significa estarem certos aqueles líderes de povos "em desenvolvimento" que acreditam poder conservar sua tradição racial ou cultural singular ao mesmo tempo em que se tornam "modernos"; como é da nítida consciência de muitos, os meios efetivos que empregam tendem a converter-se em seus próprios fins, de forma que se pode prever a eventual suplantação das religiões e culturas regionalmente distintas, antes criadas e mantidas, senão inequivocamente alimentadas, por gente de caráter social bem diverso. Contra estes meios e contra a esperança do poder e abundância (e, às vezes, como vingança contra aqueles que previamente os monopolizavam), os valores tradicionais travam, em todas as partes, uma ação de retaguarda, escorados por instituições decadentes e pelo caráter social ineficazmente recalcitrante da geração mais velha. Se este fosse o fim da estória humana, poder-se-ia inventar um novo "homem plástico", como já fizeram muitos autores de ficção científica e de psicologia behaviorista, para substituir o homem-econômico do século XIX e para livrar-se do "problema do homem" nas ciências sociais.

Na verdade, poderemos estar chegando ao fim da estória humana. Mas, se o homem sobreviver a este período, ver-se-á, cremos, que este homem plástico foi apenas um dos estágios do desenvolvimento histórico intermediário entre os tipos de caráter *social*, amplamente variados, de um mundo desunido, e o caráter *individual*, ainda mais largamente diversificado, de um mundo unido, porém menos opressivo.

Analisando retrospectivamente a história (no Capítulo 12), observamos séculos "dirigidos pela tradição", nos quais formas estabelecidas de caráter social se defrontam, e nos quais o conflito de grupo amiúde assume a aparência de um choque entre variedades humanas fixas e especializadas. É claro que isto é por demais abstrato; tais grupos aprenderam um do outro, no entanto nunca sonharam em imitar ou tornar-se o outro. Em nossa própria história ocidental, como talvez em outros tempos e lugares, criou-se um caráter social notável e extremamente eficiente (que denominamos "introdirigido"), que deu aos portugueses, espanhóis e holandeses, ingleses e franceses, russos e americanos, poder para impor objetivos e as próprias características físicas a vastas populações (inclusive populações enormemente aumentadas de sua própria gente), em extensas partes do globo — de forma que um comandante hispano-filipino no século XVI pode escrever a seu superior em sua pátria que, com seis mil homens, poderiam conquistar a China [13].

Nós não explicamos em *A Multidão Solitária* como sobreveio o caráter social "introdirigido", embora seguíssemos a orientação de Max Weber, ao considerar a Ética Protestante como ligação entre o tipo de racionalidade grega e o tipo judeu-cristão de moralidade terrena. A estrutura familiar também nos pareceu de importância decisiva, uma vez que a família nuclear permite a educação de filhos com identificações muito intensas com os modelos parentais, apesar disto ser por si só insuficiente para explicar aquela precisão de colocação e convicção, aquela qualidade e dureza endosqueletal que transforma muitos indivíduos introdirigidos em "caracteres" no sentido colo-

---

(13) Penso imediatamente naqueles americanos de hoje, que argumentam que se déssemos rédea a Chiang e talvez alguns homens a mais, *ele* poderia tomar a China; porém esses americanos não percebem que todo o mundo está agora de posse daquilo que foi outrora a arma secreta do homem branco: seu caráter, seus valores e sua organização.

quial da palavra. A investigação transcultural e histórica seria necessária antes que se pudesse compreender melhor como surgiu a introdireção e por que ela poderá agora estar desaparecendo.

Atualmente, porém, suspeitamos que esta mudança, com o afrouxamento do sentido de destinação pessoal, é, em parte, conseqüência dessas instituições proibitivamente eficientes e poderosas que os homens introdirigidos conceberam, organizaram e tornaram transportáveis. Uma dessas instituições foi o mercado-livre que, no capitalismo mais recente, afeta não apenas o mercado de capital e bens, mas também a própria habilidade de autovendagem dos indivíduos (como o termo de Erich Fromm em *Man for Himself**, "orientação de *marketing*", torna claro). O termo *alter*direção pode sublinhar em demasia o papel de outros (ou de seus substitutos, nos meios de comunicação de massa) e, insuficientemente, o papel de instituições como o mercado de personalidade, para cujas orientações muitas vezes implícitas, os "outros" são meros agentes [14].

Os homens de convicção não desapareceram; importam muito no presente, precisamente por serem um tanto raros. E parecem ser principalmente raros entre os adultos jovens. À medida que percorríamos nossos materiais de entrevista a fim de selecionar exemplos para *Rostos na Multidão*, notávamos que, dentre os respondentes, havia pouquíssimos com menos de trinta anos que não pudessem figurar, com restrições, sob a rubrica "Variedades de Alterdireção"; não importa o que mais pudesse ser verdade a respeito deles, sempre tinham suficiente plasticidade para isto. Uma análise de entrevistas com quase duzentos veteranos de faculdades, apesar de muito menos intensiva, deu, posteriormente, uma imagem ainda mais acentuada de maleabilidade e aquiescência.

Segue-se, então, que o caráter social específico da alta classe média americana, que denominamos alterdirigido, é também o caráter social dos jovens em geral, em outras partes do mundo, daqueles que tem aquilo a que Daniel Lerner se refere em *The Passing of Traditional Society* como a "sensibilidade móvel"? Apesar das enormes diferenças de cultura subsistentes, observações e estudos feitos em muitos países parecem indicar que os estudantes, em toda a parte, começam agora a assemelhar-se na pers-

(*) Publicado em português com o título *Análise do Homem* (N. dos T.).

(14) C.F. Talcott Parsons e Winston White, "The Link between Character and Society", em Lipset e Lowenthal, eds., *Sociology and Culture*. Parsons e White traçam uma distinção esclarecedora entre metas (direção para a qual) e os agentes (aqueles que dão as direções.)

pectiva básica, bem como nas modas superficiais, de forma que, apesar das numerosas clivagens, cada um destes estudantes é mais parecido com os outros estudantes do que com seu pai ou sua mãe. Eles são semelhantes, como temos sugerido, em sua plasticidade, em sua dependência com relação à situação, à circunstância e às instituições. De fato, sua semelhança chamou a atenção de muitos observadores, os quais dizem que o mundo todo está ficando "americanizado".

A similaridade, contudo, não deve ser exagerada. Tanto para melhor como para pior, os tipos específicos de ressonância, ansiedade e sensibilidade característicos de muitos americanos bem educados raramente são encontrados em países que ainda precisam eliminar as barreiras de casta e sofrer as angústias da afluência. A preocupação comum neste país com o propósito nacional não se encontra em países cuja meta é a de compartilhar (ou derrubar) o nosso feito. E, é claro, existem muitas outras diferenças, onde a cor e o caráter local afetam o impacto das instituições transculturais, de modo que uma fábrica japonesa preserva valores tradicionais que uma fábrica americana ou russa destrói.

Mas essas diferenças todas estão sob a pressão da descoberta — tão importante quanto o darwinismo para mudar a face da terra, e em parte refletindo o darwinismo — de que as culturas e as religiões não detêm nenhuma verdade, autoridade ou evidência por si absolutas. Caracteres sociais fixos podiam ser mantidos por crenças fixas. A introdireção consorciou o caráter social fixo ao comportamento flexível, porém não a valores relativistas. Homens introdirigidos foram capazes, durante um período histórico relativamente breve, de agir como se os chineses, índios, malaios e africanos que encontraram fossem radicalmente diferentes deles mesmos (e entre si); podiam agir desta forma porque eram, obviamente, tão superiores em poder e, por isso, em muitos recontros, também em estabilidade. Se eram missionários podiam exigir dos outros, mesmo no coração das trevas, que aprendessem a se comportar como os homens brancos; e — surpreendentemente, como agora nos parece — milhões procuravam fazê-lo e foram convertidos, impressionados pela retidão, assim como pela força de seus dominadores e modelos. Tornou-se agora difícil para os ocidentais dados à reflexão, não enclausurados pelo preconceito e pela ignorância, aceitar como absolutas suas próprias culturas e práticas; não podem, simplesmente porque assim o desejam, aceitá-los com uma seriedade extrema — de fato, a voga corrente de conversas sobre o Estilo de Vida Americano (*American Way of Life*) é uma vã defensiva de propagandista contra esta própria descoberta.

Outra forma de encarar este desenvolvimento é a de ver que por baixo de todos ou quase todos os absolutos culturais, jaz uma ambivalência humana básica. Os antropólogos lamentam, e é compreensível, a desintegração da maioria das culturas não-letradas com a chegada do homem branco (ou, hoje em dia, do homem de qualquer cor, influenciado pelo branco), e nós também sentimos que muitas destas culturas criaram valores faltantes em nossa própria sociedade. Mas em grande número de não-letrados, que não foram submetidos à coerção física ou dispersão, chegaram simplesmente à conclusão de que sua cultura, antes supostamente dada, carecia de alguma coisa. Foram-se, sozinhos, ou em grupos, para tomarem parte na Grande Parada — muitas vezes encontrando os ocidentais mais desiludidos, seguindo o caminho contrário. Repetimos: a mais importante paixão que resta no mundo não é por costumes, culturas e crenças diferentes, mas por certas conquistas — a tecnologia e a organização do Ocidente — cuja conseqüência imediata é a dissolução de todas as práticas, culturas e crenças distintas. Se isto for assim, então é possível que a moldagem de caracteres nacionais esteja terminada: os homens dispõem de escolhas demasiado numerosas para que se comprometam com uma, e, à medida que suas circunstâncias se tornam mais semelhantes, o mesmo acontecerá com muitos atributos mantidos em comum, enquanto opostos àqueles exclusivos de países particulares. Cada vez mais, as diferenças entre os homens operarão através e dentro das fronteiras nacionais, de forma que já podemos ver, em estudos sobre valores ocupacionais em sociedades industriais, que o caráter grupal dos gerentes ou médicos — ou artistas — torna-se mais saliente do que o caráter grupal dos russos, americanos ou japoneses, ou mesmo do que as ideologias conscientes sustentadas nestas sociedades.

Seria, por certo, prematuro afirmar que as nações perderam importância, quando ainda detêm, sobre todos nós, o poder de vida e morte; e quando, dado o fato de o caráter social e nacional ser uma herança da história, é certo que as diferenças de caráter nacional hão de permanecer, por um longo período, tão grandes quanto as diferenças decorrentes de ocupação, sexo e estilo de vida. Do mesmo modo, podem persistir restos do provincianismo — não obstante o fato de, tão logo um grupo ou tribo procure proteger sua herança histórica única, através de um movimento nativista ou revivalista*, este próprio esforço (como se sugeriu em *Rostos na Multidão*) anunciar o fim dos rituais sem autoconsciência, dados como certos, e assim, paradoxalmente, apressar a iniciação no mundo moderno, onde a tradição em si faz-se ideologia, um aspecto do desarraigamento. A modernização parece, destarte, prosseguir com um impacto quase irreversível, e nenhuma tribo ou nação encontrou um lugar para esconder-se dela.

Numa época em que muitos americanos educados estão preocupados com a natureza de suas próprias identidades e valores, muitos leitores não-especializados têm procurado em *A Multidão Solitária* as chaves relativas ao que eles eram e de como deveriam viver. Na verdade, muitos o leram como um teste para seu caráter, no sentido antiquado e não-técnico da palavra "caráter". Não antevíamos um tal público, nem quando o livro foi publicado pela primeira vez por uma editora universitária, nem mais ta.de, quando se tornou uma das primeiras "brochuras de qualidade" (*quality paperbacks*), porquanto nós, assim como os editores, pensávamos que a venda da obra não iria além de alguns poucos milhares de exemplares como leitura para os cursos de Ciências Sociais. Enquanto o leitor acadêmico profissional localizava facilmente o livro dentro da tradição de trabalhos sobre cultura e personalidade, o leitor leigo, sem treinamento, tendia muitas vezes a dar-nos excessivo crédito ou a pressupor que falávamos com o autêntico acento unívoco da sociologia. Explicamos no Prefácio da primeira edição em brochura o que ainda é válido para a presente; isto é, que não só estávamos preparando uma condensação (cerca de quatro quintos da extensão original) mas, de alguma forma, uma nova edição com muitas passagens reescritas e outras reordenadas. Entretanto, ao revê-la visávamos apenas a maior clareza e concisão; não tentamos levar em conta as críticas feitas ao trabalho original, de forma que o leitor pode estar certo de que qualquer crítica que tenha lido sobre o trabalho original é válida também para as edições em brochura; aquilo que foi removido, o foi por conveniência de compreensão, e não para minimizar a controvérsia.

Evidentemente, tudo isto foi dito na suposição de que os leitores estudantes estivessem familiarizados com a controvérsia referente ao método, às interpretações e aos juízos de valor do livro. Para os que desejarem uma razoável

---

(*) Cunhou-se o termo "revivalismo" para traduzir *revival*, literalmente "redespertar" (do fervor religioso), com o fito de manter a acepção sociológica mais ampla em que o vocábulo é empregado (N. dos T.).

amostragem destes, permito-me citar de novo o volume de críticas, organizado pelos professores Lipset e Lowenthal. Gostaria, agora, de voltar a alguns dos itens, onde o trabalho me parece, doze anos depois, estar provavelmente errado, afora das considerações gerais sobre a importância do caráter social que acabamos de discutir. Retomá-los-ei mais ou menos na ordem em que aparecem no livro.

População — Meus colaboradores e eu estávamos bem cientes, antes de publicarmos *A Multidão Solitária*, de nosso encadeamento de estágios de desenvolvimento histórico com estágios na curva S da população, postulado por demógrafos tais como Notestein, era um tanto instável; leitores do nosso manuscrito lembraram-nos de que os conceitos de direção traditiva, introdireção e alterdireção poderiam ser úteis, mesmo se não houvesse uma seqüência histórica tão determinista, como propõe o primeiro capítulo de nosso livro [15]. Além disso, nossas especulações com respeito à população já haviam sido postas em dúvida quase ao mesmo tempo em que eram formuladas. Pouco antes de *A Multidão Solitária* ir para o prelo, em 1949, lemos o folheto de Joseph Davis, do Instituto de Pesquisas de Alimentos de Stanford, criticando com escárnio os demógrafos tais como Notestein, em quem nos havíamos baseado, e insistindo em que a exploração de natalidade, observada após a Segunda Guerra Mundial, destruíra a teoria do declínio incipiente. (O próprio Davis não se abalançava a nenhuma teoria alternativa sobre as mudanças da população, mas simplesmente vaiava a estimativa errônea dos demógrafos no passado.) Debatemos entre nós se deveríamos levar em conta, ou não, as condições de Davis e a montante evidência de uma mudança decisiva, e não apenas uma flutuação temporária, no valor atribuído pela classe média ao maior número de filhos, enquanto oposto ao valor atribuído à poupança ou à aquisição de bens de consumo. Só mais tarde, acudiu-nos o pensamento de que se poderia ver na própria opção por mais filhos, em vez de mais economia ou luxo, uma demonstração de mudança, no sentido do afastamento do consumo conspícuo e rumo a um elevado valor das relações pessoais, que nós (ao lado de Parsons e Withe) consideramos como uma distinção

---

(15) Muitos etnógrafos e estudiosos da sociedade camponesa ressaltaram a enorme variedade de culturas que compartilham as características de não-letradas e altos índices de natalidade e mortalidade. Qualquer leitor de informes etnográficos poderá por si só apresentar uma amostra. Em *A Multidão Solitária*, entretanto, o conceito de direção traditiva foi de utilidade primordial como plano de fundo metafórico, preparando o cenário para aquilo que denominados "a luta caracterológica" entre introdireção e alterdireção.

marcante entre os americanos orientais no sentido externo de Tocqueville e Veblen, e seus descendentes de hoje, internamente mais vibrantes e mais "suaves". Seja como for, em 1949 achávamos que não deveríamos tentar no último instante levar em conta a mencionada controvérsia, porém simplesmente apresentar a hipótese da população como uma idéia interessante, mas não comprovada.

Outro elemento que contribuiu para a nossa decisão de conservar a teoria da população, apesar de nossas próprias dúvidas e dos argumentos convincentes de amigos que leram o manuscrito, residiu no fato de não ser esta essencial para o livro. Com efeito, um dêles, antropólogo, disse: "Não importa quais sejam as taxas reais de natalidade e mortalidade em um país, ou qual seja a sua população real, porém aquilo que as pessoas crêem a respeito: assim, se os romenos julgam contar com a mesma pirâmide populacional que os alemães, isto exercerá uma influência comparável na estrutura do caráter". Entretanto, como afirma corretamente Margaret Mead, pode-se encarar a hipótese demográfica "como escolha, entre possíveis caminhos, para afirmar a importância de tendências históricas em larga escala, tais como o progresso da tecnologia, que se tornam, pelo menos em parte, independentes das peculiaridades caracterológicas dos povos apanhados em seu ímpeto"[16]. Nosso esforço foi o de dizer que existe um mundo real tanto quanto um mundo percebido; entretanto, nosso emprego do ciclo populacional como exemplo desta posição é, provavelmente, menos eficiente do que teria sido a discussão do desenvolvimento econômico, da urbanização e do alargamento da educação.

Não estávamos sugerindo, dever-se-ia compreender, que a forma de uma pirâmide populacional *causava* a emergência de um certo caráter social específico; os desenvolvimentos sociopsicológicos são sempre mediados por instituições. Entretanto, exatamente como comentou Karl Wittfogel (*in Oriental Despotism*), onde a água é escassa, os indivíduos não podem sobreviver sem uma textura social interdependente para preservar a água (enquanto que, se a alimentação for periodicamente escassa, os imperativos são menos inequívocos e prementes), assim, de uma maneira menos incisiva, os padrões de crescimento ou a estabilidade da população tendem a confluir com os padrões societários para atender às exigências dessa fase. No presente, as sociedades tecnologicamente avançadas como a nossa própria, atingiram uma situação de interdependência análoga à dos Hopi, que hão de perecer se não preservarem

---

(16) Vide Margaret Mead, "National Character and the Science of Anthropology" in Lipset e Lowenthal, eds. *Sociology of Culture*.

coletivamente as águas da chuva. Na verdade, o próprio fato dos seres humanos poderem destruir a si mesmos e a sua sociedade, exemplifica por que requisitos ecológicos e tecnológicos podem restringir as alternativas, em cujo âmbito o caráter social é formado, mas nunca podem criar uma sociedade que seja um simples reflexo daquilo que "tem" de ser feito; assim, todas as "sociedades hidráulicas" são cooperativas, mas a cooperação é assegurada por mecanismos e crenças muito diversos entre os Hopi e entre os chineses ou entre os egípcios tradicionais.

Política: os grupos de veto e a elite do poder. A *Multidão Solitária* desenvolveu-se a partir de uma visão crítica da vida pública americana, porém, de uma visão que, ao mesmo tempo, rejeitava muitas interpretações então correntes entre os intelectuais. Estávamos escrevendo em uma época em que o miasma que se instalou no país com a Guerra Fria e a administração Eisenhower ainda não estava à mão; a complacência em relação aos Estados Unidos, combinada ao anticomunismo, não fora incorporada ainda pelo *American Way*. Não era então herético considerar os Estados Unidos como um país governado por alguns grandes homens de negócios e seus paus-mandados e aliados políticos; deve-se lembrar que os seguidores de Henry Wallace, muitos dos quais proclamavam esta opinião, reuniram um milhão de votos, enquanto o Partido Comunista em 1948, apesar de desacreditado entre os intelectuais mais avançados, tinha mais de 50 mil membros e estava apenas começando a perder sua influência no movimento trabalhista. Além do mais, muitos radicais, que viam nos Estados Unidos um país governado por Wall Street, uniram-se a muitos conservadores que não sabiam e nem queriam saber como o país era governado, para considerá-lo um deserto cultural onde algumas figuras isoladas mantinham uma visão pessoal autêntica, em meio à corrupção forjada pelos bens de consumo e meios de comunicação de massa. Os autores de *A Multidão Solitária* e de *Rostos na Multidão* não se sentiam à vontade, nem política nem culturalmente, face aos estilos de vida dominantes nos Estados Unidos, porém era nossa convicção que interpretar o que estava errado por uma combinação de análise marxista de classes e desdém cultural aritocrático era olhar para trás, para uma época que já ia desaparecendo. (O desdém cultural não é necessariamente errôneo por ser aristocrático; mas antes, nosso ponto de vista era que esta visão tradicional deixava escapar elementos criativos da cultura popular americana, conquanto ainda não codificados.) Sem dúvida, nossa impaciência cética surgia, não apenas de uma vívida curiosidade sobre a vida contemporânea, mas também de uma disposição demasiado grande para considerar as interpretações tradicionais como "datadas".

Desta forma, rejeitamos como explicações do mal-estar americano, especialmente entre os mais privilegiados, as queixas usuais sobre o poder e a ganância das classes empresariais, e tampouco pensamos que a superficialidade e a falta de convicção de muitos americanos refletiam apenas a perda de hegemonia de uma tradicional e aristocrática classe superior, ou as violações dos procedimentos democráticos por políticos corruptos. Ao ressaltar a passividade e a melancolia dos americanos, sua obediência a valores insatisfatórios, seguimos na esteira de outros observadores, principalmente Erich Fromm, Karen Horney, Harold Lasswell, C. Wright Mills e John Dollard. Ao dar ênfase a questões culturais e psicológicas, tornamos implicitamente clara a nossa falta de confiança em remédios políticos fáceis, embora, ao instar os indivíduos a "se sentirem livres", tivéssemos atenuado a profundidade de nosso desespero político. Nossa indicação refletia não só falta de lucidez moral, mas também a dúvida genuína acerca de tendências contraditórias na vida americana. Há grande generosidade entre os americanos; há também enorme mesquinharia e estupidez. Tem havido um imenso incremento de abertura, tolerância e empatia — não apenas uma igualdade resultante da inveja e do temor da eminência, mas também de uma resposta mais humana e condescendente; cumpre pesar este incremento diante da passividade política e da moleza pessoal que *A Multidão Solitária* ataca.

A Multidão Solitária é um dos vários livros que nos últimos anos evitaram o dogmatismo e o fanatismo, preferindo a franqueza, o pluralismo e o empirismo. Muitos intelectuais, influenciados por Reinhold Niebuhr ou George Kennan, deram batalha às tendências americanas para o moralismo irreal, com suas implicações de engajamento total na guerra e na política. Nós mesmos, em *A Multidão Solitária,* procuramos indicar, por exemplo, que o caciquismo (*bossism*) político nos Estados Unidos não era inteiramente mau, e, com certeza, não tão mau quanto as tentativas de extirpá-lo totalmente. Assim, também, consideramos os grupos de veto como elementos que fornecem certa compensação à liberdade nos seus interstícios. Falando por mim mesmo, sempre julguei importante pensar simultaneamente em dois níveis: uma área de nível médio de preocupações e possibilidades reformistas, onde se trabalha dentro do sistema dado, e uma área de preocupação utópica de alcance mais longo, com transformações fundamentais. Fundir os dois níveis em um ataque sem compromisso ao *status quo* simplificaria não só a compreensão, como também a ação; e a necessidade, no decorrer dos anos, de resistir à tentação de simplificar foi um elemento na severidade da crítica do fanatismo político, do entusiasmo e indignação moral de *A Multidão Solitária*. O fanatismo não me apraz hoje mais do que antes, quando ele é chamado à defesa desarrazoada de interesses ideológicos estabelecidos, seja em nosso próprio Sul, ou na nação como um todo, seja em enclaves ou países totalitários. Entretanto, foi um erro unir o fanatismo e a espécie de indignação moral, que é um escoamento para o sadismo e o autoritarismo com qualidades aparentemente similares apenas nos que protestam contra a injustiça, a opressão ou a vida desperdiçada. Uma dezena de anos mais tarde, ao final do regime Eisenhower, sentimentos políticos "extremos" são um perigo em alguns setores, mas o medo deles é um perigo em outros, e as devastações que o extremismo pode cometer na vida individual e grupal tornaram-se de um modo quase geral bem reconhecidas. Em sua atitude em relação à política, *A Multidão Solitária* pode ter enfatizado em excesso o periférico e o complexo às custas do óbvio.

Em um plano mais concreto, admitimos, em *A Multidão Solitária*, que as realizações políticas do New Deal — estabilidade social, emprego razoavelmente abundante, direito de organização trabalhista e assim por diante — não seriam revogadas mas seriam, em verdade, prontamente ampliadas. Embora houvéssemos encarado o New Deal como uma fase em que o poder se desloca da Wall Street para os administradores industriais (menos esclarecidos, pensávamos, do que os banqueiros) não considerávamos nem Wall Street nem as grandes empresas como monolíticas; vimos que os Estados Unidos haviam feito, após 1939, a descoberta tácita, porém irreversível, de que uma economia de guerra era uma "cura" politicamente factível para a depressão; daí termos admitido como coisa certa uma economia de abundância, embora sustentada. Tudo isto foi, provavelmente, demasiado complacente. Stimson Bullit ressalta, com razão (em *To Be a Politician*), que o crescimento da classe média em tamanho e em opulência no após-guerra afastou a pobreza residual e desorganizada ainda mais da influência política. Com respeito a todos os perigos demasiado evidentes da economia de guerra, teremos mais a dizer posteriormente.

Entretanto, ao julgar agora *A Multidão Solitária*, deveríamos estar lembrados de que em 1948 a imaginação e a flexibilidade políticas, apesar de raras, ainda podiam ser esperadas razoavelmente. O plano Lilienthal-Baruch para o contröle da energia atômica fora proposto assim como o Plano Marshall. Ambas as iniciativas foram repelida pela União Soviética e isto, sabíamos, evitara que se tornassem motivos de grande controvérsia doméstica, como teria acontecido com qualquer proposta séria de "dar alguma coisa" aos russos. Contudo, os dois planos evidenciavam que homens colocados em altos postos poderiam ter grandes objetivos; e sob o Plano Marshall (quaisquer que fossem os argumentos da Guerra Fria, dissimulados e eventualmente derrotistas, desenvolvidos na sua esteira), o Congresso alocou o dinheiro apenas para a ajuda econômica. Antes da Coréia e de McCarthy ainda era possível discutir a política internacional, naturalmente não sem pressão dos jingoístas, e um relato sobre o Marrocos ou o Paquistão no *Time* ou no *New York Times* era quase invariavelmente "enfocado" em termos de Guerra Fria ou das bases americanas. Não nos havíamos metido ainda, graças à exploração doméstica da luta contra o Comunismo Mundial, no profundo congelamento bipartidário dos últimos dez anos.

Não obstante, mesmo se nos lembrarmos do clima político relativamente menos opressivo e menos amedrontador de 1948, é difícil justificar agora a suposição implícita em *A Multidão Solitária* de que, pelos grupos de veto e pela apatia política da maioria dos americanos, poderíamos considerar algo mais brandamente a fragmentação da força política americana, visto que as tarefas mais importantes de nossa vida nacional eram as do progresso pessoal, da remoção da "privatização" e do desenvolvimento do planejamento urbano. Preocupados com o nosso próprio e desnorteante país, preocupamo-nos apenas marginalmente com a entrada da Ásia, da África e da América Latina na área dominada pelos países europeus (a Índia, em 1948, acabava justamente de se tornar independente em meio a inúmeras chacinas; os comunistas começavam apenas a consolidar sua força numa China desorganizada; o único país industrializado não-ocidental encontrava-se sob ocupação americana; e, salvo a Libéria e a Etiópia, não havia ainda Estados negros africanos independentes, nem perspectiva disto). Tentando descrever o clima moral da abundância americana, *A Multidão Solitária* tratou-o isolado de um mundo que principiava apenas a clamar por benesses iguais, e no qual os americanos mais sensíveis e inteligentes reconheciam a justiça, o realismo e as complexidades da reivindicação.

Estes são temas concernentes ao enfoque do livro, a seu tom e temperamento, porém a polêmica maior, relacionada com a Parte II de *A Multidão Solitária*, tem versado sobre a questão de quem detém o poder; isto é, se, como nós sustentamos, não existe uma clara hierarquia de forças e uma inibição, através de grupos de veto, de uma ação decisiva dos líderes ou se, como argumenta C. Wright Mills, existe uma elite do poder.

O conceito dos grupos de veto é análogo ao do poder compensador (*countervaling power*) desenvolvido no *American Capitalism*, de Galbraith, apesar deste último ser mais vivaz na sugestão de que o poder excessivo tende a provocar sua própria limitação pelo poder oponente, resultando assim em maior liberdade e eqüidade no total (com um ligeiro custo possivelmente em inflação). Os dois livros concordam em que não há uma única elite de poder, coerente e autoconsciente, mas sim um conjunto amorfo de pretensas elites, licitando ou formando alianças. Em *A Multidão Solitária*, argumentamos que semelhante estado de coisas tornava mais fácil sustar do que iniciar uma ação no cenário nacional (localmente havia chefes e elites), resultando daí uma sociedade sem líder, em que as pessoas se afastavam das questões que viessem a ser incontroláveis e incompreensíveis [17].

Não achamos que este panorama geral tenha mudado radicalmente; mudou um pouco, apenas. O Comando Aéreo Estratégico parece-nos dispor de poder consideravelmente maior do que qualquer outro órgão isolado possuía em 1948. Durante algum tempo manteve a Marinha a seu lado (compartilhando a "capacidade" nuclear) e reduziu o Exército a um papel de grupo de veto sem importância, irritante e ocasional. Em aliança com a AEC (Atomic Energy Comission), forçou as audiências de Oppenheimer e silenciou, temporariamente, os oponentes de Teller e de uma política externa de bomba H. Em união com grandes e pequenos contratistas e fornecedores (*contractos*), seus sindicatos e trabalhadores, e "seus" senadores, tornou a economia de guerra tão central para toda a nossa economia que o mercado de ações sobe quando

---

(17) Só em trabalhos mais recentes, traçamos mais claramente a distinção entre atividade "cívica" (ex. preocupações com escolas, zoneamento, parques infantis) e atividade "política" no cenário mais amplo, comentando a atração da esfera "cívica" controlável e visívelmente agradável em face da obscuridade repulsa e polêmica da política. Ver Riesman "Work and Leisure in Post-Industrial America" in Eric Larrabee e Rolf Meyersohn, eds, *Mass Leisure* (Glencoe, Illinois, Free Press, 1958) pp. 363-388.

a Cúpula cai. Muitas destas coisas aconteceram, não porque o SAC (Strategic Air Command) o tivesse planejado desta forma, mas antes porque tem um senso mais claro de sua missão do que outros serviços, porque tem estado sob a chefia de homens de grande dedicação e trabalhado muitas vezes num vácuo de liderança civil. Mesmo assim, o SAC não deixou de ser desafiado. A despeito da ajuda fornecida por provocações e impasses diplomáticos, não foi capaz de persuadir o Presidente Eisenhower a ordenar a prontidão permanente; a despeito de sua enorme influência no Congresso, sentiu-se, periodicamente, como a maioria das pessoas ricas, necessitado de dinheiro. Assim, também, a AEC encontrou forças compensadoras a partir da fonte improvável (se concordarmos com Mills) da comunidade científica; de fato, para Mills, mesmo um invocador zeloso como Teller deve ser um simples ajudante de campo dos altos galões, dos grandes homens de negócios e dos grandes políticos [18]. Refletindo sobre diferentes decisões específicas, desde o fim da Segunda Guerra Mundial, tais como a decisão de não intervir na Indochina, ou a série de decisões quanto à política de desarmamento e à proibição das provas nucleares [19], pensamos que uma porção de gente poderá, muito bem, vir a achar, como nós, que existem poucos grupos coesos, que sabem consistentemente o que querem e o conseguem (conquanto alguns homens do SAC e da AEC tenham metas claras em ponto de mira), mas, antes, um contínuo combate intramuros, baseado não só apenas em rixas pessoais de uma guarda palaciana (também isto), mas outrossim em interesses ideológicos e econômicos divergentes e em diferentes compreensões do mundo e de como enfrentá-lo.

O principal problema, então, de nossa abordagem não repousa no fato de fecharmos os olhos para a existência de uma elite de poder, ou em sermos induzidos pelo que Mills considera como jogo ilusório e perturbador, levado a cabo nos níveis médios do poder, que eram, outrora, os níveis importantes. O que não logramos compreender devidamente foi que o nosso governo é, ao mesmo tempo, demasiado potente, estando apto a ameaçar o mundo intei-

(18) Compartilho das ansiedades que levaram Mills a escrever *The Causes of World War III*, mas não da esperança que vislumbraríamos tênuamente se pensássemos haver alguém na direção capaz de negociar efetivamente, sem receio do que os políticos, que Mills coloca a meio nível, pudessem dizer e das guerrilhas que pudessem mobilizar no interior dos órgãos de atuação (*agencies*) como também do jingoísmo e da belicosidade, fàcilmente suscitados naquilo que Veblen chamou de população subjacente.

(19) Ver, por exemplo, o relato esclarecedor de Saville Davis do *Christian Science Monitor* "Recent Policy-making in the United States Government", *Daedallus* (Outono de 1960) Vol. 89, pp. 951-966.

ro, inclusive os americanos, com o extermínio (e correr o risco deste desfecho com uma série de blefes provocativos), e demasiado impotente em face dos grupos de veto para mover-se no sentido do controle desta ameaça. Assim como nossas cidades ficam indefesas diante dos tratores que anunciam as rodovias, que anunciam, por sua vez, o transporte atravancado e a fuga da cidade, sendo as indústrias automobilísticas o análogo do SAC em tempo de paz — do mesmo modo o nosso governo nacional conseguiu sustentar a linha contra os vendedores concentrados da "defesa", pois, um general, como Presidente, se preocupava profundamente com a paz e era algo menos vulnerável ao temor de ser considerado mole ou apaziguador do que a maioria dos homens públicos, e por causa da feliz complacência e do medo da inflação que ele compartilhava com os reis da Coca-Cola e outros parceiros de golfe, orientados para outros alvos que não a defesa.

Mas, como acabamos de indicar, não há segurança para o cidadão na incoerência do governo e em sua incapacidade de agir. Os grupos de veto, em uma época anterior, forneciam em seus interstícios e choques algumas áreas de liberdade para o indivíduo. Agora, porém, a relativa falta de defesa do governo exerce freqüentemente o efeito de levar os cidadãos a sentirem-se antes mais do que menos indefesos. Quando um homem pode dar a ordem ou cometer o erro que dizimará o planeta, então o poder compensador não funciona melhor do que o tradicional equilíbrio do poder constitucional. O *fait accompli* do grupo estrategicamente colocado — em geral funcionários ou oficiais subordinados que não detêm necessariamente os "postos de comando" — pode substituir os políticos democráticos. Nesta situação, muitos homens vêem num fortalecido Executivo nacional a única saída, mesmo que um de seus resultados seja o aumento do próprio nacionalismo e chauvinismo, que contribuem para a anarquia internacional, e a probabilidade de uma guerra total ou quase total.

O nacionalismo, entretanto, em seu aspecto criativo, como fonte de sentimento de orgulho e eficácia em sobrepujar o tribalismo, ou ainda em sua fase de rigidez cadavérica entre as grandes potências, é mais do que um instrumento manipulado pela elite do poder que, em si própria, permanece separada e imune; as elites são tanto os cativos como os criadores do nacionalismo. O malogro das iniciativas americanas em 1953, quando a morte de Stálin tornou concebível a reaproximação com a União

Soviética, não foi conseqüência de uma decisão tomada por tal elite; as causas são mais profundas e mais sérias.

Quando nos voltamos, por rápido que seja, para estas causas, é que começamos a ver as limitações da análise, em termos de grupos de veto e poder compensador. Porque estes grupos, inteiramente à parte dos interesses econômicos específicos em que se baseiam, são inevitavelmente plasmados em seus modos de perceber e agir pelo clima de uma cultura empresarial. Os velhos valores capitalistas deterioraram-se, segundo as maneiras que *A Multidão Solitária* sugere, mas as instituições por eles moldadas perduram; não há nada para substituí-las. Referimo-nos não apenas à ênfase no lucro individual, do qual os mais sensíveis ou indiferentes escapam, mas também às credenciais pelas quais as instituições sobrevivem e são julgadas. Totalmente à parte das formas de propriedade, uma sociedade industrial nutre determinada inclinação ou impulso psicológico: tende a ser expansionista, de modo que as pessoas se sentem inferiores se "suas" organizações não crescem ou progridem; certos valores mensuráveis, calculáveis, "racionais", são compreendidos, enquanto que outros dificilmente poderão ser formulados, quanto mais defendidos. Aqui novamente, as instituições que homens introdirigidos puseram em movimento parecem agora correr como que por sua própria inércia, barrando com sua simples existência algumas alternativas e, ao mesmo tempo, abrindo outras. Os homens não mais conspiram com entusiasmo para sua própria alienação; amiúde estão um tanto descontentes, falta-lhes porém a convicção de que as coisas poderiam ser feitas de alguma outra forma — e por isso não podem ver, salvo de modo periférico, o que está errado nas coisas como elas são.

Assim, neste momento da história, os homens não podem dar-se o luxo de sentir orgulho e esperança com a liberação da energia atômica, por mais imaginativo e atraente que isto possa parecer a uma época posterior; nem podem os homens sentir orgulho com as instituições industriais, criadas pela ingenuidade e dedicação, instituições que agora não inspiram devoção nem tampouco novas visões daquilo que os homens poderiam fazer. Em sua maior parte os assim chamados líderes são apenas os prisioneiros mais mimados e enfeitados, mas dificilmente menos indefesos. Êles detêm um poder maior do que o resto, mas amiúde sentem-se confusos quanto à maneira de desdobrá-lo. Para enxergar o mundo da mesma maneira uniformemente estéril (como entendemos que Mills argumenta), não é necessário ter freqüentado as mesmas escolas, ter compartilhado dos mesmos interesses econômicos ou ter-se associado aos mesmos clubes. Acreditamos haver, ainda, largas reservas de imaginação e um senso de responsabilidade entre os americanos, porém a ativação política de novos modos de pensamento não pode mais depender da captura da liderança de um grupo inorganizado da não-elite, como base para um movimento político; com o crescimento da afluência, é antes o mal-estar do privilegiado, que o do desprivilegiado, que assume relevância cada vez maior [20].

Em sua própria ênfase, e certamente nas mentes de seus leitores, *A Multidão Solitária* dirigiu a atenção mais para os problemas da "liberdade de" do que para os de "liberdade para". Naturalmente, aqui, não sendo liberais de Manchester, consideramos o Estado como um aliado, não como um inimigo, embora um Estado que os grupos de veto tornaram fraco e impotente. Nós, porém, focalizamos primordialmente as áreas situadas fora da política formal: os grupos de pressão, as exigências circundantes de participação, de agradabilidade, de assentimento emocional e não apenas comportamental. Contribuímos para o temor torturante do conformismo — um temor que confundiu muitas vezes ação cooperativa, no encalço de metas comuns, com aquiescência e valores dúbios, copiados de algum grupo de referência ou aceitos pelo medo de parecer diferente, quer o ponto fosse importante ou não, quer envolvesse questões de princípio ou não.

Uma preocupação inteiramente diversa no livro, isto é, "a privatização", causou muito menos impacto, talvez porque não éramos lidos por aqueles cuja situação insulada os isolava das pessoas e das idéias, ou por serem membros de grupos minoritários, ou por serem mulheres dependentes, ou ainda, pobres ou mais idosos. (Sem dúvida, a privatização declinou à medida que um maior número de mulheres ingressou na força de trabalho, à medida que os agricultores isolados ganharam acesso à cidade e aos meios de comunicação de massa, que a instrução e o lazer difundiam-se.) Enquanto nossa forma de tratar um gregarismo vazio e imposto fazia-se ainda, basicamente, em termos de "liberdade de" (liberdade, no estilo liberal mais antigo, das pressões sociais e, no estilo liberal mais recente, daquelas impostas por corpos "privados"), nossa maneira de tratar a privatização fazia-se em termos de

---

(20) Como discussão adicional, veja David Riesman e Michael Maccoby "An American Crisis: Political Idealism and the Cold War", *New Left Review* (janeiro, 1961), nº 5, pp. 1-12. Reeditado em Marcus Raskin, ed, *The Liberal Papers* (New York, Random House, 1961).

"liberdade para". Ainda assim, seria nosso desejo que pudéssemos ter dito muito mais a respeito do tipo de sociedade em que estes sentimentos individuais de liberdade e eficácia poderiam florescer, da Utopia que convertesse a autonomia não apenas numa realização individual, face ao feitio de nossa vida comum, mas também num incremento da eficácia dessa vida e, portanto, do próprio senso que o indivíduo tem de si.

Os meios de comunicação de massa. Ao tratar dos meios de comunicação de massa, *A Multidão Solitária* refletiu a descoberta de investigadores, particularmente Paul F. Lazarsfeld, de que as campanhas e a propaganda política não obtinham uma vitória fácil e sem consciência sobre os membros isolados e indefesos da massa anônima, porém que grupos e "células" mediavam entre as mensagens vindas dos centros de difusão e os indivíduos, orientando a seleção e a interpretação dèstes últimos. Ressaltamos, por exemplo, como os meios de comunicação de massa operavam na socialização dos jovens, fornecendo-lhes um programa para o grupo cômpar*, assim como materiais efêmeros para "consumirem". E consideramos os próprios controladores dos meios de comunicação como vulneráveis à pressão grupal, levados, por suas aspirações a respeitabilidade, a fazer da política uma parte mais proeminente das notícias do que poderia ditar a estrita atenção à conquista do lucro. Assim, consideramos a comunicação de massa, não como algo que distraísse os americanos de suas tarefas políticas, porém como um convite à política — a bem dizer, um convite grandemente distorcido pelo culto da personalidade e pela atração da audiência por explosões de indignação.

Não estando impressionados com o caráter maciço dos meios de comunicação em campanhas a curto prazo, seja para vender bens, seja para vender idéias — por enxergarmos, também aqui, os grupos de veto e o poder compensador em ação —, concentramo-nos no problema dos efeitos a longo prazo. Indagamos, por exemplo, qual a influência, no clima político dos Estados Unidos, do fato de os meios de comunicação, tanto na qualidade de anunciantes quanto de vendedores de divertimentos e "notícias", apresentarem uma imagem da vida sorridente, tolerante, cortês e (exceto em esportes e política) relativamente sem simulação. Terá isto aumentado a orienta-

(*) Há quem traduza o conceito de peer-group por "grupo de lealdade" ou "grupo de companheiros" (N. dos T.).

ção *inside-dopester* * às custas de um envolvimento mais profundo para uns e de uma indiferença mais acentuada para outros? Qual foi o resultado, para o clima cultural, do fato de os meios de comunicação apresentarem bens de consumo de forma tão atraente, em competição com outros valores menos apregoados — um tema grandemente esclarecido pelo argumento de Galbraith em *The Affluent Society*, segundo o qual o setor privado compete impiedosamente com as necessidades não-anunciadas e bens não-exibíveis do setor público [21]. Qual foi a influência do bombardeio através da ênfase dada pelos meios de comunicação às relações pessoais, na vida emocional e particular dos americanos (enquanto distinta do setor privado), mesmo ou especialmente quando isto era realizado com mais sutileza do que os críticos, embebidos nas tradições da cultura erudita, estavam preparados para reconhecer?

Tanto quanto nos é dado ver, não é mais fácil responder a estas questões agora do que na época em que escrevemos este livro. (O advento da televisão, que chegou precipitadamente, depois que redigimos *A Multidão Solitária*, não levou a estudos pormenorizados das diferenças entre a qualidade da vida grupal anterior e posterior à TV — nada que se compare à investigação recentemente efetuada na Inglaterra por Hilde Himmelweit e seus colaboradores [22].) É obviamente impossível separar com nitidez os meios de comunicação do contexto cultural mais amplo, assim como é impossível separar as mensagens de publicidade nos meios de comunicação das "mensagens" levadas pelos próprios bens, expostos nas lojas, nas ruas e no lar. Acreditamos ainda ser imenso o impacto a longo prazo da comunicação de massa no estilo de percepção, na compreensão (ou, mais amiúde, na incompreensão) da vida, no senso do que significa ser rapaz ou môça, homem ou mulher, ou velho americano — mais importante do que o poder, freqüentemente superestimado, dos meios de comunicação para promover um produto ou um candidato marginalmente diferenciado por sôbre o outro.

(*) *Inside-dopester* ("*o entendido*"), o indivíduo que está por dentro, e cujo nível de informação abrange, de modo perfunctório, diversos centros de interêsse (esportes, política, etc.) (N. dos T.).

(21) Mesmo antes do aparecimento da propaganda, Tocqueville viu os americanos, em parte como Veblen o fêz posteriormente, competindo entre si na corrida pelas posses e na exibição destas. Os americanos estavam prontos para a comunicação de massas, mesmo antes da comunicação de massas estar pronta para êles.

(22) Hilde T. Himmelweit, *Television and the Child*, em colaboração com D. Blumenthal e outros. Publicado para a Nuffield Foundation pela Oxford University Press, 1958.

Mas até neste campo, onde a especulação deve reinar na ausência da comprovação, recusamos em *A Multidão Solitária,* e ainda nos recusamos, a participar do ataque indiscriminado contra os bens simbólicos ordinários transportados pelos meios de comunicação. A enorme quantidade de tempo gasto pela maioria dos americanos com a televisão é apavorante, porém as alternativas anteriores à TV, tais como rodar de carro sem rumo certo, ficar sentado ociosamente, assistir a competições esportivas ou jogar canastra, dificilmente são mais "reais" ou menos consternadoras.

Não obstante, existe certamente o perigo de que *A Multidão Solitária* possa ser lida com um convite para que os intelectuais enveredem pelos cortiços na comunicação de massas e patrocinem mais do que tentem alterar as buscas populares dos semieducados. Apesar disso, cremos que o livro poderá ajudar aqueles que querem reformar a comunicação de massas para tratá-la de uma maneira mais inteligente. Pelo menos, encorajamos as pessoas a distinguir entre as comunicações de massa; e, hoje, salientaríamos que o cinema é menos covarde do que era quando escrevemos, em parte porque derrotado, como o rádio, pela TV, dispõe da relativa liberdade de um pequeno poder. Mesmo na televisão, as redes diferem entre si em seu senso de responsabilidade, e estações individuais têm, algumas vezes, mostrado coragem nos tópicos selecionados para alguns dramas e documentários, ainda que raramente hajam mostrado imaginação no tom do tratamento (um tema que Reuel Denney aborda em *The Astonished Muse*). Além do mais, os grupos de veto operam com potência particular no campo da comunicação de massas, de modo que uma única carta colérica dirigida a uma rede, um patrocinador, um homem do Congresso, pode afetar todo um programa — em geral, adversamente.

Nossa preocupação mais séria em relação aos meios de comunicação de massa, entretanto, não é o seu impacto a longo prazo sobre a cultura, porém, o fato de que a imprensa, as revistas de notícias e, particularmente, as atualidades cinematográficas tornaram-se muito mais etnocêntricas, senão menos provincianas do que em 1948, e, de uma certa forma, "dão mais cobertura" a notícias estrangeiras, ainda que só para sufocá-las nos *slogans* do interesse próprio e na retórica enganosa da Guerra Fria. Nesta perspectiva, somos forçados, pelos acontecimentos e pelo nosso próprio pensamento evolvente, a visualizar os meios de comunicação de massa mais sóbria e menos esperançosamente do que o fizemos ao escrever *A Multidão Solitária*.

Autonomia e Utopia. Numa resenha de *A Multidão Solitária*, Richard L. Meier e Edward C. Banfield escreveram:

Que espécie de pessoa é provável que seja no futuro o homem autônomo em uma sociedade predominantemente alterdirigida? Eis uma questão que os outros tratam com superficialidade. Sugerimos que — se nossos filhos e nossos estudantes servem de algum critério — o novo tipo autônomo será muito afetado pela tremenda quantidade de informação que lhe será acessível, pela rápida atuação compreensiva e pelas instituições relativamente imparciais que poderá usar. Sua relação com a máquina será a de um projetista ou diagnosticador, mas não a de um escravo. Sua lógica será multivalente, amiúde com formulações estatísticas concretas. Quando as probabilidades forem iguais para todas as alternativas, ele escolherá com espontaneidade. Suas lealdades não serão intensas; entretanto, o internacionalismo, como ideal, ser-lhe-á atraente. O jogo da imaginação será mais variado, porém os planos para o futuro serão mais proeminentes (a presente voga da ficção científica pode ser um sintoma disto). Sua visão moral será inquisitiva e pragmática: circunstâncias infelizes levam a ações anti-sociais. O pecado, portanto, terá sido explicado convenientemente quando suas causas forem compreendidas. A ação anti-social, porém, continuará sendo a única coisa que estas personalidades, de outra forma independentes, terão de evitar. O que o consenso estabelecer como bem social, será ainda sagrado [23].

A atitude destes críticos difere acentuadamente da atitude da maioria dos críticos e, tanto quanto podemos dizer com base na correspondência e discussão, dos mais articulados leitores de *A Multidão Solitária*, que, como já se afirmou, tenderam a encarar a introdireção e a autonomia como quase a mesma coisa, e que veriam com horror as fluidas e talvez sobrecarregadas sensibilidades, esperançosamente descortinadas pelos senhores Meier e Banfield. Suponho que, em parte, a confusão criada em muitos leitores entre autonomia e introdireção reflete nossa própria incapacidade de tornar a idéia de autonomia mais vívida e menos formal, de dar-lhe conteúdo, como a introdireção ganhou conteúdo porque o conceito trazia à mente muitos exemplos históricos, disponíveis na experiência de cada um. Além disto, a linha de pensamento

(23) Em *Ethics*, janeiro, 1952.

nostálgico sempre foi forte nos Estados Unidos, apesar das ondas de desenvolvimentismo e de otimismo orientado para o progresso, que muitas vezes têm predominado.

De fato, na década de 1950, como dissemos, parecia, às vezes, que muitos jovens educados divisavam, quanto a si próprios, apenas dois papéis possíveis: o de *organization man* bem "armado" (alterdirigido) e o de *cowboy* bem ferrado (introdirigido); foi neste período que "sentimento de juntidade" * aliou-se a "filantropo"** como termo desdenhoso. Nesta diminuição de alternativas, pequenos gestos de afirmação pessoal — ou a falta solipsista de preocupação pelos outros — muitas vezes se mascaravam de autonomia. A degeneração da individualidade em egocentrismo e excentricidade é uma velha estória americana.

Não estávamos inteiramente cegos para estas possibilidades quando redigimos *A Multidão Solitária* e, ao escrever o último capítulo sobre "Autonomia e Utopia" procuramos modificar a ênfase sobre "a liberdade de" e dar um quadro do relacionamento humano que seria visionário, sem ser demasiado formal ou sentimental. Nossa imaginação não se mostrou à altura da tarefa de inventar uma utopia segundo a linha de nossa análise.

A única nota fortemente utópica que permanece no livro, parece-nos, agora, a menos satisfatória, isto é, a idéia toda de que a autonomia na cultura pós-industrial devia encontrar-se no jogo e lazer, e não no trabalho. Tínhamos razão em concluir que os velhos motivos da subsistência, da fome e do lucro estavam se evaporando. Tínhamos também razão em rejeitar a alternativa de persuadir os operários de que aquilo que eles fazem é significativo, mediante o recurso de torná-lo coisa de convivência íntima e da pseudo-participação evocada em uma família incorporada e feliz. Sem dúvida para muitas pessoas, particularmente para as mulheres, cuja principal preocupação é com a família, um emprego não precisa ser "significativo", desde que as horas de trabalho sejam poucas e convenientes, o transporte não constitua problema e o serviço em si não seja nem exaustivo nem degradante. O centro de gravidade, de seriedade, para muitas pessoas pode encontrar-se, e de fato encontra-se, fora de seu trabalho. Todavia, falhamos completamente na avaliação dos custos desta nova demarcação, não apenas para homens treinados em uma época movida pelo trabalho, mas tam-

(*) *Togetherness* ("sentimento de juntidade"), sentimento de pertinência ao grupo, a seus valores e objetivos. (N. dos T.).
(**) *Do-gooder* ("filantropo"), o indivíduo dado a práticas caritativas, bem intencionado mas ingênuo. (N. dos T.).

bém para seus descendentes em um futuro previsível. Parece-nos justa a crítica que Daniel Bell emitiu a nosso respeito como "profetas da diversão" em *Work and Its Discontents* [24].

Aqui, outra vez, o problema que se nos confronta é o da imaginação, talvez também o da coragem. A alternativa de derivar para o "faz-trabalhar" de um lado e para a diversão, do outro, no caso de milhões de pessoas cujo labor, é claro, não é socialmente vital, constitui uma reorganização tão drástica do trabalho, e, portanto, da sociedade, que nos é difícil encará-la. Não só devemos livrar-nos do trabalho parasita e inútil, mas também, reduzir a escala dos locais de trabalho e converter sua administração num empreendimento conjunto. Pela primeira vez, a riqueza social e o conhecimento organizacional tornam concebível o movimento nesta direção, de modo que o trabalho se torna mais exigente, mais variado, mais participante e menos separado por compartimento da educação e da política. Algo semelhante era o objetivo dos socialistas corporativos; elementos disto podem encontrar-se — a maioria, infelizmente, constitui uma decoração ideológica — nas fábricas iugoslavas; ocorrem prenúncios em algumas *corporations* americanas, tais como a Polaroid. Seja como for, concordamos com Paul Goodman, em *Growing Up Absurd*, no fato de que os homens precisam sentir-se adequados: sujeitar-se a um emprego e depois relacionar-se com a vida através do consumo não basta. De fato, logo compreendemos que a carga lançada sobre o lazer pela desintegração do trabalho é demasiado grande para que se possa enfrentá-la; o lazer em si não é capaz de salvar o trabalho, mas fracassa juntamente com ele, e só poderá ser significativo para a maioria dos homens se o trabalho o for, de maneira que as próprias qualidades por nós procuradas no lazer terão maior probabilidade de se tornarem realidade se a ação política e social travar a batalha, em duas frentes, do trabalho-e-lazer.

A Multidão Solitária tendeu a minimizar as pressões objetivas que estavam dificultando cada vez mais o trabalho para a camada profissional e gerencial, no momento mesmo em que o número de horas era reduzido e as condições penosas eram aliviadas para a declinante proporção de trabalhadores agrícolas, domésticos e de zuarte (*blue collar*). Uma divisão de trabalho dificilmente é ideal quando exige uma semana de 70 horas para médicos,

(24) *Work and Its Discontents* (Boston, Beacon Press, 1956) foi reeditado em Bell, *The End of Ideology* (Glencoe, Illinois, Free Press, 1960) pp. 222-262.

altos diretores (*top executives*) e altos funcionários públicos, com pouca consideração pelo ritmo pessoal de cada um (professores e artistas trabalham em arrancadas não menos longas, porém sob pressão externa um tanto menor), enquanto o resto da população julga o seu trabalho tão monótono e irrelevante que procura diminuir o dia de trabalho e se aposentar bem cedo, se as finanças o permitem [25].

Embora alguns dos críticos mais articulados de *A Multidão Solitária* tivessem atacado a obra como demasiado confiante em relação ao lazer e abundância americanos, existem outros que a criticaram (principalmente, meu colega Talcott Parsons) [26] por acentuar de modo excessivo a alienação do trabalho e da vida familiar quando, como muita prova objetiva indica, tantos aspectos da vida americana foram melhorados. Uma coisa que aconteceu como resultado da própria ordem de mudanças que *A Multidão Solitária* discute é o aumento das expectativas nutridas com respeito à vida por muitos americanos que se elevaram acima da subsistência. Esta é a maneira americana da "revolução das expectativas crescentes" cujo lema é "Se as coisas são boas, por que não são ainda melhores?" Alexis de Tocqueville, em seu livro sobre o *ancien régime*, foi talvez o primeiro observador a perceber que as revoluções ocorriam, não quando as pessoas eram implacavelmente oprimidas, mas sim, quando os níveis de vida se elevavam e a opressão política se tornava algo menos severa; a revolução na Hungria e a reviravolta na Polônia, em 1956, figuram entre os exemplos mais recentes. Kenneth Keniston descreveu recentemente a alienação que se vem espalhando entre muitos jovens americanos privilegiados [27]. Muitos estão em busca de uma causa, em busca de uma tarefa, e alguns procuram-nas fora dos Estados Unidos, raramente, porém, atrás da Cortina de Ferro, mas na Índia, África, Cuba ou Israel. Poderia parecer que os homens não conseguem viver por muito tempo em um mundo estático e sóbrio, drenado de ideologias — um mundo de grupos de vetos e poder compensador, de

(25) Freqüentemente a pressão financeira leva homens com uma semana de trabalho curta a aceitar um segundo emprego, às vezes, até um segundo emprego em tempo integral, como em Akron, porém é a atração do cheque de pagamento e não do trabalho em si que é responsável pelo emprego adicional.

(26) Ver Talcott Parsons, "A Tentative Outline of American Values", manuscrito não-publicado, 1958. Veja também Clyde Kluckhohn, "Has there been a Change in American Values in the Last Generation?", in Elting Morison, ed., *The American Style*: *Essays in Value and Performance*. (New York, Harpers 1958).

(27) Kenneth Keniston, "Alienation and the Decline of Utopia", *American Scholar*, XXIX (Spring, 1960) pp. 1-40.

ganhos modestos e sensatos dentro do sistema; tampouco será de algum efeito para os velhos dizer aos jovens que tentar qualquer coisa de melhor trará consigo malefícios maiores; o medo pode agir como um amortecedor sobre a esperança somente numa sociedade estática ou durante um período curto.

Se hoje, nas sociedades "em desenvolvimento", os homens têm diante de si o objetivo de eliminar a pobreza e a exploração, nas sociedades "superdesenvolvidas", os homens tomam consciência de frustrações mais sutis, de uma alienação mais indireta. Por enquanto, não enxergam a possibilidade de compor um programa político a partir das exigências pessoais de trabalho significativo, relações pessoais autênticas e política externa não-militarista. Apenas no campo das relações raciais, onde a tolerância pode ser praticada individualmente e expressa entre colegas, e, onde a questão é clara, é que os jovens mais sensíveis foram capazes de dar voz e efetividade a seus pontos de vista. No campo da política externa, a tolerância permanece à mercê dos indignados gelados de horror; e muitos americanos não tem ideal melhor do que a volta tresloucada à época de Theodore Roosevelt, imitando tanto a fanfarronice do nosso próprio passado quanto a da União Sovitética — como se fosse possível tornar toda uma nação de novo introdirigida pela interiorização da corrida armamentista sob o rótulo de "fins nacionais". Se eles chegarem a vencer, estará perdida a frágil probabilidade de que a América venha a oferecer ao resto do mundo algumas chaves para o uso da alfabetização e da abundância.

Aqui, encontramo-nos de volta aos limites nacionais ainda que anteriormente, ao discutirmos o caráter social, houvessemos concordado em que o mundo está ficando mais homogêneo, e que os enclaves, nacionais ou regionais, estão fadados a desaparecer, desde que os enclaves existentes não façam desaparecer a todos nós. Entretanto, ao contrário do que muitos saudosistas acreditam, a perda de antigas fronteiras fixas de classe, casta e nação, não significa inevitavelmente aumento de uniformidade no mundo, em termos do desenvolvimento de estilos pessoais de vida. O desaparecimento das diferenças mais exóticas só embaraçará turistas, contanto que as diferenças outrora surgidas entre os homens, devido à sua localização geográfica, possam ser substituídas por diferenças surgidas das ainda inexploradas potencialidades de temperamento, interesse e curiosidade humanos. A preocupação corrente, neste país, com a identidade (notavelmente com o grande impacto do trabalho de Erik H. Erikson) reflete a liberação dos homens do reino da necessidade caracterológica. O poder dos indivíduos para moldar o próprio caráter através de sua seleção modelos e experiências foi sugerido por nosso conceito de autonomia; quando isto ocorre, os homens podem limitar o provincianismo de ter nascido em uma determinada família, num determinado lugar. Para alguns, isto oferece tão-somente uma perspectiva de homens desarraigados e de uma anomia galopante. Para profetas mais esperançosos, laços baseados em um relacionamento consciente poderão substituir, algum dia, os laços de sangue e terra [28].

Agradecimentos

Este livro não seria escrito sem o apoio dispensado pela Comissão de Política Nacional da Universidade de Yale. A Comissão convidou-me a Yale, deu-me completa liberdade de fazer o que quisesse, com quem quisesse e amparou o trabalho com fundos fornecidos pela Carnegie Corporation, a quem devo também meus agradecimentos. Sou particularmente grato a Harold D. Lasswell e a Eugene V. Rostow, atualmente *Dean* da Faculdade de Direito de Yale, os membros da Comissão mais intimamente ligados ao trabalho.

Minha dívida para com meus dois colaboradores é muito grande. Foi com Reuel Denney que comecei, pela primeira vez, a explorar o mundo dos adolescentes, suas predileções em música, literatura, cinema, e assim por diante. A discussão sobre as funções socializadoras e escapistas da literatura, nos capítulos IV, V, VII, e IX, foi tirada em grande parte de memorandos escritos por êle; e o tratamento do trabalho e do lazer na classe média contemporânea, dos capítulos XIV até XVI, baseia-se em suas contribuições e no trabalho de estudantes, que juntos encorajamos no estudo dêsses problemas. Em 1949, Denney colaborou comigo na tarefa de rever e remoldar o manuscrito final. Nathan Glazer trabalhou comigo no primeiro semestre de investigações em Yale, auxiliando no planejamento e execução de nossas entrevistas iniciais e no esclarecimento de nossas reflexões conjuntas sobre a relação em política e estrutura de caráter [29]. Sua curiosidade mental e generosidade de espírito estreitaram nossas relações de colegas. A análise do papel da estrutura de caráter e da história, no capítulo I, da relação entre caráter e política, na

---

(28) Erich Fromm, *The Sane Society* (New York, Rinehart, 1955) p. 362.

(29) Ver Riesman e Glazer, "Criteria for Political Apathy" em Alvin Gouldner ed. *Studies in Leadership* (New York, Harper, 1950).

parte II, e do conceito de autonomia, no cap. XIII, deve muito a rascunhos escritos por ele. Além disso, a condensação da edição original em brochura, publicada por Doubleday e aqui reeditada com ligeiras modificações, foi em grande parte trabalho seu, e o prefácio desta edição revista foi escrito com sua colaboração.

Enquanto escrevíamos este livro, Glazer e eu realizamos também entrevistas com americanos de diferentes idades, de ambos os sexos, de vários estratos sociais, e solicitamos entrevistas com amigos e colaboradores em outras partes do país. Estas entrevistas — que, decididamente, não tínhamos a pretensão que fossem representativas da enorme diversidade dos Estados Unidos, mas sim que fossem sobretudo uma fonte de dados ilustrativos serviram-nos de base apenas em pequena extensão, para com *A Multidão Solitária*. De fato, deve-se ressaltar que este trabalho se fundamenta em nossas experiências de vida nos Estados Unidos, nas pessoas que encontramos, nos empregos que tivemos, nos livros que lemos, nos filmes a que assistimos e na paisagem. Entretanto, o fato de estarmos simultâneamente realizando entrevistas e planejando vários estudos de comunidade, forçou-nos ao esclarecimento e sistematização de nossas idéias, que serviram, então, em certa medida, para orientar o trabalho de entrevista e a análise das entrevistas (algumas das fases posteriores deste trabalho são apresentadas em *Rostos na Multidão*, publicado pela Yale University Press, em 1952). O estudo de uma comunidade em Vermont, rapidamente delineada aqui, foi feito sob a direção de Martin e Margy Meyerson, auxiliados por Rosalie Hankey (atualmente Rosalie Hankey Wax), que também nos proporcionaram muitas entrevistas. Em colaboração com os Meyerson, o Dr. Genevieve Knupfer empreendeu uma série de entrevistas em East Harlem e outros lugares; a codificação destas entrevistas foi efetuada por Rose Laub Coser; Erika Eichhorn (atualmente, Erika Bourguignon) coletou e analisou vários testes de Rorschach, na comunidade de Vermont. Sheila Spaulding auxiliou-nos com uma pesquisa sobre a história americana e sobre a teoria do ciclo da população. Entre os amigos que leram o manuscrito, ou partes dele, quero agradecer especialmente a Lews Dexter. Herman Finer, Erich Fromm, Everett Hughes, Nathan Leites, Evelyn T. Riesman, John R. Seeley, Milton Singer. M. Brewster Smith e Martha Wolfenstein.

D.R.

Cambridge, Massachusetts
Novembro de 1960

Primeira Parte

CARÁTER

1

ALGUNS TIPOS DE CARÁTER E SOCIEDADE

> ...*nem pode o leitor instruído ser ignorante, pois na natureza humana, apesar de aqui reunida sob uma denominação geral, existe tão prodigiosa variedade, que seria mais fácil a um cozinheiro aprender todas as diversas espécies de alimentos animais e vegetais do mundo do que a um autor esgotar um assunto tão extenso.*
>
> Fielding, Tom Jones

> *Eu falo do americano no singular, como senão existissem milhões deles, ao norte e ao sul, a leste e a oeste, de ambos os sexos, de todas as idades, e de várias raças, profissões e religiões. Naturalmente, o americano de quem falo é mítico; todavia, falar por parábolas é inevitável em semelhante assunto e é talvez tanto quanto fazê-lo de maneira franca.*
>
> Santayana, Character and Opinion in the United States

Este é um livro sobre o caráter social e as diferenças do caráter social entre homens de diferentes regiões, eras e grupos. Considera as maneiras em que diferentes tipos de caráter social, uma vez formados no regaço da sociedade, são a seguir desdobrados no trabalho, no jogo, na política e nas atividades pedagógicas da sociedade. Mais particularmente trata do modo pelo qual um tipo de caráter social, que dominou os Estados Unidos no século XIX, está sendo gradualmente substituído por um caráter social de tipo inteiramente diverso. Por que isto aconteceu; como aconteceu; quais são suas conseqüências em algumas áreas importantes da vida: eis o tema deste livro.

O que queremos dizer exatamente, quando falamos de "caráter social"? Não falamos de "personalidade", que na psicologia social corrente é usada para significar o eu total, com seus temperamentos e talentos herdados, seus componentes biológicos e psicológicos, seus atributos evanescentes, assim como os mais ou menos permanentes. Tampouco falamos de "caráter" como tal, que, em um de seus empregos contemporâneos, se refere a apenas uma parte da personalidade — a parte que não é formada pela hereditariedade, porém, pela experiência (não que seja um assunto simples traçar uma linha entre os dois): Caráter, neste sentido, é a organização mais ou menos permanente, social e historicamente condicionada aos impulsos e satisfações do indivíduo — o tipo de "configuração" com o qual ele aborda o mundo e as pessoas.

"Caráter social" é a parte do "caráter" que é compartilhada por grupos significativos e que, como a maioria dos cientistas sociais contemporâneos o definem, é o produto da experiência destes grupos. A noção de caráter social permite-nos falar, como o faço no transcurso deste livro, do caráter de classes, grupos, regiões e nações.

Não pretendo demorar-me sobre as muitas ambigüidades do conceito de caráter social — quer se possa atribuí-lo mais apropriadamente à experiência do que à hereditariedade, quer haja alguma prova empírica de que ele existe realmente, quer mereça ser considerado aqui como mais importante do que os elementos de caráter e personalidade que aglutinam toda a gente, em todo o mundo, ou ainda aqueles que separam cada indivíduo dos demais, mesmo os mais íntimos. A pressuposição de que o caráter social existe sempre foi uma premissa mais ou menos invisível da linguagem corrente e está se tornando, hoje em dia, uma premissa mais ou menos visível das ciências sociais. Conseqüentemente, sob um ou outro nome, será familiar a qualquer dos seus leitores que esteja inteirado dos trabalhos de Erich Fromm, Abram Kardiner, Ruth Benedict, Margaret Mead, Geoffrey Gorer, Karen Horney e muitos outros, que têm escrito sobre o caráter social em geral, u sobre o caráter social de diferentes povos e diferentes épocas.

A maioria destes escritores admite — como eu — que os anos de infância são de grande importância na formação do caráter. Como eu, também a maioria deles concorda que não é possível considerar estes primeiros anos isoladamente da estrutura da sociedade, a qual afeta os pais que educam as crianças bem como as crianças diretamente. Meus colaboradores e eu nos baseamos nessa larga plataforma de concordância, e não pretendemos discutir de que maneira estes escritores diferem entre si e nós deles.

I. *Caráter e Sociedade*

Qual é a relação entre caráter social e sociedade? Como se explica que, aparentemente, toda sociedade consiga, mais ou menos, o caráter social de que "necessita"? Erik H. Erikson, num estudo sobre o caráter social dos índios Yurok, escreve que "... sistemas de treinamento de crianças... representam uma tentativa inconsciente de criar, a partir da matéria-prima humana, aquela configuração de atitudes que é (ou foi) o ótimo, sob as condições naturais particulares e necessidades histórico-econômicas da tribo" [1].

Das necessidades "histórico-econômicas" para os "sistemas de educação de crianças" o salto é longo. Grande parte do trabalho dos estudiosos do caráter social tem sido devotada à tarefa de fechar a brecha e mostrar como a satisfação das maiores "necessidades" da sociedade é preparada, de uma forma um tanto misteriosa, por suas regras mais íntimas. Erich Fromm sugere sucintamente a linha ao longo da qual se pode procurar esta conexão entre sociedade e adestramento de caráter: "Para que qualquer sociedade possa funcionar bem, seus membros devem adquirir o tipo de caráter que faz com que eles *queiram* agir da forma como *têm* de agir, enquanto membros da sociedade ou de uma classe específica em seu seio. Eles têm de *desejar* o que objetivamente é *necessário* que façam. A *força externa* é substituída pela *compulsão interna* e pelo

---

(1) "Observations on the Yurok: Childhood and World Image", *University of California Publications in American Archaelogy and Ethnology*, XXXV (1943), IV.

tipo particular de energia humana que é canalizada para os traços de caráter" [2].

Assim, o elo entre caráter e sociedade — certamente não o único, mas um dos mais significativos, e é o que escolhi para sublinhar nesta discussão — deve encontrar-se na maneira como a sociedade assegura algum grau de conformidade por parte dos indivíduos que a compõem. Em cada sociedade, tal modo de assegurar a conformidade é inserido na criança, sendo depois encorajado ou frustrado na experiência adulta posterior. (Poderia parecer que nenhuma sociedade é, em sua totalidade, bastante presciente para assegurar que o modo de conformidade por ela inculcado satisfará aos que se lhe submetem, em todas as fases da vida.) Empregarei o termo "modo de conformidade", alternativamente com o termo "caráter social" — embora, não há dúvida, a conformidade não seja todo o caráter social: "modo de criatividade" é igualmente parte dêle. Entretanto, enquanto sociedades e indivíduos podem viver assaz bem (apesar de um tanto monotonamente) sem criatividade, não é provável que possam viver sem algum modo de conformidade — mesmo que seja a de rebelião.

Minha preocupação neste livro está ligada a duas revoluções e sua relação com o "modo de conformidade" ou "caráter social" do homem ocidental desde a Idade Média. A primeira dessas revoluções separou-nos, nos últimos quatrocentos anos, de maneira assaz decisiva das formas tradicionais de vida, orientadas para a família e o clã, nos quais a humanidade subsistiu através da maior parte da história; esta Revolução inclui a Renascença, a Reforma, a Contra-Reforma, a Revolução Industrial e as revoluções políticas dos séculos XVII, XVIII e XIX. Esta revolução, é claro, está ainda em processo; porém, nos países mais adiantados do mundo e, particularmente, nos Estados Unidos, está cedendo o passo a outro tipo de revolução — toda uma série de desenvolvimentos sociais associados à mudança de uma era de produção para uma era de consumo.

A primeira revolução, entendemo-la razoavelmente bem; ela está, sob vários rótulos, em nossos textos e em nossa terminologia; este livro não tem nada de novo a contribuir para sua descrição, talvez, porém, contribua com alguma coisa para a sua avaliação. A segunda revolução, que está apenas começando, interessou a muitos

(2) "Individual and Social Origins of Neurosis", *American Sociological Review*, IX (1944), 380; reeditado em *Personality in Nature, Society and Culture*, organizado por Clyde Kluckhohn e Henry Murray (New York, Alfred A. Knopf, 1948).

observadores contemporâneos, inclusive sociólogos, filósofos e jornalistas. Sua descrição e a avaliação são ainda altamente controvertidas; de fato, muitos continuam ainda preocupados com o primeiro conjunto de revoluções e não inventaram as categorias para discutir o segundo conjunto. Tento, neste livro, aguçar o contraste entre, de um lado, condições e caráter naqueles estratos sociais que são, hoje em dia, os mais seriamente afetados pela segunda revolução e, de outro, o contraste entre condições e caráter em estratos análogos durante a revolução anterior; nesta perspectiva, o que é dito sucintamente das sociedades feudal e tradicional, que foram derrotadas pela primeira revolução, o é à guisa de pano de fundo para essas mudanças posteriores.

Uma das categorias a que recorro, procede da demografia, a ciência que lida com índices de natalidade e de mortalidade, com os números absolutos e relativos de pessoas em uma sociedade e sua distribuição por idade, sexo e outras variáveis, pois procuro, tentativamente, ligar, como causa e efeito, certos desenvolvimentos caracterológicos e sociais, com certas transformações populacionais na sociedade ocidental, desde a Idade Média.

Apesar da ausência de cifras dignas de confiança para os séculos anteriores, parece razoavelmente bem estabelecido que, durante este período, a curva de crescimento demográfico nos países ocidentais apresentou uma forma em S de um tipo especial (à medida que outros países são atraídos para dentro da rede da civilização ocidental, sua população também mostra tendência a desenvolver-se segundo a linha desta curva em forma de S). A linha horizontal inferior do S representa a situação em que o total da população não aumenta ou o faz muito lentamente, pois o número de nascimentos iguala, *grosso modo*, o número de mortes, e ambos são muito altos. Em sociedades deste tipo, grande parte da população é jovem, a esperança de vida é baixa e a sucessão das gerações é extremamente rápida. Diz-se que tais sociedades estão na fase de "alto potencial de crescimento", pois, se alguma coisa acontecesse para diminuir a taxa muito elevada de mortalidade (maior produção de alimentos, novas medidas sanitárias, novos conhecimentos sobre causas de doenças e assim por diante), resultaria numa "explosão de população". Com efeito, foi isto que aconteceu no Ocidente, a partir do século XVII. Êste surto da população acentuou-se mais no século XIX, na Europa e nos países colonizados pelos europeus. Está representado pela faixa vertical do S. Os demógrafos o denominam "crescimento de transição", porque a taxa de natalidade começa logo a acompanhar a taxa de mortalidade em seu declínio. A taxa de crescimento passa então a perder velocidade, e os demógrafos principiam a detectar, na crescente proporção do grupo populacional de meia-idade e idoso, os indícios de um terceiro estágio, o do "incipiente declínio de população". Neste estágio, as sociedades são representadas pela faixa horizontal superior do S, indicando novamente, como no primeiro estágio, que o crescimento total da população é pequeno — desta vez, porém, porque os nascimentos e as mortes são poucos.

A curva S não é tanto uma teoria sobre o crescimento da população quanto uma descrição empírica do que aconteceu no Ocidente e nas partes do mundo que sofreram a sua influência. Depois que a curva S percorre sua trajetória, o que sucede? Os desenvolvimentos dos últimos anos nos Estados Unidos e em outros países ocidentais não parecem suscetíveis de um resumo tão simples e elegante. O "incipiente declínio da população" não se converteu no "declínio da população" propriamente dito, e a taxa de natalidade apresentou uma tendência incerta para subir de novo, fato que a maioria dos demógrafos reputa como temporária [3].

Seria muito surpreendente se as variações nas condições básicas de reprodução, subsistência e probabilidade de sobrevivência, isto é, no suprimento e na demanda de seres humanos, com tudo o que isto implica quanto à mudança na administração espacial das pessoas, no tamanho dos mercados, no papel das crianças, no sentimento de vitalidade ou senescência da sociedade e muitos outros imponderáveis, deixassem de influenciar o caráter. Na verdade, minha tese é que cada uma destas três diferentes fases na curva de população parecem estar ocupadas por uma sociedade que impõe a conformidade e modela o caráter social em uma forma definivelmente diferente.

A sociedade de alto potencial de crescimento desenvolve em seus membros típicos um caráter social cuja conformidade é assegurada por sua tendência a seguir a tradição; chamarei esta gente de *traditivo-dirigida* (*tradition-directed*) e a sociedade em que vivem de *sociedade dependente de direção traditiva*.

A sociedade de crescimento populacional de transição desenvolve em seus membros típicos um caráter social

---

(3) A terminologia aqui empregada é a de Frank W. Notestein. Veja o seu trabalho "Population — The Long View" in *Food for the World*, organizado por Theodore W. Schultz (University of Chicago Press, 1945).

cuja conformidade fica assegurada por sua tendência a adquirir desde cedo em sua vida um conjunto interiorizado de metas. A estes chamarei de pessoas *introdirigidas* (*inner-directed*) e a sociedade na qual vivem de *sociedade dependente de introdireção*.

Finalmente, a sociedade de declínio incipiente de população desenvolve em seus membros típicos um caráter social cuja conformidade fica assegurada por sua tendência a sensibilizar-se com as expectativas e preferências dos outros. A estes chamarei de pessoas alterdirigidas (*other-directed*) e a sociedade na qual vivem, de *dependente de alterdireção*.

Quero salientar, entretanto, antes de me envolver numa descrição destes três "tipos ideais" de caráter e sociedade, que não estou interessado aqui em efetuar a análise detalhada que seria necessária, antes que se pudesse provar a existência de um elo entre fase de população e tipo de caráter. Antes, a teoria da curva da população me provê de uma espécie de taquigrafia para referências aos inúmeros elementos institucionais que são também — apesar de o serem, em geral, de modo mais veemente — simbolizados por têrmos tais como "industrialismo", "sociedade de *folk*", "capitalismo monopolista", "racionalização", "urbanização" etc. Conseqüentemente, quando falo aqui de crescimento de transição ou declínio incipiente de população em conjunção com mudanças de caráter e na conformidade, tais frases não devem ser tomadas como explicações inclusivas e mágicas.

Refiro-me tanto ao complexo de fatores institucionais e tecnológicos relacionados — como causa ou efeito — ao desenvolvimento da população, como aos fatos demográficos em si mesmos. Seria quase tão satisfatório, para meus propósitos, dividir as sociedades de acordo com o estágio de desenvolvimento que elas alcançaram. Desta forma, a distinção de Colin Clark entre os setores "primário", "secundário" e "terciário" da economia (o primeiro refere-se à agricultura, caça, pesca e mineração; o segundo, à manufatura; o terceiro, ao comércio, comunicação e serviços) corresponde exatamente à divisão das sociedades com base em características demográficas. Nas sociedades que estão em fase de "elevado potencial de crescimento", o setor "primário" é dominante (por exemplo, a Índia); aquelas que estão em fase de "crescimento de transição", o setor "secundário" é dominante (Rússia); nas que estão em fase de "declínio incipiente" domina o setor "terciário" (Estados Unidos). Naturalmente, nenhuma nação é feita de uma só peça, seja em suas características populacionais ou em sua economia — diferentes grupos e regiões refletem diferentes estágios de desenvolvimento, e o caráter social reflete estas diferenças.

ELEVADO POTENCIAL DE CRESCIMENTO: TIPOS TRADITIVO-DIRIGIDOS

A fase de elevado potencial de crescimento caracteriza mais da metade da população mundial: Índia, Egito e China (que já cresceram muitíssimo nas novas gerações), a maioria dos povos pré-letrados da África Central, partes da América do Sul e Central; na realidade, a maioria das regiões do mundo relativamente inatingidas pela industrialização. Nestas regiões, o índice de mortalidade é tão alto que se o de natalidade não fosse igualmente alto, as populações se extinguiriam.

As regiões que se encontram neste estágio poderão estar ou esparsamente povoadas, como é o caso das áreas ocupadas por diversas tribos primitivas da América Central e do Sul, ou, então, densamente povoadas, como sucede na Índia, China e Egito. Em qualquer dos casos, a sociedade realiza um ajuste malthusiano com o suprimento limitado de alimentação, ao aniquilar de uma ou de outra forma, parte do excedente potencial de natalidade sobre a mortalidade — a enorme armadilha que, na concepção de Malthus, a natureza arma ao homem e da qual ele só pode escapar pacificamente, através do cultivo prudente do solo e, ainda, do mais prudente não-cultivo da espécie através do casamento tardio. Sem a limitação da espécie, por meio da protelação do casamento ou de outras medidas anticoncepcionais, a população deve ser limitada pela privação da vida a sêres humanos. Assim, as sociedades "inventaram" o canibalismo, o abôrto provocado, as guerras organizadas, a prática de sacrifícios humanos, de infaticídios (principalmente femininos), como meios para evitar fomes e epidemias periódicas.

Embora este acerto de contas com os impulsos contraditórios da fome e do sexo seja, freqüentemente, acompanhado de convulsões sociais e sofrimentos, tais sociedades, no estágio de alto potencial de crescimento, tendem a ser estáveis, pelo menos no sentido em que suas práticas sociais, inclusive os "crimes", que mantêm o nível populacional, são institucionalizadas e padronizadas. De geração a geração, as pessoas nascem, são arrancadas e morrem para dar lugar a outras. A taxa líquida de crescimento natural flutua dentro de um largo limite, embora não mostre tendência alguma a longo prazo, o que é válido também para as sociedades no estágio de declínio incipiente. Porém, de modo diverso desta última, a esperança média de vida da primeira é característicamente baixa; a população pende pesadamente para o lado dos jovens, e uma geração substitui a outra de maneira bem mais rápida e menos "eficiente" do que nas sociedades de declínio incipiente de população.

Visualizando tal sociedade, associamos, inevitavelmente, a relativa estabilidade da razão terra-homem, seja alta ou baixa, com a tenacidade do costume e da estrutura social. Entretanto, não devemos equacionar a estabilidade da estrutura social no tempo histórico com a estabilidade psíquica na duração da vida do indivíduo; este poderá, subjetivamente, sofrer muita violência e desorganização. Todavia, em última análise, ele aprende a lidar com a vida por adaptação e não por inovação. Com algumas exceções, a conformidade é dada, em grande parte, na situação social "auto-evidente". É claro que, na vida humana, nada há que seja de fato evidente por si. Onde isto assim se afigura, é porque as percepções foram restringidas pelo condicionamento cultural. Como a precária relação com o suprimento de alimentação é inculcada na cultura corrente, ela ajuda a criar um padrão de conformidade convencional, que se reflete em muitas, senão em todas, as sociedades no estágio de alto potencial de crescimento. A isto eu chamo de direção traditiva.

Uma definição de direção traditiva. Dado que o tipo de ordem social que estivemos discutindo é relativamente imutável, a conformidade do indivíduo tende a refletir sua qualidade de membro de uma certa categoria de idade, clã ou casta; ele aprende a compreender e apreciar padrões que duraram séculos, e que são ligeiramente modificados à medida que as gerações se sucedem. Os relacionamentos importantes da vida poderão ser controlados por uma etiqueta cuidadosa e rígida, aprendida pelos jovens durante os anos de socialização intensiva que culminam com a iniciação na plena participação da vida adulta. Além do mais, a cultura, em acréscimo às suas tarefas econômicas, ou como parte delas, fornece ritual, rotina e religião para ocupar e orientar a todos. Pouca energia é canalizada para a descoberta de novas soluções para os antiqüíssimos problemas, digamos, de técnica agrícola ou medicina, problemas aos quais as pessoas estão aculturadas.

Não se deve pensar, entretanto, que, nestas sociedades, onde as atividades do membro individual são determinadas por uma obediência às tradições caracterologicamente fundamentadas, o indivíduo não possa ser altamente aquilatado e, em muitos casos, encorajado a desenvolver suas capacidades, sua iniciativa e mesmo, dentro de limites de tempo muito estreitos, suas aspirações. Em verdade, em algumas sociedades primitivas, o indivíduo é muito mais apreciado e respeitado do que em alguns setores da sociedade moderna. Pois, numa sociedade dependente da direção traditiva, o indivíduo tem um relacionamento funcional bem definido com os outros membros do grupo. Se não for eliminado, ele "faz parte" — não é "excedente", como os desempregados modernos o são, nem é despendível, como o são os não-qualificados na sociedade moderna. Porém, pela própria virtude do "fazer parte de", as metas da vida que são *suas*, em termos de escolha consciente, parecem moldar seu destino em extensão apenas muito limitada, assim como apenas em extensão muito limitada existe qualquer conceito de progresso para o grupo.

Nas sociedades em que a direção traditiva é o modo dominante de assegurar a conformidade, uma relativa estabilidade é preservada, em parte, pelo processo infreqüente, mas altamente importante, de ajustar a papéis institucionalizados os desviados que porventura existirem. Em tais sociedades a pessoa que poderia tornar-se um inovador ou um rebelde em um estágio histórico posterior, e cuja pertinência como tal é marginal e problemática, é puxada, ao invés, para papéis que fazem uma contribuição socialmente aceitável, enquanto que, concomitantemente, proporcionam ao indivíduo um nicho mais ou menos aprovado. As ordens monásticas medievais talvez tenham servido de modo semelhante para absorver muitas "mutações" caracterológicas.

Em algumas destas sociedades, certos indivíduos eram encorajados a um certo grau de individualidade desde a infância, especialmente quando pertenciam a famílias de alto *status*. Mas, já que o âmbito de escolha, mesmo para gente de *status* elevado, é mínimo, a necessidade social manifesta de um tipo individualizado de caráter também é mínima. Provavelmente é certo dizer que a estrutura de caráter nestas sociedades é, em grande parte, "ajustada", no sentido em que, para a maioria das pessoas, ela parece harmonizar-se com as instituições sociais. Mesmo os poucos desajustados "ajustam-se" num certo grau; muito raramente alguém é expulso de seu mundo social.

Isto não significa, é claro, que as pessoas sejam felizes; a sociedade a cujas tradições se acham ajustadas poderá ser desditosa, obsedada pela ansiedade, pelo sadismo ou mesmo pela doença. A questão é que, de certo modo, a mudança, embora jamais esteja completamente ausente dos negócios humanos, é retardada, como o é o movimento das moléculas a baixa temperatura; e o caráter social chega mais do que nunca a tomar a aparência da matriz das próprias formas sociais.

Na história do Ocidente, pode-se considerar a Idade Média como um período no qual a maioria era traditivo--dirigida. Mas o termo "traditivo-dirigido" refere-se a um elemento comum, não apenas entre o povo da Europa pré-capitalista, mas também entre tipos de povos enormemente diferentes, como os hindus e os índios Hopi, Zulus e chineses, árabes-africanos e balineses. É um conforto apoiar-se nos muitos escritores que encontraram uma unidade similar na diversidade, uma unidade que eles expressam em termos tais como "sociedade de *folk*" (em oposição à "civilização"), "sociedade de *status*" (em oposição à "sociedade de contrato"), *Gemeinschaft* ("comunidade") em oposição a *Gesellschaft* ("sociedade") e assim por diante. Por diferentes que sejam as sociedades consideradas nesses termos, as sociedades de *folk*, de *status* e comunitárias assemelham-se em sua relativa lentidão de mudança, sua dependência na organização de famílias e de parentesco e — em comparação com épocas mais recentes — sua apertada tessitura de valores. E, como agora é em geral reconhecido pelos estudiosos, o alto índice de natalidade das sociedades em estágio de elevado potencial de crescimento não é apenas o resultado da falta de conhecimentos e técnicas anticoncepcionais. Todo um estilo de vida — uma perspectiva a respeito do acaso, dos filhos, do lugar da mulher, da sexualidade, do próprio significado da existência — é a base da distinção entre sociedades nas quais se permite à fertilidade humana tomar o seu curso e o seu tributo e aquelas que preferem pagar outras espécies de tributos para baixar a fertilidade por cautela e, compreensivelmente, como Freud e outros observadores sugeriram, por declínio da própria energia sexual.

CRESCIMENTO DE TRANSIÇÃO: TIPOS INTRODIRIGIDOS

Exceto no que diz respeito ao Ocidente, sabemos muito pouco a respeito da acumulação de pequenas mudanças que podem resultar num rompimento do tipo de sociedade traditivo-dirigida. No que tange ao Ocidente, entretanto, aprendeu-se muito sobre a lenta decadência do feudalismo e o subseqüente surgimento de um tipo de sociedade na qual a introdireção é o modo dominante de assegurar a conformidade.

Historiadores críticos, ao empurrar a Renascença cada vez mais para a Idade Média, parecem negar, algumas vezes, que qualquer mudança decisiva tenha ocorrido em geral. Entretanto, no conjunto, parece que a maior alteração caracterológica e social dos últimos séculos sobreveio, de fato, quando os homens foram expulsos dos laços primários que os prendiam à versão medieval ocidental da sociedade traditivo-dirigida. Todas as mudanças posteriores, inclusive da introdireção para a alterdireção, parecem desimportantes em comparação, conquanto esta última mudança esteja, naturalmente, ainda em curso e não possamos dizer como se apresentará quando estiver completa — se isto acontecer.

Uma mudança na proporção relativamente estável dos nascimentos e mortes, que caracteriza o período de alto potencial de crescimento, é, ao mesmo tempo, causa e conseqüência de outras mudanças sociais profundas. Na maioria dos casos de nosso conhecimento, o declínio da mortalidade ocorre antes do declínio da fertilidade; daí haver um certo período no qual a população se expande rapidamente. A queda do índice de mortalidade verifica-se como resultado da interação de muitos fatores, entre os quais o saneamento, a melhoria de comunicações (que permitem ao governo operar em área mais ampla e também facilitam o transporte de alimentos de áreas com excedentes para áreas de carência), o declínio, forçado ou de outro tipo, de infanticídios, canibalismos e de outras espécies congênitas de violência. Em virtude dos métodos aperfeiçoados de agricultura, a terra é capaz de sustentar maior número de pessoas e estas, por sua vez, proliferam ainda mais.

A expressão de Notestein "crescimento de transição" é uma forma suave de colocar a questão. A "transição" tenderá provavelmente a ser violenta, interrompendo os caminhos estabilizados da existência nas sociedades em que a direção traditiva tenha sido a forma principal de assegurar a conformidade. O desequilíbrio entre natalidade e mortalidade lança uma pressão sobre os modos habituais da sociedade. Uma nova e severa revisão das estruturas de caráter é requerida ou encontra sua oportunidade ao medir-se com as rápidas mudanças — e há necessidade de mais mudanças ainda — na organização social.

Uma definição de introdireção. Na história do Ocidente, a sociedade que emergiu com a Renascença e a Reforma e que só agora está desaparecendo, serve para ilustrar o tipo de sociedade na qual a introdireção é a forma principal de assegurar a conformidade. Tal sociedade caracteriza-se por crescente mobilidade pessoal, por rápido acúmulo de capital (conjugada com mudanças tecnológicas devastadoras) e por uma *expansão* quase constante: expansão intensiva na produção de bens e pessoas e extensiva na exploração, colonização e imperialismo. As grandes escolhas que esta sociedade proporciona — e as grandes iniciativas que ela exige para enfrentar seus novos problemas — são manipuladas por tipos de caráter que conseguem viver socialmente sem direção traditiva estrita e evidente por si só. Estes são os tipos introdirigidos.

O conceito de introdireção pretende cobrir uma série muito ampla de tipos. Assim, embora seja essencial para o estudo de certos problemas distinguir países protestantes de países católicos e seus tipos de caráter, diferenciar os efeitos da Reforma dos da Renascença, a ética puritana dos europeus do norte e o oeste e a ética mais hedonista dos europeus do leste e sul, embora todas essas distinções sejam válidas e importantes para certas finalidades, a concentração deste estudo no desenvolvimento de modos de conformidade permite desprezá-las. Admite que se agrupem num conjunto estas transformações, de outro modo diversas, porque elas têm uma coisa em comum: *a fonte da direção para o indivíduo é "interior" no sentido de que é implantada pelos mais velhos logo cedo na vida e dirigida para metas generalizadas, mas de nenhum modo menos inevitavelmente predestinadas.*

Podemos ver o que isto significa quando compreendemos que, em sociedades onde a direção traditiva é o modo dominante de assegurar a conformidade, a atenção está focalizada na obtenção de estrita conformidade em palavras e ações geralmente observáveis, isto é, comportamento. Quando o comportamento é minuciosamente prescrito, uma individualidade de caráter não precisa ser altamente desenvolvida para ir de encontro às prescrições que são objetivadas em ritual e etiqueta — embora, na verdade, seja requisito um caráter social *capaz* de semelhante atenção e obediência comportamental. Por contraste, as sociedades onde a introdireção se torna importante, conquanto estejam também preocupadas com a conformidade comportamental, não podem satisfazer-se apenas com a conformidade de comportamento. Situações novas demasiado numerosas são apresentadas, situações que um código não pode abranger com antecedência. Conseqüentemente, o problema da escolha pessoal, resolvido no período anterior de grande potencial de crescimento pela canalização da escolha através da rígida organização social, é solucionado, no período de crescimento transicional, pela canalização da escolha através de um caráter rígido, porém altamente individualizado.

Esta rigidez é uma questão complexa. Embora qualquer sociedade dependente de introdireção pareça proporcionar às pessoas uma ampla escolha de metas — tais como dinheiro, posses, poder, conhecimento, fama, bondade, — tais metas relacionam-se ideologicamente, e a seleção feita por qualquer indivíduo permanece relativamente inalterada no transcurso de sua vida. Além do mais, os meios que levam a estes fins, apesar de não se adequarem a um quadro tão estreito de referência social quanto o da sociedade dependente da direção traditiva, são, não obstante, limitados pelas novas associações voluntárias — como, por exemplo, os Quacres, os Mações, as Associações de Artífices — às quais as pessoas se ligam. Em verdade, o termo direção traditiva poderia ser enganoso se o leitor fosse concluir que a força da tradição não tem importância para o caráter introdirigido. Pelo contrário, ele está, de maneira muito ponderável, preso às tradições. Estas limitam seus fins e inibem sua escolha dos meios. O problema é que ocorre um estilhaçamento da tradição, fato que se conecta parcialmente com a crescente divisão do trabalho e a estratificação da sociedade. Mesmo que a escolha da tradição pelo indivíduo seja, em grande parte, determinada por sua família, como acontece na maioria dos casos, ele não pode deixar de tomar conhecimento da existência da tradição competidora — portanto, da tradição como tal. Como resultado, possuirá um grau algo mais alto de flexibilidade na adaptação às exigências sempre cambiantes e, em troca, exigirá mais do meio que o envolve.

Quando o controle do grupo primário afrouxa — grupo que ao mesmo tempo socializa o jovem e controla o adulto na era anterior — "inventa-se" um novo mecanismo psicológico apropriado à sociedade mais aberta: é o que eu gosto de descrever como um giroscópio psicológico [4]. Este instrumento, uma vez instalado pelos pais e outras autoridades, mantém a pessoa introdirigida, como veremos, "na rota", mesmo quando a tradição, tal como seu caráter a ela responde, não lhe dita mais os movimentos. A pessoa introdirigida torna-se capaz de manter um delicado equilíbrio entre as demandas que lhe fazem e o objetivo de vida e os golpes de seu meio externo.

(4) Depois que escrevi o que está acima exposto, descobri o uso que Gardner Murphy faz da mesma metáfora em seu livro *Personality* (New York, Harper, 1947)

Esta metáfora do giroscópio, como qualquer outra, não deve ser entendida literalmente. Seria um erro considerar o homem introdirigido como incapaz de aprender pela experiência ou como insensível à opinião pública em assuntos de conformidade externa. Ele é capaz de receber e utilizar certos sinais de fora, contanto que sejam conciliáveis com a limitada maneabilidade que seu giroscópio lhe permite. Seu piloto não é totalmente automático.

The Waning of the Middle Ages (O Declínio da Idade Média), de Huizinga, dá um quadro da angústia e do turbilhão, do conflito de valores, das quais novas formas emergiram lentamente. Já nos fins da Idade Média, as pessoas foram forçadas a viver sob novas condições de consciência. À medida que sua autoconsciência e individualidade se desenvolviam, viram-se obrigadas a pôr-se à vontade no mundo, de novas maneiras. Ainda o são.

O DECLÍNIO INCIPIENTE DE POPULAÇÃO:
OS TIPOS ALTERDIRIGIDOS

O problema com que se deparam as sociedades no estágio de crescimento de transição é o de atingir um ponto no qual os recursos se tornam suficientemente abundantes ou são utilizados assaz efetivamente para permitirem um rápido acúmulo de capital. Este rápido acúmulo tem de ser alcançado ainda enquanto o produto social está ganhando terreno num ritmo acelerado para manter a população crescente e para satisfazer as exigências do consumo que acompanham o estilo de vida já adotado. Para a maioria dos países, qualquer esforço a fim de incrementar os recursos nacionais num passo acelerado ocorrerá, em verdade, forçosamente em prejuízo dos padrões vigentes de vida, a menos que seja possível importar capital e técnicas de outros países em fases ainda mais ulteriores da curva da população. É o que ocorre na U.R.S.S. atualmente, em estágio de crescimento transicional. Para a Europa Ocidental esta transição foi prolongada e penosa. Para os Estados Unidos, Canadá e Austrália — beneficiários imediatos das técnicas européias e dos recursos nativos — a transição foi rápida e relativamente fácil.

A pessoa traditivo-dirigida, como foi dito, dificilmente pensa em si como indivíduo. Ocorre-lhe ainda menos que possa moldar seu próprio destino em termos de metas duradouras e pessoais, ou que o destino de seus filhos possa separar-se do destino do grupo familial. Ela não está suficientemente separada, do ponto de vista psicológico, de si mesma (ou, portanto, suficientemente perto de si mesma), de sua família ou do grupo para pensar nestes termos. Entretanto, na fase do crescimento transicional, as pessoas de caráter introdirigido adquirem inclusive uma sensação de controle sobre suas próprias vidas e vêem seus filhos também como indivíduos com carreiras a fazer. Ao mesmo tempo, com a mudança decorrente do abandono da agricultura e, posteriormente, com o fim do trabalho infantil, as crianças não mais se tornam um inequívoco haver econômico. Com o desenvolvimento de hábitos de pensamento científico, os pontos de vista mágicos e religiosos da fertilidade humana — pontos de vista que, numa fase anterior da curva populacional, faziam sentido para a cultura, se esta quisesse reproduzir-se — cedem o passo a atitudes "racionais", individualistas. Na verdade, assim como o rápido acúmulo de capital produtivo requer que essas pessoas estejam imbuídas da "ética protestante" (como Max Weber caracterizou uma manifestação daquilo que aqui é designado por introdireção), da mesma forma, o número decrescente da prole requer uma profunda mudança nos valores — tão profunda que, com toda a probabilidade, precisa estar enraizada na estrutura do caráter.

Quando a taxa de natalidade começa a acompanhar a de mortalidade no seu decréscimo, as sociedades encaminham-se para o período do declínio incipiente de população. Um número cada vez menor de pessoas trabalha no campo, na indústria extrativa e até na manufatura. As horas de serviço são poucas. As pessoas poderão ter, além disso, abundância material e lazer. Entretanto, elas pagam por essas mudanças — aqui, como sempre, a solução de velhos problemas dá origem a novos — vendo-se inseridas em uma sociedade centralizadora e burocratizada e num mundo contraído e agitado pelo contato — acelerado pela industrialização — de raças, nações e culturas.

A dura resistência e iniciativa dos tipos introdirigidos é, de certa forma, menos necessária nestas novas condições. De modo crescente, as *outras pessoas* é que são o problema, e não o ambiente material. À medida que as pessoas se misturam mais amplamente e se tornam mais sensíveis umas às outras, as tradições subsistentes do estágio de elevado potencial de crescimento — de todo modo muito dilaceradas durante o violento surto de industrialização — tornam-se ainda mais atenuadas. O controle giroscópico não é mais suficientemente flexível, e um novo mecanismo psicológico é requerido.

Além do mais, a "psicologia da escassez" de muitas pessoas introdirigidas, que era socialmente adaptativa durante o período de pesada acumulação de capital que acompanhou o crescimento transicional da população, necessita ceder lugar a uma "psicologia da abundância", capaz de um consumo luxuoso, "desperdiçador", de lazer e do produto excedente. A não ser que as pessoas queiram destruir o produto excedente na guerra, que exige ainda importante equipamento pesado, devem aprender a comprazer-se e a empenhar-se nos serviços dispendiosos em termos de força humana, porém não de capital, como por exemplo a poesia e a filosofia [5]. De fato, no período de declínio incipiente, os consumidores improdutivos, seja o número crescente de velhos e seja o número decrescente de jovens ainda destreinados, constituem uma elevada proporção da população, e estes necessitam, quer a oportunidade econômica para serem pródigos, quer a estrutura de caráter que o permita.

Terá sido essa necessidade, em relação a toda uma outra série de tipos de caráter, reconhecida, realmente, em alguma medida? Minhas observações levaram-me a crer que nos Estados Unidos ela o foi.

Uma definição de alterdireção. O tipo de caráter que descreverei como alterdirigido parece estar aflorando nos últimos anos da alta classe média de nossas maiores cidades: mais proeminentemente em Nova Iorque do que em Boston, mais em Los Angeles do que em Spokane, mais em Cincinnati do que em Chillicothe. Este tipo todavia é, em alguns aspectos, extraordinariamente similar ao americano que Tocqueville e outros visitantes europeus perplexos e curiosos, mesmo antes da Revolução, julgaram constituir um novo tipo de homem. Na verdade, as descrições de viajantes sobre os Estados Unidos impressionam-nos por sua unanimidade. Afirmam que o americano é mais superficial, mais liberal com o seu dinheiro, mais amistoso, mais inseguro de si e de seus valores, mais carente de aprovação do que o europeu. Tudo isto vem a somar-se num padrão que, sem esticar demais as coisas, se assemelha ao tipo de caráter que certo número de cientistas sociais julga estar em desenvolvimento nos Estados Unidos contemporâneo, altamente industrializado e burocrático: o *marketer* (mercadólogo) de Fromm, o *fixer* * de Mills, o "menino da classe média" de Arnold Green [6].

(5) Estes exemplos são dados por Allan G. B. Fischer, *The Clash of Progress and Security* (London, Macmillan, 1935).

(*) O indivíduo que "dá um jeito", por escusas, suborno etc. (N. dos T.).

(6) Veja Erich Fromm, *Man for Himself;* C. Wright Mills, "The Competitive Personality", *Partisan Review*, XIII (1946), 433; Arnold Green, "The Middle Class Male Child and Neurosis", *American Sociological Review*, XI (1946), 31. Ver também o trabalho de Jurgen Ruesch, Martin B. Loeb e colaboradores, sobre "a personalidade infantil".

Tenho a impressão de que o americano da classe média, atual, difere decisivamente dos americanos dos escritos de Tocqueville, os quais, não obstante, nos surpreendem tanto com sua contemporaneidade, e boa parte deste livro destinar-se-á à discussão dessas difcrenças. Tenho também a impressão de que as condições que considero responsáveis pela alterdireção estão afetando um número crescente de indivíduos nos centros metropolitanos dos países industrialmente avançados. Minha análise do caráter alterdirigido é, ao mesmo tempo, uma análise do americano e do homem contemporâneo. Durante muito tempo, achei difícil, ou mesmo impossível, dizer onde termina um e onde começa o outro. Conjeturalmente, estou inclinado a pensar que o tipo alterdirigido se encontra mais à vontade nos Estados Unidos, devido a certos elementos peculiares da sociedade americana, tais como o seu recrutamento europeu e a ausência de qualquer passado feudal. Em compensação, estou também inclinado a dar mais peso ao capitalismo, à industrialização e urbanização — tendências essas internacionais — do que a qualquer peculiaridade formadora de caráter do cenário americano.

Tendo em mente essas restrições, parece-nos apropriado tratar os Estados Unidos metropolitano e contemporâneo como exemplificação de uma sociedade — até o momento, talvez, a única — na qual a alterdireção é o modo dominante de assegurar a conformidade. Seria, porém, prematuro afirmar que este já é o modo predominante nos Estados Unidos como um todo. Mas, como os tipos alterdirigidos são encontradiços entre os jovens, nas cidades maiores, e entre os grupos de renda superior, podemos pressupor que, a não ser que as tendências atuais venham a inverter-se, a hegemonia da alterdireção não está muito longe.

Se quiséssemos fundir nossos tipos de caráter social em moldes de classe social, poderíamos dizer que a introdireção é o caráter típico da "velha" classe média — o banqueiro, o comerciante, o pequeno empresário, o engenheiro tecnicamente orientado etc. — enquanto que a alterdireção está se tornando o caráter da "nova" classe média — o burocrata, o empregado assalariado no domínio dos negócios etc. Muitos dos fatores econômicos associados ao recente crescimento da "nova" classe média são bem conhecidos, e têm sido discutidos por James Burnham, Colin Clark, Peter Drucker e outros. Está havendo um declínio no número e na proporção da população trabalhadora empenhada na produção e na extração — agricultura, indústria pesada, transporte pesado — e um incremento no número e na proporção empenhada em trabalho de escritório e prestação de serviços. Pessoas que são alfabetizadas, educadas e supridas nas necessidades de vida por uma indústria e agricultura mecanizadas, cada vez mais eficientes, voltam-se crescentemente para a esfera econômica "terciária". As indústrias de serviço prosperam entre o povo como um todo e não mais apenas em círculos fechados.

Educação, lazer e serviços caminham conjuntamente com um crescente consumo de palavras e imagens dos novos meios de comunicação de massa. Enquanto que as sociedades na fase de crescimento de transição intensificam o processo de distribuição de palavras a partir dos centros urbanos, o fluxo em questão torna-se uma torrente nas sociedades de declínio incipiente de população. Este processo, apesar de modulado por profundas diferenças de classe e de nacionalidade, ligadas a diferenças de instrução e loquacidade, se produz em toda parte nos países industrializados. Cada vez mais, as relações com o mundo exterior e consigo mesmo são mediadas pelo fluxo das comunicações de massa. Para os tipos alterdirigidos, os acontecimentos políticos são igualmente experimentados através de uma teia de palavras pelas quais os eventos são habitualmente atomizados e personalizados — ou pseudo-personalizados. Para a pessoa introdirigida que continua a existir nesse período, a tendência é antes de sistematizar e moralizar este fluxo de palavras.

Para um grande número de indivíduos tais desenvolvimentos levam a mudanças nos caminhos do êxito e na demanda de comportamento mais "socializado" tanto para o sucesso como para a adaptação pessoal e conjugal. Ligadas a tais mudanças apresentam-se as alterações nos hábitos de família e de educação dos filhos. Nas famílias urbanas menores, e com a expansão da educação "mais livre" para estratos cada vez maiores da população, há um relaxamento dos antigos padrões de disciplina. Sob estes padrões mais novos, o grupo cômpar torna-se muito mais importante para a criança, ao passo que os pais a fazem sentir-se culpada, não tanto pela violação de padrões interiores, como pelo fracasso em ser popular ou conduzir de outra forma suas relações com as demais crianças. Além disso, as pressões da escola e do grupo cômpar são reforçadas e continuadas — de uma maneira cujos paradoxos interiores discutirei posteriormente — pelos meios de comunicação de massa: cinema, rádio, histórias em quadrinhos e veículos de cultura popular em geral. Nestas condições, emergem tipos de caráter que designaremos aqui por alterdirigidos. Boa parte da discussão desenvolvida nos capítulos seguintes será devotada a eles. *O que há de comum entre todas as pessoas alterdirigidas é que seus contemporâneos são a fonte da orientação para o indivíduo - tanto aqueles que lhes são conhecidos, quanto aqueles que elas conhecem indiretamente, através de amigos e dos meios de comunicação de massa. Esta fonte, naturalmente, é "internalizada", no sentido de que se implanta bem cedo no indivíduo a dependência face a ela, para orientação na vida. As metas rumo às quais a pessoa alterdirigida se empenha, mudam com essa orientação: apenas o processo mesmo de empenhar-se e o de prestar muita atenção aos sinais dos outros é que permanecem inalterados através da vida.* Esta forma de se manter em contato com os outros permite uma estreita conformidade de comportamento, não através do exercício do comportamento em si, como no caráter traditivo-dirigido, mas antes através de uma sensibilidade excepcional para com as ações e desejos dos outros.

Por certo, importa muito saber quem são estes "outros": se constituem o círculo mais imediato do indivíduo ou um círculo "superior", ou as vozes anônimas dos meios de comunicação de massa; se o indivíduo teme a hostilidade de relações casuais ou apenas daqueles que "contam". Mas, sua necessidade de obter aprovação e orientação de outrem — e estes contemporâneos mais do que ancestrais — vai além das razões que levam a maioria das pessoas, em qualquer época, a se preocuparem muito com o que os outros pensam delas. Embora toda a gente queira e necessite ser apreciada por algumas pessoas em alguns momentos, apenas os tipos modernos alterdirigidos fazem disto a fonte principal da orientação e a área primordial da sensibilidade [7].

Talvez seja a força insaciável desta necessidade psicológica de aprovação que diferencie as pessoas da alta classe média dos Estados Unidos metropolitano, a quem consideramos como alterdirigidos, dos tipos muito similares que apareceram nas principais cidades e entre outras classes, em períodos históricos anteriores, seja em Cantão imperial ou na Europa nos séculos XVIII e XIX, seja em Atenas, Alexandria ou Roma antigas. Em todos esses grupos, a moda não só imperava como substituta da moral e dos costumes, mas o domínio era o de uma moda rapidamente cambiante. Isto era possível porque, embora os meios de comunicações de massa estivessem ainda em sua

---

(7) Esse quadro da pessoa alterdirigida foi estimulado e desenvolvido pela discussão de Erich Fromm sobre a "orientação mercadológica" em *Man for Himself*, pp. 67-82. Baseei-me também em minha descrição de "The Cash Customer", *Common Sense*, XI (1942), 183.

infância, o grupo correspondente à classe média superior americana era comparativamente pequeno e a estrutura da elite extremamente reverberante. Pode-se argumentar, por exemplo, que um número de *The Spectator*, nos fins do século XVIII, cobria de uma forma mais completa seu público leitor potencial do que *The New Yorker* o faz hoje. Nos romances russos, franceses e ingleses dos séculos XVIII e XIX encontramos retratos dos tipos de pessoas que operavam nas altas esferas burocráticas e tinham de estar preparadas para rápidas mudanças de sinais. Stepan Arkadyevitch Oblonsky, em *Anna Karenina*, constitui um dos exemplos mais estimáveis e menos oportunistas, que impressiona especialmente devido à maneira como Tolstói o contrasta com Levin, criatura moralizante introdirigida. Em todo e qualquer jantar, Stepan demonstra excepcionais habilidades sociais; suas habilidades políticas, como descritas na citação abaixo, são também altamente sociais:

> *"Stepan Arkadyevitch assinava e lia um jornal liberal, não extremista, mas um jornal que advogava os pontos de vista da maioria. E conquanto a ciência, a arte e a política não lhe suscitassem qualquer interesse especial, adotava firmemente, sobre todos os assuntos, aquelas opiniões que eram sustentadas pela maioria e por seu jornal, e somente as alterava quando a maioria o fazia ou, a rigor, ele não as mudava; elas é que, imperceptivelmente, mudavam por si mesmas dentro dele.*
>
> *Stepan Arkadyevitch não tinha escolhido suas opiniões políticas ou suas concepções; estas haviam chegado a ele por si mesmas, da mesma forma como não escolhia o estilo de seus chapéus e paletós, mas simplesmente adotava aqueles que estavam sendo usados. E para ele, vivendo em uma certa sociedade — devido à necessidade, comumente desenvolvida em anos de discrição, de algum grau de atividade mental — ter pontos de vista era tão indispensável quanto ter um chapéu. Se havia uma razão para ele preferir os pontos de vista liberais aos conservadores, que também eram defendidos por muitos de seu círculo, isto provinha não do fato de que considerasse o liberalismo mais racional, mas porque era mais conforme com seu estilo de vida... E assim, o liberalismo tornara-se um hábito de Stepan Arkadyevitch, e êle apreciava seu jornal, tal como o charuto após o jantar, pela ligeira névoa que lhe difundia no cérebro."*

Stepan, embora seu gregarismo complacente o torne parecido com o moderno americano da classe média, não é totalmente alterdirigido. Este gregarismo, sozinho, sem uma certa sensibilidade face aos outros como indivíduos e como fonte de orientação, não é o traço identificador. Assim mesmo, cumpre diferenciar o americano do século XIX — por mais grégario e subserviente à opinião pública que tenha sido considerado por Tocqueville, Bryce e outros — do americano alterdirigido, como ele emerge na atualidade, um americano que em seu caráter é mais capaz e mais interessado de manter um contato receptivo com os outros, quer no trabalho quer no entretenimento. Cumpre ressaltar este ponto, uma vez que a diferença é facilmente confundida. A pessoa introdirigida, embora houvesse procurado amiúde, e algumas vezes conseguido, uma relativa independência da opinião pública e daquilo que os vizinhos pensavam dele, não estava, na maioria dos casos, muito preocupada com a boa reputação e, pelo menos nos Estados Unidos, em não ficar atrás dos seus conhecidos (*the Joneses*). Estas conformidades, entretanto, eram primordialmente externas, tipificadas em detalhes tais como roupas, cortinas, crédito bancário. Pois, de fato, estas eram conformidades a um estalão cuja evidência era fornecida pelo "melhor gente" do círculo da pessoa. Em contraste a estes padrões, o indivíduo alterdirigido, embora esteja de olho nos "Joneses", visa a não ficar atrás destes, não tanto nos detalhes externos, como na qualidade de sua experiência interna. Isto é, sua maior sensibilidade o mantém em contato com os outros em muitos níveis, afora os exteriores da aparência e conveniência. Nenhum ideal de independência ou de confiança em Deus tampouco modifica por si o seu desejo de olhar para os outros — tanto os "bons sujeitos", como a melhor gente — em busca de orientação quanto às experiências a procurar e como interpretá-las.

A comparação dos três tipos. Uma forma de encarar as diferenças estruturais que marcam os três tipos, é a de considerar as diferenças na sanção ou controle emocional em cada tipo.

A pessoa traditivo-dirigida sente o impacto de sua cultura como uma unidade, esta, porém, é mediada por um número específico e diminuto de indivíduos com os quais está em contato diário. Estes esperam não tanto que ela seja um certo tipo de pessoa, mas que se comporte da maneira aprovada. Conseqüentemente, a sanção para o comportamento tende a se constituir no medo de ser *envergonhado*.

A pessoa introdirigida incorporou bem cedo um giroscópio psíquico que é posto em funcionamento por seus pais e poderá, mais tarde, receber sinais de outras autoridades que se assemelham a seus pais. Ela atravessa a vida menos independente do que parece, obedecendo à pilotagem interna. Sair do curso, seja em resposta a impulsos internos seja a vozes flutuantes de contemporâneos, poderá levá-la ao sentimento de *culpa*.

Uma vez que a direção a ser tomada na vida foi aprendida de um pequeno número de guias no recesso do lar, e que princípios, mais do que pormenores de comportamento, são internalizados, a pessoa introdirigida é suscetível de grande estabilidade. É o que se dá, especialmente quando seus companheiros também dispõem de giroscópios, girando com a mesma velocidade e colocados na mesma direção. Porém, muitos indivíduos introdirigidos podem permanecer estáveis mesmo quando não há reforço de aprovação social disponível — como na vida aprumada do inglês de estirpe, isolado nos trópicos.

Contrastada com um tipo assim, a pessoa alterdirigida aprende a reagir a sinais de um círculo muito mais amplo do que o constituído por seus pais. A família não é mais uma unidade estreitamente ligada, à qual pertence, porém, simples parte de um meio social mais amplo, ao qual ele se torna, desde cedo, atento. Sob estes ângulos, a pessoa alterdirigida assemelha-se à traditivo-dirigida: ambas vivem em um meio grupal e falta-lhes a capacidade do introdirigido de arranjar-se sozinho. A natureza deste meio grupal, entretanto, difere radicalmente nos dois casos. O indivíduo alterdirigido é cosmopolita. Para ele, a fronteira entre o familiar e o estranho — uma fronteira claramente demarcada nas sociedades dependentes de direção traditiva — ruiu. Como a família continuamente absorve o estranho e transforma-se, o estranho se torna familiar. Embora o introdirigido pudesse sentir-se "em casa no estrangeiro" em virtude de sua relativa insensibilidade para com os outros, a pessoa alterdirigida está, num certo sentido, à vontade em todos e em nenhum lugar, e é capaz de reagir com todos e de ter com eles uma intimidade rápida mesmo que, às vezes, superficial.

A pessoa traditivo-dirigida recebe seus sinais dos outros, mas esses entram num tom cultural invariante; ela não precisa de um complexo equipamento receptor para captá-los. O indivíduo alterdirigido deve estar apto a receber sinais de perto e de longe; as fontes são várias, as mudanças são rápidas. O que pode ser internalizado, então, não é um código de comportamento, mas o complexo equipamento exigido para atender tais mensagens e, ocasionalmente, participar de sua circulação. Como que contra os controles da culpa e da vergonha, apesar destes sobreviverem, a *ansiedade* difusa constitui-se na principal alavanca do alterdirigido. Este equipamento de controle, ao invés de ser um giroscópio, assemelha-se a um radar [8].

O Caso de Atenas. Seria possível que outras civilizações, tais como os antigos hebreus, gregos e romanos, também se caracterizassem em estágios sucessivos de seu desenvolvimento de subsistência-população como traditivo-dirigidas, introdirigidas e alterdirigidas?

Com toda probabilidade, o tremendo crescimento da população mundial desde mais ou menos 1650 — e por conseguinte a curva S do aumento populacional — é único na história da humanidade e é conseqüência de um tipo totalmente novo (industrializado) de organização social, econômica e tecnológica. Não obstante, o fato de toda sociedade ter alguma forma de organização e alguma "tecnologia", ainda que seja o ritual mais anticientífico, constitui prova de um esforço, mais ou menos bem sucedido, de baixar o índice de mortalidade e melhorar o padrão de vida elevando-o acima da mera existência animal. Um estudo exploratório do Império Ateniense sugere que lá, também, se pode discernir uma correlação entre crescimento de população e caráter social do tipo que descrevemos para o Ocidente recente [9].

Todas as escassas provas possíveis sobre tendências a longo termo do aumento populacional no Império, devem ser derivadas dos pacientes estudos de demógrafos contemporâneos e das observações dos antigos escritores gregos. Os épicos homéricos descrevem uma sociedade frívola na qual a instituição da propriedade privada havia já rompido a traditivo-orientada organização comunal da tribo, da fratria e do clã. Progressos revolucionários no cultivo do solo que se tornou possível graças ao estabelecimento contínuo em um único lugar, elevou o padrão de vida e, como corolário, iniciou uma fase de crescimento da população que deveria prosseguir durante vários séculos. A propriedade privada, o desenvolvimento de uma economia de trocas e a herança patrilinear da propriedade encorajaram a concentração da riqueza e produziram a desigualdade ocial e econômica. Uma nova estratificação social, tríplice, penetrou por entre a organização tradicional e não apenas afrouxou o poder do clã sobre os seus membros, mas também encorajou a aglutinação de indivíduos de igual *status*

---

(8) A metáfora do "radar" foi sugerida por Karl Wittfogel.
(9) A discussão que se segue apóia-se numa monografia inédita de Sheila Spaulding, "Prolegomena to the Study of Athenian Democracy" (Yale Law School Library, 1949).

econômico, oriundos de diferentes tribos e fratrias. As medidas reformistas adotadas por Sólon e outros, nas gerações subseqüentes, indicam claramente que alguns indivíduos e famílias obtiveram muito mais êxito do que outros na consecução das novas metas econômicas do lazer e da riqueza material.

Durante os quinhentos anos ulteriores à fundação do Estado ateniense parece ter existido uma economia de "fronteira", em expansão, baseada, em parte, na exploração dos recursos internos, possibilitada pelo progresso tecnológico e instituição da escravidão e, em larga medida, pela conquista de outros povos e incorporação de suas riquezas à economia doméstica. Poder-se-ia aduzir como indicativas de introdireção durante este período as atitudes cambiantes com relação à família e à educação dos filhos; as leis que aumentavam a liberdade do indivíduo, por exemplo, as reformas significativas que permitiam a livre alienação da propriedade e o início do processo criminal pela "terceira parte"; a multiplicação de oportunidades de emprego rendoso no comércio, agricultura e indústria; o êxodo do campo para a cidade; o entusiasmo pela exploração e conquista e o crescente interesse na especulação filosófica e na ciência.

Por volta do século V, o império ateniense havia atingido o apogeu de seu poderio; os gregos deste período estavam familiarizados com a idéia de surto populacional. Tanto Platão quanto Aristóteles defendiam uma população estacionária. Dois séculos mais tarde, verificamos que o problema sofreu mudança radical e o medo do superpovoamento foi substituído pelo temor do despovoamento. Políbio, escrevendo no século II, declara que a população da Grécia estava desaparecendo devido à prática do infanticídio. Isto, sem dúvida, é um exagero; o infanticídio, como tende a estar atualmente a prevenção da gravidez, estava circunscrito, em grande parte, às classes alta e média-alta. Contudo, indica a tendência para a limitação artificial do tamanho da família e sugere que a população havia atingido o período do declínio não só incipiente, mas real. À medida que uma população em expansão começa a alcançar o seu ponto culminante, observamos o aparecimento de formas sociais que parecem indicar a presença do modo de conformidade alterdirigido.

Por exemplo, a instituição do ostracismo, introduzida como meio de evitar a tirania, tornou-se, no século V, poderosa arma de opinião pública, caprichosamente brandida como meio de assegurar a conformidade do gosto e "reduzir ao devido tamanho" aqueles estadistas, dramaturgos e oradores de habilidades marcadamente superiores. Além disso, o povo produzia uma numerosa ninhada de informantes "que viviam acusando constantemente os melhores e mais influentes homens do Estado, com o objetivo de submetê-los à inveja da multidão". Em *A Inveja dos Deuses e a Lei Criminal em Atenas,* Svend Ranulf investigou meticulosamente a incidência e o desenvolvimento da "tendência desinteressada a infligir castigo", que, baseada em uma ansiedade caracterológica difusa, poderia ser descrita como o antecedente do "grupo cômpa " onipotente.

Tudo isto foi acompanhado de um declínio do dever e respeito introdirigidos para com a esfera política. Apesar da deferência demonstrada por muitos autores para com a "democracia" ateniense do século V, somos surpreendidos pela apatia da população de eleitores. O que antes fora privilégio das classes inferiores, duramente conquistado — a freqüência à *eclesia* ou assembléia popular — converteu-se numa obrigação durante o *demos*. Foram introduzidas várias medidas punitivas para assegurar o quorum; e quando estas falharam, o "direito ao voto" tornou-se um serviço pago, prestado ao Estado.

Aqui, na história do império ateniense, temos uma área na qual análises e investigações mais detalhadas poderiam ser empreendidas de maneira muito fecunda; obviamente, nada fizemos nestas observações além de sugerir certos problemas que seriam de relevância para semelhante pesquisa. Do mesmo modo, os problemas de Roma durante o reinado de Augusto sugerem a emergência e a preponderância do tipo de caráter alterdirigido à medida que a população atingia a fase do declínio incipiente. A importação de uma nova linguagem poética, que legitima a importância dos estados sutis do sentimento pessoal, na obra de influência alexandrina de poetas tais como Catulo e, provavelmente, Galo, poderiam provar deslocamento, nas classes dominantes, no sentido da alterdireção.

Algumas qualificações necessárias. As limitações de linguagem levaram-me a falar como se eu considerasse que as sociedades sempre conseguem produzir a organização social e os tipos de caráter de que necessitam para sobreviver. Tal suposição, alçando a imagem de um corpo separado, "a sociedade", que faz certas exigências às pessoas e testa vários processos, introduziria uma teleologia injustificada na mudança social. O que parece acontecer é que, por mero "acidente", qualquer das várias formas de assegurar a conformidade caracterológica pode existir numa dada sociedade. Aquelas formas que lograram preservar com êxito uma sociedade coerente são transmitidas tão inconscientemente como surgiram; porém, desde que por seu êxito histórico elas se apresentam para estudo e investigação, é como se uma força teleológica, servindo aos interêsses da comunidade, tivesse introduzido o modo bem sucedido — ou razoavelmente bem sucedido — de assegurar conformidade. Todavia, cumpre reconhecer que as sociedades se desintegram e se extinguem, a despeito daquilo que possa configurar-se como métodos bem sucedidos de assegurar a perpetuação do caráter social. Correspondentemente, poderia parecer que as sociedades podem continuar a resistir a enormes tensões e fissuras, a graves incompatibilidades entre o caráter social e as exigências sociais, sem sucumbir à ruína e desorganização totais.

Nem devemos tampouco superestimar o papel do caráter no processo social. Por exemplo, não é explicação suficiente dizer, como o fizeram muitos estudiosos, que o exército alemão se manteve unido porque "os alemães" tinham um caráter autoritário, uma vez que exércitos dos mais variados tipos de caráter se mantêm de fato unidos em dadas condições de combate e suprimento. Nem será possível admitir, como às vezes o admitem avaliadores americanos de testes de aptidão, que certos serviços poderão ser desempenhados com sucesso apenas por uma série estreitamente limitada de tipos de caráter: que precisamos de vendedores e administradores "extrovertidos" e "orais", de químicos e contadores "introvertidos" e "anais". Na realidade, pessoas de tipos radicalmente diferentes conseguem adaptar-se para executar, assaz adequadamente, larga variedade de tarefas complexas. Ou, para dizer em outras palavras a mesma coisa, as instituições sociais podem encilhar uma gama de diferentes motivações, oriundas de diferentes tipos de caráter, para executar os mesmíssimos tipos de trabalhos socialmente exigidos. E isto, no entanto, não quer dizer, por certo, que o caráter seja um mero fator obscuro na história, qual um espírito hegeliano. O caráter afeta o estilo e os custos psíquicos do desempenho de tarefas que parecem quase idênticas, na análise econômica e política. Destarte, somos obrigados a levar em conta a possibilidade de que as pessoas possam ser compelidas a comportar-se de uma certa forma, embora sua estrutura de caráter as pressione a comportar-se de maneira oposta. A sociedade poderá mudar mais rapidamente do que o caráter e vice-versa. De fato, esta disparidade entre o comportamento socialmente exigido e o comportamento caracterológico compatível é uma das principais alavancas da mudança. Afortunadamente não conhecemos nenhuma sociedade, como aquela lùgubremente analisada por Aldous Huxley em *Admirável Mundo Novo,* onde os tipos de caráter social estejam completamente satisfeitos com seus papéis sociais e onde, por conseguinte, com exceção dos acidentes, não existe mudança social.

Finalmente, é preciso ressaltar que os tipos de caráter social são abstrações. A rigor, reportam-se ao ser humano concreto e vivo; porém, para chegar a eles, como vimos no início deste capítulo, é necessário, em primeiro lugar, abstrair do indivíduo real sua "personalidade", depois, abstrair daí o seu "caráter" e, por fim, abstrair deste o elemento comum que forma o "caráter social".

De fato, o leitor perspicaz já terá possivelmente compreendido que, dada a natureza do caso, não pode haver algo como uma sociedade ou uma pessoa inteiramente traditivo-dirigida, introdirigida ou alterdirigida: cada um destes modos de conformidade é universal, e a questão é sempre a do grau de confiança que o indivíduo ou o grupo social depositam em um ou outro dos três mecanismos disponíveis. Assim, todos os seres humanos são introdirigidos, no sentido em que, educados como foram por pessoas mais velhas do que eles próprios, adquiriram e internalizaram algumas orientações permanentes destas pessoas. E, de modo inverso, todos os seres humanos são alterdirigidos, no sentido em que estão orientados para as expectativas de seus pares e para a "situação de campo" (Kurt Lewin) ou para a "definição da situação" (W. I. Thomas), que estes pares ajudam a criar a qualquer momento [10].

Além do mais, já que cada um de nós possui capacidade para cada um dos três modos de conformidade, é possível que um indivíduo passe, durante sua vida, de um grau maior de dependência em relação a uma certa combinação de modos a um grau maior em relação a outra (ainda que mudanças radicais deste tipo, mesmo quando as circunstâncias as encorajam, sejam improváveis). Pois, a menos que os indivíduos sejam completamente loucos — e, em verdade, nunca são *completamente* loucos — eles tanto organizam as deixas no seu meio social, quanto atendem a estas deixas. Assim, se um indivíduo predominantemente alterdirigido fosse colocado em um ambiente sem seus pares, poderia recorrer a outros padrões de orientação. Si-

(10) Com relação a isto, é revelador comparar as concepções do processo de socialização, sustentadas por Freud e por Harry Stack Sullivan. Freud viu o superego como a fonte internalizada das direções da vida moral, construídas à imagem dos temíveis pais e transferidas, posteriormente, aos substitutos dos pais, tais como Deus, o Líder, o Destino. Sullivan não nega que isto aconteça, porém, dá mais ênfase ao papel do grupo compar — o "chapa" (*chum*) e o grupo de companheiros que têm uma importância tão decisiva na socialização da criança norte-americana. A própria insistência de Sullivan na importância das relações interpessoais — que o levou a acreditar, muito mais que Freud, na adaptabilidade dos homens e nas possibilidades de paz social e harmonia — pode, em si mesma, ser considerada como um sintoma da mudança para alterdireção.

milarmente, fica claro que indivíduo algum, e seguramente sociedade alguma, jamais existiu sem um esteio maciço de tradição, por mais que isto possa parecer toldado pelas oscilações da moda.

É importante ressaltar estas superposições dos diversos tipos, em parte, por causa dos juízos de valor que os leitores provavelmente hão de vincular a cada um dos tipos em separado. Visto que a maioria de nós valoriza a independência, tendemos a preferir o tipo introdigido e a esquecer duas coisas. Primeiro, o mecanismo giroscópico permite à pessoa introdirigida parecer muito mais independente do que realmente é: ela não é menos conformista com os grupos do que a pessoa alterdirigida, mas, as vozes que escuta são mais distantes, são de uma geração mais velha, cujas deixas ela internalizou durante a infância. Segundo, como foi indicado há pouco, esse tipo de conformidade é apenas um, conquanto predominante, mecanismo do tipo introdirigido; o último não é caracteristicamente insensível àquilo que seus pares pensam dele, podendo mesmo ser oportunista no mais alto grau. Destarte, um tipo assim não necessita reagir sempre face às outras pessoas como se fossem meros substitutos dos pais. Antes, o que importa é que ele fica algo menos preocupado do que o alterdirigido em obter constantemente de seus contemporâneos (ou seus substitutos: os meios de comunicações de massa) um fluxo de orientação, expectativa e aprovação.

Permitam-me repetir: os tipos de caráter e sociedade tratados neste livro, são *tipos,* não existem na realidade, mas são uma construção baseada numa seleção de certos problemas históricos a serem investigados. Empregando mais tipos, ou subtipos, poder-se-ia levar em conta mais fatos (ou, talvez, os mesmos fatos com menos violência!), porém, meus colaboradores e eu preferimos trabalhar com um mínimo de andaimes; de ponta a ponta, ao tentar descrever, por meio de um conjunto inter-relacionado de características, quer a sociedade quer seus indivíduos típicos, procuramos traços que ligassem os dois e ignoramos aqueles aspectos do comportamento — amiúde marcantes — que não pareciam relevantes para a nossa tarefa.

II. *A Luta Caracterológica*

Podemos retratar alguns dos últimos séculos da história do Ocidente, em termos de uma sucessão gradual de dominância de cada um dos dois últimos tipos. O tipo traditivo-dirigido cede lugar ao introdirigido e este cede lugar ao alterdirigido. As alterações no tipo de sociedade e tipo de caráter não ocorrem, é claro, todas ao mesmo tempo. Assim como dentro de uma cultura dada é possível encontrar grupos que representam todas as fases da curva populacional, do mesmo modo podemos encontrar uma variada adaptação caracterológica em cada fase particular. Essa mistura torna-se ainda mais variada pela migração dos povos, pelo imperialismo e por outros desenvolvimentos históricos que constantemente juntam gente de diferentes estruturas de caráter, gente que "data", metaforicamente, de diferentes pontos da curva populacional.

Esses tipos de caráter, como os estratos geológicos ou arqueológicos, empilham-se, uns sobre os outros, com afloramentos ocasionais de tipos submersos. Um corte transversal da sociedade, em qualquer tempo dado, revela os tipos de caráter, tanto antigos como recentes; os antigos, alterados através da pressão de serem submersos pelos recentes. A direção traditiva parece ser dominante na América Latina, na Europa Meridional agrícola, na Ásia e África. Tipos introdirigidos parecem predominar na zona rural e nas pequenas cidades dos Estados Unidos, Canadá, no Noroeste da Europa e, em certa medida, na Europa Central. Nota-se enérgica campanha com o fito de introduzir o padrão de introdireção na Europa oriental, na Turquia e em certas partes da Ásia. Observa-se também o início do predomínio dos tipos alterdirigidos nos centros metropolitanos dos Estados Unidos e, mais discutivelmente, a sua emergência nas grandes cidades do noroeste da Europa. Este último tipo, o mais recente, está espalhando-se, visivelmente, em áreas onde a introdireção ainda prevalece, assim como esta está difundindo-se em áreas inconquistadas, onde os tipos traditivo-dirigidos ainda perseveram.

Tal modo de ver poderá ajudar-nos a entender as estruturas do caráter norte-americano. Nos Estados Unidos, ainda é possível achar grupos rurais do Sul, negros e brancos pobres, na fase de alto potencial de crescimento — e é aí que procuramos os remanescentes dos tipos traditivo-dirigidos. Similarmente, os imigrantes da América, que vieram de áreas rurais e de pequenas cidades da Europa, transportaram consigo os índices de fertilidade e padrões de caráter para as nossas grandes cidades, bem como para o campo. Em alguns casos, estas pessoas eram e são forçadas, durante a vida, a dar um salto de uma sociedade na qual a direção traditiva era a forma dominante de assegurar a conformidade, para outra em que a alterdireção é a forma dominante. Mais freqüentemente o salto é feito em duas gerações: o camponês converte-se aos modos da introdireção; seus filhos dão, então, o salto para alter-direção.

A mistura de pessoas de diferentes tipos de caráter, da mesma forma como as de diferentes raças e religiões, como resultado da industrialização e colonização, é encontradiça em todas as partes do mundo. Tipos de caráter que poderiam estar bem adaptados à sua situação vêem-se sob pressão de tipos novos e mais bem adaptados. Podem resignar-se a posições subordinadas. Ou poderão sentir-se tentados pelas novas metas que se lhes apresentam à vista e podem mesmo visar a estas metas, sem referência aos meios culturalmente prescritos para as atingir.

Tipos introdirigidos, por exemplo, poderão ser forçados, no meio urbano americano, ao ressentimento e à rebelião. Podem ser incapazes de se adaptar, porque lhes falta o equipamento receptor apropriado para os sinais de radar que, de modo crescente, dirigem a atitude e o comportamento na fase do declínio incipiente de população. É possível que recusem adaptar-se por desaprovação moral daquilo que os sinais transmitem. Ou podem sentir-se desencorajados pelo fato de que os sinais, embora bastante convidativos, não parecem ser endereçados a eles. Isto é verdade, por exemplo, para grupos minoritários, cujo tipo facial ou cor não é aceito para posições de direção ou de administração ou na hierarquia dos valores retratados nos meios de comunicação de massa. A mesma coisa vige para aqueles cuja ancestralidade é adequada, porém, cuja personalidade carece, de formas muito sutis, da exigida flexibilidade e sensibilidade para com os outros.

Estudos sobre os índios americanos fornecem analogias de algumas das coisas que podem acontecer, quando um tipo de caráter mais antigo está sob pressão de outro mais novo. Entre crianças das reservas Sioux, como foram descritas por Erik H. Erikson, parece haver duas reações à cultura dos brancos: uma é resistência ressentida, a outra é o que se poderia denominar de resistência complacente. O comportamento da primeira parece incorrigível para o educador branco; o da segunda, quase insinuante demais, angélica demais. Em ambos os casos, por contar ao menos com a aprovação tácita dos pais e de outros Sioux adultos, a criança preserva alguma coisa da tradição e do caráter Sioux, submeta-se ela ou não abertamente aos brancos. O conflito, entretanto, drena a energia emocional da criança; freqüentemente ela parece preguiçosa. Tanto a resistência quanto a aparente complacência são indiferentes à cultura e à política dos brancos.

Creio que existem milhões de americanos introdirigidos que rejeitam de maneira similar os valores que emanam da dominância crescente dos tipos alterdirigidos. O seu ressentimento pode ser consciente e verbal. Como no caso dos Sioux, esse ressentimento é culturalmente apoiado, tanto pelo pessoal dos velhos tempos (*old-timers*) quanto pela longa memória do passado, que em tudo está presente nas áreas rurais e nas pequenas cidades. Este passado é carreado nos relatos dos velhos e nos editoriais da imprensa rural, não obliterado ainda pelas vistas e sons urbanos. Daí, ser possível ao ressentimento expressar-se e alcançar vitórias locais, sobre os representantes dos tipos alterdirigidos. Não obstante, os "moralizadores", como os denominaremos mais tarde, não se sentem seguros — o peso do mundo urbano exterior está contra eles — e seu ressentimento enrijece até que essas pessoas introdirigidas residuais se tornam pouco mais do que caricaturas de seus antepassados caracterológicos na época de seu domínio.

Um segundo local de resistência e ressentimento situa-se entre os traditivo-dirigidos, hoje em desaparecimento, que iam para os Estados Unidos — emigrantes quer das colônias americanas, Porto Rico, do interior do Sul e, anteriormente, das Filipinas, quer do México, da Itália e do Oriente. Aqui, é mais difícil achar apoio cultural para as resistências do indivíduo à mudança imposta de sinais, chamada "americanização". O branco sulista pobre, ou o negro que se transfere para o norte, não precisa aprender uma língua nova, mas, em geral, está tão desarraigado como os emigrantes do estrangeiro. O vestuário e as maneiras do cafajeste * (*zoot-suiter*) foram um exemplo patético do esforço a fim de combinar modos urbanos polidos com uma recusa ressentida de submeter-se completamente às normas da introdireção, que ainda são a cultura oficial das escolas públicas municipais.

Um estilo similar de ressentimento pode ser encontrado entre os mineiros, madeireiros, rancheiros e alguns operários de indústrias urbanas. O desagrado ativo desses trabalhadores pela cultura dominante é, como em muitas outras sociedades, acompanhado de um sentimento de desprezo másculo pelas maneiras polidas e delicadas da cidade. Esses homens têm suas próprias lendas galhardas, como os Sioux têm estórias de *cowboy* e de seu próprio passado belicoso. Devemos perguntar em que extensão todos estes grupos estão possivelmente desaparecendo, como seus correspondentes Sioux, à medida que a alterdireção se espalha escala social abaixo e para além das áreas

---

(*) De acordo com a moda masculina surgida em 1941, paletó comprido de ombros largos e calça estreita. (N. dos T.).

metropolitanas. Na ausência de uma base familiar, de uma área reservada, esta gente só tem escolha, se de fato houver escolha, entre o desamparo e a rápida aculturação aos valores alterdirigidos.

A "luta caracterológica" desenvolve-se não apenas dentro de um único país e entre os grupos desse país que se situam em pontos diversos na curva do caráter e da população. Países inteiros, na fase do declínio incipiente, também se sentem ameaçados pela pressão da população e expansão de outras nações em fase de crescimento transicional e, mais ainda, pelos imensos países orientais ainda em fase de alto potencial de crescimento. Essas tensões internacionais, atuando num círculo vicioso, ajudam a preservar, nos países de declínio incipiente, os tipos de caráter introdirigidos e sua psicologia da penúria, apropriada à era anterior de crescimento transicional. Assim, a lista de tipos de caráter adequados a uma sociedade de fartura — uma sociedade com a qual os homens sonharam durante séculos — é mantida em inatividade histórica temporária, e o hiato entre estrutura de caráter e potencialidades da estrutura econômica permanece.

É possível assumir diferentes atitudes em relação a este hiato. Uma delas seria a de que não faz muito sentido falar de uma época de abundância, seus tipos de caráter e seus problemas, antecipadamente, porque outra guerra mundial — desta vez entre as duas potências mundiais altamente polarizadas — é possível ou mesmo provável. Ou, poder-se-ia alcançar a mesma conclusão por um caminho diferente, argumentando que, de fato, é imoral, senão politicamente nada prático, discutir a abundância *nos Estados Unidos,* quando a fome e a miséria continuam sendo o destino da maioria dos agricultores do mundo e de muitos dos moradores das cidades. Estas são questões reais. No tocante à primeira, a iminência e a imanência da guerra, gostaria de ressaltar que as nações, como os neuróticos, atraem sobre si, num pequeno grau, os perigos pelos quais estão obcecados, os perigos que, em lugar da verdadeira vitalidade e do crescimento reais, ajudam a estruturar as suas vidas, e isto, embora não dependa obviamente apenas dos Estados Unidos a decisão: guerra ou não. Quanto à segunda questão, parece-me que empregar a miséria mundial como argumento contra a especulação sobre a possível abundância é, em verdade, ajudar a prolongar a própria psicologia da escassez que, originando-se na miséria, a perpetua. Levado ao extremo absurdo, o argumento impediria a liderança nos negócios humanos, a não ser pelos que se acham nas piores condições. Por outro lado, os que estão nas melhores condições podem falhar como modelos, não apenas por repleção, mas também por desespero. Ao contrário da situação prevalecente no século XIX, o pessimismo tornou-se um ópio, e a diminuta probabilidade de que os perigos, que tão obviamente ameaçam o mundo, possam ser evitados, torna-se ainda menor pelo emprego que fazemos destas ameaças, a fim de racionalizar a nossa resignação e ascetismo.

Fundamentalmente, creio que o "quimérico" Godwin estava certo quando, em contraste com seu adversário Malthus, pensava que algum dia seríamos capazes de cultivar em um vaso os alimentos para o mundo. Do ponto de vista tecnológico, nós, a bem dizer, possuímos os vasos.

2

DA MORALIDADE À MORAL: MUDANÇAS NOS AGENTES DE FORMAÇÃO DO CARÁTER

> P. *Você acha que os professores deveriam castigar as crianças por usarem maquilagem?*
> R. *Sim. Eu acho que deveriam puni-las, porém, compreenda, sou uma mãe moderna e, embora seja severa com minhas filhas, ainda sou moderna. Sabe, você não pode castigar demais os filhos, senão começam a pensar que você é má e as outras crianças lhes dizem que você é má.*
>
> De uma entrevista

As curvas populacionais e as estruturas econômicas são apenas parte da ecologia da formação de caráter. Entre estas e o caráter social resultante interpõem-se os agentes de formação do caráter: os pais, os professores, os membros do grupo cômpar e os contadores de estórias (*storytellers*). São ëles os transmissores da herança social, exercendo grande influência sobre as vidas das crianças e, portanto, sobre tôda a sociedade. Isto porque as crianças vivem na onda de vanguarda das sucessivas fases populacionais e são as receptoras, parcialmente plásticas, do caráter social do futuro. Neste capítulo, consideramos o papel cambiante dos pais e professôres na socialização do jovem, em cada uma destas três fases da população. O capítulo III considera a função socializadora do grupo cômpar. O capítulo IV trata das mudanças no papel dos contadores de estórias, ou, como são chamados agora, os meios de comunicação de massa.

Concentrar-nos-emos aqui no deslocamento da introdireção para a alterdireção, como a forma principal de assegurar a conformidade na classe média urbana americana. Entretanto, a perspectiva exige um exame rápido das sociedades nas quais a direção traditiva é a forma principal de assegurar a conformidade; e, uma vez que os tipos traditivo-dirigidos desempenharam um papel dos menores nos Estados Unidos, tomaremos exemplos de sociedades medievais e primitivas. Quando compararmos métodos de socialização, veremos o que é novo nos tipos mais recentes, e, particularmente, o que há de novo na alterdireção.

I. *Mudanças no Papel dos Pais*

Há uma tendência na atual pesquisa social, influenciada como ela é pela psicanálise, de enfatizar em demasia e generalizar em excesso a importância dos primeiros anos de vida na formação do caráter. Mesmo dentro deste primeiro período, deu-se por vezes uma atenção quase tecnológica ao que se poderia chamar de truques do ofício de educar crianças: horários de alimentação e hábitos de higiene. Acontece que o ponto de vista implícito nessa ênfase é, ao mesmo tempo, um juízo de otimismo e desespero. É um modo de ver otimista, porque parece dizer que fáceis mudanças mecânicas naquilo que os pais fazem poderão alterar profundamente o caráter da prole. É pessimista, porque pressupõe que, uma vez que a criança tenha atingido, digamos, o estágio da desmama, a estrutura do seu caráter estará tão formada que, à exceção de uma investigação psiquiátrica intensiva, muito pouco do que acontecer depois resultará em algo mais do que trazer à tona tendências já estabelecidas.

Entretanto, reconhece-se cada vez mais que o caráter pode modificar-se muito depois deste primeiro período, e que agentes culturais, outros que não os pais, podem desempenhar papéis importantes. As culturas diferem largamente, não apenas em sua distribuição dos vários passos da formação do caráter, como também nos agentes em que confiam a cada um dos passos. Cada nova fase histórica na curva populacional é marcada por um aumento na duração da vida e no período de socialização, isto é, o período anterior ao pleno ingresso no papel econômico e social do indivíduo adulto. Ao mesmo tempo, há um aumento na responsabilidade atribuída aos agentes formadores do caráter, fora do lar, do clã ou da aldeia.

O PAPEL DOS PAIS NO ESTÁGIO DA DIREÇÃO TRADITIVA

Nas sociedades que dependem da direção traditiva, as crianças podem ser preparadas desde muito cedo para assumir o papel de adulto. Os papéis do adulto quase não mudam de geração para geração, e, afora o treinamento da perícia manual e técnica, que podem amiúde ser intensivas, a vida adulta exige pouco, em termos de instrução complexa e letrada. As crianças começam a aprender logo de que maneira agir como adultos, simplesmente observando os adultos à sua volta. Na fase de alto potencial de crescimento populacional, há grande número de crianças para imitar um número comparativamente pequeno de modelos adultos. As crianças vivem comumente num vasto cenário familiar. O que os adultos fazem é bastante simples para que as crianças possam aprender, tão simples que, freqüentemente, logram compreendê-lo e imitá-lo, antes que disponham das habilidades físicas necessárias à plena participação. A maturidade social espera pela maturidade biológica. Contudo, os papéis biológicos na vida adulta não se acham, em diferentes casos, muito distantes, pois, havendo pouca inibição do brinquedo e da curiosidade infantil, as crianças sabem o que há para saber sobre sexo e outras funções adultas — ainda que certos segredos cerimoniais possam perdurar, para comprovar a força do adulto e o desamparo da criança.

Os padrões de vida física são fator importante neste ambiente. As casas consistem tipicamente de uma dependência, sem paredes para separar os grupos de idade e suas diferentes funções. Os lares também são, amiúde, unidades econômicas; o homem não sai para o escritório ou para a fábrica — e ele não vai para longe. As pessoas ainda não se mostram tão preocupadas em poupar tempo, a ponto de acharem que os filhos sejam um incômodo; na verdade, eles próprios talvez não se sintam, no fim de contas, tão diferentes das crianças.

Além do mais, as sociedades, na fase de alto potencial de crescimento, caracterizam-se por um grau muito baixo de mobilidade social. Os pais treinam os filhos para que os sucedam, mais do que para bem "sucederem" na vida, ascendendo no sistema social. Dentro de qualquer classe social dada, a sociedade é hierarquizada por idade, de modo que uma pessoa sobe como rolha dentro d'água: é simplesmente uma questão de tempo, e *nela* pouca coisa precisa mudar.

Em tal sociedade os grupos sociais superiores amadurecem quase tão rapidamente quanto os inferiores; os papéis a serem aprendidos pelas crianças, em ambas as posições sociais, diferem apenas levemente em complexidade. Mesmo assim, é provável que ocorra, em um momento histórico anterior, um maior grau de individualização na camada superior do que na inferior, como parece ter sido o caso da Idade Média, quando os nobres, artistas itinerantes e padres estavam amiúde mais próximos da introdireção do que do tipo camponês de direção tradițiva. No entanto, embora o treinamento dos líderes seja, evidentemente, um tanto mais prolongado e suas características mais individualizadas, o jovem, em todos os níveis sociais, toma rapidamente seu lugar no trabalho, nas cerimônias e no papel sexual.

Em suma: a agência mais importante na formação de caráter nas sociedades que dependem de direção traditiva é a família ampliada e o seu clã ou grupo circundante. Os modelos para imitação tendem a ser generalizados em termos do grupo adulto como um todo, mais do que circunscrito aos pais. O que se imita é o comportamento e traços específicos tais como a bravura e a astúcia. A criança em desenvolvimento não se defronta com problemas de escolha muito diversos daqueles que ela viu os pais enfrentarem; e seu crescimento é concebido como um processo de se tornar um intérprete mais amadurecido e, por isso, mais sábio, da tradição.

PAPEL DOS PAIS NO ESTÁGIO DA INTRODIREÇÃO

Caráter e mobilidade social. Encetada a fase de crescimento de transição da curva populacional, abrem-se oportunidades para uma boa dose de mobilidade social e geográfica. As pessoas começam a explorar novas "fronteiras": fronteiras de produção, de colonização, de descobertas intelectuais. Embora isto afete diretamente apenas a alguns, a sociedade, sendo medida pelo grupo primário, não mais proclama inequivocamente o que se deve fazer para estar conforme. Em vez disso, a criança em crescimento toma desde logo conhecimento dos tipos de costumes em competição — as sendas rivais da vida — em cujo âmbito lhe é dado, em princípio, a liberdade de escolher. E conquanto a filiação e a origem social ainda sejam quase determinativas para a maioria das pessoas, o horizonte mais amplo de possibilidades e desejos requer um caráter que possa abraçar objetivos de preferência generalizados e mais abstratamente definidos. Tal caráter deve produzir, por sua própria força de motivação, os meios específicos apropriados para conquistar estas metas gerais.

Na realidade, os objetivos e ideais apresentados às crianças, e exemplificados pelos próprios ideais e objetivos dos pais, diferem, por um lado, do homem confiante e secular da Renascença, exultante em sua individualidade e liberdade das velhas restrições e, por outro lado, do puritano temente a Deus, guiado por sua consciência e ansioso no que diz respeito à salvação [1]. No entanto, ambos os tipos são muitíssimo individuais, ambos são impelidos internamente e são capazes de ação pioneira. Por fim uma sociedade na qual muitos indivíduos são interiormente impelidos — e impelidos para valores, tais como riqueza e poder que, por sua natureza, são limitados — contém em si própria uma dinâmica de mudança, em virtude das próprias forças competitivas que instala. Mesmo aqueles que não cuidam de competir por lugares mais altos são obrigados a fazê-lo a fim de não descerem no sistema social, que se tornou mais aberto e menos graduado em termos de idade e nascimento.

Todas estas tendências são reforçadas, quando os papéis se tornam mais complexos, à medida que a divisão de trabalho progride. O aceleramento da divisão do trabalho significa que um número crescente de crianças não pode mais tomar por modelo os papéis de seus pais. Isto é especialmente verdadeiro quanto ao lado masculino; a mudança caracterológica no Ocidente parece ocorrer primeiro com os homens. Mães e avós podiam, até bem pouco tempo, treinar as filhas para o papel feminino apenas com base na tradição. Assim, um filme recente, *House*

---

(1) Margaret Mead, cuja contribuição a todo este campo tem sido extremamente estimulante, salientou a maneira pela qual o pai protestante transmitiu ao filho o legado de seus próprios irrealizados esforços para viver de acordo com um ideal, e como esta propensão incitou o progresso e a mudança, ainda que a enunciação do ideal, como tal, não se tivesse alterado. Veja por exemplo "Social Change and Cultural Surrogates", *Journal of Educational Sociology*, 14, (1940), 92; reeditado em *Personality in Nature, Society and Culture*, editado por Kluckhohn e Murray, p. 511 e, especialmente, pp. 520-521.

of Strangers, o banqueiro italiano, que, como Giannini ou Ponzi, emerge de um cenário de imigrantes e se afasta do padrão de seu próprio pai, propõe-se metas ambiciosas de poder e de dinheiro, tais como ele acredita serem característicos do verdadeiro americano de nascimento, ao passo que sua esposa é o estereótipo da mulher apegada aos costumes traditivo-dirigidos de seu meio de origem.

Assim, embora os pais, no estágio de crescimento transicional de população, não possam estar seguros de qual será o papel atuante e o estilo de vida adulta dos filhos, tampouco é possível entregar ao acaso e ao oportunismo comportamental a conformidade com aquele papel. Possuir o impulso requerido ao desempenho de papéis exigentes, e cada vez mais exigentes, demanda maior atenção ao treino formal do caráter. Especialmente nos países protestantes o treino do caráter torna-se parte importante da educação, embora isto não signifique, evidentemente, que a maioria dos pais empreenda conscientemente um trabalho de produzir filhos que satisfaçam novas especificações sociais.

A nova situação criada por uma mobilidade social aumentada implica que os filhos tem, freqüentemente, de ser socializados de uma forma tal que não se adaptem aos papéis dos pais, enquanto estão sendo adaptados a papéis ainda não totalmente definidos. Os pombos-correio podem ser ensinados a voar para casa, mas, a criança introdirigida deve ser ensinada a voar em linha reta para longe de casa, com destino desconhecido; naturalmente, muitas tem o destino de Ícaro. Não obstante, a propensão instilada na criança é a de *viver de acordo com os ideais* e de comprovar sua capacidade de andar com as próprias pernas mediante contínuos experimentos de autocontrole — em vez de seguir a tradição.

O treinamento do caráter como tarefa consciente dos pais. Numa sociedade que depende da direção traditiva para obter a conformidade, boa parte do esforço dos pais é aplicada no sentido de evitar que a criança seja uma amolação para o mundo adulto; e esta tarefa é normalmente delegada aos irmãos ou irmãs mais velhos ou a outros adultos. A criança logo aprende que a conformidade comportamental é o preço da paz, e ela aprende a conquistar — ou pelo menos, a não aborrecer os que se acham à sua volta. O progenitor introdirigido, por outro lado, exige mais de seu filho, assim como exige mais de si próprio. Ele pode fazê-lo, porquanto, com o desaparecimento da família de parentesco extenso, é dado ao pai exercer sôbre o filho uma vigilância e contrôle bem mais intensivos e não divididos. Não satisfeito com a mera conformidade de comportamento, tal pai exige uma conformidade de uma espécie mais sutil, a conformidade que evidencia adequação caracterológica e autodisciplina. O puritano, em especial, inspeciona sem parar os filhos, tanto quanto a si mesmo, em busca de sinais de eleição, isto é, de salvação pelo Deus predestinador. E com a secularização, estes sinais são traduzidos em sinais que predizem a mobilidade social — sinais que indicam futura facilidade em "passar", não do inferno para o céu, porém, na hierarquia de posição. De um lado, os pais procuram sinais de falha potencial — esta busca surge, em parte, da culpável e ansiosa preocupação consigo mesmo. Por outro, procuram os sinais de talento — não se pode desperdiçá-lo.

Desta maneira, inicia-se o processo que se nos apresenta de forma extravagante no forçado retrato de infância, de John Stuart Mill, que estudou os clássicos e escreveu longos ensaios, sob a vista zelosa do pai, antes de atingir os dez anos de idade. Mesmo quando os pais tem menos autoconsciência pedagógica do que James Mill, eles podem, de modo inconsciente, impor suas exigências aos filhos, meramente por serem convincentes, tensos e eles próprios demasiado sobrecarregados. De fato, o homem introdirigido é amiúde inteiramente incapaz de estabelecer relacionamentos casuais. De uma parte, está preocupado com seus próprios interesses e, por isso, inquieto no tocante ao desperdício de tempo; de outra, ao não desperdiçar tempo, evita a ansiosa preocupação consigo próprio. Além disso, sua relação com as pessoas, inclusive com os filhos, é mediada por sua contínua necessidade, condicionada pelo caráter de provar e disciplinar a si mesmo.

Este processo, no caráter da Renascença e da Reforma que denominamos introdirigido, é menos tenso nos países latinos do que no Norte protestante ou jansenista, e no Norte é menos tenso entre os membros das igrejas Luterana e Anglicana do que nas seitas Calvinista e Pietista. Entretanto, onde quer que a introdireção tenha atingido uma ascendência relativamente incontestada numa classe média significativamente grande, a produção de estruturas de caráter das gerações seguintes torna-se cada vez mais racionalizada, assim como é a produção na economia não-doméstica. Em ambos os casos, a tarefa da produção não é mais entregue a uma sanção grupal externa ou a uma pressão situacional, mas instalada como impulso no indivíduo, sendo desencadeadas forças tremendas de alteração do meio intelectual, social e material e de alteração do eu.

Os arranjos social e espacial da vida da classe média tornam difícil para a criança descobrir as pressões, quanto mais escaparem-lhes, pressões que são exercidas sobre ela a fim de torná-la introdirigida. Em comparação com a casa de um cômodo do camponês ou a *long house** de muitas tribos primitivas, ela cresce dentro de paredes que são os símbolos materiais do caráter privado do domínio dos pais. As paredes separam os pais dos filhos, o escritório do lar e fazem difícil, senão impossível, para os filhos criticarem as imposições dos pais mediante uma visão "despida" destes ou de outros pais. Em muitos casos o que os pais dizem se torna mais real do que aquilo que fazem — treinamento significativo para uma sociedade na qual as palavras se tornam cada vez mais importantes como meios de troca, direção e controle. O diálogo entre pais e filhos, interrompido pela distância social que os separa, prossegue na criança consigo mesma, privadamente.

A própria pressão aplicada ao processo de socialização através do modo estrito de educar a criança prolonga, quando comparada ao período anterior, o período em que se dá a socialização. Freud descreveu maravilhosamente esta situação em seu conceito do superego controlador, como um instrumento socializador incorporado à criança e que a acompanha, durante a vida toda, com imposições sempre renovadas. Este conceito, apesar de menos frutífero quando aplicado a outras sociedades, parece adequar-se à classe média, durante o apogeu da introdireção no Ocidente. Pode-se mesmo dizer que a estrutura de caráter da pessoa introdirigida consiste na tensão entre superego, ego e id. Num chavão corrente, as crianças são "criadas" mais do que "amadas", como muitas gostariam; e mesmo depois que saem de casa, continuam a criar-se a si mesmas e tendem a sentir, no decurso da vida inteira, que seus caracteres constituem algo que é mister trabalhar. A manutenção de um diário, que é um sintoma tão significativo do novo tipo de caráter, pode ser considerada como uma espécie de "estudo de tempo e movimento"** interno, através do qual o indivíduo registra e julga seu rendimento diariamente. É prova da separação entre o seu eu comportamental e o eu perscrutador.

A saída do lar. — Quando o filho adquire dos pais o dever de auto-observação e treinamento do caráter, está preparado para enfrentar e resolver situações que são inteiramente novas. Na verdade, se ascende na hierarquia

---

(*) Habitação comunal dos índios iroqueses (N. dos T.)
(**) *Time and motion study*, a pesquisa e análise sistemáticas dos movimentos e do tempo necessários para efetuar uma operação com o fito de melhorar a eficácia dos métodos de trabalho e seus tempos. (N. dos T.)

ocupacional, que se torna cada vez mais elaborada na fase do crescimento transicional, ou se movimenta rumo às várias fronteiras que se abrem, julga que pode adaptar com flexibilidade o seu comportamento, precisamente porque não precisa mudar o caráter. Pode separar os dois pelo fato de ser um indivíduo com nível historicamente novo de autoconsciência.

Esta consciência do eu é causa e conseqüência do fato da escolha não ser mais automaticamente fornecida — ou, mais exatamente, excluída — pelo cenário social do grupo primário. Sob as novas condições, o indivíduo precisa decidir o que fazer, e, portanto, o que fazer consigo mesmo. Este sentimento de responsabilidade pessoal, este sentimento de que ele conta como indivíduo, à parte da família ou clã, torna-se mais sensível aos sinais que emanam de seu ideal internalizado. Se o ideal é ser "bom" como para o puritano, ou ser "grande", como para o filho da Renascença, o que deve fazer a fim de cumprir esta injunção? E como saberá que cumpriu estas difíceis auto-exigências? Como Max Weber e R. H. Tawney viram muito claramente em seus retratos do puritano, pouco sossego sobra para os que se fazem tais perguntas.

O relativo desconforto dos lares mais acentuadamente introdirigidos — a falta de indulgência e despreocupação no trato com os filhos — prepara a criança para o isolamento e o desconforto psíquico de tais questões e das situações sociais que possa enfrentar. Ou, mais exatamente, o caráter da criança é tal que ela se sente à vontade num ambiente que, como o seu lar, é exigente e com o qual ela luta para subjugar.

Podemos dizer então que os pais que são por si mesmos introdirigidos instalam um giroscópio psicológico no filho e o põem em movimento; é construído para suas próprias e para outras especificações autoritárias; se a criança tiver boa sorte, o regulador não girará nem demasiado rápido, com o perigo de resultados histéricos, e nem demasiado lento, com o perigo de fracasso social.

PAPEL DOS PAIS NO ESTÁGIO DA ALTERAÇÃO

Caráter e mobilidade social. — Na fase do declínio incipiente de população, as condições para o progresso alteram-se de maneira significativa.

Na fase de crescimento populacional de transição, a pessoa introdirigida é capaz de enxergar as possibilidades comerciais e industriais e de trabalhar com o zelo e a crueldade requeridos pelas "fronteiras" em expansão. Na fase de declínio incipiente de população, por outro lado, as sociedades não necessitam nem de tal zelo, nem de tal independência. Negócios, governo, profissões, tornam-se fortemente burocratizados, como observamos de modo pronunciado na França, por exemplo. Tais sociedades voltam-se cada vez mais para os componentes do processo industrial que permanecem refratários: os homens que movimentam as máquinas. Sob estas condições a mobilidade social continua a existir. Mas depende menos daquilo que o indivíduo é e faz, do que daquilo que os outros pensam dele — e quão capaz a pessoa é de manipular os outros e de ser, ela própria, manipulada. Observando este fato sob outra perspectiva, quando se tem por construída a instalação material básica de uma sociedade, ou melhor, quando a construção pode tornar-se coisa de rotina, graças ao planejamento na maneira de geri-la, começa haver lugar no topo para o indivíduo alterdirigido capaz de distinguir as oportunidades sutis, dadas no cenário humano [2]. Embora a abundância material se torne tecnologicamente possível, as pessoas continuam a trabalhar — e a fazer trabalhar — em um ritmo mais de acordo com a época anterior à transicional; os impulsos de mobilidade continuam incrustados em seu caráter. *Porém, o produto que agora se procura não é nem matéria-prima e nem máquina; é uma personalidade.*

Para conjuntar o tipo de personalidade alterdirigida à sua estrutura econômica típica, caberia observar que existe na produção da personalidade a mesma espécie de "diferenciação de produto" que caracteriza a competição monopolista em geral. Os economistas aplicam o termo "diferenciação de produto" ao esforço de uma firma para distinguir os produtos, não pelo preço, mas por pequenas diferenças, suficientes porém, com respeito à propaganda, para tirar o produto da competição direta de preços com outros produtos competidores similares. Assim, um cigarro é feito ligeiramente mais comprido, outro quase oval, enquanto que um terceiro recebe ponta de cortiça ou embalagem verde. *O Time* e o *Newsweek* empenham-se na diferenciação de produto. Da mesma maneira procedem os fabricantes de automóveis, trens aerodinâmicos e pastas dentais, e os administradores de hotéis e universidades. Assim também as pessoas que concorrem na conquista de postos das hierarquias nos negócios, no governo e na vida profissional tentam diferenciar suas personalidades (em contraste com suas reais habilidades técnicas) — sem sair

(2) Naturalmente não é lei que as sociedades no estágio de declínio incipiente de população, devem tornar-se instáveis e burocratizadas. É concebível que se possa ampliar ainda mais a mobilidade, pelo rápido deslocamento de população e de outros recursos para os serviços terciários, por uma enorme expansão do lazer e das indústrias que suprem o lazer. Voltaremos a êsses assuntos na Parte III.

tanto da linha, digamos, quanto o Chrysler 1934, prematuraramente aerodinâmico. No presente estudo, o aspecto ocial desse procedimento competitivo, visto que será estendido de modo a abranger pessoas e serviços, bem como utilidades, será denominado "diferenciação marginal", sendo, assim, distinguido do conceito correlato usado pelos economistas.

Freud cunhou a frase "narcisismo com respeito a diferenças menores" para designar o orgulho que indivíduos, grupos e nações manifestam no tocante a pequenas insígnias que os distinguem de outros indivíduos, grupos ou nações. A diferenciação marginal tem, algumas vezes, esta qualidade de orgulho ou daquilo que Veblen chamou de "distinção odiosa" (*invidious distinction*). Mas o fenômeno que tenho em mente é mais o de ansiedade do que o de orgulho, de competição velada, mais do que de exibição de rivalidade aberta; o narcisismo é silenciado ou, como veremos, mesclado com outros elementos mais fortes.

Nessas circunstâncias, os pais que tentam compelir, de modo introdirigido, a internalização da caça disciplinada de objetivos claros correm o risco de moldar os filhos fora dos ditames da moda no mercado de personalidade. A direção giroscópica simplesmente não é bastante flexível para as rápidas adaptações da personailidade que são requeridas, precisamente porque haverá outros competidores que não tem giroscópios. Impedidos de mostrar aos filhos imagens com perfis aguçados do eu e da sociedade, os pais de nossa época podem apenas equipar o filho para fazer o melhor, o que quer que isto possa vir a ser. O que é melhor não está sob o controle deles, mas sim nas mãos da escola e do grupo cômpar que, eventualmente, ajudarão a situar a criança na hierarquia. Mas mesmo estas autoridades se expressam vagamente; os nítidos princípios de seleção que antes guiavam as pessoas de caráter introdirigido não mais se aplicam. Por exemplo é possível por a própria ascensão social em discussão pública, ao mesmo tempo que isto não é mais tão inequivocamente desejável, em termos de anseio íntimo. Como indicam algumas pesquisas da *Fortune,* um emprego seguro e estável poderá ser preferido a um trabalho perigoso, que envolva altos riscos. E mais, não é mais evidente qual seja o caminho para cima, se alguém pretende subir, pois, com o crescimento da nova classe média, os padrões hierárquicos mais antigos desintegram-se, e não é fácil comparar posições entre os diversos conjuntos de hierarquia existentes. Um coronel do exército "nivela-se" ao chefe de um sindicato internacional? O professor de física, a um vice-presidente de banco? Um comentarista, ao presidente de uma companhia de petróleo?

Cada vez mais em dúvida quanto à maneira de criar os filhos, os pais voltam-se para outros contemporâneos em busca de conselho; volvem-se também para os meios de comunicação de massa e, como a mãe citada no início deste capítulo, voltam-se, com efeito, para as próprias crianças. Poderão, apesar disto, agarrar-se a algum esquema inflexível de educação infantil e segui-lo. No entanto, não poderão deixar de mostrar aos filhos, através de sua própria ansiedade, quão pouco dependem de si mesmos e quanto dependem dos outros. O que quer que pareçam ensinar ao filho, em termos de conteúdo, estarão transmitindo-lhes sua própria ansiedade, acentuadamente difusa e contagiosa. Reforçam este ensinamento, dando aprovação à criança — e aprovando a si mesmos por causa da criança — quando ela procede bem.

Na verdade, pais introdirigidos só foram capazes por vezes de "amar" as crianças que agiram bem no mundo exterior. Mas, pelo menos, os cânones do êxito eram razoavelmente claros. A criança alterdirigida, todavia, enfrenta não apenas a exigência de proceder bem, mas outrossim o problema de definir o que significa agir certo. Ela verifica que tanto o modo de defini-lo, como o de avaliá-lo, dependem da companhia que tem; primeiro dependem de seus colegas e professores; mais tarde, de seus companheiros e superiores. Mas se, talvez, a companhia que se tem for falha em si mesma? Pode-se, então, arrumar outras companhias preferidas, nos meios de comunicação de massa em circulação.

A aprovação em si, independente do conteúdo, torna-se quase que o único bem inequívoco nesta situação: a pessoa procede bem, quando é aprovada. Assim, todo o poder, não apenas algum poder, está nas mãos do grupo, real ou imaginário, que aprova, e a criança aprende, a partir das reações dos pais para com ela, que nada que exista em seu caráter, nada que ela possua, nem a herança de nome ou de talento, nenhum trabalho que tenha feito, é valorizado por si mesmo, mas, somente, por seu efeito sobre os outros. Agir bem torna-se quase o equivalente a fazer amigos, ou, de qualquer modo, o tipo certo de amigos. "Para aquele que teve a aprovação, dar-se-á mais aprovação".

Da educação dos filhos à "Educação do Pai". A típica criança alterdirigida cresce numa família pequena, em residências urbanas compactas ou num subúrbio. Mais ainda do que na época anterior, o pai sai de casa para ir ao trabalho, e vai demasiado longe para voltar para o almoço. Além disso, o lar não é mais uma área de sólida intimidade. À medida que o tamanho e o espaço de vida da família diminui e que o padrão do convívio com parentes mais velhos decai, a criança deve enfrentar diretamente as tensões emocionais de seus pais. Nestas condições, há um incremento da consciência do eu em relação aos outros, especialmente porque os pais também são cada vez mais conscientes de si.

Sob as novas circunstâncias econômicas e sociais, a posição das crianças eleva-se. Elas não são submetidas a um período de privação e dureza que leva a sonhos compensatórios de uma vida de facilidade e prazer. As meninas não são, como eram em algumas sociedades antigas, as servas da casa até que, na puberdade, recebiam subitamente o único "capital" que jamais lhes seria dado provavelmente encontrar — o de seu corpo — para dele viver como renda, ou exauri-lo como capital. Mesmo de rapazes de casas folgadas esperava-se, até recentemente, que descobrissem a trilha do sol-nascente distribuindo jornais, ou com outros biscates economicamente lucrativos e "formadores do caráter".

Falta aos pais não só a confiança em si que a introdireção bem sucedida acarreta, como também a estratégia da retirada, disponível para muitos dos tipos introdirigidos mal-sucedidos. A perda das antigas certezas na esfera do trabalho e das relações sociais é acompanhada pelas dúvidas sobre o modo de criar os filhos. Além disso, os pais não mais se sentem superiores aos filhos. Ao mesmo tempo que os filhos não tem mais um valor econômico imediato, tornam-se menos numerosos, mais escassos em relação ao número de adultos: faz-se o esforço, e isto é objetivamente possível, de querer todas as crianças que são concebidas e de criar quase a totalidade das crianças que nascem. Investe-se mais em cada criança em particular, do que na época anterior, quando muitas não atingiam a maturidade. Ademais, à parte do fato de que os filhos podem ser melhores americanos do que os pais, em termos sociais e étnicos — como a filha de Jiggs é mais moderna do que ele — existem, sem dúvida, outras e sólidas razões (nas quais não entrarei) para a ênfase geral que é dada à juventude em todas as formas da cultura popular [3].

Talvez seja possível observar claramente as mudanças históricas da vida dos adolescentes, se se olhar para trás, para aqueles *Bildungsromane* (romances de educação) do século XIX, que descrevem a juventude incompreen-

---

(3) Este, também, é um desenvolvimento cuja importância Margaret Mead salientou. Veja *And Keep Your Powder Dry* (New York, William Morrow, 1942).

dida, que lutava contra a tirania cruel e hipócrita dos pais, particularmente, se se comparar um dos melhores destes romances, *The Way of All Flesh,* de Samuel Butler, com um dos melhores de nossos exemplos contemporâneos, como seja, a pequena estória de Lionell Trilling "The Other Margaret" [4]. Na estória de Trilling, temos o retrato de uma menina precoce, da classe média alta, urbana e intelectual, Margaret, que freqüenta uma escola progressista, acredita que os negros são explorados e sente-se indignada com a posição inferior que ocupa na sua casa "a outra Margaret", uma doméstica negra. É a filha Margaret que é farisaica, não os pais.

Em face de sua crítica, escorada como é pela autoridade da escola, os pais, eles mesmos progressistas, ficam na defensiva. Estão tensos e muito preocupados com o que a filha pensa — e pensa deles. Por fim, todos os três adultos conseguem destruir as ilusões de Margaret quanto às virtudes da outra Margaret — os pais, pelo raciocínio; a outra Margaret, pelo mau comportamento. Mas no final os pais ficam angustiados com a vitória, temendo que isto prejudique sua filha sensível. Pouco lhes resta da certeza e da segurança dos pais de Theobald em *The Way of All Flesh.*

Nesta mudança da atitude parental, os meios de comunicação de massa têm duplo papel. Dos meios de comunicação de massa — rádio, cinema, estórias em quadrinhos — assim como de seus próprios pares, as crianças podem facilmente aprender qual é a norma de comportamento dos pais, e a mantêm por sobre a cabeça destes. Assim é devolvida à criança uma espécie de realismo, que era sua propriedade bem mais simplesmente nas sociedades dependentes da direção traditiva: a criança alterdirigida tem, amiúde, mais conhecimento do que os pais — como o proverbial homem de Harvard, há muito pouco que eles lhe possam ensinar [5].

(4) *Partisan Review,* XII (1945), 381.

(5) No entanto, o conhecimento, principalmente na classe média, tem limites que eram menos importantes na família traditivo-dirigida. Ali a criança instruída, por exemplo, sobre sexo, podia ver reflexos disto na vida diária e adulta à sua volta. Ela sabia que se o seu tio estava particularmente alegre ou particularmente contrariado no trabalho, isto se ligava ao que acontecera na aldeia na noite anterior. Em contraposição, a criança alterdirigida tem conhecimentos sobre o sexo, por assim dizer, no abstrato. Não pode vincular a vida noturna que ela sabe existir, com a seriedade do mundo adulto, que a encara na escola, na loja ou no bar. Embora se haja desfeito dos mitos do sexo, que Freud deparou entre os jovens de seu tempo, ainda encontra a paixão representando um papel maior nas estórias em quadrinhos e no cinema do que na vida que lhe é dado observar — pois se trata de uma vida na qual as pessoas são treinadas para esconder suas paixões e para agir, em geral, de um modo impessoal. Talvez seja esta uma das razões por que o sexo permanece, com freqüência, um excitante mistério para o adulto alterdirigido — como veremos no capítulo VII — apesar de todo o seu conhecimento, de todo o seu desencantamento, e

Como já se observou, os pais também tem suas fontes de orientação nos meios de comunicação de massa. Pois, em sua inquietação quanto ao modo de criar os filhos, voltam-se cada vez mais para os livros, revistas, panfletos do governo e programas radiofônicos. Estes aconselham à mãe, já ansiosa, a aceitar os filhos. Ela aprende que não há filhos-problema, apenas pais-problema; e aprende a olhar para dentro de sua própria psique, toda vez que é levada a negar qualquer coisa aos filhos, inclusive uma corrente ininterrupta de afeição. Se os filhos estão aborrecidos, a mãe deve estar recusando alguma coisa. Em embora estes tutores também recomendem à mãe que "relaxe" e "se compraza com os filhos", até isto se torna uma injunção adicional que é preciso seguir ansiosamente.

É possível que as crianças de hoje não adquiram a fôrça que os adultos — não mais introdirigidos — perderam. Em verdade, esta era freqüentemente uma força factícia, como observou Samuel Butler. Porém era, em geral, suficiente, quer para esmagar a espontaneidade da criança, quer para anestesiar sua ansiedade difusa. "Sombras da casa-prisão começam a fechar-se sobre o menino em crescimento" — e o prisioneiro podia sentir-se possivelmente oprimido, mesmo culpado, porém não demasiado ansioso por trás de suas grades. Em contraste, o que a criança alterdirigida "aprende", mesmo de seus pais, é a ansiedade — a sintonização emocional apropriada ao seu ajustamento alterdirigido.

A regra da "razão" — Apesar da diminuição de sua autoridade, os pais ainda tentam controlar as coisas; porém sua técnica muda com a perda da confiança em si. Não podem nem se apresentar como exemplos — quando tanto eles como o filho não acreditam — nem lançar mão, de sã consciência, de castigos e punições corporais severas. Quando muito, ocorrem palmadas pró forma, estando os castigos físicos abertos confinados às classes mais baixas.

O recurso dos pais, especialmente na alta classe média, são os métodos "pessoais" — a manipulação sob a forma de raciocínio ou, mais precisamente, de racionalização. A criança reage da mesma maneira. Poder-se-ia resumir a seqüência histórica, dizendo que a criança traditivo-dirigida conquista as boas graças de seus pais;

mesmo de toda a sua experiência com relação a isto. E, em geral, o realismo da criança alterdirigida em relação ao mundo adulto é tolhido, não tanto pelas inibições vitorianas, quanto pelas divisões muito mais sutis da própria vida adulta, tais como as divisões obscuras entre trabalho e lazer, que serão discutidas mais tarde.

a criança introdirigida luta com eles ou se rende a eles; a criança alterdirigida manobra os pais e é, por sua vez, manipulada.

Um filme de vários anos atrás, *The Curse of the Cat People*, ao mesmo tempo que testava a preocupação dos americanos com alguns temas de educação dos filhos que não nos dizem respeito aqui diretamente, fornecia também um exemplo interessante destas relações manipulatórias entre pai e filho. Uma garotinha vive em um lar de classe média suburbano com sua ordem, jardim e doméstica negra típicos. Como em *The Other Margaret*, os pais e a empregada concentram uma pressão tremenda de emoção adulta em torno dessa única filha. A criança deve convidar as outras crianças da vizinhança para sua festa de aniversário; porém, acreditando na brincadeira do pai, de que a grande árvore do quintal é a caixa do correio, ela coloca os convites lá e eles não são expedidos. Quando chega o aniversário, as outras crianças a quem ela dissera que iria convidá-las apoquentam-na e se recusam a brincar com ela. O pai a repreende por ela o ter levado a sério, e ela se vê em dificuldades por não se entender melhor com as outras crianças. Mas os pais (e a empregada) decidem prosseguir com a festa de qualquer forma, "como se". Segue-se, então, uma "festa" que tenta persuadir a criança de que não houve nenhuma tragédia, de que esta festa é tão boa quanto aquela que fracassou.

Os pais insistem no fato de que a criança sabe de algum modo, sem uma etiqueta formal, quando as coisas devem ser consideradas "reais" e quando "faz-de-conta". A árvore como caixa de correio é "faz-de-conta"; a festa, real. Sentindo-se incompreendida e só, a criança descobre uma verdadeira amiga numa estranha mulher que vive quase como uma reclusa numa grande mansão. Os pais desagradam-se desta "amiga" e de seu presente, um anel, para a criança. A menina descobre, então, uma amiga imaginária, no fundo do quintal, uma bela e idosa senhora com quem ela conversa. O pai não consegue ver, isto é, dizer que "vê", esta última amiga e castiga a filha por mentir.

Note-se a falta de privatividade (*privacy*) para a filha, no seio desta família ficcional. A descoberta do anel de presente parece ser típica do fato de que poucas distrações da menina escapavam à observação dos pais. Além disso, o próprio fato do pai sugerir à filha o segredo sobre a "árvore caixa-de-correio" faz-de-conta simboliza a intrusão do seu conhecimento: à filha não é permitido o seu próprio faz-de-conta, mas deve partilhá-lo com o pai, sujeita à sua determinação de quando se aplica. O que se pode esperar é apenas que pai e filha finalmente cheguem a um conflito aberto por causa da amiga fantasiosa da garotinha. A menina não pode por uma fechadura na porta de seu quarto ou na porta de sua mente. (Num lar de classe inferior haveria, pelo menos espacialmente, ainda menos reserva; mas poderia haver mais isolamento psíquico, pois os pais estariam freqüentemente menos interessados na criança.)

Note-se, em segundo lugar, o tom manipulatório "razoável", porém sutil, das relações pais-filha. Isto é evidenciado pelo planejamento parental da festa para a filha e seus pares e pela irritação dos pais quando o plano malogra... Ainda mais significativo é a maneira pela qual a família enfrenta a crise da comunicação bloqueada do grupo cômpar, simbolizada pela caixa de correio inoperante — uma falha que, em si, é ocasionada pelo bloqueio da compreensão do real e do irreal entre filha e pais.

Obviamente, o fiasco é um assunto que exige uma ação corretiva imediata; os pais neste transe deveriam, parece, *fazer* alguma coisa. No filme, os pais da criança nada fazem; preferem ficar conversando sobre a situação, manipular a criança para levá-la a aceitar uma ilusão formal de feitura da festa. Como resultado, produz-se um tipo de exagero e caricatura burlesca do modo pelo qual as pessoas alterdirigidas recorrem constantemente a manipulações e contramanipulações, tanto nas relações pais-filho, como em todas as outras.

Em contraste com tudo isso, o genitor introdirigido não se inquieta particularmente com o ressentimento ou a hostilidade do filho. Tampouco tende a ter consciência disto. Ele e seu filho encontram-se, ambos, protegidos pelo vácuo que os separa. O pai alterdirigido, entretanto, tem de conquistar não só o bom comportamento do filho, como também a boa vontade dele. Portanto, é tentado a empregar sua habilidade dialética superior para "argumentar" com a criança. E quando a criança aprende — isto é parte de seu sensível equipamento de radar — também como discutir, o progenitor fica dividido entre entregar os pontos ou recair, pouco à vontade, nos métodos mais severos de *seus* pais introdirigidos. O pai, em *The Curse of the Cat People*, depois de tentar afastar pela argumentação a crença da menininha em sua amiga imaginária, finalmente bate nela. Tais cenas, porém, são sempre acompanhadas pelos esforços dos pais a fim de obter a reconciliação, transformando a própria surra num passo da corrente manipulatória.

Por fim, cabe observar a mudança no conteúdo das questões em jogo entre pai e filho. Os pais introdirigidos, mais forçantes e tensos, obrigam os filhos a trabalhar, a economizar, a limpar a casa, algumas vezes a estudar, outras a orar. Outros tipos menos puritanos de pais introdirigidos querem que os filhos sejam másculos e as filhas femininas e castas. Tais exigências têm sentido, seja econômico, seja ideológico, na fase de crescimento populacional de transição. O lar amplo podia absorver enormes quantidades de trabalho; mesmo atualmente, aqueles que zanzam em uma pequena casa e um pequeno jardim ainda podem achar um bocado de coisas para fazer. Muitas vezes, os próprios pais dão o exemplo, no que são apoiados pela escola, de trabalho e estudo: estes, acredita-se, são os degraus da mobilidade ascendente, tanto neste mundo como no outro.

No lar alterdirigido, por outro lado, as questões entre pai e filho dizem respeito à parte da vida não-relacionada com o trabalho; pois, na fase de um declínio incipiente de população — mais marcadamente, é claro, nos Estados Unidos, mas também em outros lugares — não há serviço para as crianças dentro da casa urbana, e muito pouco fora desta. Elas não precisam esfregar e limpar (exceto a si mesmas) — são menos eficientes do que o aspirador de pó. Nem há uma tropa de irmãos e irmãs mais jovens para cuidar. A mãe americana educada, saudável e eficiente, tem altos padrões para zelar pelo apartamento ou pequena casa e, se não estivesse trabalhando, sentir-se-ia de certo modo sem emprego se os filhos assumissem o trabalho doméstico. Afortunadamente, libertada do dilema da velha que vivia num sapato, ela enfrenta — exatamente como o seu marido, conforme veremos — o problema do lazer; cuidar da casa e dos filhos é, com freqüência, sua autojustificação e fuga.

Assim, pais e filhos discutem sobre a hora de comer e dormir, da mesma forma que, mais tarde, discutirão sobre a utilização do carro da família. E debatem nervosamente, como em *The Curse of the Cat People*, os contatos da criança com os "outros" e a gritaria emocional da própria discussão. Porém, dada a natureza dessas discussões, os pais obtêm uma vitória menos fácil. Na fase de crescimento populacional de transição, podem apontar tarefas por si evidentes, cuja execução é absolutamente necessária — por si evidentes, pelo menos de acordo com padrões aceitos que sobreviveram de épocas ainda mais antigas. Na fase de declínio incipiente, entretanto, as questões de consumo e lazer não são mais evidentes por si mesmas; para decidi-las, caso devam ser decididas, cumpre recorrer a modelos fora da casa particular — na busca das normas sempre cambiantes do grupo no qual os pais estejam vivendo. E, na verdade, o rádio e a imprensa trazem os modelos para dentro da casa, como autos de um julgamento a partir do qual os legalistas do pai e filho preparam sumários [6].

Para resumir: os pais, nos grupos que dependem da alterdireção, instalam em seus filhos algo parecido a um aparelho de radar psicológico — um dispositivo que não esteja regulado para controlar o movimento para qualquer direção determinada, embora guie e firme a pessoa por dentro, mas esteja antes regulado para detectar a ação, especialmente a simbólica, dos outros. Conseqüentemente, os pais influenciam o caráter dos filhos somente na medida em que (a) seus próprios sinais se misturam com outros no radar, (b) podem situar os filhos em um certo meio social a fim de alterar, num grau muito limitado, quaisquer sinais que venham a receber, (c) correm os riscos de uma censura muito parcial e precária das mensagens entrantes. Assim, o papel dos pais diminui em importância quando comparado com o mesmo papel entre os introdirigidos.

II. *Mudanças no Papel do Professor*

Muito se poderia dizer a respeito da configuração cambiante das autoridades adultas, outras além dos pais, à medida que a sociedade passa da dependência da introdireção para a dependência da alterdireção. Em grande parte por razões econômicas, a governante, a mucama ou o preceptor assalariado, por exemplo, desapareceram virtualmente das casas da classe média e da alta classe média. Uma conseqüência significativa é que as crianças não são mais educadas por pessoas que lhes apresentem o padrão de uma família ou classe. Tal padrão é um bom treinamento de introdireção — para a aquisição de

---

(6) Morris Janowitz sugeriu que se alguém quisesse obter um índice muito grosseiro das casas onde a alterdireção estivesse sendo transmitida, em contrapartida àquelas onde a introdireção prevalecesse, poder-se-ia separar as casas que recebessem apenas revistas, tais como *Life*, *Look*, estórias em quadrinhos, jornais de cinema, daquelas que recebessem periódicos tais como *Saturday Evening Post* ou *Collier's*. O primeiro grupo destina-se à família toda, sendo compreendido com a mesma ou maior facilidade pelas crianças que pelos adultos. O segundo grupo destina-se, em sua maior parte, aos adultos, e não é compartilhado com as crianças.

objetivos generalizados; ao mesmo tempo, é um amortecedor contra a influência indiscriminada do grupo cômpar. Há, porém, outra conseqüência, mais sutil. A criança que foi criada por uma governante e educada por um preceptor desenvolve um senso muito agudo para as disparidades do poder no lar e na sociedade. Quando vai para o internato ou faculdade, é provável que não se impressione com seus professores — como a mãe de classe alta que disse ao diretor da escola: "Não compreendo por que os professores não se entendem bem com Johnny; todos os outros empregados se entendem". Tal criança não estará interessada em permitir a seus professores que a aconselhem nas suas relações com o grupo cômpar ou em sua vida emocional.

Além do mais, a presença destes adultos na casa — de alguma forma semelhante à família ampliada das épocas anteriores — ajuda a reduzir a intensidade emocional das relações pai-filho. Embora a criança saiba quem manda em casa, ela poderá opor estes outros "funcionários" à autoridade dos pais. E, de fato, os pais introdirigidos, cuja avidez de calor filial não é amiúde demasiada, consentem em ver experiências afetivas dos filhos associadas a pessoas de *status* inferiores. O jovem introdirigido, criado nestas condições, aprende a encontrar a liberação emocional com prostitutas ou outras pessoas dessa espécie. Capacita-se a manter relações impessoais e, às vezes, fica incapacitado para quaisquer outras relações. Tal é um dos preços que ele paga pela sua relativa impermeabilidade às necessidades e desejos de seus pares, e isto contribui para explicar sua capacidade, quando em perseguição de algum fim que ele valoriza, de acerar-se contra a indiferença ou a hostilidade daqueles.

As avós, como autoridades, são quase tão obsoletas quanto as governantes. Não há lugar para elas no apartamento moderno e tampouco podem, não mais que as próprias crianças, desempenhar um papel econômico útil. Não obstante, elas resistem, em concomitância com a longevidade prolongada das fases populacionais ulteriores. A crescente personalização das relações que a alterdireção traz significa que os "estranhos" são cada vez menos toleráveis no lar; o problema dos sogros, uma piada padrão em muitas culturas, durante muitos séculos, assume novo significado lá onde as pessoas sensíveis e altamente individualizadas vivem sem defesas caracterológicas contra os seus semelhantes.

Além do mais, a exclusão da avó de um papel central no lar simboliza a rapidez das mudanças que estamos discutindo. Ela está afastada de duas gerações das práticas correntes na "fronteira do consumo". Enquanto os pais tentam manter-se ao nível dos filhos, seja como meio de continuarem jovens, seja como meio de continuarem influentes, raramente isto é possível no caso dos avós. Daí ser negligenciável o papel que exercem na formação do caráter alterdirigido. Longe de apresentar à criança um "retrato de família" relativamente congruente que permanece por detrás dos pais e os fortalece, os avós se apresentam como emblemas de quão pouco a gente pode aprender dos pais no tocante às coisas de importância.

Um desenvolvimento paralelo retira outro conjunto de substitutos dos pais que desempenhavam importante papel em períodos anteriores: os irmãos ou irmãs mais velhos, que, na qualidade de "veteranos", perseguem os mais novatos para os submeter ao padrão de disciplina familiar. Hoje em dia, os filhos mais velhos — se houver algum — preferem muitas vezes ganhar dinheiro tomando conta de crianças, do que supervisionar a educação de seus próprios irmãos e irmãs mais jovens. O atrativo de um emprego pode levar os filhos a trabalharem fora; isto ainda faz sentido para eles. Porém dentro do próprio lar, são os hóspedes privilegiados em um hotel antes de segunda categoria, um hotel cujos gerentes cansados, porém sorridentes, são por eles submetidos a pressão constante por renovação.

O PAPEL DO PROFESSOR NO ESTÁGIO DA INTRODIREÇÃO

Uma importante autoridade, todavia, permanece: um genitor por procuração, substituto, cujo poder provavelmente aumentou como conseqüência da mudança para a alterdireção. É a professora, e voltamo-nos agora para uma exploração mais completa da mudança em seu papel.

No período em que a introdireção assegura a conformidade da classe média, a escola começa relativamente tarde — há poucas escolas maternais. A tarefa da professora é, em grande parte, adestrar a criança em questões intelectuais e de compostura. A compostura pode ser o mínimo de disciplina necessária para manter a ordem na sala de aula, ou o máximo verniz exigido para meninas bem educadas das camadas sociais mais altas. À medida em que as escolas se tornam mais numerosas e mais facilmente acessíveis e "democráticas", cabe à professora a obrigação de adestrar as crianças nas maneiras e na linguagem da classe média e deverá socorrê-las em sua ascensão para além do nível de seus pais. A professora, porém, não trabalha próximo ao nível emocional da criança. E ela considera seu trabalho como limitado, nitidamente separado da tarefa igualmente rigorosa do lar.

O cenário físico da escola reflete esta situação. As acomodações são formais — todos olhando para a frente — e, muitas vezes, em ordem alfabética. As paredes são decoradas com as ruínas de Pompéia e o busto de César. Para todas, menos as poucas crianças excepcionais capazes de transcender as formas mortas de sua educação clássica e dar vida ao mundo antigo, estas gravuras e estátuas significam a irrelevância da escola para os problemas emocionais da criança.

A própria professora não tem nem compreensão, nem tempo para se preocupar com estes problemas emocionais, e o relacionamento de uma criança com as outras só entra em seu campo de ação em problemas disciplinares. Muitas vezes, ela simplesmente não tem autoridade: ela é uma megera comum, com uma prole demasiado grande. Ou então, consegue manter disciplina por meio de pitos e castigos. Isto, porém, absorve a atenção emocional das crianças, unindo-as, amiúde, em oposição à autoridade.

No recente filme sueco, *Tormento*, vemos tal padrão em funcionamento, na cena contemporânea, próxima. Professores e pais compartilham da tarefa de instilar valores introdirigidos. O vilão é um professor da escola preparatória, neurótico, severo e tirânico; alguns o temem; nenhum menino que se preza sonharia em ser seu amigo, apesar dos esforços vãos do professor. O herói é um menino que se revolta, não tanto por querer fazê-lo, porém, mais, porque é forçado pelo professor a fazê-lo. Ele e os amigos sofrem, mas seus pais e professores não invadem suas vidas e eles têm intimidade uns com os outros e com meninas, enquanto não se evidencie nenhum rompimento sério de decoro. Esta rebelião em si — seus êxitos não é a questão — é parte do processo de desenvolvimento de um caráter introdirigido.

Um retrato igualmente comovente é o romance de Antonia White sobre uma escola religiosa de meninas, *Frost in May*. Embora as freiras da escola cheguem muito longe na "moldagem do caráter" e cortem malevolamente os sinais de espontaneidade e abertura de espírito na heroína bem dotada, elas têm às suas costas apenas as sanções antiquadas de penitência e salvação. Suas tuteladas estatelam-se, curvam-se, fogem ou entram para a igreja — nunca se abrem com as freiras como amigas. Os uniformes gerais, como numa escola militar, simbolizam as barreiras de hierarquia e restrição que separam as crianças das autoridades.

É possível resumir tudo dizendo que a escola desse período está preocupada, em grande parte, com questões impessoais. Os sexos são segregados. O foco está num conteúdo intelectual que, para a maioria das crianças, tem pequena atração emocional. A elocução, como a realização feminina, também é impessoal; não se exige da criança que ela seja "ela mesma" — nem a escola visa a ser como a "vida real". As professoras, sejam elas tipos maternais ou de solteironas, ainda que tenham tempo e energia, não sabem o suficiente para tomar parte ativa na socialização dos gostos ou nas relações do grupo cômpar. Embora os pais possam permitir que as professoras imponham certas regras de moral diretamente relacionadas com a escola, tais como modéstia no vestir e honestidade nos exames, e inculquem certas regras de comportamento diretamente vinculadas à ascensão social, dificilmente admitem interferência nos grupos de brinquedo, mesmo a bem da imposição da democracia étnica e econômica. A professora deve cuidar, supõe-se, para que as crianças aprendam o currículo, não para que o desfrutem ou aprendam a cooperar no grupo. Dificilmente seria concebível o atual sistema da escola primária progressiva, que decide se aceita ou não uma criança, colocando-a em seu suposto grupo e observando como ela se ajusta.

Contudo, a despeito da distância social entre professor e criança, a indisputada ênfase que a escola coloca na habilidade intelectual é profundamente importante na plasmação do caráter introdirigido. Assevera à criança que o importante é o que ela é capaz de conseguir e não o quão simpático é o seu sorriso e o quão cooperativa é a sua atitude. E, enquanto hoje em dia se põe em discussão, aliás com razão, a objetividade dos critérios para julgar estas habilidades e competências, quando podemos ver claramente, por exemplo, nos testes de inteligência e nos exames escritos os desvios numa sala de aula — a escola introdirigida não tem consciência de tais desvios, daí por que seus padrões parecem muitas vezes evidentes e inalteráveis. Eis a razão pela qual esses padrões podem ser internalizados tanto por aqueles que logram êxito como pelos que falham. Sentimo-los como reais e conhecidos, não como o capricho de alguém. Assim, a escola reforça o lar, colocando metas para a criança, que são claras para todos e que infundem direção e um significado à vida posterior.

Seja qual for a segurança que a criança adquire com o fato de saber onde está — uma segurança não mais existente na escola progressista alterdirigida — cumpre não esquecer quão rudemente este sistema pesa sobre aqueles que não conseguem passar de ano; são, freqüentemente, destruídos; há pouca compaixão para com eles, do ponto de vista psicológico. Inteligência, *status,* talvez também docilidade, conquistam mais o professor do que "personalidade" e "problemas". Alguns dos malogrados se rebelam. Mas, estes também são enformados a martelo, pela escola, segundo um modelo — mau modelo. Ocasionalmente, a "fronteira" e outros ensejos de mobilidade fornecem uma saída para o desclassificado do ponto de vista acadêmico e, ainda mais ocasionalmente, o rebelde volta, como um herói mítico, tendo superado suas dificuldades, para aliviar a culpa de outros desajustados e lhes trazer esperanças para o próprio futuro. De modo geral, entretanto, a própria clareza dos padrões da escola, que dá às crianças uma certa segurança, significa também que os padrões serão internalizados até por aqueles que falham. Eles levarão consigo os efeitos ulteriores do choque emocional, cuja violência se encontra além da crítica — algumas vezes, além da recordação.

O PAPEL DO PROFESSOR NO ESTÁGIO DA ALTERDIREÇÃO

A educação progressista começou como um movimento para liberar a criança do esmagamento do talento e da destruição da vontade, como era o destino de muitas, mesmo daquelas cuja introdireção poderia ter-lhes parecido, como também ao observador, bastante estável e segura. Seu objetivo, e em grau considerável, sua façanha, foi a de desenvolver a individualidade da criança; seu método foi o de enfocar a atenção do professor em um maior número de facetas da criança, além das suas habilidades intelectuais. Hoje, entretanto, a educação progressista amiúde não é mais progressista: à medida que as pessoas se tornam mais alterdirigidas, os métodos educacionais, que antes eram liberadores, podem até tender a frustrar a individualidade, em vez de desenvolvê-la e protegê-la. A história pode ser contada rapidamente.

As escolas progressistas ajudaram a baixar a idade de ingresso na escola; os grupos de dois a cinco anos aprendem a associar a escola, não a adultos coibidores e assuntos cacetes, porém ao folguedo e a adultos compreensivos. Estes últimos são, cada vez mais, jovens formados em curso secundário que aprenderam a preocupar-se mais com o ajustamento — na verdade, a perscrutar o desempenho intelectual, em busca de sinais de desajustamento social. Estes novos professores são mais especializados. Não afirmam que "compreendem as crianças", mas, sim, que estudaram Gesell sobre os "de cinco anos" ou os "de nove anos"; e este maior conhecimento não apenas evita que as crianças se unam, numa parede de desconfiança ou de conspiração, contra a escola, mas permite também que o professor tenha agora maior participação na socialização das esferas — consumo, amizade, fantasia — do que tinha o tipo antigo, que, quaisquer que fossem seus desejos pessoais, não os podia abordar. Nossa sociedade, mais abastada, pode suportar esta quantidade de individualismo e de escolaridade "desnecessária".

As disposições ambientais — nas carteiras, na divisão etária, na decoração — também simbolizam as mudanças na função da professora. As classes são mistas. As carteiras são arranjadas "informalmente", isto é, a ordem *alfabética* desaparece, sendo freqüentemente substituída pela ordem *sociométrica* que reúne companheiros. Isto, muitas vezes, significa que onde sentar se torna problemático — uma pista para a localização do indivíduo na planta de amizades. A graduação de Gesell é tão severa quanto o era a graduação intelectual, em época anterior; quaisquer que sejam os dotes intelectuais, as crianças permanecem com os seus supostos pares sociais [7]. As carteiras mudam de forma; tendem a serem de preferência mesas movediças, com prateleiras abertas, do que lugares

(7) Howard C. Becker ("Role and Career Problems of the Chicago Public School Teacher", tese de doutoramento não publicada, University of Chicago, 1951) tem observado as conseqüências, na sala de aula, do declínio quer da prática de pular anos, quer da prática de amparar crianças que precisam repetir o ano. As professôras, defrontando-se com um grupo da mesma idade, mas de capacidade e vontade largamente diversas, resolvem a situação dividindo a classe em dois ou três grupos de mentalidade semelhante. A mobilidade entre os grupos é desestimulada e as crianças são encorajadas a imitar seus companheiros de grupo. A própria professora, nas escolas públicas, é provavelmente introdirigida, mas ela é forçada, por sua situação, a promover a alterdireção entre seus pupilos.

A seguinte citação das entrevistas de Becker constitui um exemplo incisivo de como a professora promove alterdireção em seus esforços para conseguir que as crianças tenham fins-de-semana mais interessantes: "Em toda classe que tenho, inicio o ano procedendo a um levantamento. Cada aluno deve erguer-se e contar o que fez durante o fim-de-semana. Nestes últimos anos, tenho observado que mais e mais crianças se levantam e dizem: 'Sábado fui ao *show,* domingo fui ao *show*...' Estou lecionando há vinte e cinco anos, e nunca foi assim. As crianças costumavam fazer coisas mais interessantes, iam a lugares, em vez de 'Sábado fui ao *show,* domingo fui ao *show*'. O que faço é dar uma palestra sobre tôdas as coisas interessantes que poderiam ser feitas — como ir a museus, e coisas semelhantes. E também coisas como jogar beisebol e fazer excursões de bicicletas. No fim do ano, a criança se envergonha se tiver que levantar e dizer, 'sábado fui ao *show,* domingo fui ao show...' Todos os demais alunos riem dela. Assim tentam, de verdade, fazer algumas coisas interessantes".

onde alguém possa esconder coisas. A professora não mais se senta sobre um estrado ou anda empertigada diante de um quadro negro, mas se une ao círculo familiar.

Acima de tudo, as paredes mudam de aparência. As paredes da escola elementar moderna são decoradas com as pinturas das crianças ou com suas montagens da aula de estudos sociais. Assim, os problemas competitivos e contemporâneos das crianças olham-nas do alto das paredes que, como a própria professora, não são mais impessoais. Isto parece progressista, parece uma saudação à criatividade e à individualidade; mais uma vez, porém, nos deparamos com paradoxos. Enquanto a escola desenfatiza graus e boletins, os cartazes parecem quase perguntar às crianças: "Espelho, espelho da parede, quem é a mais bela de todas nós?" [9]

Embora as pinturas e montagens das crianças denotem considerável talento imaginativo no período da pré-adolescência, a própria escola continua sendo, não obstante, um dos instrumentos da destruição da fantasia, como o era nos períodos anteriores. Na adolescência, a imaginação da maioria das crianças definha. O que sobrevive não é nem a habilidade artística, nem a fantasia artística, mas a socialização de gosto e interesse, que já se pode ver em processo na estilização da percepção nas estórias e pinturas de crianças. As estórias dos anos ulteriores das escolas progressistas tendem a caracterizar-se por seu "realismo". Este realismo é sutilmente influenciado pelos ideais do movimento progressista. César e Pompéia são substituídos por visitas e lojas e leiterias, por mapas do *Life* e pelo *The Weekly Reader;* os contos de fadas são substituídos por relatos sobre trens, telefones, mercearias, e, mais tarde, por dados sobre relações raciais, sobre as Nações Unidas ou sobre nossos vizinhos latino-americanos.

Estas mudanças na organização e nos tópicos ajudam à demolição das paredes entre professor e aluno; e isto, por sua vez, ajuda a quebrar as paredes entre estudante e estudante, permitindo aquela rápida circulação de gostos que é o prenúncio da socialização alterdirigida. Enquanto a criança da escola introdirigida muitas vezes escondia suas estórias e pinturas debaixo da cama — como o adulto que, como vimos, freqüentemente mantinha um diário — a

---

(8) De um modo ainda mais paradoxal, muitas vezes sucede que as escolas que insistem com mais força em que a criança seja original e criativa, dificultam-lhe isto pela própria exigência que lhe fazem. A criança não ousa imitar um mestre consagrado, nem mesmo, em alguns casos, imitar seu próprio trabalho anterior. Apesar da introdução das artes na escola ter aberto o mundo todo das artes a muitas crianças, que fora dela não teriam nem tempo nem estímulo para abordá-lo, outras são forçadas a socializar desempenhos que antes passariam despercebidos aos companheiros e aos adultos.

criança alterdirigida lê suas estórias para o grupo e coloca suas pinturas na parede. O brinquedo, que na época anterior era amiúde uma distração extracurricular e particular, compartilhado, no máximo, com um pequeno grupo, torna-se agora parte do próprio empreendimento escolar, servindo a um propósito "realístico".

O papel da professora nesta situação é, muitas vezes, a de um líder de opinião. É ela quem espalha as mensagens relativas ao gosto que vem dos centros urbanos progressistas. Ela transmite às crianças que aquilo que importa não é sua diligência ou aprendizado como tal, mas o seu ajustamento no grupo, sua cooperação, sua iniciativa e liderança (cuidadosamente estilizada e limitada).

Especialmente importante é o fato de que a cooperação e a liderança, que são inculcadas nas crianças e que delas se espera são, com freqüência, destituídas de conteúdo. Na escola maternal não é importante se Johnny brinca com um caminhão ou no tanque de areia, porém é muito importante se êle se envolve com Bill — por causa de qualquer objeto. Na verdade, existem umas poucas, pouquíssimas, escolas verdadeiramente progressistas, onde as crianças, funcionando no Plano Dalton e planos semelhantes, exercem a escolha genuína de seu programa, movimentam-se segundo seu próprio passo e usam a professora como uma amistosa biblioteca de referência; aqui a cooperação é necessária e significativa no trabalho real em projetos sérios. O mais freqüente, entretanto, é que a professora continue a segurar em suas mãos as rédeas da autoridade, escondendo esta, como o seu par, o progenitor alterdirigido, sob o disfarce do "raciocínio" e da manipulação. Ela determina o programa e o seu ritmo — na verdade, amiúde reprimindo as crianças, porque não chega a perceber que estas, abandonadas a si mesmas, são capazes de nutrir curiosidade a respeito de assuntos altamente abstratos. Ela pode atrasá-los ao tornar a aritmética "realística" e a linguagem agradável, assim como ao substituir os estudos sociais pela história. Nas formas extremas desta situação nada há em que as crianças tenham de cooperar a fim de conseguir sua feitura. A professora há de fazê-lo por elas, de qualquer forma. Portanto, quando ela lhes pede para que colaborem, está, na realidade, pedindo-lhes que sejam boazinhas.

Entretanto, embora o pedido pareça simples, ele não é feito casualmente; a professora fica muito ansiosa com o fato. Privada dos métodos mais antigos de disciplina, sente-se, de algum modo, ainda mais indefesa do que os pais, que podem sempre recorrer àqueles métodos mediante um beliscão, ainda que o façam de um modo culposo e bastante ineficaz. A professora nem se atreve, nem se interessa em fazê-lo; foi-lhe ensinado que o mau comportamento da parte das crianças implica em má direção da parte dela. Além do mais, ela própria não está interessada no conteúdo intelectual daquilo que se ensina, nem este conteúdo é capaz de aflorar numa reunião do corpo docente, nem na discussão da associação de pais e mestres. Estes grupos de adultos preocupam-se amiúde com a tolerância, tanto étnica quanto econômica, do ensino; e a ênfase dada aos estudos sociais resultantes significa que o conteúdo intelectual e a habilidade vêm a ser ainda mais atenuados. Conseqüentemente, as energias emocionais da professora são canalizadas para a área das relações grupais. Sua destreza social desenvolve-se; ela poderá ser sensível às "panelas" baseadas em "mera amizade" e procurar destruí-las de modo que nenhuma escape. Do mesmo modo, é possível que seu amor a uma criança determinada lhe seja podado. Tanto mais quanto ela necessita da cooperação geral de todas as crianças para ficar segura de que está fazendo o seu trabalho. Sua amabilidade e benevolência superficiais, aliadas à sua subjacente ansiedade no que diz respeito às reações das crianças, devem ser assaz desconcertantes para estas, as quais, provavelmente, concluirão que faltar à cooperação é uma das piores coisas que se pode fazer.

Sem dúvida, a professora tomará providências para que as crianças pratiquem a cooperação em pequenos assuntos: ao decidir se vai estudar os peruanos ou colombianos, ao nomear os dirigentes de classe para os primeiros exercícios dos grandes rituais contemporâneos da eleição e parlamentação, e ao organizar contribuições para a Cruz Vermelha ou para uma instituição beneficente. Assim, espera-se que as crianças aprendam democracia pela depreciação das habilidades do intelecto e pela super-apreciação das habilidades de gregarismos e da amabilidade De fato, um campo democraticamente aberto ao talento, baseado no respeito pela capacidade de *fazer* algo, tende a sobreviver apenas no atletismo.

Há, portanto, uma curiosa semelhança entre o papel do professor na moderna escola de classes pequenas, — um papel que a partir das escolas particulares progressistas ganhou um bom número de escolas públicas — e o papel do departamento de relações industriais numa indústria moderna. Este também está cada vez mais preocupado com a cooperação de homem para homem e entre os homens e a direção, à medida que a perícia técnica se torna cada vez menos a principal inquietação. Em algumas das fábricas mais avançadas, há mesmo um padrão de decisão democrática em questões discutíveis — às vezes importante, porque afeta o preço do trabalho por peça e as regras de prioridade, porém, em geral, tão trivial quanto as decisões similares da direção da escola primária. Assim, na escola, ensina-se à criança alterdirigida a tomar seu lugar numa sociedade onde a preocupação do grupo é menos com aquilo que produz do que com suas relações grupais internas e sua moral.

3

UM JÚRI DE SEUS PARES: MUDANÇAS NOS AGENTES DE FORMAÇÃO DO CARÁTER
(Continuação)

O individualismo é um estágio de transição entre dois tipos de organização social.

W. I. Thomas, A Menina Desajustada

I. *O Grupo Cômpar no Estágio de Introdireção.*

Com o declínio da família de parentesco extenso (o tipo de família traditivo-dirigida, que pode incluir tios, tias, primos e outros parentes), a criança freqüentemente confronta-se, no lar introdirigido, com a opressão cerrada de pais idealizados. Ela poderá competir com os irmãos e irmãs para obter os favores dos pais, ou para evitar a reprovação deles. Teoricamente, as crianças de uma família podem unir-se contra pais tirânicos, porém, a julgar pelos romances, é mais provável que os pais dividam e governem. Numa família, as crianças não podem reagir como um grupo cômpar por causa da diferença de idade entre elas. Em conseqüência, qualquer criança dada, em qualquer momento específico, enfrenta, obviamente, problemas únicos e se encontra a sós com eles — a não ser que tenha a sorte de contar com uma empregada ou tia complacentes.

Este é o preço que a criança introdirigida paga por uma situação na qual sua maturidade não é adiada por ter que esperar pelo seu grupo cômpar, graduado por idade. Seus pais não a contêm porque, de acordo com as "autoridades", ela não está madura para algo. Nas cartas de Lorde Chesterfield a seu filho, encontramos a suposição, que impregna muita literatura do período industrial mais antigo, de que a criança é simplesmente um adulto jovem e um tanto inexperiente. Lorde Chesterfield escreve como se seu filho de quinze anos tivesse adquirido maturidade intelectual e sexual completa e precisasse apenas amadurecer em sabedoria e adquirir influência em suas relações com os adultos. Para adultos introdirigidos, os problemas de treinar as crianças a brincarem com outras crianças, fora do lar, ou a cooperarem amigavelmente com elas, não se apresentam em si como parte de sua responsabilidade de pais.

Como resultado, rodeada por adultos introdirigidos, a criança enfrenta, amiúde, exigências inteiramente absurdas. Ela nem é contida e nem consegue uma brecha. A criança em crescimento pode reagir a estas exigências por meio de culpas e de esforço desesperado para identificar-se com o modelo, ou, no isolamento, pela rebelião contra este; ela não reage, como no meio-ambiente alterdirigido, usando o grupo cômpar como um clube que põe os adultos ansiosos na linha, caso alimentem expectativas absurdas ou mesmo excepcionais em relação a ela. Na verdade, neste período, é possível educar a criança num isolamento relativo do grupo cômpar, mesmo que tenha contato formal com outras crianças na escola. As imagens do pobre menininho rico e da pobre menininha rica são criações da época, quando os filhos são, muitas vezes, os prisioneiros sociais dos pais e das governantas.

De fato, a localização do lar tende a ter significados inteiramente diversos em cada uma das três fases da curva populacional. Na fase de alto potencial de crescimento, o lar é fixo, exceto entre os povos caçadores e nômades. Como local da maioria das atividades do processo de socialização, o lar simboliza a esmagadora importância da família extensa nesse processo. Na fase de crescimento transicional, o jovem adulto deve sair de casa e encontrar um novo lar em algum outro lugar. Ele se dirige a uma "fronteira" não desenvolvida ou a uma cidade pequena; aí ele se casa e se estabelece. Este novo lar desempenha um papel de decisivo significado na socialização de seus filhos, apesar da escola e outros instrumentos especializados, externos ao lar, também exercerem um papel crescente.

Na fase de declínio populacional incipiente, as pessoas ainda se movimentam, porém em busca de "fronteiras" de consumo e também de produção, isto é, procuram vizinhanças agradáveis, nas quais seus filhos encontrarão pessoas agradáveis. Embora boa parte da movimentação nos Estados Unidos de hoje, dentro da cidade ou entre elas, se deva à busca de melhores empregos, ela também é impulsionada, crescentemente, pela procura de melhores vizinhanças e de seu acompanhamento, as escolas melhores. Uma vez que muitos outros hão de estar igualmente procurando melhores redondezas, esta pressão, combinada com a rápida alteração de valores residenciais e modas características das cidades norte-americanas, significa que ninguém pode fixar-se seguramente para o resto da vida. (Pois, quando as crianças crescerem e estabelecerem seus próprios lares, os pais sentir-se-ão inclinados a se mudar de novo, talvez à cata de valores de consumo, tais como os raios de sol.) Assim, por sua própria localização, os pais alterdirigidos mostram quanto valor depositam nos contatos dos filhos. E, é claro, vivendo em um espaço reduzido com uma ou duas crianças, a família urbana e suburbana precisa utilizar espaço — espaço físico e emocional fora do lar confinado, para as atividades das crianças que crescem. (Durante o mesmo período, a família da classe trabalhadora para levar a sua vida obteve acesso a um espaço muito maior do que nos primeiros estágios de industrialização; porém, estamos aqui discutindo apenas a história da família de classe média.)

Voltando agora à situação da criança introdirigida, verificamos que ela encontra seus companheiros de brinquedos, ou entre seus próprios irmãos e irmãs, ou numa faixa etária igualmente larga, fora do lar. Este padrão ainda existe em distritos rurais, onde a turma do poço de natação ou do campo de basebol varia muito com relação à idade; não existem lugares separados para brincar. Entretanto, depois de atingida uma idade de "discrição social", espera-se que a criança introdirigida limite suas amizades àqueles que sejam aproximadamente de sua própria classe social. A classe tem de constituir uma barreira consciente porque as vizinhanças são, de algum modo, menos cuidadosamente circunscritas segundo linhas étnicas e de classe do que muitos subúrbios atuais — exatamente como os brancos e negros sulinos ainda vivem amiúde em estreita proximidade física. Entre cinco e quinze anos, o sexo também é uma barreira para a criança introdirigida, uma vez que a coeducação é pouco freqüente e, mesmo onde ela existe formalmente, faz-se tão pouco esforço para misturar os sexos quanto para misturar as classes sociais: não há notícia ainda de baile (*proms*) para alunos do sexto e sétimo ano. A criança introdirigida, limitada em sua escola de amigos e limitando-se a si própria por um claro reconhecimento de seu *status* e do *status* ao qual aspira, pareceria cheia de dedos, na escola, a muitas crianças alterdirigidas de hoje.

Então, dentro dos limites permitidos pela geografia e pelas proibições, a criança introdirigida que se aproxima da adolescência escolhe um ou dois amigos do peito. Poderá encontrar num parente ou amigo mais velho alguém para imitar ou admirar. Em muitos casos, porém, escolherá o companheiro, com base no interesse em jogos e passatempos (*hobbies*) similares — passatempos que tendem a ser altamente idiossincrásicos e que continuam, amiúde, na vida adulta. Ainda é possível observar este padrão nas escolas inglesas para meninos, onde quase todo mundo tem um *hobby*. Alguns aficcionados (*hobbyist*) ficam mais do que contentes a sós — seu passatempo lhes basta como companhia. Ou, então, surgem rápidas amizades entre apreciadores de pássaros, fãs de motocicletas, colecionadores de minerais ou cultivadores de poesia.

Como veremos no Capítulo XV, um passatempo ou habilidade não é, por si, um claro sinal de introdireção: crianças alterdirigidas também podem dedicar-se a *hobbies*. Os passatempos dos dois tipos podem mesmo, até certo grau, coincidir nominalmente. Mas o significado e o contexto social dos passatempos são muito diferentes para os dois tipos de crianças. A introdirigida raramente partilhará seu *hobby* com um grande grupo cômpar — embora o colecionar selos possa constituir uma exceção — e quando aficcionados desta espécie se encontram, é para permutarem detalhes técnicos e entusiasmos, como dois criadores de gado leiteiro podem permutar dados sobre suas respectivas raças favoritas. Não há ansiedade alguma em tal encontro: nenhum problema de manter uma diferenciação marginal (diferença, isto é, mas não demasiada) no gosto, tal como deparamos no aficcionado alterdirigido. A criança não sofre abalo em seu passatempo porque outros tem um passatempo diferente; ao contrário, é corroborada em sua indiossincrasia, que, dentro de amplos limites, é respeitada.

Gostaria, entretanto, de advertir o leitor para que não encare tudo isto com demasiada nostalgia, tendo em mente, por exemplo, *Penrod* ou *Huckleberry Finn* ou mesmo quiçá sua própria infância idealizada. Nos esportes e nos estudos, o grupo cômpar pode tornar-se acerbamente competitivo, auxiliado e secundado por treinadores, professores e outros adultos. Muitos meninos e meninas que obtêm as melhores notas na escola primária são esmagados quando não superam a competição mais árdua do curso ginasial. Muita coisa está em jogo — e mais coisas ainda parecem estar — em tais disputas; e a criança introdirigida não pode facilmente, ao modo de uvas verdes, mudar as metas instiladas, quando elas se mostram inatingíveis. Ademais, os pais e os professores, em sua ingenuidade psicológica, podem sustentar como modelos os jovens detestáveis que trabalham duramente, vestem-se com apuro e são bem educados.

Além de tudo isto, o destino de muitas crianças introdirigidas é a solidão dentro e fora de casa. O lar, a escola e as paradas no caminho podem ser lugares para trote, perseguição, incompreensão. Nenhum adulto intervém em favor da criança perseguida ou solitária para oferecer simpatia, fazer perguntas ou dar conselhos. Os adultos não julgam que as brincadeiras de crianças sejam realmente muito importantes; criticam as crianças que parecem por demais preocupadas com folguedos e muito pouco com o trabalho. Nenhum professor sociometricamente orientado tenta romper panelinhas de amigos na escola para que ninguém fique de fora. Quão barbaramente esnobes podem tornar-se meninos e meninas, tipifica-o a estória, no *Middletown,* de Lynd, da filha que saiu do ginásio porque a mãe não podia permitir-se ao luxo de lhe dar meias de seda. Freqüentemente, as crianças, desconhecendo que têm direito a amizades, compreensão ou lazer agradável — desconhecendo, na verdade, que os adultos poderiam estar muito interessados em tais assuntos — sofrem em silêncio e submetem-se ao intolerável.

Só com a perspectiva de hoje é que podemos ver as vantagens dessas desvantagens. Vemos que em uma sociedade onde a introdireção é valorizada, a solidão e mesmo a perseguição não são consideradas como o pior dos destinos. Os pais, às vezes até mesmo os professores, podem ter autoridade moral esmagadora, mas o grupo cômpar tem menor peso moral, por mais atraente ou ameaçador que possa ser. Ao mesmo tempo que os adultos raramente intervêm para guiar ou auxiliar a criança, tampouco lhe dizem que deveria fazer parte de um grupo e divertir-se.

II. *O Grupo Côpar no Estágio da Alterdireção.*

Os pais, no período dominado pela alterdireção, perdem seu papel outrora inconteste; o velho não é mais "o governador" — é aquele que instala os governadores. Outras autoridades adultas, tais como a governante e a avó, quase desaparecem ou, como a professora, assumem o novo papel de mediadores e facilitadores do grupo côpar — um papel talvez não muito diverso do de muitos pastores que, na congregação adulta, passam da moralidade para a moral.

Além do mais, como já foi indicado, a cidade onde a criança alterdirigida cresce é bastante estratificada — levando em conta seu anel de subúrbios — para criar-lhe um grupo graduado de classe e idade. Será possível colocá-la na escola e no jardim, numa colônia de férias no verão, junto com outras crianças virtualmente da mesma idade e posição social. Se os adultos são o juiz, estes pares são o júri. E, como nos Estados Unidos o juiz está cercado por leis que dão ao júri uma força sem igual em qualquer outro país de direito consuetudinário, o poder do grupo côpar americano não têm par do mundo da classe média.

O Julgamento. Enquanto o pai introdirigido forçava o passo da criança em seus "deveres" domésticos como, por exemplo, na limpeza e nos hábitos higiênicos, o progenitor alterdirigido, mais inclinado a ser indulgente em tais questões, força com igual impaciência o passo da vida social da criança, embora muitas vezes mal tenha consciência de o estar fazendo. Os pais, hoje, são os encenadores de reuniões de crianças de três e de quatro anos, da mesma forma como, em épocas anteriores, os adultos arranjavam casamentos. Daí, enquanto os horários de alimentação segundo a "exigência própria" estão ganhando terreno no caso dos bebês, a exigência própria não é observada quando se trata da socialização fora do lar. Tendo a mãe como motorista e agente de reservas de lugar, o horário cotidiano é um esforço para cultivar todos os talentos correntemente essenciais, sobretudo os gregários. É inconcebível, para alguns adultos fiscalizadores, que uma criança possa preferir sua própria companhia ou simplesmente a de uma outra criança.

Assim, a criança confronta-se com o que denominamos seus pares sociométricos e não é rodeada por aqueles que são seus pares em assuntos menos visíveis, tais como temperamento e gosto. No entanto, como não há diferenças *visíveis,* encontra dificuldade em justificar, e mesmo de tomar consciência, destas diferenças *invisíveis.* No nível manifesto, a situação é altamente padronizada: qualquer criança dada enfrenta a cultura das crianças de cinco e seis anos, em um momento determinado do ciclo da moda nas práticas de treinamento e diversão infantil. Na verdade, esta mesma padronização é que, como vimos, enfraquece o poder dos pais, cujos desvios dos padrões lhes parecem, do mesmo modo que à criança, demonstrar sua inexperiência e inadequação. Neste quadro, os adultos ficam ansiosos para que a criança obtenha êxito no grupo compar e, por isso, passam a inquietar-se com o seu "ajustamento". Eles tendem, também, a ignorar, e mesmo a suprimir, diferenças invisíveis entre seus filhos e os filhos dos outros. Tais diferenças podem lançar dúvida sobre o ajustamento deles próprios, sobre a sua própria sintonização correta com os sinais concernentes à criação de filhos.

A maioria das crianças aprende muito depressa, sob estas condições; as mesmas autoridades adultas que patrocinam os intelectos infantis (e, portanto, os tornam mais lentos) não se impressionam suficientemente, talvez, com o fato de que estas crianças modernas alterdirigidas se mostrem tão compostas e equilibradas em muitas situações sociais. Estas crianças não são tímidas, nem com adultos nem com o sexo oposto a quem acompanharam a bailes e festas e viram diariamente entrando e saindo da escola. Além do mais, esta adaptabilidade prepara a criança para um tipo de mobilidade social um tanto diferente das experiências de ascensão social do novo-rico em um ambiente introdirigido. Este raramente adquiria as graças sociais e intelectuais de seus novos companheiros — ou então as acentuava ridiculamente. Guardava suas maneiras rudes e inferiores ou tentava dolorosamente aprender outras novas, à medida que ascendia; em qualquer dos casos, o código de conduta limitado, o padrão, que dele se esperava era inequívoco. Em contraste com isto, a criança alterdirigida é capaz de mover-se entre novos companheiros com um ajustamento quase automático às insígnias mais sutis do *status*.

Tendo em mente estas conquistas positivas da sociabilidade alterdirigida, desviemos nossas atenções daquilo que o grupo cômpar ensina e invoca, para aquilo que reprime. Atualmente, as crianças de seis anos e mais tem uma frase — "ele (ou ela) pensa que é *grande*" (ou "ele pensa que é *alguma coisa*") — que simboliza o papel do grupo cômpar na criação de tipos alterdirigidos. O esforço é para reduzir à medida certa todos aqueles que se elevam ou se sobressaem em qualquer direção. Começando com os bem jovens e continuando a partir daí, a vaidade aberta é tratada como uma das piores ofensas, talvez como a desonestidade o seria no passado. É proibido ser cartola.

Temperamento, ciúme manifesto, e mau-humor também são ofensas no código do grupo cômpar. Todas as qualidades e vícios idiossincráticos e marcantes são mais ou menos ilimitados e reprimidos. E os juízos a respeito de outros, pelos membros do grupo cômpar, constituem tão claramente questão de gosto que sua expressão tem de recorrer às frases mais vagas, constantemente alteradas: engraçadinho, nojento, quadrado, queridinho, boa praça, benzinho, bisca (sem significado preciso) etc. A sociometria reflete esta situação, quando interroga as crianças sobre coisas tais como: perto de quem se lhes apraz ou não sentar, quem gostariam de ter como amigo, chefe e assim por diante. Os julgamentos podem ser significativamente escalonados porque, e somente porque, todos eles se baseiam em incomplexos contínuos de gosto, pelos quais as crianças vivem classificando umas às outras.

Mas, dizer que os julgamentos dos membros de grupos cômpares são questões de gosto, não de moralidade ou mesmo de oportunismo, não é dizer que qualquer criança determinada pode permitir-se ignorar estes julgamentos. Ao contrário, ela está, mais do que nunca, à mercê deles. Se o grupo cômpar fosse um grupo selvagem, torturador e obviamente corrupto — e continuamos a tratar aqui da classe média urbana apenas — a criança individual poderia ainda sentir uma indignação moral como defesa contra as ordens do grupo. Porém, como as autoridades adultas no processo de socialização alterdirigido, o grupo cômpar é amigável e tolerante. Ele ressalta o tratamento justo (*fair play*). As condições para ingressar nele parecem razoáveis e bem intencionadas. Mas, mesmo que assim não fosse, a indignação moral está fora de moda. Por isso, a criança é submetida ao julgamento do júri sem quaisquer defesas, quer de parte de sua própria moralidade, quer de parte dos adultos. Toda moralidade é do grupo. Na verdade, inclusive o fato de se tratar de uma moralidade é escondido pela noção confusa de que a função do grupo é divertir-se, brincar; a seriedade mortal do negócio, que poderia justificar a criança ao fazer disto um problema, é portanto oculta.

"A Conversa da Cidade"*: *A Sociedade das Preferências*. Aos olhos do júri de pares, a pessoa pode ser "boa praça", num dia, e "nojento" no outro. A tolerância, para não falar da liderança, depende de ter-se uma reação altamente sensível aos volteios da moda. Esta habilidade é procurada de diversas maneiras. Uma forma é renunciar a qualquer pretensão à independência de julgamento e gosto, um tipo de apelo de *nolo contendere*. Outra é elaborar um apelo de consideração especial mediante a aquisição de facilidade inusitada nos deveres da pessoa como consumidor — isto é, no desempenho das artes do lazer. Com boa sorte, o indivíduo pode tornar-se até um líder de opinião e gosto, com grande influência sobre o júri.

Cada grupo compar tem suas devoções e gírias. A segurança consiste, não em dominar uma habilidade difícil, porém em dominar uma bateria de preferências de consumidor e o modo de sua expressão. As preferências são por artigos ou "heróis" de consumo e pelos membros do próprio grupo. O modo apropriado de expressão requer que se experimentem com destreza e sensibilidade os prováveis gostos dos outros e, então, que se permutem apreços e desapreços mútuos para manobrar a intimidade.

Agora algo disto é familiar, mesmo no período dependente da introdireção; é importante, pois, compreender em que grau o treinamento do gosto do consumidor substituiu o treinamento da etiqueta. A etiqueta formal pode ser considerada como um meio de manejar relações com pessoas com as quais não se procura intimidade. Ela é particularmente útil quando adultos e jovens, homens e mulheres, classes altas e classes baixas estão agudamente separadas e quando um código se faz mister a fim de mediar as trocas através destas linhas. Destarte, a etiqueta pode ser, ao mesmo tempo, um meio de se aproximar das pessoas e de permanecer afastado delas. Para alguns, a etiqueta pode ser algo de pequeno peso emocional — um disfarce

(*) *The Talk of the Town*: seção da revista *The New Yorker* (N. dos T.).

comportamental fácil; para outros, o ordenamento das relações humanas por meio da etiqueta pode tornar-se, emocionalmente, muitíssimo carregado — uma evidência de compulsão caracterológica. Mas, em qualquer dos casos, a etiqueta está preocupada, não com os encontros entre os indivíduos como tais, porém com os encontros entre eles, como representantes de seus papéis sociais, cuidadosamente graduados.

Em comparação com isto, o treinamento do gosto do consumidor, que tende a substituir a etiqueta entre os alterdirigidos, é útil não tanto através das linhas de idade e classe social, como dentro da sala de júri dos companheiros de classe e idade. Como em alguns grupos de crianças — assim como de adultos — a discussão se volta para a diferenciação marginal entre Cadillacs e Lincolns, assim também, em outros, a discussão centraliza-se em Fords e Chevrolets. O que importa, em cada caso, é a capacidade de desdenhar continuamente os gostos dos outros, o que, muitas vezes, é um processo muito mais intrusivo do que a troca de cortesias e brincadeiras exigidas pela etiqueta. Não que a criança se aproxime sempre das outras com as quais está trocando ou ratificando preferências, — estes intercâmbios são, freqüentemente, mero diz-que-diz sobre bens. No entanto, uma certa energia emocional, mesmo um excitamento, permeia a transação. Em primeiro lugar, a pessoa alterdirigida adquire intenso interesse nos gostos efêmeros dos "outros" — um interesse inconcebível para a criança introdirigida ou a traditivo-dirigida, cujos gostos sofreram uma socialização menos diferenciada. Em segundo lugar, a criança alterdirigida está preocupada em aprender, através destas permutas, se o seu equipamento de radar está na devida ordem.

Foi sempre verdade, nas classes sociais dominadas pela moda, que, para escapar ao perigo de ser deixado para trás por uma guinada da moda, é necessária a habilidade para adotar facilmente as novas modas; para a pessoa não correr o risco de uma condenação por ser diferente dos "outros", cumpre que possa ser diferente — em aparência, conversa e modo — de *si mesma*, tal como ela era no dia anterior. Também aqui, é mister ver precisamente o que mudou. Em geral, os processos de moda expandem-se em termos de classe, e aceleram-se em termos de tempo. Na economia de lazer de declínio incipiente de população, a máquina distribuidora da sociedade melhora, tanto em termos de distribuição de rendas quanto de comodidades. Torna-se possível acelerar as variações da moda, como também diferenciar os bens por gradientes com exatidão de minutos. Em seus estágios mais avançados, portanto, a produção e a distribuição em massa permitem e exigem um vasto incremento, não apenas nas diferenças qualitativas, mas também nas quantitativas, entre os produtos — não só como conseqüência dos esforços monopolizadores na diferenciação marginal, mas também porque a maquinaria e a organização estão presentes para desenhar, produzir e distribuir larga variedade de bens.

Isto significa que o aprendiz de consumidor tem muito mais a aprender do que nos primeiros tempos da industrialização. Por exemplo, o estrangeiro que visita os Estados Unidos está inclinado a pensar que vendedoras, senhoras da sociedade e atrizes cinematográficas, todas elas se vestem igualmente, quando comparadas com as evidentes diferenças de *status* na Europa. Mas o americano sabe — tem que saber se pretende fazer progressos na vida e no amor — que isto é simplesmente um erro: que se deve procurar pelas pequenas diferenças qualitativas que significam estilo e *status,* para observar, por exemplo, a tensa casualidade que se apresenta, às vezes, na roupa da classe alta em comparação à tensa formalidade da roupa da classe operária. Na época da etiqueta, as diferenças eram bem mais agudas.

Cumpre ouvir crianças muito novas discutirem modelos de televisão, estilo de automóveis, ou os méritos de diversos trens aerodinâmicos, para ver como elas são bem dotadas como consumidores, muito antes de terem elas próprias uma palavra decisiva a dizer, ainda que sua influência nos conselhos de família não deva ser subestimada. As crianças colaboram nesta troca de veredictos, mesmo que seus pais não possam dar-se ao luxo de ter as engenhocas em discussão; de fato, a economia seria retardada se fossem treinados para serem consumidores apenas aqueles que, num dado momento, contassem com os meios.

O maior âmbito da socialização do gosto é demonstrado hoje ainda em outra mudança decisiva em relação à época dependente da introdireção. Então, pelas regras da etiqueta e de classe, certas esferas de vida eram tidas como particulares; seria uma quebra de etiqueta intrometer-se ou permitir intromissão nelas. Hoje, porém, é preciso estar preparado para abrir-se à reinquirição em quase toda esfera na qual o grupo cômpar possa vir a interessar-se. Pode tornar-se moda entre as moças, como alguns artigos da série "Perfis da Juventude" do *Ladies' Home Journal* demonstraram, discutir as técnicas do beijo e da carícia que as rivais utilizam com seus companheiros particulares[1]. Enquanto que a brincadeira do correio é velha, o colapso do recatado namoro razoavelmente sério é nova. Já tendo encontros aos doze e treze anos, a criança, desde cedo, torna-se consciente do fato de que seu gosto nas emoções, tal como nos bens de consumo, deve ser socializado e disponível para a conversa trivial. Ao passo que a etiqueta ergue barreiras entre as pessoas, o intercâmbio socializado do gosto do consumidor exige que o recato seja abandonado, ou mantido, em alguns interstícios da natureza do indivíduo, como o Deus de um teólogo liberal. Diante do júri do grupo côrnpar não há privilégio contra a auto-incriminação.

As mesmas forças que consolidam a socialização dos gostos, também o fazem no tocante a padrões de desempenho mais socializados. A criança alterdirigida, aprendendo a tocar piano, está em competição diária com os astros de estúdio. Ela não pode recordar-se de nenhum período em que tanto seus pares quanto seus orientadores adultos não estivessem empenhados em comparar sua atuação com a destes modelos. Qualquer coisa que ela tente — uma realização artística, uma certa maneira de falar, um truque de prestidigitação — o grupo côrnpar está ali para identificá-la de alguma forma e passar julgamento sobre o fato com a típica sabença de entendido, que caracteriza a audiência dos meios de comunicação de massa. Muito cedo este processo é internalizado, e a criança sente-se em competição com Eddie Duchin ou Horowitz, mesmo que ninguém mais esteja por perto. Portanto, é difícil para a criança alterdirigida cultivar um dom altamente pessoal: os padrões são muito altos e há pouco tempo privado para a maturação.

O mais novo padrão de popularidade depende menos da habilidade de tocar um instrumento do que da habilidade de expressar as preferências musicais aprovadas. No outono de 1947, efetuei algumas entrevistas entre adolescentes, em Chicago, relacionadas com seus gostos em matéria de música popular e consultei, outrossim, músicos profissionais, registros de toca-discos públicos (*juke-box*) e outras fontes para completar minhas impressões. Meu interêsse era, principalmente, ver como êstes jovens empregaram seu interêsse musical no processo de ajustamento ao grupo côrnpar. Da mesma forma como os cartões

---

(1) Um estudante escreveu-me: "Nas reuniões dos machões não se pode mais bancar o cavalheiro e silenciar sobre as aventuras sexuais. É preciso fornecer nomes, datas e todos os detalhes exatos da conquista. Onde os camaradas entram em apuros é quando tem um sentimento sincero pela menina e, apesar disto, são forçados a contar. A medida do poder do grupo côrnpar e sua alterdirecionalidade está no fato de que eles *podem* ser forçados a contar."

permutáveis, que simbolizam o consumo competitivo para os jovens entre oito e onze anos, as coleções de discos pareciam ser uma forma de estabelecer a ligação com o grupo, exatamente como a habilidade de cantarolar as músicas correntes era parte do equipamento de popularidade. As exigências eram mais duras entre as meninas do que entre os meninos, embora estes não estivessem isentos delas. Estas músicas significavam gente: caminhos para pessoas, recordações delas. Ao mesmo tempo, os adolescentes mostravam-se ansiosos por ter as preferências "certas". Quando me era dado entrevistar um grupo, seus membros individuais olhavam em derredor para ver o que os outros pensavam antes de se comprometerem — pelo menos, em relação a canções ou discos específicos, senão a um tipo geral de música, tal como sinfônica ou sertaneja (*hillbilly*) onde poderiam estar certos quanto às reações de seu grupo. Leitores que não tenham, eles próprios, observado a amplitude deste temor à discrepância (*nonconformity*), poderão estar inclinados a desprezá-lo, ponderando que os jovens sempre foram conformistas em seus grupos. É verdade; entretanto, parece-me que é uma questão de grau e que a necessidade de conformidade musical é, atualmente, muito mais especializada e exigente do que era no período anterior, quando algumas crianças podiam ser, ou eram forçadas por seus pais a ser, musicais, e outras podiam deixar a música em paz.

Mesmo entre aqueles entrevistados que tomavam aulas de piano, o interesse musical, como tal, parecia praticamente inexistente. Um menino de quatorze anos parecia alimentar genuínos interesses musicais, tocando "clássicos" no piano. Entretanto, sua mãe contou ao entrevistador que ela não o deixava estudar demasiado, para que não se diferenciasse dos outros meninos, e estava insistindo em que ele se sobressaísse nos esportes. "Espero conservá-lo como menino normal", disse ela. Estas experiências em minha pesquisa parecem indicar que as preferências no consumo não são encaradas como um desenvolvimento da habilidade humana em relacionar-se discriminadamente a objetos culturais. Isto porque os objetos dificilmente recebem significado em valores particulares e pessoais quando usados tão densamente como fichas em um método preferencial de se relacionar com os outros. Os objetivos culturais, qualquer que seja a sua natureza, são elementos que, de alguma forma, permanecem desumanizados pela força de uma ligação genuinamente pessoal e idiossincrática.

Movendo-se algures além do mero intercâmbio de gostos, encontram-se aqueles líderes de opinião [2] que tentam influenciar os veredictos, bem como repeti-los — um jogo perigoso, em verdade. Entretanto, os riscos são minimizados através do jogo dentro dos limites impostos pela diferenciação marginal. Assim, minhas entrevistas mostraram que cada grupo etário, dentro de uma região e classe limitadas, tinha seu próprio gosto musical; os mais jovens, por exemplo, gostavam de coisa "doce" que eram "velharia" para aqueles ligeiramente mais velhos. Dentro desta tendência geral, uma menina resolvia que não suportava Vaughn Monroe ou que Perry Como era o "maior". Se ela se expressasse tão violentamente no pormenor, era provável que fosse, ou quisesse ser, uma líder de opinião. Pois muitos dos jovens não expressavam nenhuma forte preferência ou aversões específicas, — embora pudessem compartilhar de uma forte reação súbita contra toda uma linha de gosto, tal como o jazz violento (*hot jazz*) ou a música sertaneja (*hillbilly*). Estes últimos eram os seguidores de opinião, raramente capazes sequer de uma diferenciação marginal.

A tremenda efusão de energia da pessoa alterdirigida é canalizada para as "fronteiras", continuamente em expansão, do consumo, da mesma forma que a energia da pessoa introdirigida é canalizada inexoravelmente para a produção. Os padrões introdirigidos desencorajam com freqüência o consumo tanto para adultos como para crianças. Porém, em outros tempos, e especialmente nos estratos sociais mais altos, menos afetados pelo ascetismo puritano, a pessoa introdirigida consumia — por assim dizer, com folga para poupança e bom comportamento — tão implacavelmente quanto ela (ou seus progenitores) produzia. De um modo mais claro, no caso do consumo conspícuo (*conspicuous consumption*) da classe alta, o indivíduo ansiava por posses e ostentação, uma vez que as velhas restrições traditivo-dirigidas se haviam desgastado. Ele perseguia,

---

(2) O conceito de líder de opinião e métodos empíricos para identificá-lo na comunidade foram desenvolvidos particularmente por Paul Lazarsfeld, Robert K. Merton, C. Wright Mills do Bureau of Applied Social Research da Universidade de Columbia, e Bernard Berelson, da Universidade de Chicago. O conceito é muito importante para as nossas finalidades, visto que a propagação dos padrões alterdirigidos para além dos centros metropolitanos é, com freqüência, devida à influência dos líderes de opinião, que aprenderam êstes padrões enquanto estavam no ginásio, na faculdade ou num emprêgo e que continuam a manter contato com os novos valores através dos meios de comunicação de massa, que, em troca, apóiam seus esforços junto a seu "eleitorado" local. O grupo da Columbia observou êste processo na difusão de atitudes e preferências; observar como estas, por sua vez, moldam o caráter, constitui uma tarefa mais complexa e, por enquanto, inacabada. Walter Bagehot realizou algumas especulações interessantes sôbre o problema. *Physics and Politics,* ed. Barzum (New York, Alfred A. Knopf, 1948) pp. 91 e seguintes.

com um individualismo feroz, tanto a aquisição quanto o consumo da propriedade. A rigor, suas metas eram socialmente determinadas, porém menos por uma união contemporânea de consumidores do que pelos padrões herdados de desejos, dificilmente menos estáveis do que o desejo pelo dinheiro em si. Metas, tais como belas casas, belos cavalos, belas mulheres e belos objetos de arte podiam ser investimentos porque seu valor raramente mudava na escala de preferência do consumidor.

Essas buscas relativamente estáveis e individualistas estão sendo, hoje, substituídas pelos gostos flutuantes que a pessoa alterdirigida aceita de parte de seu grupo cômpar. Além do mais, muitos dos desejos que impulsionaram o homem ao trabalho e à loucura, em sociedades dependentes de introdireção, são agora satisfeitos com relativa facilidade; estão incorporados no estalão de vida que milhões de pessoas tomam como dado. Mas a ânsia permanece. É a ânsia das satisfações que outros parecem atingir, uma ânsia sem objetivo. A maior parte da individualidade potencial do consumidor de hoje lhe é tirada por sua afiliação a um sindicato de consumidores. Êle é mantido dentro de seus limites de consumo não por uma orientação dirigida para uma meta, mas alterdirigida, impedindo de espaventar-se, por mêdo da inveja alheia, e de um consumo demasiado pequeno, por sua própria inveja de outrem.

Hoje não há uma linha rígida que separa êstes padrões de consumo do mundo adulto e os do mundo da criança, exceto os objetos de consumo em si. As crianças podem consumir histórias em quadrinhos ou brinquedos, enquanto que o adulto consome editoriais e automóveis; cada vez mais, os dois consomem da mesma forma. No sindicato de consumo do grupo cômpar, a disciplina da criança como consumidora começa, atualmente, muito cedo na vida — e dura até tarde. A criança introdirigida supunha-se predisposta para alguma ocupação, mesmo que a ocupação em si não fôsse muito clara em sua mente. Hoje, a ocupação futura de tôda a criançada é a de serem hábeis consumidores.

Cedo, isto se torna visível nas brincadeiras de consumo das crianças, facilitadas por um aumento considerável na variação de brinquedos infantis. Somados aos brinquedos de menino, como, por exemplo, imitações e equipamento de produção, caminhões, escavadeiras mecânicas e material bélico em miniatura, existe tôda uma nova série de objetos modelados segundo os ramos de atividades: caminhões de lavanderia, telefones de brinquedo, postos de gasolina, e assim por diante. Somados aos brinquedos de menina, a boneca e seu guarda-roupa, formam os apetrechos para maquilagem juvenil e gravadores de som.

Estes adereços das horas de folguedo da criança, entretanto, não são tão impressionantes quanto a crescente racionalização das preferências infantis em tudo o que as crianças consomem. No período de introdireção elas aceitavam cereais de marcas registradas, em grande parte porque era só o que se colocava diante delas, à mesa. Hoje comem Wheaties, ou qualquer outro alimento de desjejum, em consonância com alguma razão específica, sobre a qual todos possam falar: "Wheaties faz campeões". E as estórias em quadrinhos "distraem os campeões", dirão as crianças quando pressionadas. Desta maneira, a criança alterdirigida aprende rápidamente que sempre há, e sempre deve haver, uma razão para consumir qualquer coisa. Uma "razão" é que o artigo que ela está consumindo é o "melhor" em sua linha. À medida que a criança se desenvolve como aprendiz de consumidora, não dá mais crédito total aos anúncios de propaganda como resposta à pergunta do que é o melhor em sua linha. O produto aprovado pela maioria dos outros, ou por um testemunho aceitável de um consumidor cômpar, torna-se o "melhor". Por esta fórmula, os produtos mais populares são aquêles que costumam ser usados pelos mais populares. E por certo, êstes mesmos marcadores do passo têm uma "razão", muitas vêzes colhida dos meios de comunicação de massa, senão das páginas de anúncios; assim, a caça à razão prossegue num retrocesso interminável. Blake escreveu: "Os brinquedos da criança e as razões do velho, são os frutos das duas estações". No sindicato dos consumidores, brinquedos e razões amalgamam-se e, como já se afirmou, a linha entre infância e velhice tende a tornar-se amorfa.

Estes padrões lançam um peso extra sôbre as meninas, em parte porque as mulheres são as líderes aceitas do consumo em nossa sociedade, em parte porque as mulheres, muito mais do que os homens, sentem-se pressionadas a desempenhar qualquer papel em que são aceitas pelos homens. Em todos os níveis sociais, permite-se, aos meninos, maior montante de agressividade do que às meninas; permite-se-lhes também uma série mais ampla de preferências e eles podem enfrentar o processo de mudança de gôsto com uma boa dose de resistência agressiva.

Finalmente, a criança aprendiz de consumidor torna-se um tutor do consumo no círculo doméstico, "educando" tanto a mãe como o pai. A revista *Life* publicou, certa vez, um artigo de fundo sôbre "Divertimento da adolescência", mostrando as etiquêtas e passatempos que prevaleciam em certas cidades americanas; estes passatempos eram novidades mesmo para alguns recém-formados em ginásio. O adolescentes precisam iniciar os adultos, mais do que o inverso; caso típico, também citado no *Life,* é o dos professores de uma *high school* de Denver que imitaram o estilo idiomático de saudação do garoto "mais popular".

OS COLABORADORES ANTAGONÍSTICOS DO GRUPO CÔMPAR

Provavelmente, não é por acaso que o menino exercitava, no seu *estilo de cumprimentar*, os seus dotes para a liderança de opinião e diferenciação marginal. Porque, de fato, além e aquém da socialização das preferências de consumo e do intercâmbio da conversa profissional de consumo deste sindicato de consumidores, o quadro de associados está empenhado em *consumir a si mesmo*. Isto é, pessoas e amizades são consideradas como os maiores dentre todos os artigos consumíveis; o grupo cômpar é, em si, um objeto de consumo fundamental e sua própria competição fundamental quanto ao gosto. O intercâmbio "sociométrico" das avaliações do grupo cômpar é incessante e é levado adiante, também em "particular", como conversação com o próprio eu; quem é meu melhor amigo, o segundo melhor e assim por diante, até chegar ao mais antipatizado. Quanto mais completamente alterdirigido for o indivíduo, mais decididamente capaz será ele de classificar suas preferências e compará-las às dos outros. De fato, quando comparadas com seus predecessores introdirigidos, as crianças alterdirigidas são extraordinariamente informadas sobre as avaliações de popularidade. Embora declinante, a bravura física continua sendo, provavelmente, o principal caminho para o *status* entre os meninos da classe trabalhadora. Entretanto a popularidade entre meninos e meninas de classe média superior parece girar em torno de um critério muito mais vago, com freqüência impenetrável ao observador adulto, porém cristalinamente transparente para o próprio grupo cômpar, enquanto durar.

As tremendas energias competitivas que a pessoa introdirigida tem à disposição para a esfera de produção e, secundariamente, para o consumo, parecem agora desaguar na competição pela segurança muito mais amorfa da aprovação do grupo cômpar. Mas justamente por estar competindo pela aprovação, o indivíduo tem que reprimir sua competitividade manifesta. Aqui, a frase "cooperação antagonística", tirada de outros conceitos, é adequada.

Esta transformação é tão importante que lhe devotamos várias seções do Capítulo VI, porém, agora, devemos assinalar apenas alguns pontos de referência. Os pais, retrocedendo, como o fazem, em suas estruturas de caráter, a um período anterior, são eles próprios competitivos — mais manifestamente, pois, do que os filhos. Boa parte de nossa ideologia — livre iniciativa, individualismo e todo o resto — mantém seu caráter competitivo e é transmitido à geração seguinte pelos pais, professores e os meios de comunicação de massa. Ao mesmo tempo, houve uma enorme mudança ideológica, favorecendo a submissão ao grupo, uma mudança cuja qualidade decisiva é oculta pela persistência dos padrões ideológicos mais antigos. O grupo côrpar torna-se a medida de todas as coisas; poucas são as defesas do indivíduo que o grupo não possa demolir. Nesta situação, os impulsos competitivos de realização, apoiados nas crianças pelos restos da introdireção dos pais, entram em conflito com as exigências de cooperação, apoiadas pelo grupo cômpar. Desta forma, a criança é forçada a canalizar novamente o impulso competitivo de realização, como o exigem os pais, para o seu impulso no sentido de alcançar a aprovação de seus camaradas. Nem pais, nem filhos, nem o grupo cômpar em si é especialmente cônscio deste processo. Como resultado, os três participantes do processo podem continuar inconscientes do grau em que a força de uma ideologia individualista mais antiga fornece as energias para preencher as formas de uma caracterologia mais nova, grupalmente orientada.

4

CONTADORES DE ESTÓRIAS
COMO PRECEPTORES NA TÉCNICA:
MUDANÇAS NOS AGENTES DE FORMAÇÃO
DO CARÁTER (continuação)

R. Eu gosto mais do Super-homem do que dos outros porque eles não podem fazer tudo o que o Super-homem pode. O Batman não pode voar e isto é muito importante.

P. Você gostaria de poder voar?

R. Eu gostaria de poder voar se todos os outros voassem, pois, de outro modo isto seria uma forma de chamar a atenção.

De uma entrevista com uma menina de doze anos [1]

(1) Katherine M. Wolfe e Marjorie Fiske, "The Children Talk about Comics", *Communications Research* 1948-1949, ed. Paul F. Lazarsfeld e Frank Stanton (New York, Harper, 1949) pp. 26-27.

Como observamos no capítulo anterior, a linguagem torna-se um instrumento poderoso e requintado do grupo cômpar. Para os de dentro, a linguagem torna-se uma chave fundamental das correntes do gosto e estado de espírito que prevalecem no grupo, em dado momento. Para os de fora, inclusive os observadores adultos, a linguagem torna-se uma opacidade misteriosa, transmitindo constantemente mensagens do grupo cômpar carregadas de significados precisos que permanecem intraduzíveis.

Quando olhamos mais de perto para o uso da linguagem nos grupos cômpares jovens, vemos quão variados são os seus aspectos. A linguagem, em si, converte-se numa espécie de bem de consumo. Não é usada, nem para dirigir a economia do trabalho, nem para relacionar o eu com os outros, de qualquer maneira realmente íntima, nem para lembrar o passado, nem mesmo como mero jogo de palavras. Hoje é usada, antes, nestes grupos cômpares, em grande parte como as músicas populares costumam ser usadas: como um conjunto de valores pelos quais a gente estabelece que está "por dentro" ou pelos quais a gente participa do árduo "trabalho" de auto-socialização do grupo cômpar. E os grupos cômpares, enquanto exercem seu poder mais do que nunca pelo uso de palavras, são mais do que nunca vítimas das palavras. Enquanto aprendem a agarrar-se desesperadamente às palavras — a maioria dos sinais são dados em palavras — aprendem ao mesmo tempo a não confiar nelas. Como vimos, os veredictos no grupo cômpar são amiúde bastante ambíguos. Algumas das antigas palavras, tais como "bastardo" e "cafajeste" (*skunk*) permanecem, mas seu significado é mais vago, podem até ser ditos com um sorriso! Novos glossários inteiros brotam de poucos em poucos anos.

O grupo cômpar localiza-se a meio caminho entre o indivíduo e as mensagens que fluem dos meios de comunicação de massa. Estes últimos são os atacadistas; o grupo cômpar, os varejistas da indústria de comunicações. Mas o fluxo não é todo em uma só direção. Os grupos cômpares não só decidem, em alta escala, quais os gostos, habilidades e palavras, surgidos pela primeira vez em seu círculo, hão de ser aprovados, mas também selecionam alguns para uma publicidade mais ampla através de grupos contíguos e, eventualmente, tornam a recorrer aos meios de comunicação de massa, para uma distribuição ainda mais larga. Se observamos este processo, veremos que o indivíduo que desenvolve, digamos, um estilo particular de expressão, é ou ignorado pelos seus pares ou por eles aceito. Se ele e o seu estilo são aceitos, seu estilo é adotado pelo grupo e, pelo menos neste sentido, deixa de ser *dele*. O mesmo, porém, pode acontecer, por sua vez, a um determinado grupo cômpar, como no caso do garoto que tinha um estilo individual de cumprimento, mencionado no fim do capítulo passado. Os meios de comunicação de massa desempenham um papel principal em reduzir, assim, à impessoalidade e distribuir, em uma área ampla, os estilos pessoais desenvolvidos por indivíduos e grupos.

Neste capítulo, todavia, nosso foco de atenção será menos os meios em si e seus padrões de funcionamento e controle, do que os efeitos da imagem e da narração de estórias (*story telling*) na audiência infantil. E, é claro, tais efeitos não podem ser considerados isoladamente das constelações de pais, professores e membros de grupos cômpares que operam na linha de montagem do caráter. Se encontrarmos, por exemplo, uma criança que pareça mais influenciada pelas publicações do que pelas pessoas, talvez seja porque as pessoas pesam sobre ela de modo tão esmagador que esta criança precisa se refugiar nas publicações. Além do mais, as culturas diferem muitíssimo nas percepções que sublinham, ao ensinar a criança a distinguir dentre as imagens e diferenciar dentre as pessoas. Em geral, contudo, parece justo dizer que os contadores de estórias são agentes indispensáveis de socialização. Eles retratam o mundo para a criança, dando assim forma e limite para sua memória e imaginação [2].

Ao explorar este tópico não devemos confundir os gêneros de literatura com o problema dos efeitos sócio-psicológicos. Farei amplo uso do termo "estória", neste capítulo, incluindo não apenas poesia e ficção, mas também qualquer retrato fabuloso ou exagerado: um cine-jornal "verídico" pode ser uma estória, de acordo com esta definição.

Sociedades na fase de declínio incipiente de produção podem permitir-se prover os meios técnicos e ter, seja o tempo, seja a necessidade de receber um abundante fluxo de imagens a partir dos centros urbanos de distribuição. Industrialismo e alfabetização em massa parecem andar juntos. Estas mesmas sociedades, além do mais, apóiam-se mais compactamente do que seus antecessores nas agências formadoras de caráter exteriores ao lar. Daí, como seria de esperar, o fato de os contadores de estórias dos meios de massa desempenharem um papel considerável entre as crianças alterdirigidas. Só podemos ver o que tem mudado

(2) Vide a notável discussão de Ernest Schachtel, "On Memory and Childhood Amnesia", *Psychiatry*, X (1947), 1; vide Evelyn T. Riesman, "Childhood Memory in the Painting of Juan Mirò", *ETC* VI (1949), 160.

nas recentes gerações, contrastando a experiência de hoje com a das crianças de sociedades dependentes de direção traditiva e introdireção.

I. A Canção e a Estória no Estágio da Direção Traditiva

Os meios de comunicação ao pé do fogo — Quase por definição, uma sociedade que depende da direção traditiva, emprega as tradições orais, mitos, lendas e canções como um de seus mecanismos para transmitir a relativa unidade de seus valores. A ambigüidade não está ausente destas formas. Mas, já que a estória é contada às crianças por um membro da família ou alguém estreitamente ligado à família, a estória pode ser modulada para elas e, na realidade, uma vez que as crianças podem criticar, perguntar e elaborar, é possível pô-la num contexto manipulável por elas. Isto é, contar estórias permanece uma indústria manual, exercida no lar e em conexão com os outros processos de socialização que aí ocorrem.

Nestas circunstâncias não é de surpreender que canções e estórias transmitidas em desempenhos cara a cara, entre parentes e amigos, sejam com freqüência contos toscamente admonitórios; narram o que acontece com aqueles que desobedecem às autoridades comunitárias ou sobrenaturais. Ou ilustram, por referência aos ilustres, que tipo de pessoa se deveria ser na cultura, em termos de traços tais como bravura e resistência. Em muitas culturas dependentes da direção traditiva, entretanto, um número surpreendente de contos não são admonitórios, neste sentido direto. Como na Bíblia, alguns narram rebeliões, bem sucedidas ou trágicas, contra as forças existentes — embora, em muitos casos, o tema da revolta esteja disfarçado.

Contos de Tipos e "Atipos" (*Norm and "Abnorm"*). A nota de rebelião a vibrar nestes contos indica que, mesmo numa sociedade dependente de direção traditiva, subsistem ainda tendências que não são completamente socializadas. Conquanto aceitem os arreios de sua cultura e dificilmente consigam conceber outra, as pessoas não permanecem inteiramente inconscientes da coerção: suas estórias, como freqüentemente seus sonhos, constituem o refúgio e o socorro dessa consciência e permitem-lhes prosseguir com a vida cotidiana. A carga comunal de vergonha e culpa é reduzida pela "confissão" comum, pelo alívio comum que o mito possibilita. Há, portanto, nestes muitos um bocado de "realismo" a respeito da natureza humana, teimosa e não-socializada — esta é uma razão pela qual eles nos chamam através dos séculos e através dos limites culturais. Mostram que as pessoas são mais altivas, mais ciumentas e mais rebeldes do que parecem exteriormente.

Por que isto é assim? Parece que, se as pessoas fossem apenas "ajustadas" — se jamais tivessem nem mesmo um pensamento que transcendesse as proibições culturais — a vida teria tão pouca graça que poria em perigo a própria cultura. As culturas dependentes da direção traditiva, em geral, logram institucionalizar certo grau de rebelião não só para os seus desajustados, mas para todos. Algumas vezes, isto se faz com base no ciclo de vida. Assim, algumas culturas permitem, encorajam mesmo, o atrevimento das crianças, apenas para apertar o adulto; outras permitem às mulheres idosas obscenidades negadas às mais jovens. Algumas vezes, há os dias especiais — dias festivos — quando as barreiras caem.

Na medida em que a abertura para a rebelião reside no âmbito da fantasia culturalmente aprovada, a função socializadora dos contos e das estórias, que são antecessores dos meios de comunicação de massa, é dupla. Os mais velhos usam as estórias para dizer aos jovens: você deve ser como fulano de tal, se você quiser ser admirado e viver de acordo com as nobres tradições do grupo. Mas, diz-se também aos jovens — muitas vezes, na mesmíssima mensagem — que houve gente, como sicrano de tal, que infringiu as regras, que fez coisas muito piores do que você jamais fez, ou talvez jamais sonhou em fazer, e tenha ele vivido ou não para contar a estória, ele *viveu,* e nós falamos dele. Esta própria ambivalência das estórias ajuda os jovens a integrarem seus impulsos proibidos, reconhecendo-os como parte de seu legado enquanto seres humanos, tornando possível a formação de uma conexão subterrânea, através do mito, entre setores reprimidos dos adultos e setores dos jovens. Finalmente, estas estórias permitem ligar os jovens a ambos os setores, mais e menos do que aquilo que vêem à sua volta, quer em matéria de comportamento aprovado, quer de comportamento que, apesar de desaprovado, ainda é praticado; em outras palavras, fornecem modelos de comportamento que não se encontram completamente em qualquer grupo face-a-face.

No entanto, a coisa é mais complicada do que isto. De fato, podemos supor que a mudança para a introdireção ocorre primeiro em círculos que, através da alfabetização ou de outra forma, adquirem acesso a muitas multiplicantes ambigüidades de direção. Como, na teoria matemática da comunicação, todos os canais misturam aquilo que, tecnicamente, se chama ruído com aquilo que, tecnicamente, se chama informação e, assim, limitam a liberdade do emissor, do mesmo modo as mensagens que tem ou que se acredita que tenham o propósito de socializar os jovens, não podem deixar de conter ruídos que podem exercer diversos efeitos, capazes de, por seu turno, super ou subsocializá-los.

II. As Funções Socializadoras do Impresso no Estágio de Introdireção.

Quando as sociedades ingressam na fase de crescimento transicional de população, a instrução escolar formal aumenta, em parte a fim de treinar as pessoas para as novas e mais especializadas tarefas da indústria e da agricultura e, em parte, a fim de absorver os jovens que não são mais necessários nas fazendas e cuja escolarização pode ser sustentada pela maior produtividade social. Estes jovens, é claro, aprendem a ler. Mas tanto os velhos quanto os moços são afetados pelo estímulo e novidade da instrução: há uma fome largamente difundida de imprensa e de livros, uma fome que a tecnologia e as facilidades de distribuição suscitam, mas não satisfazem inteiramente. Este estímulo, esta fome, é sinal da revolução caracterológica que está acompanhando a revolução industrial.

Nos Estados Unidos, como em outros países de declínio incipiente de população, tal fome é mitigada; na verdade para muitos, ela foi sucedida por uma espécie de saciedade de publicações (*print*) sérias, conjuminada com a insaciabilidade em relação aos divertimentos e itens da cultura popular. Para nos recordarmos do padrão mais antigo, podemos observar países como o México e a Rússia, ora em processo de industrialização, onde os velhos são ávidos de matéria impressa e os jovens, admirados pela aprendizagem. Algo disto ainda é visível entre os negros no interior do Sul, em grande parte autoditatas, que vivem entre as nossas camadas remanescentes de brancos e pretos analfabetos.

A forma em que este desenvolvimento auxiliou a mudança da direção traditiva para a introdireção foi vivamente delineada no *Polish Peasant* de Thomas e Znaniecki[3]. Eles descrevem a maneira pela qual a imprensa rural polonesa ajudou a reestruturar atitudes e valores entre a classe

(3) W. I. Thomas e Florian Znaniecki: *The Polish Peasant in Europe and America*, (New York, Knopf, 1927), II, 1367-1396.

camponesa, no fim do século passado. Mostram que o camponês individual, que aprendeu a ler naquela época, não adquiriu apenas uma habilidade com reduzido impacto sobre seu caráter, mas, antes, efetuou uma ruptura decisiva com o grupo primário, com a direção traditiva. A imprensa o colheu neste ponto crucial: apoiou os passos incertos com que ele se afastava do grupo primário, ao criticar os valores desse grupo e ao dar ao indivíduo a sensação de ter aliados, apesar de anônimos, neste passo.

Desta forma, a imprensa ajudou a unir a pessoa recém-individualizada com a sociedade em recente formação. A imprensa polonesa apoiou também medidas muito específicas de "edificação de caráter" tais como sobriedade e poupança, e fomentou a agricultura científica, como fizeram os serviços americanos de expansão agrícola; a ciência era tida como uma espécie de moralidade introdirigida, contraposta à superstição do remanescente do campesinato traditivo-dirigido. Essas atitudes, expostas como matéria jornalística não-ficcional, eram reforçadas no mesmo meio de comunicação pela ficção altamente moralística. Assim, o leitor poderia encontrar na imprensa refúgio ante as críticas de seus vizinhos e podia por à prova sua introdireção em face dos modelos proporcionados pela imprensa. E escrevendo, ele próprio, para a imprensa, como lhe era dado ocasionalmente fazer na qualidade de correspondente local, poderia levar seu desempenho à aprovação, perante uma audiência que acreditava na magia ligada ao impresso em si — muito semelhante aos americanos que, no século passado, colaboravam com poesias na imprensa local. Por este desempenho público, não mais para um auditório que se encontra face a face, o antigo camponês confirmava a si mesmo na sua trajetória introdirigida.

O AÇOITE DA PALAVRA

A pessoa traditivo-dirigida tinha não apenas um padrão tradicional de vida, porém um padrão tradicional com respeito ao empenho e ao tempo que deveria trabalhar; e o impresso serve, junto com outros instrumentos de socialização, para destruir ambos os padrões. O homem introdirigido, aberto à "razão", via impresso, desenvolve, muitas vezes, uma estrutura de caráter que o impulsiona a trabalhar mais horas e a viver com orçamentos menores de lazer e moleza, do que se julgaria possível anteriormente. Ele pode ser guiado, porque está pronto a guiar a si mesmo.

As palavras não nos afetam apenas temporariamente; alteram-nos, socializam-nos ou dessocializam-nos. Sem dúvida, apenas o prelo por si só não pode assegurar nenhuma forma particular de coerção social e é claro que nem todas as crianças, mesmo na classe média introdirigida, são leitoras. Entretanto, o impresso pode racionalizar poderosamente os modelos que dizem às pessoas como elas deveriam parecer. Atingindo as crianças diretamente, bem como através de seus pais e professores, lhe é dado afastar o processo de socialização de junto do pé da lareira comunal de época dependente da direção-traditiva e penetrar nos dormitórios e bibliotecas particulares da classe média ascendente; permite-se à criança preparar-se a si mesma para a batalha da vida no pequeno círculo de luz lançado por sua lâmpada de leitura ou por sua vela.

Para o entendimento mais completo deste fato, devemos compreender que o aumento da alfabetização afeta não apenas o estilo e o conteúdo dos gêneros literários e jornalísticos, mas também sua recepção pela audiência. O incrementado fluxo quantitativo de conteúdo provoca enorme crescimento da capacidade seletiva de cada criança, relativamente à época da direção-traditiva. Como resultado, mais e mais leitores começam a ver mensagens que não são dirigidas a eles. E eles as lêem em situações não mais controladas e estruturadas pelo narrador — ou por sua própria participação. Este aumento no número, variedade e "disseminação" das mensagens, juntamente com a despersonalização geral das publicações, que induz estes efeitos específicos, torna-se um dos fatores poderosos da mudança social. O exemplo clássico na história do Ocidente é por certo a tradução da Vulgata para as línguas faladas, uma tradução que deu ao povo a possibilidade de ler um livro que antes só os padres podiam ler.

Algumas das dificuldades em discutir a mudança ocorrida a partir da era dependente da direção-traditiva até a era da introdireção surgem do impulso teleológico da língua que tendemos a usar. Por exemplo, estamos propensos a não ver a audiência involuntária, porque é sempre mais fácil supor que um certo meio foi deliberadamente visado na audiência que de fato conseguiu atingir. Todavia, não há prova de que os meios de comunicação jamais tenham sido tão precisos em seu alvo. A própria impessoalidade da situação na qual a publicaçãc é absorvida serve para aumentar as probabilidades da sub-recepção ou super-recepção. Assim, os aristocratas ficavam, muitas vezes, descontentes com o que consideravam como super-recepção de temas de mobilidade, muitos dos quais eles gostariam de manter "em seu lugar".

No entanto, os efeitos excessivos que eu mais tenho em mente são os que ocorrem naqueles indivíduos cujas culpas e tensões caracterológicas foram intensificadas por pressão da matéria impressa. Sua estrutura de caráter simplesmente não podia satisfazer a demanda que se lhes impunha numa sociedade dependente de introdireção. Seus giroscópios rodopiavam furiosa e erraticamente. Não encontrando justificação nas publicações — não encontrando, como o fazem muitos leitores moderno , uma "união de pecadores", a "Única Grande União" da humanidade que se estende para trás, através do passado — sentiram a coisa impressa como uma prova intensificada de seu desajustamento. Um clérigo colonial, armado de publicações, podia levar seus leitores a lançarem-se ao fogo do inferno nos dias de semana, mesmo que pudesse dirigir-se a eles, pessoalmente, somente aos domingos.

Assim, enquanto os mitos e o simbolismo das sociedades dependentes da direção traditiva suportam a tradição, integrando as tendências rebeldes do ouvinte num padrão da cultura, a palavra impressa pode tanto desorientar como orientar sua audiência. Isto se evidencia no clamor pela censura, que se eleva tão logo a alfabetização se difunde. E não apenas a censura formal. Nos Estados Unidos, a crescente piedade da matéria impressa, se compararmos, por exemplo, a imprensa contemporânea com a dos primeiros tempos da República, pode, em parte, explicar-se pelo simples peso da pressão informal, exercido pela alfabetização quase universal, sobre os editores que tomam a sério sua responsabilidade. Como costumava dizer o editor de um jornal metropolitano, quando sua equipe tocava as raias da pornografia: "Senhores, não se esqueçam de que este jornal entra nos *lares*". Ou como o *New York Times* o formula: "Todas as notícias que se prestam à publicação".

Embora esteja além de minha habilidade avaliar precisamente em que medida os meios de comunicação do primeiro período capitalista teriam sido disfuncionais, atingindo audiências pretendidas por meios impremeditados, parece razoável supor que o impresso contém mais ruído em seus canais do que a transmissão oral que se faz face a face.

MODELOS IMPRESSOS

Um propósito central da publicação impressa no período da introdireção é o de ensinar à criança alguma coisa sobre a variedade de papéis adultos que ela poderá adotar e dar-lhe o ensejo de experimentar, na fantasia, assumir êstes papéis. A vida, durante o período de crescimento transicional de população, difere das épocas anteriores pelo fato de que o adulto amiúde se empenha em atividades que a criança, em crescimento, não mais observa ou entende. Ela necessita não apenas do rico substitutivo do impresso, mas também um modo de direção interna diverso da tradição para guiá-la por lugares e situações inusitados. Tanto os meios de comunicação impressos, como outras formas de cultura popular, atendem a esta necessidade, adicionando seus próprios incitamentos às admoestações dos pais, em favor da ambição, bem como oferecendo orientação mais específica sobre a variedade de novos caminhos para o êxito.

Estes novos caminhos depois da Renascença, tanto nos países setentrionais quanto meridionais, são concebidos e descritos em termos adultos. Pois, nos primeiros estágios do crescimento de população, a vida adulta, em média, não é muito longa; a diferença de idade — e, talvez, a diferença de maturidade — entre a criança alfabetizada e o adulto plenamente amadurecido é menor do que no período de declínio incipiente de população. Além do mais, enquanto a distribuição da imagem e do impresso se torna mais ampla e barata do que nunca, ainda existem muitas pessoas excluídas do mercado do narrador de estórias por causa da pobreza; algumas delas são também o jovem sobrecarregado de trabalho. Numa tal sociedade as estórias e estilos de narrativas adultas são freqüentemente adaptados para crianças. Mesmo quando se começa a recorrer ao truque de usar a própria linguagem da criança, recurso tão corrente mais tarde, o contador de estórias trabalha baseado na noção de que poderá instilar idéias adultos com mais sucesso se utilizar a linguagem das crianças.

Entre os primeiros postes de sinalização erigidos no caminho que a publicação impressa percorreu ao êxito, à parte dos guias indiretos do catecismo e do ensino religioso, encontravam-se as grandes autoridades em etiqueta. Um livro como *The Courtier* (O Cortesão), de Castiglione, por exemplo, era dirigido aos adultos; não havia, porém, nenhum outro sobre o assunto para o quase-adulto ler. Ao mesmo tempo, as pessoas estavam dispostas a admitir, como o fez Lorde Chesterfield, que o jovem estava maduro na adolescência para atuar, com êxito, em situações que exigiam etiqueta. Entretanto, nos países e classes protestantes, após 1600 mais ou menos, o propósito do impresso está cada vez mais diretamente interessado em como ter sucesso, não no amor ou na diplomacia, mas nos negócios. Segue-se, então, a literatura de inspiração comercial que atingiu uma espécie de clímax na Inglaterra vitoriana, com as biografias dos bem-sucedidos, escritas por Samuel Smiles, e, nos Estados Unidos, com os livros de Horatio Alger, que se aproximam da "adaptação" para o mercado adolescente.

O *Poor Richard's Almanack* de F anklin, texto selecionado por Max Weber como um típico documento de auto-inspiração do período da ética protestante, foi precedido por livros tais como *Pilgrim's Progress* ou *Robinson Crusoe*, que, embora não estejam explicitamente preocupados com a conduta apropriada de possíveis empreendedores, subministra, não obstante, muitas exortações similares. Destarte, no *Pilgrim's Progress*, podemos detectar o motivo da salvação e eleição social que podem tornar-se tão facilmente secularizadas, enquanto que, em *Robinson Crusoe*, o motivo da auto-suficiência econômica é expresso em seu paradigma clássico. Os dois trabalhos objetivam estimular a ambição e o *élan*, espiritual e de aventura, do jovem introdirigido. Assim, com um mercado burguês em expansão, alterações marcantes ocorrem no estilo do mito, quando contrastado com a era pré-industrial, dependente da direção traditiva. Na Idade Média, por exemplo, o indivíduo se instrui sobre a natureza humana em relatos não menos realistas pelo fato de serem envolvidos em linguagem simbólica cristã, clássica ou *folk*. Como se sabe, muitas vezes não se apresentam sequer em forma verbal, como são as profusas mensagens no vidro e na pedra da catedral. A criança é treinada para compreender — ou melhor, não é destreinada de compreender — os significados simbólicos. Em contraste, a classe média em ascensão, dependente da introdireção, estabelece para si um novo estilo de realismo, do qual qualquer emprego direto do simbolismo fica rigorosamente excluído.

Este estilo documentário é um índice literário de uma época cada vez mais dependente da introdireção. Em tal era, há lazer para a ficção, porém pouco para a fantasia. Pode-se tomar Defoe como arquétipo. Ele empregou variadas técnicas, tais como a narração na primeira pessoa, descrições minuciosas de alimento, roupa e habitação, relatos de transações ao modo de diário e testemunhas colaborativas, a fim de dar um cenário realista para seus contos freneticamente aventurosos. Neste respeito, ele é por certo o antecessor da revista de estórias em quadrinhos, que prima na exploração do realismo de pormenor como distração para ocultar a improbabilidade da situação. Tal manipulação de material literário conecta-se, de maneira sutil, à manipulação de experiências de vida, em geral, para o protestante introdirigido de classe média. Para ele, a vida é vivida com seus detalhes externos; os significados simbólicos devem ser filtrados através do acentuadamente concreto.

O naturalismo precoce de Defoe dá lugar, gradualmente, tanto na Inglaterra como no Continente, à manipulação pormenorizada das complexas relações interpessoais da vida da cidade, que emerge na época do crescimento transicional de população, quando as pessoas se precipitam para as cidades. Com o desenvolvimento das classes sociais, no sentido moderno, o romance começa a preocupar-se com sutis diferenças de classe entre os indivíduos: ascensões, quedas e colisões de *status* constituem talvez a sua preocupação primordial. A criança é instruída num mundo social ambíguo, em cujo âmbito ela se moverá mais tarde, aprendendo a reconhecer os traços sutilmente individualizadores que indicam posição e moralidade de classe [4]. Assim, tanto a ficção quanto o almanaque e o manual provêem orientação vocacional (e orientação avocacional norteada pelo *status*).

Para nós, atualmente, muitos dos indivíduos dos primeiros romances vitorianos, ou do melodrama vitoriano ianque como *East Lynne* ou *Intolerance* — ou mesmo, em alguns romances de Balzac —, parecem estereótipos. Para suas primeiras audiências, entretanto, esses estudos de personalidade e classe em sua sociedade de possibilidades cambiantes — uma sociedade de mais e mais gente a movimentar-se à sua volta — não eram, talvez, clichês que obstassem o entendimento, porém explorações de um mundo desconcertante, que ajudavam a dar sentido àquele mundo para os jovens. Pode-se ainda assistir a uma exibição em ginásio rural moderno de *Aaron Slick of Punkin Crick* e ver até onde um público introdirigido, sem sofisticação, reage ao "realismo" caracterológico da peça, em termos dos antigos estereótipos de classe, ambição e virtude.

Tanto a biografia como a ficção permitem às crianças, numa sociedade dependente de introdireção, sair de casa, na imaginação, para entrar num mundo racionalizado, cooperando assim, com a instalação, por parte dos pais, de processos internos de autodireção. No mito de George Washington, por exemplo, os garotinhos aprendem que poderão, quando adultos, tornar-se presidentes, e lhes

---

(4) Compare a brilhante discussão de Lionel Trilling em "Art and Fortune", *Partisan Review*, XV (1948), 1271.

são dadas escalas que lhes permitam medir-se e disciplinar-se para o trabalho durante a meninice: se não contarem mentiras, se trabalharem seriamente e assim por diante — isto é, se agirem na meninice como o lendário Washington agia na sua —, então poderão chegar ao papel que ele desempenhou como adulto. Além do mais, este papel, por sua própria natureza, é de natureza contínua; alguém sempre é presidente; assim seus heróis não têm a qualidade definitiva, de uma vez por todas, dos heróis dos mitos e lendas da época anterior. Em imaginação, o menino não só se identifica com o jovem Washington das guerras com os franceses e índios, mas também com o papel de adulto do presidente, papéis que, um como outro, o levarão para longe de sua casa, social e geograficamente.

O que a história de George Washington poderia representar para uma criança branca, a história de Booker T. Washington poderia representar para uma criança negra. Seria possível descrever a carreira toda de Booker T. Washington como um esforço de afastar o negro de sua subordinação à direção traditiva para a subordinação à introdireção. Um de seus livros dirigidos aos negros chamava-se *Character Building* (Construção do Caráter); e *The Negro Worker,* um diário publicado em Tuskegee, é, com sua forte ênfase na parcimônia, diligência e modos, um dos remanescentes retardatários (claro, está sob ataque violento dos negros nortistas, urbanos) de uma vasta literatura preocupada, não em melhorar a "personalidade", mas em melhorar o "caráter".

A CRIANÇA SUPERGUIADA

Retratos biográficos tão pios de pessoas e papéis exemplares trazem todavia um perigo para a criança, devido ao próprio fato de que lhe é dado ler isoladamente, sem a intervenção do adulto ou dos camaradas; ela pode ser superguiada, isto é, ver-se lançada numa rota que não pode seguir de maneira realista. A criança introdirigida, ao tentar moldar o caráter segundo os ideais apresentados nas publicações, não vê estes modelos mais do que vê seus pais em estado de nudez. Não há nenhuma familiaridade com o herói, nem sequer com os deuses disfarçados de heróis, que se encontram nos mitos oralmente transmitidos da sociedade dependente de direção traditiva. Assim, Washington ou Cromwell, Garibaldi ou Bismarck, Edison ou Ford, assumem parte da terribilidade do Deus calvinista. Para muitos, o resultado é uma espantosa insegurança em relação à possibilidade ou não de alcançar os modelos exaltados. Nem sequer os pais (quando eles próprios não tornam as coisas ainda piores, tentando ser tais modelos) podem abrandar semelhante insegurança.

Apesar disto, esta pressão implacável no sentido da atividade introdirigida, em busca do bem e da fama, consegue, como sabemos, produzir, em muitos casos, uma pessoa "ajustada", pois as condições sociais recompensaram as inibições e aliviaram as inseguranças. Em outros casos, entretanto, a brecha entre a demanda de introdireção e a capacidade para tanto tornava-se demasiado grande e o indivíduo sucumbia — a reunião evangelista tanto aliviava como renovava, ao nível de uma classe, parte das pressões emocionais de um tal conflito.

Desejo enfatizar aqui os perigos de atribuir parte da tarefa de socializar a criança a outrem, que não os adultos, com os quais tem contato direto. Assim como os açoitantes Kachinas, dos índios Hopi, podem ajustar seus golpes punitivos ou iniciatórios a uma criança particularmente sensível, assim também os adultos, na era da direção traditiva, podem fazer com que o efeito da estória não seja demasiado penoso para ninguém da audiência. Na era introdirigida, entretanto, a criança sai de casa tanto para ir à escola como para ir aos livros e a outros meios de comunicação de massa; e, aqui, tal ajustamento já não é mais possível.

Além disso, a criança num período de crescente alfabetização terá muito mais probabilidades de aprender a ler do que seus pais. Assim, enquanto algumas crianças aprendem em livros e peças a maneira de atuar numa carreira que será diferente da de seus pais — ou, na verdade, que é possível abraçar uma tal carreira —, outras crianças, menos capazes de se conformarem aos modos caracterológicos prescritos, menos autodisciplinadas e sistemáticas, aprendem, exatamente através dos mesmos meios de comunicação, quão perdidas se acham. Aprendem-no particularmente se faltar a seus pais o *ethos* * apropriado e se eles não foram capazes de lhe ministrar o primeiro treinamento adequado na introdireção. Outros poderão achar que a matéria impressa reforça seus sentimentos de inadequação em face dos pais, se, do ponto de vista caracterológico, forem ovelhas negras, incapazes de chegar a embeberem-se das exigências do lar.

Embora o caudal de material impresso ofereça muitos perigos, raramente apresenta-se de todo isento de algumas

(*) Conceito empregado por Ruth Benedict (N. dos T.).

tendências aliviadoras, mesmo nos regimes teocráticos. Quase sempre há um subsolo de tipo mais picaresco, no qual o menino em crescimento ou sua irmã poderá encontrar algum refúgio. Na realidade, o poder dos pais numa era submetida à introdireção poderá afastar tal literatura, da mesma forma como os pastores, nos países puritanos, eliminaram-na eventualmente da comunidade. Dificilmente, porém, conseguirão destruir o refúgio constituído pelas próprias publicações impressas — e cumpre não esquecer que, na era submetida à introdireção, o grande celeiro de horas de leitura é a Bíblia e que a Bíblia não é um livro, porém vários, com uma variedade inexaurível de mensagens.

Tal refúgio pode encorajar a criança e permitir que ela se liberte da família e do grupo primário: e ela aprenderá a criticar o que fica para trás, como o fizeram os leitores auto-emancipadores da imprensa rural polonesa. Abre-se-lhe toda uma série de modelos — o "guarda-roupa de cinco pés", a partir do qual pode experimentar outros papéis. A Renascença é, em si, testemunha desta força da palavra escrita. Anseios individualistas obtêm apoio, bem como excesso de apoio, na variedade de caminhos de vida descritos na publicação impressa e na dramaturgia. Estar a sós com um livro é estar a sós em um novo caminho.

III. *Os Meios de Comunicação de Massa no Estágio da Alterdireção.*

O MERCADO INFANTIL

Como já vimos, na era do declínio incipiente de população as crianças começam seu treinamento como consumidores numa idade cada vez menor. Nos Estados Unidos, permite-se às crianças da classe média ter suas próprias mesadas, aos quatro ou cinco anos; elas tem, como líderes de opinião no lar, alguma coisa a dizer no orçamento familiar. Espera-se que as mesadas sejam gastas, ao passo que, no período anterior, eram freqüentemente usadas como armas de parcimônia. Além do mais, a competição monopolista característica desta época pode dar-se o luxo, e está interessada em fazê-lo, de formar na criança hábitos de consumo que ela usará como adulto. Pois viverá muito, assim como o monopólio. De fato, o monopólio distingue-se por sua própria possibilidade de planejar o que está à frente, porque pode dispor de especialistas para efetuar o planejamento, do mesmo modo que de recursos, economizados dos lucros, para pagá-lo e sua execução posterior.

Por todas essas razões, tornou-se compensador para os contadores profissionais de estórias a concentração no mercado infantil; e como os meios de comunicação de massa podem permitir-se especialistas e pesquisa de mercado nas culturas etárias específicas e nas culturas das classes envolvidas, as crianças são mais intensamente cultivadas em seus próprios termos como jamais o foram antes. Mas, enquanto que o educador nas épocas anteriores podia recorrer à linguagem infantil para transmitir uma mensagem adulta, atualmente, a linguagem infantil pode ser empregada para transmitir a idéia do contador de estórias ou do anunciante de como são as crianças. Não se pensa mais que seja tarefa da criança compreender o mundo do adulto, como este o vê; em primeiro lugar, o mundo como o adulto o vê, hoje em dia, é talvez mais complicado [5]. Em vez disto, os meios de comunicação de massa solicitam que a criança veja o mundo como "a" criança — isto é, a *outra* criança — o vê. Isto é, em parte, o resultado dos avanços técnicos que tornam possível, ao cinema, criar o mundo infantil de Margaret O'Brien e seus companheiros; ao rádio, ter sua tropa de jovens Hardys, Aldriches e outros, e à propaganda e aos capistas, empregar modelos infantis profissionais. Os meios de comunicação criaram um retrato de como se parece a meninice dos garotos e garotas, tal como criaram, durante a guerra, a figura do "pracinha" (*GI*), usando mais uma vez a amplamente editada linguagem do soldado, e forçam as crianças tanto a aceitar quanto a resistir agressivamente a este retrato delas mesmas.

A criança começa a ser bombardeada pelo rádio e pelas estórias em quadrinhos desde o momento em que ela pode ouvir e mal sabe ler. O bombardeio — que, inevitavelmente, faz disparos além e aquém do alvo — atinge especificamente graus etários muito estreitos. Por exemplo, para muitas crianças parece haver uma gradação regular de estágios de leitura de estórias em quadrinhos: das estórias de animais, como *Bugs Bunny*, aos heróis invencíveis, como o *Super-homem*, e daí para heróis como *Batman* que, humanos na caracterização, são vulneráveis, apesar de, evidentemente, ganharem sempre. O estudo de

---

[5] Certamente, a literatura adulta é mais complexa e/ou mais libidinosa em seus níveis superiores, relativamente ao período anterior, quando tanto crianças como adultos podiam ler Mark Twain, mesmo no máximo de sua amargura, Dickens, mesmo no máximo de sua crueza, H. G. Wells, mesmo no máximo de seu envolvimento.

onde procede a citação em epígrafe neste capítulo acha que as próprias crianças têm consciência da progressão, consciência daqueles retardatários que ainda lêem meios infantis de comunicação, quando já deveriam estar formados para as calças rancheiras (*blue jeans*).

Na realidade, a mudança a partir da era precedente de introdireção nos Estados Unidos, não é abrupta; tais mudanças nunca o são. Outrora os meios de comunicação de massa supriam o mercado infantil pelo menos em três campos: textos escolares ou homílias, revistas destinadas às crianças e periódicos sensacionalistas (*penny dreadfuls*). Porém, quando os comparamos aos meios de comunicação contemporâneos, percebemos imediatamente as diferenças. A avaliação que os escritores desta literatura anterior faziam do mercado era de amador, em face da atual pesquisa de mercado. Além do mais, em geral, seu objetivo era instigar incentivos e estimular a mobilidade mais do que efetuar qualquer socialização do gosto. Os semanários dos meninos ingleses, como os descreve Orwell [6], opunham-se, habitualmente, ao fumo e ao álcool, como o faziam os clérigos que escreviam os livros de leitura (*readers*) da igreja e da escola. Tais advertências lembram-nos de "O crime não compensa", a lição das estórias em quadrinhos, que serve de fachada para mensagens de maior importância. Os semanários para meninos e suas réplicas americanas estavam empenhados em adestrar o jovem para as "fronteiras" de produção (inclusive a bélica) e, como incidente desse treino, o atleta embrionário podia abster-se do fumo e da bebida. O meio de comunicação correspondente de hoje treina o jovem para as "fronteiras" do consumo, — a fim de que saiba qual a diferença entre Pepsi-Cola e Coca-Cola, tal como, mais tarde, entre Old Golds e Chesterfields *.

Podemos marcar a mudança, citando uma velha canção infantil:

Este porquinho foi ao mercado;
Este porquinho ficou em casa
Este porquinho comeu rosbife
Este porquinho não ganhou nada.
Este porquinho fez ui, ui, ui,
Todo o caminho para casa.

Pode-se tomar esta toada como um paradigma de individuação e de comportamento não-socializado entre as

---

(6) George Orwell, *Dickens, Dali and Others* (New York, Reynal and Hitchcock, 1946), pag. 76.

(*) Marcas de cigarros norte-americanos. (N. dos T.).

crianças da época anterior. Hoje, entretanto, todos os porquinhos vão ao mercado; nenhum fica em casa; todos ganham rosbife, e todos dizem ui, ui.

O VENCEDOR LEVA TUDO?

Entretanto, talvez a mudança mais importante seja a mudança da situação em que a audição e a leitura ocorrem. Em contraste com o leitor solitário da época da introdireção, temos hoje o grupo de crianças deitadas no chão, lendo e trocando estórias em quadrinhos e preferências entre estas, ou ouvindo o Zorro (*Lone Ranger*). Quando o ler e o ouvir não são em comum de fato, tendem a sê-lo em sentimento: há quase sempre consciência onipresente do grupo cômpar. Assim a fã do Super-homem, mencionada no início do capítulo, não pode permitir-se a identificação com o Super-homem — os outros a considerariam boba — ao passo que não a julgariam boba por acreditar que voar é importante.

Numa sociedade dependente de direção traditiva as crianças são, como vimos, postas em contato com as estórias pelos contadores de estórias. Estes não se sentem em competição crítica com os jovens. Por isso, encorajam, ou pelo menos patrocinam, as reações não sofisticadas de alarme ou excitação das crianças ante as estórias que lhes são contadas — e, mais tarde, estimulam o exagero e a jactância próprias da meninada. Mas os membros dos grupos cômpares que lêem ou ouvem conjuntamente, sem a presença protetora dos adultos, não mantêm uma tal relação aconchegante do tipo: "escutem, meus filhos, e vocês ouvirão..." Não podem dar-se o luxo de soltar — de voar.

Um correlato é que o livro de estórias em quadrinhos difere do conto de fadas em vários aspectos importantes. No conto de fadas, o protagonista é freqüentemente uma figura oprimida, uma criança pequena, um patinho feio, um plebeu, enquanto que o vilão, freqüentemente, é uma figura autoritária, um rei, um gigante, uma madrasta. Nas estórias em quadrinhos, o protagonista tende a ser um adulto invulnerável, ou quase invulnerável, equipado, senão com forças sobrenaturais, pelo menos com dois revólveres e um físico tremendo. A ajuda mágica chega ao oprimido — que permanece uma personagem periférica — somente com a mediação desta figura. Assim, ao passo que o Joãozinho de *João e o Pé de Feijão* recebe auxílio mágico, principalmente através de sua própria ousadia, curiosidade e sorte, um Joãozinho de estórias em quadrinhos receberia ajuda mágica, principalmente através de um auxiliador todo-poderoso. Embora possamos encontrar temas vagamente similares nas estórias de Robin Hood e Sir Galahad, as estórias em quadrinhos mostram um crescimento quantitativo no papel do herói-autoridade, mais ou menos invulnerável.

A mudança relativa deste padrão [7] não é culpa das estórias em quadrinhos. Estas limitam-se a jogar num estilo de aceitação que é apropriado à leitura de grupo compar. De fato, se os fãs de estórias em quadrinhos infantis alterdirigidas lêem ou ouvem estórias que não são em quadrinhos, hão de lê-las como se o fossem. Tenderão a focalizar quem ganhou e omitir as complexidades internas do conto, de tipo moral ou de outra espécie. Se alguém perguntar-lhes, então, como distinguem os "caras bons" dos "caras maus" nos meios de comunicação de massa, isto se reduz, em geral, ao fato de que os primeiros sempre ganham; são bons sujeitos, por definição.

Mas, é claro, a criança quer antecipar o resultado e, por isso, procura indícios externos capazes de ajudá-la a acertar o vencedor. Nas estórias em quadrinhos, isto raramente é problema: *vê-se na cara* quem são os bons sujeitos, têm queixo quadrado, olhos claros, são altos; os maus também o demonstram pela cara: não pertencem, por razões de respeito, a nenhum grupo étnico reconhecível, mas a um quadro sul-europeu, em geral, confuso — imbecil e barbado ou cadavérico e falso. Mas no cinema (e em algumas estórias em quadrinhos que contêm beldades sinuosas) esta identificação não é fácil: os próprios tipos que são bons sujeitos, na maioria das estórias em quadrinhos, podem revelar-se, afinal, como bandidos. Um exemplo notável, que eu observei, é a frustração de vários jovens fãs dos quadrinhos, com o retrato cinematográfico da Condessa de Winter (Lana Turner) em *Os Três Mosqueteiros*. Com aquela aparência tão encantadora, como podia ser tão má?

Chegamos assim a um paradoxo. A criança alterdirigida é treinada para ser sensível às relações interpessoais, e freqüentemente as compreende com uma sofisticação que poucos adultos possuíam na era da introdireção. Entretanto, ela pode ser notavelmente insensível aos problemas de caráter, tal como apresentados por seus contadores favoritos de estórias; ela tende a correr pela estória em busca

---

(7) Aqui, também, o caráter abrupto da mudança da introdireção não deveria ser exagerado. Eliot Freidson, estudando nas crianças pequenas a capacidade para lembrarem estórias, verificou que tendiam muito mais a lembrar alguns contos de fadas tradicionais como *Cabelos de Ouro* ou *Os Três Porquinhos* do que os Golden Books, as estórias em quadrinhos ou filmes. "Myth and the Child: an Aspect of Socialization" (Master's thesis, University of Chicago, 1949).

do fim, ou a ler primeiro o fim, e perder justamente aqueles problemas de desenvolvimento pessoal que não são pistas indicadoras para o desenlace. É como se o contexto da leitura grupal, da pertinência obrigatória ao júri que profere os *Hooper ratings* *, forçasse o ritmo da criança alter-dirigida. Ela não pode dar-se o luxo de demorar num detalhe irrelevante ou de sonhar de olhos abertos com os heróis. Para barganhar preferências de leituras e audições, não precisa saber a respeito dos heróis mais do que o comerciante de selos precisa conhecer sobre os países de onde vêm os selos.

Os contos de fadas e os livros de Frank Merriwell também enfatizam o ganhar; daí, a importância de ver as diferenças precisas introduzidas pelos meios de comunicação contemporâneos, bem como pelo foco alterado dos leitores. Uma diferença notável é a existente entre a ambição mais antiga e a nova cooperação antagonística. Defino a ambição como o empenho por metas determinadas, característico do período de introdireção; pode ser uma luta por fama ou bondade: conseguir o emprego, ganhar a batalha, construir a ponte. A competição na era dependente da introdireção é, com freqüência, impiedosa, mas, ao mesmo tempo, as pessoas não têm dúvidas quanto a seus lugares na corrida — e que haja tal corrida. Sentem-se culpadas quando falham, não quando logram êxito. Em contraste, pode-se definir a cooperação antagonística como um empenho inculcado, característico dos grupos afetados pela alterdireção. Aqui, a meta é menos importante do que o relacionamento com os outros. Nesta competição de estilo novo, as pessoas freqüentemente duvidam se, de fato, existe uma luta e, se ela existe, quais são suas metas. Por se esperar que sejam antes cooperativas do que rivais, elas podem, muito bem, sentir culpa pelo êxito e até uma certa responsabilidade pelo malogro alheio.

Certamente, é a ambição que nos impressiona como um traço saliente dos heróis da literatura juvenil na era da introdireção. Além do mais, é uma ambição com a qual o leitor infantil pode identificar-se, mesmo que a meta em particular — combater os índios, achar o tesouro ou o Pólo Norte, nadar em rios congelados ou descobrir o crime — seja remota naquele momento, isto é, o leitor poderia emular, na imaginação, as qualidades morais do herói, tais como sua bravura e autocontrole. Assim, enquanto esses heróis, à semelhança dos modernos,

---

(*) Programa radiofônico do qual os ouvintes participam telefonicamente (N. dos T.).

quase invariavelmente ganhavam, o leitor era encorajado a interessar-se não apenas pelo vitorioso resultado final, porém pela luta interior que precedia o resultado e o tornava possível.

Às vezes, diz-se incorretamente que a estória em quadrinhos continua este conjunto mais antigo de temas em um novo meio, mas o fato é que os temas mudam e as identificações mudam ainda mais. Como freqüentemente acontece, a identificação enfraquece lá onde as crianças preferem as estórias em quadrinhos nas quais o herói não é homem, porém, Super-homem ou Homem Plástico, possuindo obviamente poderes únicos; nenhuma porção de força de vontade, nenhum curso por correspondência com Lionel Strongfort, transformará alguém num Super-homem, mesmo no mais selvagem vôo de fantasia. E tais vôos de fantasia parecem menos disponíveis atualmente. As crianças, expostas a meios de comunicação cada vez mais sofisticados, são demasiado sabidas para devaneios "irrealistas"; no cinema, aprendem desde logo os pontos delicados e criticarão um *Western* porque o herói atirou sete vezes com seu revólver de seis balas. Os meios de comunicação, por sua vez, encorajam este realismo com seus efeitos de cor e de som, que excedem de muito o realismo do detalhe secundário, que Defoe e seus sucessores se esforçavam por obter. As personagens, em muita ficção da era dependente de introdireção, eram esteios — estereótipos de tipo indicado na seção precedente. Em Júlio Verne, por exemplo, são as aventuras e os detalhes mecânicos que são agudamente descritos, e não as personagens; estas são uniformes folgados, aos quais muitos meninos poderiam ajustar-se. As ilustrações imaginosas e tenebrosas de um artista como Howard Pyle também deixavam aberturas para a identificação de parte do leitor que quisesse figurar-se como o herói.

Sobrou pouco desta folga de ajustamento para a imaginação do leitor ou ouvinte moderno preencher. Apesar da caracterização da tira e da revista de estórias em quadrinhos ser, se se pode assim dizer, menos aguçada, os aspectos exteriores são fixados conclusivamente: todos os pormenores da paramentação e do discurso são dados. Isto é tanto mais necessário quanto, com tantos heróis de meios de comunicação de massa competindo pela atenção, seus retratistas devem empenhar-se na diferenciação marginal, à procura de uma marca registrada. Os corpos desenhados por Milton Caniff devem ser tão instantâneamente reconhecíveis quanto os corpos desenhados por Fisher.

Há um paradoxo na recepção deste realismo. De um lado, toda pincelada adicional de um artista de estórias em quadrinhos regula identificações para milhões; a garota de seios pequenos, por exemplo, talvez só encontre reprovação para si mesma nas estórias em quadrinhos. Por outro lado, o idêntico realismo é fonte do medo de ser alvo de atenção, por parte de nossa pequena Supergarota citada na epígrafe do capítulo. Se ela fosse Super-homem, seria instantâneamente reconhecida. Faltar-lhe-ia a privatividade do narcisismo permitido ao leitor de tempos anteriores, que podia exultar pelo fato de ser M. Vidocq ou Sherlock Holmes — só que ninguém sabia disto.

Essas generalizações não precisam ser levadas longe demais. Existem crianças — pelo menos, ouviu-se falar delas — que se identificam com o Super-homem, ou, mais facilmente, com Terry, ou com o Santo. Não é impossível, tampouco, que haja identificação, ao mesmo tempo, em um nível de consciência com o herói e, noutro, com a pessoa por ele salva. E embora os heróis das estórias em quadrinhos não tenham idade, havendo descoberto o segredo da eterna juventude, a criança em crescimento pode mudar de um herói para outro que melhor se ajuste às suas próprias necessidades e aspirações cambiantes. Estas contratendências são encorajadas pelo aparelhamento — capas de Super-homem e assim por diante — que relacionam a criança a seus heróis do rádio, cinema e revistas de estórias em quadrinhos. Seria, porém erro supor que cada um dos que vestem a capa do Super-homem se identifica com ele; pode ser apenas um fã, usando as cores do seu herói.

Talvez também seja significativo que o livro de estórias em quadrinhos condense, em alguns minutos de leitura, uma seqüência que, na era anterior, era prolongada por muitas páginas impressas. Pensem nos anos de prisão do Conde de Monte Cristo, seu sofrimento, sua paciência inacreditável, sua aplicação e seu estudo dos ensinamentos do abade; tanto seu lucro, como sua vingança são moralizadas por esses prolongamentos, e ele é um velho quando, depois de muitos capítulos, vence. Em contraste, o herói da revista de estórias em quadrinhos ou da novela radiofônica triunfa quase sem esforço; o próprio corte do tempo de narração torna-o mais evidente. Para ser exato, como o seu correspondente cinematográfico, este herói é freqüentemente surrado, mas isto vai em aumento da excitação, não da moralidade ou da mudança interior, e ajuda a justificar a surra ainda pior ministrada aos canalhas.

Ainda outro aspecto desta mudança é digno de um olhar. Se alguém não se identifica com o vencedor, mas se preocupa no mesmo momento com o próprio processo de vencer, como o melhor cabo para pegar uma estória, este alguém acha-se preparado para o papel de consumidor das vitórias alheias. Isto é, o indivíduo está preparado para o papel adulto de apostar no cavalo certo, sem nenhum interesse pelo jóquei ou pelo cavalo, ou conhecimento do que é preciso em cada caso. O conteúdo da identificação é empobrecido a tal ponto que, virtualmente, o único elo entre leitor e herói é o fato do herói vencer. O espectador — o mesmo é valido para o quebra-cabeças, para o prélio esportivo e, como veremos, para a disputa política — quer ficar envolvido com o ganhador, simplesmente para forma a contenda significativa: esta esperança de vitória torna o acontecimento emocionante, ao passo que o jogo, a disputa ou a estória não é apreciada em si mesma.

O triunfo do herói, então, é apenas ostensivamente uma vitória moral. Na verdade, vestígios de moralidades mais antigas perduram, amiúde, como convenções impostas pela censura ou por medo dela. Mas a moralidade, no sentido do desenvolvimento de um personagem literário, mais do que a moralidade, no sentido de estar do lado da lei e do direito, não é explorada na estória. Conseqüentemente, a moralidade tende a tornar-se uma inferência da vitória. Da mesma forma como, num filme policial, todos parecem culpados até que sejam retroativamente inocentados pelo encontro do verdadeiro assassino, assim a vitória do herói justifica retroativamente seus feitos e seus erros. "O ganhador leva tudo", torna-se uma tautologia.

O FLAUTEIO: UM CONTO ACAUTELADOR MODERNO

Os pais, às vezes, tendem a aceitar que as revistas de estórias em quadrinhos e o rádio, como meios de comunicação mais baratos e difundidos, são os principais veículos dessas atitudes e valores mais recentes e que, num lar entrincheirado contra Roy Rogers e Steve Canyon, tais padrões de resposta de auditório também estariam excluídos. Entretanto, o fato é que muitos temas importantes da alterdireção são introduzidos nos livros socializadores e informativos de outra variedade que não a da estória em quadrinhos, que as crianças das classes médias e alta recebem — inversamente, esses livros "educativos" não deixam, provavelmente, de exercer influência sobre os artistas, socialmente mais conscientes, do rádio e dos quadrinhos. Toda uma série destes meios de comunicação ensina às crianças a lição dada aos pais e professores em muitos trabalhos recentes sobre o desenvolvimento da criança. A tendência desta lição é sugerida por uma passagem que figura no livro usado por professores e grupos da Associação de Pais e Mestres:

"O quadro usual e desejável de desenvolvimento é o de um crescente autocontrôle por parte de cada criança individualmente, de técnicas sociais e de jogo cada vez mais suaves, e do aparecimento de formas mais elevadas de cooperação durante a adolescência e início da idade adulta. O adolescente deverá ter aprendido melhor "a aceitá-lo" na atividade de grupo, deverá ter desenvolvido um autocontrole aperfeiçoado, mesmo que ainda não seja perfeito, e deverá ter uma real compreensão das necessidades e desejos dos outros [8].

Tootle the Engine (Flauteio, a Locomotiva) (texto de Gertrude Crampton, ilustrações de Tibor Gergely) é um volume popular, e sob vários aspectos encantador, da série "Little Golden Books". É um conto admoestatório, embora pareça simplesmente ser um dos muitos livros sobre veículos antropomórficos — caminhões, carros de bombeiros, táxis, rebocadores, e assim por diante — dos quais se espera que dêem à criança um retrato da vida real. Flauteio é uma locomotiva jovem que vai à escola de locomotivas, onde são ensinadas duas lições principais: "pare diante de uma bandeira vermelha e permaneça sempre nos trilhos, não importa o que aconteça". Diligência nas lições trará como resultado que a jovem máquina crescerá para ser uma grande locomotiva aerodinâmica. Flauteio é obediente por um tempo e então, um dia, descobre as delícias de sair dos trilhos e procurar flores no campo. Esta violação das regras não pode, entretanto, ficar em segredo; existem traços denunciadores no limpa-trilhos da locomotiva. Não obstante, o divertimento de Flauteio torna-se, cada vez mais, um desejo insaciável e, apesar das advertências, ela continua a sair dos trilhos e a andar pelo campo. Finalmente, o mestre-escola das locomotivas desespera. Consulta o prefeito da pequena cidade de Maquinópolis, onde está localizada a escola; o prefeito convoca o conselho da cidade, e as deficiências de Flauteio são discutidas — evidentemente, Flauteio não sabe de nada. O conselho adota uma linha de ação e a próxima vez que Flauteio sai sozinha para um giro e abandona os trilhos dá com uma bandeira

---

(8) M. E. Breckenridge e E. L. Vincent, *Child Development* (Philadelphia, W. B. Saunders, 1943) p. 456.

vermelha e pára. Vira-se para outra direção mas topa com outra bandeira vermelha; para outra ainda e o resultado é o mesmo. Ela se volta e se retorce, porém não consegue achar um só ponto de grama do qual não surja uma bandeira vermelha, pois todos os cidadãos da cidade cooperaram na lição.

Castigada e confusa, olha para os trilhos, onde a convidativa bandeira verde de seu professor lhe dá o sinal para voltar. Confundida pelos reflexos condicionados aos sinais de alto, sente-se mais do que contente em usar os trilhos e precipita-se radiante para cima e para baixo. Promete que nunca mais abandonará os trilhos e volta à rotunda para ser recompensada pelos vivas dos professores e cidadãos e pela garantia de que, de fato, crescera para ser uma locomotiva aerodinâmica.

A estória pareceria apropriada para educar crianças num modo alterdirigido de conformidade. Elas aprendem que é mau sair dos trilhos e brincar com flores e que, a longo prazo, não só o êxito e a aprovação, mas também a liberdade aguardam a quem obedece às luzes verdes [9]. A moral é muito diversa daquela do *Chapeuzinho Vermelho*. Ela também sai da trilha, em seu caminho para a casa da vovozinha; um lobo ensina-lhe as belezas da natureza — um símbolo velado do sexo. Então, na realidade, é devorada — um destino aterrador — mas, no fim, ela e a vovozinha são retiradas da barriga do lobo pelo simpático lenhador. A estória, embora possa ser lida como um conto admonitório, trata das paixões humanas reais, sexuais e agressivas; certamente, não apresenta as compensações da virtude de alguma forma inambígua nem mostra o mundo adulto sob uma luz totalmente benévola. É, por conseguinte, essencialmente realista, sob a cobertura da fantasia ou, mais exatamente, devido à qualidade da fantasia.

Talvez haja uma pincelada de semelhante realismo em *Flauteio*. Aí, os adultos desempenham o papel que descrevemos anteriormente: manipulam a criança no sentido da conformidade com o grupo cômpar e, depois, premiam-na pelo comportamento para a qual já montaram o palco. Além do mais, os cidadãos de Maquinópolis são tolerantes com Flauteio: compreendem e não ficam indignados. E embora o encurralem em bando com bandeiras vermelhas,

(9) Não fica claro na estória o que se passa com os colegas de Flauteio na escola de máquinas. As relações de Flauteio com o grupo cômpar, seja com as outras locomotivas, seja com os cidadãos de Maquinópolis, são inteiramente amigáveis e o sucesso de Flauteio dificilmente significa o malôgro dos outros. Quem pode assegurar que Flauteio desejaria ser uma máquina aerodinâmica, se as outras estivessem destinadas a não sê-lo?

assim procedem em seu benefício e recompensam-no por sua obediência, como se não houvessem dado mão nenhuma para promovê-la.

Entretanto, não obstante tudo isto, existe algo superenvernizado nesta estória. O mundo adulto (os professores) *não* é tão benevolente, o conjunto dos cidadãos (o grupo cômpar) *não* é tão participante e colaborativo, os sinais *não* são tão claros, nem as recompensas, ser uma locomotiva aerodinâmica, tão grandes e tão certas. Apesar disto, a criança poderá ficar impressionada porque tudo é tão agradável — não há sinal da ferocidade do Chapeuzinho Vermelho. Há, portanto, um logro em torno da coisa toda — uma fraude como aquela que os cidadãos montaram em benefício de Flauteio. No fim, Flauteio esqueceu de todo modo que alguma vez gostara de flores — quão infantis elas são comparadas ao grande mundo adulto das máquinas, sinais, trilhos e passagens de nível!

ÁREAS DE LIBERDADE

Discutimos a situação social na qual os meios de comunicação de massa de hoje são absorvidos por seus leitores infantis. Vimos os efeitos dessa situação no processo pelo qual o leitor se identifica com os protagonistas e seus papéis. Ressaltamos, em especial, a natureza ambiguamente competitiva dessas identificações, que, de um lado, põem ênfase no ganhar e, de outro, limitam rigorosamente todas as identificações emocionais através do código do grupo cômpar.

Se isto fosse tudo, teríamos de concluir que o grupo cômpar, como uma das agências mediadoras do público leitor e audiência infantis, é simplesmente aberto à manipulação dos contadores profissionais de estórias. Mas quero suscitar, muito brevemente, a possibilidade alternativa, isto é, a de que o grupo cômpar possa ter um conjunto relativamente independente de critérios que o ajudam a manter, não apenas a diferenciação marginal, como até uma certa margem em relação aos meios de comunicação. É concebível que nesses grupos cômpares, que conseguem realimentar estilos e valores para os meios de comunicação de massa, haja algum sentimento de realização, de contribuição reconhecida. Na realidade, o sentimento de ter sido invadido e expulso da ilha da individualização pela popularidade ou pela impopularidade também estará presente, e o resultado total poderá subordinar-se à questão de saber se o grupo cômpar sente a comunicação de massa como estando à procura deste ou se o grupo aprecia o jogo de seguir o líder, quando há um líder.

Com toda a probabilidade, é bastante raro que um grupo cômpar jovem force a comunicação de massa e, portanto, outros grupos cômpares, a seguir sua orientação. Bem mais freqüente será a oportunidade do grupo cômpar de estabelecer seus próprios padrões de críticas dos meios de comunicação. Grupo de jovens fãs de *hot-jazz,* por exemplo, têm padrões altamente elaborados para avaliar a música popular, padrões de uma precisão quase pedante. Devemos ir além, então, e perguntar se podem existir áreas de privatividade, que as crianças aprendem a achar dentro de um ajustamento superficial ao grupo cômpar, e sob a proteção de uma permeabilidade superficial aos meios de comunicação de massa. Em outras palavras, devemos re-explorar as suposições feitas até hoje, de que a criança alter-dirigida quase nunca está sozinha, que, aos seis ou sete anos, ela não fala consigo mesma, inventa músicas, ou sonha sonhos não supervisionados.

Estamos cientes de que crianças educadas pelo rádio podem eliminar seu ruído como aqueles dispositivos automáticos concebidos para silenciar os anúncios comerciais. Talvez tais crianças possam também eliminar o ruído do grupo cômpar, mesmo enquanto estão contribuindo para êle. Além do mais, as próprias estórias em quadrinhos podem ser não só uma parte dos padrões de consumo do grupo cômpar, mas, ocasionalmente, um refúgio do grupo cômpar e um desafio contra aquele mundo adulto oficial que abomina as estórias em quadrinhos. Na Parte III, voltaremos à questão de saber se os meios de comunicação de massa podem favorecer tanto a autonomia quanto o ajustamento, tanto a independência do grupo cômpar quanto a conformidade a ele.

5

A ESFERA DE VIDA INTRODIRIGIDA

*Em
Memória de
Thomas Darling. Esq.
que faleceu a 30 de novembro de 1879 —
Um cavalheiro de poderosas forças mentais,
bem versado em ciência e literatura,
— para o estudo da filosofia,
habituado à contemplação e à leitura
— no raciocínio moral,
de profunda penetração e sólido julgamento,
respeitado pela modéstia e franqueza,
benignidade e autocontrole
em seu trato com a humanidade
honesto e benevolente
condescendente em todas as relações da vida social
e preencheu uma variedade de cargos públicos
com fidelidade e dignidade
habilidades eminentes, como estadista e juiz
um precoce professor de Cristianismo
seu companheiro constante, adorno e defensor,
com uma fé racional e firme em seu Deus
e Salvador: não conheceu nenhum outro senhor.*
Inscrição tumular
em um cemitério de New Haven.

Os tipos históricos mais antigos nos Estados Unidos, em termos do esquema proposto neste livro, são algumas pessoas ainda parcialmente traditivo-dirigidas, tais como alguns dos Franco-canadenses do Nordeste, os negros do Delta e os trabalhadores mexicanos clandestinos (*wetbacks*) do Taxas. Estes grupos são remanescentes de sociedades e classes sociais cujos modos de conformidade foram estabelecidos numa fase de alto potencial de crescimento de população. Segue-se, como tipo mais antigo, o introdirigido, que é um remanescente de um período de crescimento transicional de população nos Estados Unidos e no estrangeiro. Ele ainda é dominante em muitas regiões e muitas ocupações, mesmo nas cidades. É também, provavelmente, o tipo mais numeroso, se incluirmos nele, não apenas aqueles cuja introdireção é clara e evidente, mas também muita gente da classe operária que aspira a ser introdirigida, mas que é, de fato, incapaz de se ajustar tanto ao modo introdirigido de conformidade, quanto ao alterdirigido. Finalmente, o tipo mais recente, o alterdirigido, é o produto dessas mudanças nos agentes da formação de caráter discutidos nos três capítulos anteriores — mudanças essas mais acentuadas nas grandes cidades e entre grupos de renda superiores.

Neste e nos próximos dois capítulos, exploraremos com mais pormenor a forma em que a alteração da curva de população americana, para a fase de declínio incipiente, corresponde à mudança na estrutura do trabalho e do lazer adulto. Tipos de caráter alterdirigidos são gerados não apenas por influências que afetam os pais e outros agentes precoces de formação de caráter, mas também por instituições que modelam e remodelam o caráter dos adultos, que cresceram em um ambiente mais indiluidamente introdirigido. Conquanto as crianças sejam os pioneiros nas fronteiras caracterológicas da população, são os adultos que, mesmo numa cultura centrada na infância, movem as máquinas, armam os sinais, escrevem os livros e as estórias em quadrinhos, fazem política e outros jogos adultos.

Uma inscrição tal como a que inicia o presente capítulo nos lembra os tipos exemplares de homens que floresceram em uma era dependente da introdireção. Nem todos, é claro, em tão bons como se diz que Mr. Darling foi; não devemos igualar introdireção e direção de consciência. Um patife que sabe ao que visa pode ser tão inequivocamente introdirigido quanto um puritano temente a Deus. No entanto, quando nos dedicamos agora a recapturar o sabor de uma era bastante próxima para que a consideremos familiar e não suficiente afastada para que seja compreendida totalmente, é bom cogitar de um homem que não conhecia outro senhor exceto o seu Deus.

Na primeira parte deste capítulo, observamos o significado do trabalho para o homem introdirigido do século XIX, nos Estados Unidos; na segunda, voltamo-nos para os usos que ele fez do lazer. A divisão é arbitrária porque os caminhos do trabalho e do prazer são profundamente entrelaçados. Além disso, a discussão neste e nos dois próximos capítulos avança de um modo um tanto dialético: os padrões intro e alterdirigidos são enunciados, de quando em quando, nas suas formas mais extremas, de modo a ressaltar incisivamente o contraste entre eles. Entretanto, desde que os problemas do introdirigido não são mais problemas que muitos de nós enfrentam, tanto o leitor como o autor devem estar em guarda contra a tendência de superidealizar a introdireção e criticar em excesso a alterdireção.

I. *Homens em Trabalho.*

O PROBLEMA ECONÔMICO: A DUREZA DO MATERIAL

Nossa tarefa aqui e no próximo capítulo é a de comparar o significado do trabalho nas épocas dependentes, respectivamente, de introdireção e alterdireção. A mudança é de grau, como a maioria das mudanças históricas. O homem introdirigido tende a pensar no trabalho em termos de objetos não-humanos, inclusive como organização social objetiva, enquanto que o homem alterdirigido tende a pensar no trabalho em termos de gente — gente vista como algo mais do que a soma de suas capacidades e qualidades próprias de trabalhador. Assim, para o homem introdirigido, a produção é considerada e sentida mais em termos de processos intelectuais e tecnológicos do que em termos de cooperação humana. As relações humanas na indústria, bem como as relações entre indústrias, e entre indústria e sociedade como um todo, parecem ser, para o homem introdirigido, geridas pela cooperação anônima, levada a efeito através da "mão invisível" — a maravilhosa expressão que Adam Smith deu ao planejamento econômico por meio do mercado livre.

É claro que, no período mais acentuadamente subordinado à introdireção, os homens estavam cônscios de que a conquista da cooperação na organização do trabalho não era simplesmente automática. Havia muita conversa sobre a necessidade de disciplina, sobriedade e integridade. Todavia, é justo dizer que não se considerava ainda a disposição humana da força de trabalho como um problema importante. A mão-de-obra era ainda muito numerosa — ela se derramava dentro da fábrica vinda das granjas prolíficas e era facilmente transportável para outro lugar, numa era anterior ao passaporte. Além do mais, a força de trabalho dos operários era disciplinada pelos novos valores tanto quanto por alguns valores da época da direção traditiva que se mantiveram; demais, pela religião evangélica nos países industriais avançados. Por outro lado, não se considerava tampouco a força de trabalho gerencial como um problema, porque o tamanho da equipe administrativa era pequeno e porque os tipos introdirigidos podiam cooperar uns com os outros em tarefas físicas ou intelectualmente evidentes, quer apreciassem e aprovassem uns aos outros, ou não. Seu código introdirigido, mais do que seu ânimo cooperativo, conservou-os afastados da sabotagem constante.

Como resultado, mesmo nas organizações grandes e burocratizadas a atenção das pessoas se concentrava mais nos produtos (fossem eles bens, decisões, relatórios ou descobertas, não fazia diferença) e menos no elemento humano. Além do mais, o que atraía a atenção era o produto em si e não a sua utilização pelo consumidor. A despeito do que Marx chamou "o fetichismo da mercadoria", o homem introdirigido podia preocupar-se com o produto sem ser, ele próprio, um bom consumidor: não precisava olhar para si mesmo através dos olhos do freguês. O problema da comercialização do produto, talvez até seu significado, retrocedia para o plano de fundo psicológico diante da *dureza do material,* da obstinação das tarefas técnicas em si mesmas.

As "fronteiras" que se abriam atraíam as pessoas para uma aparente superabundância de tarefas materiais na indústria e no comércio, geografia e descoberta científica. Isto se faz especialmente claro se olharmos para a fronteira geográfica. Conquanto o homem da fronteira (*Frontiersman*) cooperasse com seus esparsos vizinhos em atividades de amparo pessoal (*self-help*) mútuo, tais como construção de casa ou política, sua preocupação principal era com a natureza física, não com a humana. O homem de fronteira americano, como Tocqueville o encontrou em Michigan, era desinteressado por gente, apesar de hospitaleiro. A natureza física parecia-lhe bastante problemática; para alterá-la e adaptá-la, fazia-se necessário que ele se tornasse duro e confiante em si mesmo.

O mesmo era verdadeiro em outros campos da iniciativa e pioneirismo. O zelo missionário, com sua determinação de levar o Evangelho a países tão distantes como a Índia, a China e as ilhas do Pacífico, refletia o espírito de pioneirismo do século dezenove tão ou mais completamente do que o fazia qualquer impulso religioso de irmandade. Freqüentemente, o missionário e sua família, como por exemplo no Havaí, tornou-se o núcleo do elemento europeu que deveria, no fim, alcançar o controle econômico e financeiro. Assim, também as numerosas experiências comunistas foram produto do pensamento imaginativo individualista. Da mesma forma, os empreendedores intelectuais balizaram campos de conhecimento e atiraram-se com uma curiosidade apaixonada à descoberta de segredos da natureza. Embora pudessem ser tão ciosos e competitivos quanto Newton, seus contatos com os colaboradores permaneceram, no conjunto, impessoais; estavam em comunicação entre si através de canais muito simples, artigos e congressos, e sem maior organização formal da equipe de investigação. Aqui, também, a mão invisível parecia reinar, e, sentia-se, o trabalho era tido como uma forma de alguém relacionar-se com objetos físicos e idéias, e apenas indiretamente com pessoas.

Hoje, é evidente para nós que, pelo menos no campo econômico, a mão invisível era, em parte, um fato — ainda que sua natureza historicamente temporária escapasse às pessoas — e, em parte, um mito [1]. O governo fez um bocado de planejamento, mesmo depois que o mercantilismo desapareceu — planejamento, apesar de tudo, potente por ser relativamente não-burocratizado e, apesar de tudo, sistemático, por ser manejado através de alavancas tão honradas na época como a tarifa, o judiciário, os subsídios ao canal e à estrada de ferro. Além disso, a impessoalidade da vida econômica, contra a qual os moralistas e socialistas se queixaram em coro constante, de Sir Thomas More a R. H. Tawney, nunca foi, de fato, tão grave quanto parecia ser. Os negócios eram freqüentemente paternais; como podemos observar num romance como *Os Buddenbrooks,* de Thomas Mann, eles se apoiavam em valores que sobreviviam do feudalismo. Tons de personalização traditivo-dirigidos sobreviveram em muitas situações, apesar da ideologia e, até certo grau, da existência da livre concorrência. Sem dúvida, estas personalizações melhoram alguns dos rigores e abusos do individualismo introdirigido.

Contudo, quando comparada com a de hoje, a economia era bem frouxamente articulada e impessoal e, talvez, parecesse ainda mais impessoal do que era. Isto encorajava a faina ambiciosa de homens, que podiam atender à expan-

(1) Ver a excelente discussão de Karl Polanyi em *The Great Transformation* (New York, Farrar and Rinehart, 1944).

são do fundo de capital da sociedade, dos pontos críticos do progresso na tecnologia, da agricultura, indústria extrativa e manufatura. As indústrias de bens básicos eram de importância decisiva; internamente, faziam-se necessárias para transpor a brecha entre população e subsistência; externamente, para sustentar a promoção das guerras e da colonização. De fato, os superguiados homens da época, especialmente nas regiões afetadas pelo puritanismo ou jansenismo, foram muito além das exigências e recompensas especificamente econômicas a eles oferecidas. Isolavam-se da família e dos amigos e, amiúde, da humanidade em geral, por seu zelo e perseverança.

Poder-se-ia acrescentar que o trabalho proporcionava uma proteção estratégica para aqueles que não podiam viver de acordo com todas as exigências do ideal prevalecente de caráter. Isto porque não nos cabe direito algum de supor que mesmo os homens bem-sucedidos do período estivessem ajustados por completo ao caráter social a eles imposto. Numa época anterior da vida americana, muitos, dentre os que estavam aparentemente bem ajustados, tinham por certo ciência de que sua aquiescência à introdireção envolvia seus próprios esforços para se amoldarem, que sua conformidade estava longe de ser automática.

A conexão entre trabalho e propriedade, numa era de capitalismo competitivo privado (quando comparado ao capitalismo posterior, descrito por Berle e Means em *The Modern Corporation and Private Property*), reforçou as possibilidades de isolamento das pessoas. A propriedade, para o homem introdirigido, veio a ser livremente transferível; o indivíduo não estava ligado a ela, como na era anterior, por laços sentimentais e tradicionais, porém ele a ligava a si por suas próprias escolhas e por suas ações enérgicas. Não sendo mais um problema da família extensa, a propriedade tornou-se uma parte extensa, uma espécie de exosqueleto para o eu individual [2].

Todavia, a propriedade privada dessa espécie, apesar de útil como salvaguarda e campo de prova para o homem introdirigido, provavelmente não constitui uma condição essencial para sua ascensão em nossa época. Nas "fronteiras" da economia russa em expansão, dos primeiros planos qüinqüenais, havia homens de empresa muito semelhantes aos tipos europeus e americanos de muitas décadas atrás: ambiciosos, enérgicos e confiantes em si mesmos, empenhados em transformar a natureza física, instituindo a organização formal em larga escala e revolucionando a

---

(2) Cf. a definição do eu de William James em *Principles of Psychology* (New York, Henry Holt, 1896), I, 291-292; e discussão de Erich Fromm em *Man for Himself*, pp. 135-136.

tecnologia. O homem introdirigido — algumas vezes, modelos deste homem foram importados dos Estados Unidos e da Alemanha — apresentava-se em Dneprostroi, Magnitogorsk e na estrada de ferro Turco-Siberiana.

Mesmo hoje em dia, podemos observar tipos similares emergindo na Índia, entre os líderes da indústria e do governo. É como se, em qualquer população grande e diferenciada, existissem reservatórios de introdireção em potencial, esperando apenas o desencadeamento de um tipo de industrialização orientado à maneira ocidental, para se porem em evidência.

AD ASTRA PER ASPERA

A nota de ambição na atitude da pessoa introdirigida, em relação ao trabalho, na fase de crescimento transicional de população estava expressa no provérbio do livro escolar *ad astra per aspera*. As estrelas estavam muito longe, mas, apesar disto, ele as tinha em mira, em termos de uma vida de esforços. Podia permitir-se um compromisso a tão longo prazo por causa da generalidade de sua meta: desejava dinheiro, poder ou fama ou alguma realização duradoura nas artes ou ofícios. Queria deixar uma reputação, um monumento, algo tão tangível como a inscrição do túmulo de Mr. Darling, ainda razoavelmente legível após cento e cinqüenta anos de intempérie da Nova Inglaterra.

Havia, porém, uma outra razão, social, por que este tipo de ambição a longo prazo podia ser permitido. A acenante fronteira da colonização e da industrialização, a acenante fronteira da descoberta intelectual também requeriam investimento a longo termo. Construir uma estrada de ferro ou uma administração pública na Índia, ou o sistema intelectual de um Comte, um Clerk Maxwell ou um Marx não era questão de alguns meses. A competição era acerba. Ainda assim, o número de competidores em qualquer campo particular. era pequeno, e se um homem fosse brilhante e enérgico, podia esperar que os outros não levassem sua invenção, o seu investimento de capital ou plano organizacional a tornar-se rapidamente obsoleto. Pois, embora a mão invisível da mudança tecnológica e intelectual se movesse incomensuravelmente mais depressa do que na fase ainda anterior de alto potencial de crescimento de população, movia-se, não obstante, devagar, quando comparada com a atualidade. A mudança obedecia à escala de uma vida de trabalho; isto é, um indivíduo podia esperar manter-se ao passo dos outros, mesmo sem lhes prestar especial atenção: não era provável que revogassem ou revissem, da noite para o dia, o que ele sabia ou fazia por sua conta.

Até há pouco, ainda em 1920, um menino americano da classe média não se preocupava muito com o problema de escolha de carreira. Se procedia de boa família, podia contar com relações; se não, podia contar com o crédito de seu caráter social, isto é, seu caráter visivelmente introdirigido. Podia sonhar com metas a longo termo, porque o mero problema do ingresso em alguma carreira e sobrevivência não era agudo; não lhe ocorria que pudesse ficar muito tempo sem emprego. Se escolhia uma profissão, podia orientar-se por sua identificação devaneadora com os astros de seu campo. A um jovem médico era dado pensar em Osler; a um jovem advogado, em Choate, Elihu Root ou Juiz Holmes; a um jovem cientista, em Agassiz ou Pasteur; a um jovem pintor ou escritor, em Renoir ou Tolstoi. Apesar disto, há com freqüência uma tragédia reservada à pessoa introdirigida, que pode falhar no empenho de viver segundo sonhos grandiosos e que pode ter de lutar em vão, tanto contra a intratabilidade do material quanto contra as limitações de sua própria força. Ele será obrigado e obrigar-se-á a guardar seu compromisso. Satiristas, a partir de Cervantes, comentaram a respeito dessa disparidade entre o perseguir as estrelas e o tropeçar na mera terrenalidade do mundo.

II. O Número Suplementar do Prazer

A esfera do prazer e do consumo é apenas um número suplementar na era da introdireção, sendo o trabalho, é claro, o número principal do espetáculo. Isto é mais válido para os homens do que para as mulheres. Alguns homens diminuem a atenção ao prazer até o desvanecimento, delegando os problemas de consumo às esposas; estes são os bons provedores. Outros convertem o próprio consumo em trabalho: o trabalho de aquisição. Outros ainda, talvez a maioria, podem usar a esfera do prazer como uma fuga ocasional da esfera do trabalho.

Esta divergência é característica da mudança da direção traditiva para a introdirigida. O homem traditivo-dirigido não escolhe entre trabalhar, divertir-se ou criar sua própria mescla particular; as coisas estão decididas no seu caso pela tradição. Até certo ponto, a diversão está separada do trabalho, lingüisticamente e por vestuário e cerimonial especiais. Até certo ponto, trabalho e diversão mesclam-se; por exemplo, na arte manual aplicada a artigos de uso diário ou em cerimônias que acompanham uma atividade útil social ou economicamente. O homem intro-dirigido, entretanto, está desembaraçado da direção traditiva e tem noção aguda e consciente da diferença entre trabalho e diversão. Pelo menos onde os controles teocráticos afrouxam, cumpre-lhe decidir por si quanto tempo há de consignar ao lazer. Na realidade, não resta muito espaço para distrair-se, em termos de tempo; as horas são longas, o trabalho é árduo: inventa-se o negociante cansado. Contudo, a amplitude da escolha é suficiente para que possamos distinguir entre os que trabalham no consumo com paixão aquisitiva e os que consomem como uma fuga mais ou menos ocasional e lícita.

O CONSUMIDOR AQUISITIVO

Numa era subordinada à introdireção, os homens que exibem a desejada laboriosidade na esfera do trabalho — como a demonstrada por sua produtividade — podem permitir-se uma boa dose de independência nos seus momentos poupados para o consumo. Nos Estados Unidos do século passado, um resultado foi o milionário doido que, tendo estabelecido seu *status*, salvo nos círculos mais elevados, através da satisfação das exigências da sociedade na frente produtiva, podia proceder como lhe aprouvesse na frente do prazer. Podia pendurar a tabuleta de "não perturbe" tanto sobre sua distração quanto sobre o seu trabalho. Uma vez investido de imponente riqueza, podia recusar ou aceitar, a seu bel-prazer, os serviços de esposas e filhas e mesmo de conselheiros mais especializados em consumo, gosto e arte de *connoisseur*.

Um período em que vivem tais homens é, portanto, o auge do consumo conspícuo, quando energias idênticas àquelas desenvolvidas no trabalho são canalizadas pelos ricos para seu orçamento de lazer. Enquanto o produtor cria dinamicamente novas redes de transporte, a fim de explorar recursos e distribuir os produtos acabados e semi-acabados, o consumidor deste período começa a atuar com igual dinamismo sobre o mercado. O produtor empurra; o consumidor puxa. O primeiro estágio em sua qualidade de consumidor é um desejo apaixonado de tornar as coisas *suas*.

Talvez esbanje dinheiro e energia em uma casa, a ponto de ela chegar a parecer uma grande loja — lembremo-nos das maravilhosas decorações e mobiliários nos filmes *Citizen Kane* e *The Ghost Goes West*. Talvez colecione os tesouros da Europa, inclusive genros com títulos de nobreza. Talvez se dedique a iates, diamantes ou bibliotecas ou, unido em espírito cívico a amigos (*cronies*) ricos, a teatros, planetários e jardins zoológicos. Na maioria dos casos, a atividade justifica-se tanto por si mesma quanto a busca do Pólo Norte, e o empenho nela dificilmente se preocupa com mais hesitação ou monotonia do que as tarefas da "fronteira" de produção. Não há necessidade de hesitar porque, neste período, a maior parte dos bens do consumidor, como os compromissos de trabalho, não se tornam rapidamente obsoletos, mas permanecem bons para toda a vida.

O tipo de consumidor aquisitivo, menos preocupado em juntar dinheiro ou cultivar um passatempo (*hobby*), e mais preocupado em exibir com estilo suas posses parece, à primeira vista, alterdirigido em sua atenção Entretanto, se voltarmos ao trabalho clássico de Veblen, verificaremos, penso, que os consumidores por ele descritos são alterdirigidos apenas em aparência. O consumidor conspícuo de Veblen está tentando ajustar-se ao papel que sua posição na vida, ou aquela posição à qual aspira, exige dele, ao passo que o consumidor alterdirigido procura experiências de preferência às coisas e almeja ser guiado pelos outros, mais do que os ofuscar com ostentação. O consumidor conspícuo possui um estalão que lhe permite medir imediatamente o que os outros têm, isto é, dinheiro. Este padrão pode penetrar a opacidade dos objetos, mesmo objetos únicos por sua natureza, tais como sítio geográfico (tanto quanto uma posição de frente) ou uma bela mulher (a melhor que o dinheiro possa comprar). Isto dá ao consumo do homem introdirigido sua qualidade relativamente impessoal — tão impessoal quanto sua produção, da qual é reflexo. Da mesma forma, se coleciona velhos mestres, está dando um passo padronizado no gradiente do consumo de sua classe social, ao mesmo tempo em que está fazendo um bom investimento ou pelo menos uma boa jogada. Além do mais, ele mesmo é, de certo modo, um "mestre", um técnico, e pode admirar a técnica do artista da Renascença, enquanto que poucos consumidores alterdirigidos de hoje, embora possam saber muito mais sobre arte, ousam admirar a técnica esotérica, ou a evidente falta dela, de um artista abstrato. O consumidor conspícuo está empenhado, portanto, num tipo exteriorizado de rivalidade, como indica o uso que Veblen faz de termos como "ostensivo", "emulativo", "conspícuo", e o resto de seu léxico maravilhosamente irônico. O consumidor alterdirigido pode competir de um modo que parece semelhante, mas apenas na medida em que os pares o impelem a tanto. Seu desejo de ofuscar, como já tentei mostrar, é silenciado.

Na realidade, todas estas mudanças são de grau, e a ênfase dada por Veblen ao lazer e ao consumo — como, de um modo muito diverso, a ênfase de Keynes no que poderíamos chamar de dispêndio inexorável — são índices das mudanças sociais que pavimentam o caminho para as mudanças caracterológicas e as acompanham.

LONGE DE TUDO ISTO

O consumidor *aquisitivo* traz para a esfera do consumo motivações e ideais semelhantes àqueles que ele manifesta na esfera da produção. O consumidor *escapista*, ao contrário, procura dramatizar uma polaridade emocional entre trabalho e distração.

Pelo fato de o conceito total de fuga ser muito escorregadio, devemos sempre perguntar: fuga de onde e para onde? O indivíduo introdirigido pode permitir-se um certo tipo de fuga, já que seu caráter e situação lhe proporcionam um âmago de autoconfiança suficiente para lhe permitir sonhar, sem desintegrar-se. Ele aprende isto ainda menino, quando foge sozinho por uma boa parte do tempo — cabulando as tarefas monótonas e exigentes do lar e da escola. Diferentemente de Flauteio, a locomotiva, poucas vezes é incomodado pelo medo de que, caso colha prímulas, à beira do rio, não alcançará média — embora possa ser punido, uma vez que ainda não foi dado o direito de brincar às crianças de escola. Talvez ele se sinta culpado quando foge, mas a culpa emprestará sabor à aventura, transformando a fuga numa travessura. Como o pai vitoriano, cuja estabilidade da vida familiar dependia, freqüentemente, de uma visita ocasional a uma prostituta, a pessoa introdirigida poderá deixar-se trilhar caminhos "não socializados" porque, nos caminhos que contam, os do trabalho, ela tem um eu definitivamente socializado para o qual voltar.

Na realidade, muitas vezes poderá ser demasiado inibida para isto. Poderá ser incapaz de parar de cronometrar-se pelo relógio de bolso internalizado com o qual substitui os carrilhões da Idade Média. Poderá ser incapaz de alterar sua política de preço-único e papel-único, mesmo ao tratar com inferiores em *status*, apesar disto ser incomum na explícita estrutura de classes da época. Acima de tudo, poderá sentir que não lhe é permitido dar-se o luxo de empreender experiências não-sancionadas de espontaneidade, com o refreamento e a observação do eu em todas as frentes. Ele poderá julgar seu próprio caráter, encoberto ou declarado, como uma espécie de capital passível de ser dissipado em uma jogada catastrófica — tanto mais perigosa em virtude das metas para toda vida nas quais se acha comprometido. Vemos este complexo processo racionalizado pelo puritano em termos de "salvar" o o que é seu. O puritano trata a si mesmo como se fosse uma firma e, ao mesmo tempo, o auditor da firma.

Neste capítulo, porém, falamos daqueles que, apesar das inibições internas e externas, são capazes de fugir de algum modo. Fuga, como nós a empregamos aqui, significa um desvio em ritmo e atitude do domínio quase total do trabalho. Assim, como veremos adiante, poderá ser uma fuga para um nível "mais elevado" do que o comércio e a vida profissional, ou para um nível "inferior"

Para a frente e para o alto com as artes — Os grandes acontecimentos da "fuga para cima" na hora de lazer são intermitentes: Chautauqua, o teatro ambulante, o serviço completo de domingo com um pregador anti-negócios por ano ou por cidade, o vendedor ambulante de livros. Para entrar em contato com eles, é preciso algum esforço, e fazer esforço é, em si, sinal de virtude. Há até mudança de roupa — fatiota domingueira de ir ao culto ou cartola para significar a mudança de papel.

Além disso, há um bocado de desempenhos amadorísticos. Talvez ainda mais do que o aprumar-se, o piano e o cultivo das habilidades musicais de amador marcam o limite das aspirações de respeitabilidade da classe média. Ao mesmo tempo, para o jovem versátil da classe operária existem os *mechanics' institutes* * e os numerosos conferencistas ambulantes, desde reformadores de prisões até partidários do imposto único, que analisam as atuações do sistema para suas audiências ávidas. Basta lembrar o tremendo pulular de clubes de debates que saudaram o *Looking Backward* de Bellamy.

É óbvio que os motivos de tais participantes não são puramente escapistas. Há o desejo, com freqüência levemente disfarçado, de ir para a frente e para o alto na hierarquia social. Através do revivalismo religioso e da leitura da Bíblia, o indivíduo pode procurar evadir-se não deste mundo, porém dos perigos do próximo. A vida cotidiana é dura e monótona; o lazer é uma tentativa ocasional de refinamento.

As aspirações de cultura fazem com que as pessoas queiram refugiar-se em alguma imagem de algum período heróico do passado, tal como herdado da classe alta ante-

---
(*) Uma espécie de sociedade existente no século XIV, para facilitar a seus membros a auto-educação por meio de aulas e conferências. (N. dos T.).

rior ao século dezenove. Assim, o burguês cultivado do século dezenove volta-se, em seu lazer, para uma época quase burguesa anterior e mais heróica, para a Atenas de Péricles ou a Itália renascentista. Impulsionado pelo trabalho, acorrentado à rotina, ele imagina a arrogância e a versatilidade de um Benvenuto Cellini ou de um Leonardo. Assim como o circuito Chautauqua espalha relatos de viagens e descobertos contemporâneas, assim também existe uma cultura semipopular sobre as realizações do mundo antigo — note-se a popularidade de *Ben-Hur* — e da Renascença. Muito freqüentemente, a dureza ocupacional da época tem seu lado reverso no sentimentalismo relativo ao lado nãotrabalho da vida.

Naturalmente, embora a moda desempenhe um papel na voga da história antiga, da viagem à Europa e dessas outras atividades de evasão, creio que é importante para a segurança das pessoas introdirigidas que essas esferas de interesse estejam distantes, não só de seu trabalho, mas também de suas preocupações sociais imediatas. Lendo sobre a Grécia — mesmo visitando Florença —, não são forçados a pensar sobre sua própria época ou sobre si mesmos, em qualquer sentido realista; tais identificações com os antigos heróis, com as que lá existem, podem ser fantásticas. Devemos restringi-las somente quando chegamos às estórias vitorianas e eduardinas tardias de Henry James ou E. M. Forster, nas quais a viagem para a Itália pode vir a ser, para damas e cavalheiros anglo-saxônios, muito mais problemática emocionalmente do que a mera evasão para o alto. Esses turistas ficcionais, preocupados em saber se estão experimentando, com plenitude, os contrastes e sensibilidades culturais que procuram, encontram prenunciadas as ambigüidades de evasão que são típicas das alterdireção.

Os pés no trilho — A pessoa introdirigida pode evadir-se tanto para cima como para baixo. Ela encontra nas novelas baratas, nas rinhas de galo, nas corridas de trote e na música de barbearia uma variante de seu papel no trabalho. Enquanto alguns visitam Chartres, outros visitam a contorcionista do *hootchy-kootchy* na Midway *. Apesar dos esforços dos puritanos e das mulheres para expulsar da vida essas recreações que são reminiscências do passado medieval, os homens da classe média do século dezenove fazem um firme esforço para se agarrarem a elas.

A obra de Sherwood Anderson é uma epopéia de homens que entram em casa depois da meia-noite, com os pés descalços. Quanto deste anedotário sobrevive, foi

(*) Numa feira ou exposição, a avenida central onde se exibem curiosidades, divertimentos fantásticos, etc. (N. dos T.).

evidenciado, há alguns anos, por Allen Funt, em um dos programas "Candid Microphone". Funt colocou-se numa esquina às três horas da madrugada e fingiu estar com medo de voltar para casa. Ele abordava os passantes e pedia-lhes que o acompanhassem à casa para explicar à mulher porque ele estava tão alto e tão atrasado. Todos os homens foram compreensivos. Embora nenhum deles quisesse assumir o papel de intermediário, cada qual sugeria uma escapatória que funcionara no seu próprio caso, na mesma situação. Um queria que ele telefonasse primeiro. Outro queria ajudá-lo a enfaixar-se. Um terceiro achava que um presente poderia ajeitar as coisas. Alguns sugeriam estórias, outros coragem. A maioria dos homens, a julgar por suas vozes, pareciam ser de meia idade. O ponto mais importante de tudo isto, talvez, é que, em gerações anteriores, o caráter estrito do regime marcadamente feminino americano dava ao pecado um encanto que obscurecia suas limitações inevitáveis.

Ao pensar no significado da evasão para o homem introdirigido, não devemos entretanto pôr demasiada ênfase nos padrões da mera ruptura de convenções sociais do divertimento, vício e fantasia pecaminosa da época vitoriana. Mesmo lá onde as convenções eram frágeis ou não existiam, envolvia-se uma outra questão. Era a questão da competência no gozo e no julgamento da recreação.

Por um lado, o homem introdirigido americano empenhava-se, a cada geração, em enfrentar a exigência cada vez maior de que sua fuga fosse para cima através das artes. Às vezes, ele mesmo escolhia esta fuga por conta própria. Mais freqüentemente, talvez, os esforços de mobilidade e a influência feminina pressionavam o homem a ir além da esfera onde ele sentia competente: o negociante sonolento arrastado à ópera cantada numa língua que não entendia. De outro lado, porém, combatia a possibilidade de tornar-se meramente um consumidor passivo, protegendo, como rebelde em mangas da camisa, a sua fuga para baixo, rumo às artes inferiores de misturar bebidas e possuir bebidas, do pôquer, das mulheres caprichosas e dos cerimoniais extravagantes. Desta forma, protegia, na sua esfera menor, a do divertimento, bem como na sua esfera maior, a. do trabalho, seu senso de competência no viver a vida. O caráter separado da esfera de diversão era dramatizado precisamente porque a competência pessoal envolvida nessas fugas para baixo podia contribuir pouco ou negativamente para seus *status* social no mundo do trabalho e da família. Dado que sua competência na distração não podia ser engrenada diretamente na economia de produção, o homem introdirigido era algo menos inclinado do que os homens alterdirigidos de hoje a explorar sua recreação, dizendo a si mesmo que tinha a obrigação, para consigo próprio, de divertir-se. Se ia a jogos de beisebol (um dos poucos esportes onde a competência do indivíduo alterdirigido também se baseia consideravelmente no fato da pessoa já ter, no passado, jogado), isto não fazia parte de um ato destinado a provar a si mesmo que era "um dos rapazes".

Entretanto, não devemos exagerar essas diferenças entre as fugas intro e alterdirigidas. Muitos indivíduos introdirigidos labutavam arduamente para manter sua exibição de competência recreativa. O Reverendo Endicott Peabody, mais tarde fundador de Groton, fixou-se como o herói de uma cidade de fronteira oeste, na qual ocupava um pastorado, organizando um time de beisebol. Uma estratégia semelhante, com raízes numa época sujeita à direção traditiva, aparece na moderna caracterização cinematográfica do padre, frei ou freira católicos, que são "boas praças" — como o *Going My Way* de Bing Crosby. Além do mais, muitos profissionais e homens de negócios americanos introdirigidos exploravam e ainda exploram seu lazer para travar contatos. Seu jogo de golfe era tudo, menos evasão, e a jardinagem das esposas obedecia freqüentemente aos mesmos impulsos de mobilidade. Tais homens tinham muita coisa em jogo, do ponto de vista econômico, ainda que, psicologicamente, tivessem menos em jogo do que o alterdirigido.

Amiúde, porém, as paradas também eram psicológicas. Superguiados, incapazes de jogarem fora ou aceitarem suas inibições, os homens daquele período nem sempre conseguiam resguardar-se mediante o recuo para a intimidade. Onde houvesse pressão para que o indivíduo mostrasse ser bom sujeito na taverna ou no bordel, o corpo os traía às vezes pela náusea ou impotência no esforço de ser competente, a fraqueza da carne denunciava a relutância do espírito. Entretanto, no conjunto, o introdirigido era muito menos suscetível do que os homens de hoje o são, à exigência de ser apreciado por seus divertimentos e amado por seus vícios.

III. *A Luta pela Auto-Aprovação*

Podemos resumir muito do que é significativo a respeito da introdireção, dizendo que, numa sociedade onde ela domina, sua tendência é de proteger o indivíduo contra os outros, ao preço de deixá-lo vulnerável a si mesmo.

Uma prova disto está no medo largamente difundido e no ataque à apatia que parece datar da era da introdireção. As ordens monásticas haviam enfrentado o problema da indolência ou *accidie*, como perigos psicológicos para seus regimes — perigos dos quais Santo Agostinho teve aguda consciência em sua própria luta consigo mesmo. Como Max Weber o coloca, quando o puritanismo converteu o mundo num mosteiro, o medo a esse perigo interior começou a atormentar classes sociais inteiras e não simplesmente alguns monges selecionados. O puritano era levado a sentir como se precisasse agarrar-se constantemente a si mesmo; que sem a vigilância incessante ele se soltaria e seria levado à deriva — na suposição de que a gente pode soltar-se se quiser ou, antes, se parar de querer. É como se o seu caráter, apesar da aparente estabilidade, não se sentisse estável e, na verdade, numa projeção teológica de seu sentimento interior, o puritano tem de lutar constantemente contra dúvidas quanto a seu estado de graça ou eleição.

Como resultado dessa contínua batalha contra o Demônio da Indolência, que, às vezes, se transformava numa hipocondria em relação à apatia, ele erigiu um mito, ainda muito próximo a nós; que a pessoa traditivo-dirigida é completamente pachorrenta, destituída do "levante-se e ande". Este ataque aos outros como apáticos — como hoje, por exemplo, nas queixas constantes contra a apatia civil e política — servia, às vezes, de meio de luta contra a própria apatia. De fato, a pessoa introdirigida dá testemunho de saber inconscientemente que seu giroscópio não lhe é próprio, porém foi instalado por outros, através de seu temor crônico e pânico de que o giroscópio cesse de girar, de que ele próprio não é realmente um arranque automático, de que a vida em si não é um processo e uma renovação, porém, uma proteção trabalhosa da morte psíquica.

Demais, para uma contabilização mais fácil do controle da apatia, a pessoa introdirigida divide freqüentemente sua vida em setores, em cada um dos quais pode testar suas defesas psíquicas contra aquela. Dentro de si, ela permanece a criança, empenhada desde cedo em tarefas que poderão estar além de suas forças. Se estes impulsos forem imperativos, quantidade alguma de aplauso contemporâneo poderá afogar o sentimento de inadequação: o aplauso dos outros poderá, na verdade, ser o subproduto dos esforços para satisfazer o eu. O indivíduo precisa encontrar justificação dentro de si, não apenas naquilo que é — ele é salvo não por palavras, mas pela fé. E embora a contabilização inteligente possa transformar obras em fé, raramente a autocrítica é silenciada em sua totalidade. *A mera conformidade comportamental não pode atender ao ideal caracterológico.*

Esses padrões internalizados do homem introdirigido permitem-lhe, por outro lado, certa liberdade de falhar aos olhos dos outros, sem ser por eles convencido de sua própria inadequação. Como Edison, tentará mais uma e mais outra vez, sustentado pelo julgamento interior de seu valor. Pois, enquanto os outros não o podem proteger contra a autocrítica, esta o pode proteger contra os outros. O homem introdirigido pode justificar sua existência não apenas pelo que fez, mas pelo que fará. Isto, entretanto, vale apenas até certo ponto. Se malogros repetidos lhe destroem a esperança de futura realização, é provável então que suas forças internas não possam mais sustentar o baluarte contra a evidência externa. Sobrecarregado de culpa, desprezará a si próprio pelas falhas e inadequações. Apesar de provocado por acontecimentos externos, o julgamento será tanto mais severo por ser internalizado. Durkheim estava certo ao ver nos índices relativamente altos de suicídio, nos países industriais avançados, sintomas de um mal-estar psicológico, incontrolado por qualquer tradição cultural.

6

A ESFERA DE VIDA ALTERDIRIGIDA: DA MÃO INVISÍVEL À MÃO CORDIAL.

> *Uma vez que a sociabilidade em sua forma pura não tem nenhum fim ulterior, nenhum conteúdo e nenhum resultado fora de si mesma, ela é completamente orientada em torno de personalidades ... Mas, precisamente pelo fato de tudo orientar-se ao seu redor, as personalidades não devem salientar-se de maneira demasiado individual.*
>
> Georg Simmel,
> *The Sociology of Sociability*

A pessoa introdirigida não está acorrentada apenas às exigências sem fim da esfera de produção; precisa também despender toda a sua vida na produção interna de seu próprio caráter. . Os desconfortos dessa fronteira interna são tão inexauríveis quanto os da fronteira do próprio trabalho. Como o receio de ser aposentado ou ficar desempregado, no domínio da economia, a apatia, em muitos setores de sua vida interior e exterior, é considerada um subemprego dos recursos caracterológicos. O homem introdirigido tem uma necessidade generalizada de controlar a exploração dos recursos em todas as frentes das quais tem consciência. Ele tem a mentalidade dirigida para o emprego (*job-minded*).

As fronteiras para o homem alterdirigido são as pessoas; ele tem a mentalidade dirigida para as pessoas (*people-minded*). Daí por que tanto o trabalho quanto o lazer são tidos como atividades que envolvem pessoas. Muitas das denominações de empregos hoje existentes existiam em épocas anteriores; muitas recreações, igualmente. Meu esforço é o de observar de que maneira a mudança de caráter está ligada à mudança de significado nas mesmas ocupações, assim como ao desenvolvimento de novas ocupações.

I. *O Problema Econômico*: *o Elemento Humano*

Nos Estados Unidos, quando a fase do crescimento transicional chegou ao fim, o sinal de "não queremos ajuda" foi, em 1890, afixado na fronteira, em imaginação senão na prática real da concessão de terras, e a mesma tabuleta foi pendurada em nossas fronteiras em 1924, com a sustação virtual de imigração européia. Com estes discursos de despedida foi destruído um grande símbolo de esperança e movimento no mundo ocidental. A combinação de imigração restringida e de uma decrescente taxa de natalidade alterou, conseqüentemente, o perfil populacional do país, bem como, da maneira já aludida, o seu perfil caracterológico. Hoje é mais a "suavidade" dos homens do que a "dureza" do material que atrai o talento e abre novos canais de mobilidade social.

Conquanto a fronteira da produção, e até a fronteira territorial, possa ser efetivamente espaçosa, mesmo na fase do declínio incipiente de população, a sensação que deixa, apesar de tudo, é de abarrotamento, e certamente a sociedade não dá mais a sensação de um deserto ou uma selva, como antes freqüentemente dava.

Isto é particularmente verdadeiro na indústria e nas profissões. Tome-se por exemplo a posição do mestre. Ele não mais permanece só, um chefe de araque (*straw boss*) numa hierarquia evidente, mas está rodeado de gente. É um canal de comunicação de duas vias, entre os homens situados abaixo dele e a multidão de especialistas acima dele e à sua volta: chefes de pessoal, encarregados da segurança de trabalho, engenheiros de produção, representantes do controle, e todo o resto da força de trabalho gerencial indireto. No entanto, o diretor da fábrica dificilmente está em melhor condição quanto à liberdade emocional; ele se defronta, não só com a complexa hierarquia intra-fábrica, mas também com o público exterior: o grupo da associação comercial, os sindicatos, os consumidores, os fornecedores, o governo e a opinião pública. Da mesma forma, o profissional sente-se rodeado por um enxame de competidores, produzidos pelo sistema educacional grandemente expandido de um sociedade cujo fundo de capital está em tão boa forma que se pode dar o luxo de devotar — de fato, dificilmente poderia abster-se de fazê-lo — grande parte da receita nacional aos ofícios e profissões de serviço, e à educação, para seu emprego adequado.

As *pessoas,* portanto, tornam-se o problema central da indústria. Isto não significa que as revoluções mais antigas na ferramentaria e os processos mecânicos na organização fabril chegam ao fim. Antes, os avanços se rotinizam progressivamente; o contínuo incremento da produtividade torna-se um subproduto das formas institucionais. Entretanto, a mais recente revolução industrial que atingiu sua maior força nos Estados Unidos (embora comece a manifestar-se em outros lugares, como na Inglaterra) está preocupada com as técnicas de comunicação e controle, e não de usinagem ou de planejamento fabril. É simbolizada pelo telefone, pelo servomecanismo, pela máquina IBM, pelo computador eletrônico, pelos modernos métodos estatísticos de aferir a qualidade dos produtos, pela experiência de aconselhamento de Hawthorne e pela preocupação geral com a moral industrial. A era da abundância econômica e do declínio incipiente de população demanda o trabalho de homens cuja ferramenta é o simbolismo e cujo alvo é alguma resposta observável das pessoas. É claro que estes manipuladores não são, necessariamente, alterdirigidos no caráter. Muitos indivíduos introdirigidos são manipuladores bem sucedidos de pessoas; com freqüência, sua própria introdireção torna-os inconscientes do quanto manipulam e exploram os outros. Contudo, para a manipulação de outrem, há uma compatibilidade algo maior entre alterdireção caracterológica e sensibilidade para com os desejos mais sutis dos outros.

Isto pode ser explicado mais claramente por referência a uma de nossas entrevistas. O entrevistado é o vice-presidente de vendas e propaganda de uma grande companhia de máquinas-ferramenta da costa ocidental, e é também presidente de uma associação comercial das mais importantes para a sua indústria. É filho de um pastor congregacionalista de uma pequena cidade do centro-oeste dos Estados Unidos. Seu passado, seu impulso de mobilidade, sua orientação técnica inicial são típicos dos introdirigidos; sua situação, porém, exige habilidade para negócios e sensibilidade interpessoal, mais características dos alterdirigidos. Este conflito produz tensão. Indagado sobre questões políticas, a respeito das quais havia recentemente mudado de opinião, diz ele:

Não penso que isto se enquadre na categoria em que você está trabalhando agora, porém, eu me tornei muito mais tolerante com os líderes e organizadores trabalhistas (então, corrigindo-se) — não necessariamente agitadores. Vim a apreciar o que estão fazendo. À vezes, não lhes resta muita escolha na adoção de determinados métodos e meios. Eu preciso de um psicanalista.

Ele também contou ao entrevistador que a sua principal preocupação era que não estava se entendendo muito bem com outro diretor de sua companhia. Ficara perturbado quando uma sugestão sua, que fora rejeitada, mostrou-se, posteriormente, certa — e o outro camarada sabia que estava certa. Numa tal situação, sentia-se desamparado. Não conseguia comer antes de ir a uma reunião de diretoria, e perguntou ao entrevistador se não seria bem melhor para ele se dirigisse sua própria pequena empresa, em vez de ser funcionário de uma grande companhia. Como recreação, jogava golfe, apesar de não lhe atribuir aparentemente grande importância, e, em bom estilo introdirigido, ou talvez simplesmente em bom estilo americano, "mexia um pouco com ferramentas no porão".

Um material de entrevistas está aberto, é claro, a uma variedade de possíveis interpretações e não tenho muita confiança de que as interpretações aqui sugeridas sejam corretas. Certamente, seria errôneo concluir que este *executive* alimenta dúvidas a seu próprio respeito por não ser inteiramente alter nem introdirigido (pela própria definição destes termos, ninguém é totalmente uma coisa ou outra). O caso é que o "executivo" moderno, independentemente da mistura dos dois modos de conformidade que apresente, está submetido a uma constante pressão social, dentro e fora do escritório. Este "executivo" é talvez mais capaz do que a maioria de verbalizar a tensão que semelhante pressão estabelece.

DA HABILIDADE PROFISSIONAL À HABILIDADE MANIPULATIVA

A pressão no sentido da competência social, com sua concomitante depreciação da competência técnica, sugere outro aspecto da história deste diretor executivo, que é típica do aparecimento de um novo padrão na vida profissional e de negócios americana: *Se alguém tem êxito em seu ofício, ele é obrigado a abandoná-lo.* O homem das máquinas-ferramenta começou na oficina; como vice-presidente de venda e propaganda, ele se tornou um manipulador contrafeito de pessoas e de si mesmo. Da mesma forma, o jornalista que ascende torna-se colunista ou editor, o médico, diretor de clínica ou de hospital, o professor transforma-se em decano, presidente ou diretor de fundação, o superintendente da fábrica, um executivo de uma sociedade por ações. Todos estes homens têm de enterrar suas rotinas profissionais e abandonar seus companheiros de mister. Têm de trabalhar menos com coisas e mais com pessoas.

Na realidade, os negócios sempre foram trabalho com pessoas. Mas quando o tamanho das empresas era diminuto, o novo chefe da firma podia continuar um colega entre outros colegas; ele não cortava totalmente as relações e entrava num novo meio. A *Autobiografia,* de William Allen White, mostra que este foi capaz de manter durante toda a sua vida a agradável ficção de que era apenas um jornalista ativo. Da mesma forma, a geração mais velha de presidentes de faculdades era composta, em grande parte, de homens que continuavam a pensar em si mesmos como estudiosos. Assim, também, a geração mais velha de diretores comerciais andava de chapéu no escritório, mascava fumo e tentava, de outras formas, manter suas relações com a loja. Hoje, entretanto, os conceitos organizacionais familiares de "comando e tropa" simbolizam a quebra do contato direto entre o "executivo" e as equipes de trabalho, tanto do comando quanto da tropa. Para sentar à sua grande e nova mesa de trabalho — ou chegar até lá — o diretor precisa aprender uma nova especialidade, norteada para a personalidade, e desaprender ou pelo menos suavizar, sua antiga orientação para a habilidade.

A propósito, temos o relato de um engenheiro a quem se oferece um emprego muito mais lucrativo de gerente de vendas [1]. Ele ama a engenharia porém a esposa não lhe permite recusar a promoção. Seu protetor na organização diz-lhe que é agora ou nunca: será que estava querendo usar uma pala verde a vida inteira? Com relutância, acaba aceitando. Aquela noite o engenheiro tem um sonho. Está com uma régua de cálculo na mão e, de repente, percebe que não sabe como usá-la. Acorda em pânico. O sonho simboliza claramente seu sentimento de impotência em um novo serviço, no qual está alienado de seu mister.

O diretor que ascendeu a partir de uma posição profissionl dificilmente poderá deixar de sentir que seu trabalho é como o ar condicionado: só é bom enquanto a máquina embaixo funciona regularmente. Aqueles colegas que deixou para trás não demorarão, em sua inveja, a recordar-lhe que ele não mais pode considerar-se um profissional competente entre seus companheiros de profissão que ele não os engana, se, como editor ou redator de coluna assinada, ocasionalmente assiste a uma conferência presidencial à imprensa; ou como administrador de colégio, uma ocasional convenção acadêmica; ou, como gerente de vendas, assinala ocasionalmente um ponto em um quadro de vendas.

Na verdade, uma sociedade cada vez mais dependente da manipulação de pessoas é quase tão destruidora do profissional e do negociante orientados no sentido do ofício, quanto a sociedade, nos primeiros estágios da industrialização, o é em relação ao camponês ou ao artífice orientados para o artesanato. O profissional do período mais recente é empurrado para cima, para a classe diretorial, enquanto o artesão do período anterior era empurrado para o proletariado; e isto atesta a profunda diferença nas duas situações históricas. Apesar disto, em ambos os casos o processo industrial avança, utilizando, para construir máquinas e organizações onde tudo funciona lisamente, as habilidades utilizadas outrora para construir, por um longo processo de aprendizado e formação de caráter, homens.

A despeito desse padrão, existem muitas posições nos negócios e, em particular, nas profissões mais antigas, que oferecem lugares confortáveis para tipos introdirigidos. Em Medicina e Direito, a ideologia da livre iniciativa é forte. A tentativa de aplicar critérios objetivos à seleção

---

(1) Quem conta a estória é o professor Everett Hughes da Universidade de Chicago, que me orientou na análise das linhas de carreiras em mudança nos negócios e profissões.

do pessoal persiste, sendo reforçada pela ênfase, de outra forma odiosa, dada aos graus do sistema educacional e de licenciamento. Em um hospital, numa firma de advocacia ou numa universidade, há lugar não só para os que podem reunir pessoas, mas para os que podem reunir produtos químicos, citações ou idéias. Há muitos nichos para profissionais de mentalidade voltada para o trabalho que não cuidam em aprender ou não podem aprender a mover-se com a multidão.

Mesmo na grande indústria, algumas de tais áreas continuam a existir, porque nem todos os problemas tecnológicos — problemas da dureza do material — foram resolvidos ou colocados em base de solução rotineira de problemas. Além disso, há certos pontos-chave em grandes negócios e no alto governo onde, às vezes, é necessário precisamente um "caxias" introdirigido — por exemplo, um homem que sabe dizer não, sem fazer maiores delongas. Ao mesmo tempo, os valores característicos da alterdireção podem espalhar-se numa tal proporção, a ponto de atingir certos setores da economia antes que estes tenham resolvido seus problemas tecnológicos. Nos Estados Unidos, a sedução dos estilos de trabalho e lazer alterdirigidos não podem ser mudados em toda a parte segundo a frente desigual do avanço econômico.

DO COMÉRCIO LIVRE AO COMÉRCIO GULADO *

Logo depois que o Federal Trade Comission Act de 1914 colocou fora da lei a competição desleal, ficou claro que o justo era baixar o preço das mercadorias, embora este ponto de vista fosse dissimulado sob os ataques contra a defraudação e a falsa rotulação das mercadorias. Mas no período N.R.A., esta atitude encoberta recebeu sanção pública e governamental, tornando-se algo injurioso chamar alguém de *price-cutter* ("baixista"). Com promulgação da Lei Robinson-Patman e das leis estaduais dos negócios corretos, comércio livre e comércio regulado tornaram-se termos antitéticos. Os preços começaram a ser estabelecidos por administração e negociação ou, onde isto atraísse com certeza a atenção da *Antitrust Division,* por "liderança de preço". Relações que antes eram ajustadas pelo mecanismo de preço são agora manejadas pela negociação.

A liderança de preço amiúde se afigura ao economista simplesmente como manipulação de expedientes para evitar a guerra de preços e dividir o campo. Mas a liderança

(*) Comércio regulado (*Fair Frade*) — conceito que implica noções como troca equivalente, regulamentada no plano legal. Em termos simples, a idéia de que "ninguém sai perdendo" (N. dos T.).

de preços também apresenta outros aspectos. É um meio pelo qual o peso da decisão é posto sobre os "outros". Os assim chamados líderes de preço, eles próprios, olham para o governo em busca de pistas, uma vez que o custo — aquele mítico fogo-fátuo — não é mais, se foi alguma vez, um guia inequívoco. O vai-na-onda-do-líder é também jogado para chegar ao preço e condições de trabalho; e os sindicatos têm lucrado com sua habilidade de jogar com os desejos da cúpula gerencial no sentido de estar ao passo com os líderes da indústria e de ser bom companheiro do recruta. Como veremos mais tarde, o padrão alterdirigido de política tende a assemelhar-se ao padrão alterdirigido de negócios: a liderança apresenta-se no mesmo estado amorfo. Além do mais, tanto em negócios como na política, o executivo alterdirigido prefere estabilizar sua situação a um nível que não lhes faça exigências de realização demasiado pesadas. Portanto, em vários pontos do processo de tomar decisões, ele optará por uma vida mais fácil diante dos riscos de expansão e da competição vale-tudo.

Uma tal vida de negócios não vem a ser mais "fácil" Em primeiro lugar, as pessoas alterdirigidas não conseguem dispor das coisas inteiramente a seu gosto no comércio mais do que conseguem dispô-las em política. O comércio livre é ainda uma força poderosa, apesar das incursões dos partidários do comércio regulado. Muitos observadores, julgando o grau do monopólio por meio do exame da percentagem de itens controlados pelas grandes corporações de preços pré-fixados, passam por cima do fato de que mesmo uma pequena percentagem de companhias, fora do alcance da "mão cordial" pode ter meios de ação desproporcionais aos fatores de seu ativo. A borracha pode ser um monopólio, mas precisaremos sempre de borracha? O cinema pode ser monopolista, mas o que dizer da televisão? Nas indústrias pequenas e marginais, os monopólios, não de hoje, porém os de amanhã, freqüentemente não há necessidade de ser boa praça. E mais, a dinâmica da mudança tecnológica continua sendo desafiadora; departamentos inteiros no âmbito de indústrias, bem como indústrias inteiras em si, podem tornar-se obsoletos, a despeito de sua habilidade de obter repetidas suspensões da sentença capital imposta pela mudança tecnológica. Mesmo dentro das grandes indústrias monopolistas, existem ainda muitas pessoas orientadas no sentido tecnológico, assim como numerosos departamentos orientados no mesmo sentido; nenhum planejamento empresarial de direção em qualquer companhia isolada pode atenuar e tornar rotina a pressão resultante de suas inovações.

À medida em que o homem de negócios se liberta, por seu caráter e situação, das considerações de custo, vê-se obrigado a enfrentar o problema de descobrir novos motivos para o seu espírito de empresa. Ele deve sintonizar com os outros para saber como é que, na opinião corrente, deveria ser um negócio decente. Assim, uma sensibilidade psicológica, que se inicia com o temor de ser chamado de baixista desleal de preços (*price cutter*), expande-se para o temor de estar fora de moda em outros aspertos. O homem de negócios teme tanto perseguir metas que possam ser obsoletas, quanto viver um estilo de vida que não possa ser da moda. Orientado, como está, para os outros e para a esfera de consumo, *visualiza seus próprios negócios como consumidor*.

De modo geral, as firmas de negócios, até a Primeira Guerra Mundial, necessitavam de apenas três espécies de aconselhamento profissional: legal, de auditoria e de engenharia. Eram serviços relativamente impessoais, mesmo quando, no caso dos advogados, os serviços incluíam a compra — mediante dinheiro batido — de alguns legisladores ou juízes. Uma vez que o número de especialistas era relativamente pequeno, em comparação com a procura, era possível absorvê-los em um ou em ambos os tipos de elos prevalecentes: um, o elo da conexão *status-família*, que persistiu desde os tempos antigos nas comunidades menores, e ainda hoje persiste nestas comunidades e no Sul; outro, o elo do dinheiro, baseado no desempenho, ou no "caráter" no sentido antigo. Hoje, antes de mais nada, o comprador não está certo sobre quais dos muitos serviços há de comprar: contratará um advogado, ou um homem de relações públicas, ou uma agência de pesquisa de mercado, ou chamará uma firma consultora de administração empresarial, a fim de decidir; em segundo lugar, não está seguro da escolha que fará entre os vários provedores, em potencial, de cada um destes serviços — dos quais não precisa aceitar nenhum, seja por motivos da conexão *status-família*, seja pelo desempenho e caráter òbviamente superiores. Assim, a escolha girará em torno de um complexo de fatores caprichosos, mais ou menos acidentais: um contato ou conversa ocasional, uma estória no *Business Week* ou um boletim informativo "confidencial", ou a sorte de um vendedor.

Podemos observar a alteração em muitas histórias de companhias. Um negócio que começa com uma pequena empresa familiar, cujos fundadores estão de olho na principal probabilidade — como um foco nos custos e uma atitude de "mostre-me" em relação à boa vontade e relações públicas — freqüentemente altera seus objetivos na segunda geração. Esta põe a *Fortune* sobre a mesa, afilia-se a uma associação comercial, e o objetivo não mais se torna os dólares, quanto a posse daqueles acessórios que uma companhia atualizada deve possuir. Observa-se uma sucessão de semi-intelectuais adicionados à equipe dirigente: diretores de relações industriais, diretores de treinamento, encarregados de segurança. Publica-se um órgão da casa; contratam-se consultores para pesquisa de mercado, métodos de trabalho padronizado, e assim por diante; as fachadas das lojas e oficinas ascendem em sua aparência; e, em geral, o que se procura é o *status,* enquanto que os lucros começam a tornar-se úteis como um entre os muitos símbolos de *status* e como reserva para futuros passos rumo a uma expansão ditada pelo *status.*

Em muitos casos, esta alteração é acompanhada de conflito entre a geração mais velha, introdirigida, com a mais jovem, mais alterdirigida. Os mais velhos subiram através da oficina ou de uma escola técnica, sem nenhuma pretensão no campo das relações humanas. Os mais jovens estão imbuídos da nova ética. Parecem ainda preocupados em fazer dinheiro, e o estão em certa medida, mas também se preocupam em transformar sua companhia no modelo que aprenderam na escola de comércio. Os homens de negócios reconhecem esta nova orientação quando falam de si mesmos, como o fazem freqüentemente, na qualidade de síndicos de uma variedade de públicos. E embora tentem manipular estes públicos e equilibrar-se entre os mesmos, eles, como os líderes políticos, são manipulados pelas expectativas que o público alimenta, efetiva ou supostamente, a respeito deles.

Se fosse preciso estabelecer uma data para a mudança, poder-se-ia dizer que a época antiga terminou com Henry Ford. Depois de sua morte, a firma que ele criou, a última fortaleza dos velhos métodos, completou a instalação de nova mão-de-obra, contabilidade e outras técnicas e orientações de direção empresarial.

O termo *fair* (limpo, honesto, eqüitativo, etc.) reflete, em parte, a transposição de valores do grupo cômpar para a vida de negócios. O membro do grupo cômpar está imbuído da idéia do *fair play,* do jogo limpo. Freqüentemente, isto significa que deve estar disposto a negociar coisas sobre as quais pode sustentar seus direitos. Além do mais, espera-se que o negociador traga de volta não apenas uma vitória específica, mas também sentimentos amistosos em relação à sua pessoa e à sua companhia.

Daí, em certo grau, quanto menos ele souber a respeito dos fatos subjacentes, mais fácil será negociar concessões. Ele é como o vendedor da esquina que, criticado por vender maçãs por quatro centavos, quanto estas lhe custam cinco, responde: "Mas pense no movimento!" Aqui, novamente, a habilidade profissional, se não é uma desvantagem real, torna-se menos importante do que a habilidade de manipulação.

Obviamente, boa parte do que dissemos se aplica aos sindicatos, às profissões e à vida acadêmica, assim como ao mundo dos negócios. Por exemplo, o advogado que chega às posições de cúpula, dentro e fora de sua profissão, não é mais necessariamente um profissional que dominou as complicações das, digamos, finanças das sociedades por ações, mas poderá ser um indivíduo que mostrou ser um bom homem de contatos. Já que os contatos tem de ser feitos e refeitos em cada geração e não podem ser herdados, isto cria oportunidades lucrativas para os tipos alterdirigidos, móveis, cuja principal habilidade é a negociação suave.

DA CONTA BANCÁRIA À CONTA DE REEMBOLSO

Nesta frase, o Professor Paul Lazarsfeld certa vez resumiu algumas mudanças recentes nas atitudes econômicas. A conta de reembolso (*expense account*) * está ligada tão firmemente à ênfase atual dada às práticas de consumo, quanto a conta bancária estava ligada antigamente aos ideais de produção. A conta de reembolso dá seu aperto à "mão cordial". Ao fazer isto, demole ainda mais a parede que separava, na era submetida à introdireção, as trilhas do prazer e as do trabalho. O homem alterdirigido bem sucedido leva para os negócios o conjunto de atitudes aprendidas na esfera do consumo, não só quando avalia sua própria firma com os olhos de freguês, mas também quando está "em conferência".

Pretende-se que os negócios sejam divertimento. Quando a inflação da Segunda Guerra Mundial arrefeceu, as páginas comerciais começaram a estampar repetidamente discursos dirigidos a convenções, com o tema: "Agora, vender será novamente um divertimento!" Esperava-se que o homem de negócios introdirigido não tivesse diversão; em verdade, era próprio dele ser taciturno e mesmo sombrio. Mas o homem de negócios alterdirigido parece crescentemente exposto à ordem de desfrutar as sociabi-

---

(*) Conta de despesas de representação e outras pelas quais o funcionário será reembolsado pela firma (N. dos T.).

lidades que acompanham a direção empresarial. A diminuição das horas de trabalho exerceram efeito muito maior na vida da classe trabalhadora do que na da classe média: o "executivo" e o profissional continuam a despender longas horas, empregando a gigantesca produção dos Estados Unidos, menos a fim de ir cedo para casa do que para esticar as horas de almoço, pausas para o lanche, convenções e outras formas de combinar os negócios com o prazer. Da mesma forma, muito tempo é gasto no próprio escritório, em sociabilidade, trocando bisbilhotices de escritório ("conferências"), fazendo giros de boa vontade ("inspeção"), conversando com os vendedores e brincando com as secretárias ("moral"). De fato, sangrar a conta das despesas pode servir de terapia ocupacional quase ilimitada para homens que, devido a uma tradição de labor árduo, ao desagrado por suas esposas, a um ascetismo retardado e a uma ansiedade em relação a seus colaboradores antagonísticos, ainda acham que devem despender um bom dia de trabalho no escritório. É claro, contudo, que Simmel não admitiria, em seu brilhante ensaio, do qual citei uma passagem no início deste capítulo, que esta espécie de sociabilidade, transportando tamanha carga de trabalho cotidiano, seja livre ou sociável.

Para este novo tipo de carreira, deve haver um novo tipo de educação. Este é um fator, naturalmente não o único, que está por trás da voga crescente de educação geral e da introdução das humanidades e estudos sociais nos programas da escola técnica secundária e da universidade. Os educadores que patrocinam tais programas incitam ao cultivo do "homem total", falam em treinar os cidadãos para a democracia e denunciam os estreitos especialismos, todos temas valiosos. Na verdade, o presente livro surge em parte devido ao estímulo de ensinar em um programa geral de Ciências Sociais. Mas, embora possa ser duvidoso que engenheiros e homens de negócios venham a tornar-se melhores cidadãos ou melhor gente por terem sido submetidos a semelhantes programas, há pouca dúvida de que eles serão mais suaves. Poderão estar capacitados a demonstrar seu corte aos grossos das *tech,* escolas técnicas, apresentando discursos sobre relações humanas. Tal eloqüência pode ser tão necessária para o sucesso profissional e comercial de hoje, quanto o conhecimento dos clássicos o era para o político inglês e o alto funcionário público do século passado.

Entrementes, não desejo exagerar a ênfase nas relações humanas, mesmo nos setores burocratizados da economia. Existe ainda muita variedade: algumas companhias, como a Sears Roebuck, parecem ser administradas por mãos cordiais (*glad handers*), enquanto outras, como, por exemplo, a Montgomery Ward, não o são; algumas, como a Anaconda, preocupam-se com as relações públicas; outras como Kennecott, se preocupam menos. Numerosos progressos correntes na distribuição, mesmo nas vendas, tendem a reduzir a importância do vendedor. Isto é bastante evidente na Automat. Além disso, os aspectos de personalidade envolvidos na venda são redutíveis ao mínimo onde quer que um técnico seja necessário; por exemplo, vendedores de equipamento especializado que exigem uma reorientação da força de trabalho do freguês. Embora os vendedores da IBM tenham de ser furões (*go-getters*), precisam saber também como usar máquina tabuladora e o que ainda é mais importante, como racionalizar o fluxo de informação dentro da companhia. Portanto, apesar de serem os facilitadores da revolução nas comunicações, é mister que sejam não menos orientados no sentido profissional do que os vendedores do equipamento menos complexo de uma época anterior. Na maioria de semelhantes indústrias, há grande necessidade de pessoas de mentalidade técnica que, num grau considerável, encontram proteção em suas indispensáveis habilidades contra a obrigação de serem simpáticos com toda e qualquer pessoa, tenham ou não conta de reembolso.

II. *A Via Láctea*

No capítulo anterior, simbolizei a ambição do homem introdirigido, referindo-me a uma máxima comum do período em que predominava: *ad astra per aspera*. O homem introdirigido, socializado segundo um modelo mais antigo, podia escolher, para emulação, um astro dentre os heróis de seu campo. Em contraste, o indivíduo alterdirigido não pensa tão amiudadamente em sua própria vida, em termos de uma carreira individualizada. Não procura fama, que representa a transcendência limitada em face de um grupo cômpar particular ou de uma cultura particular, mas o respeito e, mais do que o respeito, a afeição de um júri de pares, amorfo e mutante, apesar de contemporâneo.

Para atingir esta meta, luta, não com a dureza do material, porém, com os próprios colaboradores antagonísticos que estão empenhados na mesma procura e para os quais olha, ao mesmo tempo, em busca de valores e juízos de valor. Em vez de reportar-se aos grandes homens do passado e medir-se com seus astros, o indivíduo alterdirigido move-se em meio de uma verdadeira Via Láctea de contemporâneos, bastante, mas não totalmente indistinguíveis. Isto, em parte, é tributo ao tamanho da classe média educada, na fase do declínio incipiente de população

A incerteza da vida na atualidade constitui certamente um fator na recusa dos jovens ao compromisso com metas a longo prazo. Hoje em dia, muito mais que no período anterior à Primeira Guerra Mundial, guerra, depressão, serviço militar, são tidos como obstáculos ao planejamento de uma carreira. Mas essas mudanças não são a estória completa: o tipo de homem que não quer comprometer-se com metas a longo prazo, racionaliza sua perspectiva quanto ao futuro e sua procrastinação de compromisso, apontando para todas as incertezas mais do que evidentes. Podemos conceber pessoas e viver num tempo de igual incerteza que, devido à ignorância e insensibilidade, tanto quanto à força de caráter, continuariam a fazer força a fim de ir à frente na perseguição de metas extensivas. Sem dúvida muitos fatores estão no ar: tais como o fato, mencionado no capítulo anterior, de que a mobilidade freqüentemente depende de deixar para trás a habilidade profissional; e esta própria encruzilhada no caminho que separa avenidas dentro de uma profissão é sugerida num estágio inicial da vida ocupacional e complica o planejamento da carreira do jovem, tão móvel.

Existem certos aspectos positivos nesse desenvolvimento. O compromisso aparentemente seguro, de muitos jovens introdirigidos, baseava-se na aceitação inconteste das ordens dos pais e da graduação parental de ocupações O jovem alterdirigido de hoje exige, amiúde, de uma colocação mais do que a simples satisfação de *status* convencional e de necessidades pecuniárias; ele não se contenta com as graduações autoritárias das gerações anteriores. A época da alterdireção abre, de fato, possibilidades para escolhas mais individuais e satisfatórias de carreira, uma vez que se pode relaxar a pressão da sociedade no sentido de uma decisão prematura e o sentimento de pânico da pessoa que não consegue chegar a uma decisão.

Segue-se que os céus da realização parecem assaz diferentes ao jovem alterdirigido do que pareciam ao seu predecessor introdirigido. Este último encontrava segurança ao se mover para a periferia das várias "fonteiras" e ao estabelecer uma reivindicação isolada e reconhecível sobre um novo pedaço do território — freqüentemente com arneses grandiosos e imperialistas. Se ele fundava uma firma, esta era um prolongamento de sua sombra. Hoje, o homem é a sombra da firma. Tais metas a longo prazo, como existem, são implantadas na firma, na instituição; isto é também o repositório dos impulsos imperialistas que, às vezes, tomam forma à medida que a instituição utiliza os desejos suaves e maleáveis de muitas pessoas alterdirigidas a competir por lugares de diferenciação marginal na Via Láctea.

Deixar para trás esses concorrentes, brilhar sozinho, parece irrealizável e mesmo perigoso. Na realidade, pode-se querer levar vantagem — trabalhar com mais afinco, por exemplo, do que a propaganda sobre o trabalho permitiria — mas são pequenos furtos, não assaltos de grande vulto. Entretanto, eles evitam que se torne inteiramente cooperativa a competição por uma posição nos principais cursos aerodinâmicos da vida ocupacional. Todavia mesmo tal comportamento, que poderia, marginalmente, zombar dos conceitos prevalecentes de *fairness* (correção, eqüidade), procura, no grupo cômpar, as normas do que se deve desejar. E como cada qual projeta suas próprias tendências para o jogo desonesto sobre os outros, isto também requer que se viva num estado de constante alerta em relação ao que os outros possam estar fazendo.

Daí, não ser a Via Láctea um caminho fácil, apesar de suas dificuldades diferirem das do período anterior. Obrigado a conciliar ou manipular uma variedade de pessoas, o indivíduo alterdirigido trata todos os homens como fregueses que tem sempre razão; mas ele precisa fazê-lo com a desconfortável compreensão de que, como Everett Hughes o formulou, alguns estão mais certos que outros. Esta diversidade de papéis a serem assumidos com uma diversidade de clientes não é institucionalizada ou bem delineada, e a pessoa alterdirigida tende a converter-se simplesmente na sucessão de seus papéis e encontros e, portanto, a duvidar sobre quem ela própria seja ou para onde ela vai. Da mesma forma como a firma desiste da política do preço único por um preço pré-fixado, que é estabelecido em segredo, e difere para cada classe de cliente, dependendo do poder aparente e das exigências de "boa vontade" deste, também o indivíduo alterdirigido desiste da política unifacial do homem introdirigido, em favor de uma política multifacial que ele estabelece em segredo e varia a cada classe de encontros.

Unido aos outros, entretanto, pode procurar um tanto de proteção social, econômica e política. O grupo cômpar pode decidir que existem certos intrusos, em termos étnicos ou de classe, aos quais não é preciso estender a mão cordial, ou que podem (como o negro do Sul) ser forçados a personalizarem-se sem o privilégio de exigir uma resposta recíproca. Pode-se criar politicamente uma classe de clientes que sejam, por definição, errados. No entanto, a nenhuma porção de exclusividade, por mais que ela possa facilitar a vida bastante para os de dentro (*insiders*), é dado garantir completamente a continuação num lugar de visibilidade e aprovação na Via Láctea.

7

A ESFERA DE VIDA ALTERDIRIGIDA
(CONTINUAÇÃO):
O TURNO DA NOITE

Mas não se deve supor que dentre todas suas labutas, as pessoas que vivem em democracias se julgam dignas de lástima; o que se observa é o caso justamente contrário. Não há homens mais afeiçoados à sua própria condição. A vida não teria para eles nenhum atrativo se fossem libertos das ansiedades que os atormentam, e mostram mais apego a seus cuidados do que as nações aristocráticas a seus prazeres.

Tocqueville, *Democracia na América*

A única coisa que mudou desde que Tocqueville escreveu (mudança nada pequena, é verdade) é que a esfera de prazeres se tornou por sua vez uma esfera de cuidados. Muitas das rudezas físicas das "fronteiras" mais antigas na área de produção e uso da terra sobreviveram, de uma forma psicológica modificada, na "fronteira" mais recente na área do consumo. Assim como vimos no capítulo anterior que a alteração diurna do espírito do trabalho é invadida por atitudes do tipo "mão cordial" e valores que provêm, em parte, da esfera do lazer, também o turno noturno da mentalidade voltada para o lazer é perseguida pelos outros com os quais a pessoa trabalha para ter divertimento.

Acima de tudo, porém, com o advento da alterdireção, assistimos ao desaparecimento quer dos consumidores aquisitivos quer dos escapistas da época anterior. A paixão pela aquisição arrefece quando a propriedade perde a antiga estabilidade e valor objetivo; a fuga decresce pelo mero fato de o trabalho e o prazer estarem entrelaçados. Podemos divisar essas novas tendências naquilo que talvez seja sua forma mais extremada, as atitudes em relação à comida e à experiência sexual prevalecentes entre alguns grupos de classe média superior.

I. *As Alterações no Significado Simbólico da Comida e do Sexo.*

Do prato de trigo ao prato de salada. — Entre os tipos introdirigidos existe, é claro, grande variação no que toca ao interesse pela alimentação. Nos Estados Unidos — a estória é diversa entre os povos apreciadores de boa comida, no resto do mundo — puritanos e não-puritanos de um passado recente usavam a comida para exibição, com cardápios relativamente padronizados para visitas e jantar fora; o que era posto à mostra era um talho selecionado de carne, uma mesa elegante e uma boa e sólida cozinha. Tudo isto era assunto em grande parte feminino e, em muitos círculos, a comida não era tópico apropriado para conversa num jantar. Alimentar-se de maneira adequada era algo ligado ao *status* da pessoa, a sua aspiração à respeitabilidade, e mais recentemente, ao seu conhecimento de higiene, com as calorias e vitaminas. (Este último padrão não alcançou o Sul, onde prevalecia uma tradição mais antiga, mais vigorosa, do ponto de vista gastronômico, de apelo cerimonial ao alimento.) As primeiras edições do *Boston Cooking School Cookbook* (Livro de Cozinha da Escola de Cozinha de Boston) respiravam este ar de solidez, conservantismo e espírito de nutrição.

O indivíduo alterdirigido dos meados do século XX, nos Estados Unidos, ao contrário, coloca em exibição o seu gosto e não diretamente sua riqueza, respeitabilidade, capacidade cúbica ou saúde calórica. Em verdade, vimos no capítulo *IV* como o rádio começa a treinar o alterdirigido no gosto pela comida, antes mesmo de a criança ir à escola, e quão a sério esta lição é levada. Enquanto os pais bem educados da alta classe média hesitam cada vez mais em mandar os filhos comer algo porque lhes faz bem — no temor de que venham a criar complexos orais — unem-se ao rádio na discussão do que é "bom", como questão de gosto. De fato, muitas vezes isto apenas disfarça a emoção posta em foco nos hábitos alimentares da criança, quase tanta emoção quanto a que seus pais concentravam no regime de "limpar o prato" sem brincadeira. A pessoa alterdirigida é, assim, preparada para a procura de diferenciação marginal, não apenas naquilo que ela coloca diante de suas visitas, porém, em como isto é comentado por elas.

Antigamente, existia um pequeno círculo de *gourmets*; a exigente degustação da comida era um passatempo, entre outros, que indivíduos introdirigidos podiam escolher. Hoje, em largos círculos, muitas pessoas são e muitas outras sentem que precisam ser *gourmets*. A abundância dos Estados Unidos, na fase do declínio incipiente de população, é, talvez, o fator mais importante deste desenvolvimento; a boa comida tornou-se, graças a ela, acessível a quase todo mundo. As limitações sazonais e geográficas, que no período anterior restringiam as variações alimentares para todos, afora os extremamente ricos, foram agora, em grande parte, abolidas pela rede de distribuição e pelas técnicas de preservação alimentícia, — sendo ambos legados da fase de crescimento transicional de população. A escolha de alimentos pelos consumidores não precisa mais, portanto, ser feita na base da tradição ou dos limites malthusianos.

Em conseqüência, tanto o modo de apresentar a refeição quanto o seu conteúdo são afetados. A informalidade derruba as inibições puritanas ao comentário sobre comida e bebida, assim como as caçarolas e as chaleiras de cobre mexicanas substituem a guarnição branca e a decoração clássica da mesa da classe média do século dezenove. Mais importante ainda, a dona de casa não pode mais atribuir à cozinha preferencial e circunscrita oferecida por uma cozinheira a culpa por sua falta na personalização de próprios gostos em matéria de comida No período do declínio incipiente de população, as empregadas desaparecem do lar de classe média e, onde isto não acontece, carecem de qualquer padrão tradicional de prerrogativas que lhes permite, mais do que ao patrão e à patroa, controlar o cardápio e servi-lo de modo estilizado. Não restam tampouco paredes de privatividade, *status* ou ascetismo para proteger ou evitar que se exiba um gosto personalizado em comida e decoração, como um elemento na competição com os outros. A pessoa que vai jantar tem o poder, ao contrário de Jiggs, de decidir que carne enlatada e repolho são um prato divertido: pode explorar cozinhas de imigrantes ou seguir a orientação da colunista culinária Clementine Paddleford no sentido do exotismo. Somente nas "convenções" ainda é possível encontrar o *menu* uniforme de bife ou frango, batatas e ervilhas. E em casa, em lugar do cardápio corrente, a anfitriã é, hoje, encorajada a oferecer sua própria especialidade, tal como *lasagna* e *rüstoffel* *. Os homens acham-se quase tão envolvidos quanto as mulheres, na cozinha, assim como na grelha do fundo do quintal.

O livro de culinária tido hoje como o mais popular é *The Joy of Cooking* (A Alegria de Cozinhar), e o número de receituários especializados — étnicos, tagarelas e com atmosfera — cresce constantemente para atender à demanda de diferenciação marginal. A própria mudança nos títulos — desde *Boston Cooking School Cook* até o *How to Cook a Wolf* (Como Cozinhar um Lobo) ou o *Food is a Four Letter Word* (Comida é um Palavrão) — revela a atitude cambiante. Pois o indivíduo alterdirigido não pode apoiar-se em objetivos tão padronizados de êxito como aqueles que guiavam o introdirigido: poderá ser perseguido por um sentimento de estar perdendo o prazer na comida ou bebida que se espera que ele sinta. A hora da refeição deve, agora, ser "prazenteira"; o novo *Fireside Cookbook* (Livro de Cozinha junto ao Fogo) é oferecido a "pessoas que não se contentam em considerar a comida simplesmente como algo que se transfere periodicamente do prato à boca". E se, apesar de tudo, a pessoa não colhe muita satisfação das receitas ali oferecidas, ela poderá procurar em livros como *Specialité de la Maison* (Especialidade da Casa) para ver o que os "outros" estão comendo — para conseguir as "receitas favoritas" de gente como Noel Coward e Lucius Beebe. Fred MacMurray e Claudette Colbert atestam as delícias de novas misturas como "The Egg and I Julep" (O Ovo e Eu, Julepo); em uma pequena coletânea de suas receitas fa-

---

(*) Prato típico indonésio à base de arroz, trazido para o Ocidente pelos colonizadores holandeses. (N. dos T.).

voritas de ovos, escreve Murray: "Não existe nada tão atraente como um par de ovos fritos com seus límpidos olhos dourados a fitar a gente afetuosamente do centro de um prato de *breakfast* (desjejum) engrinaldado com tiras de *bacon* torrado ou lingüiça de porco. Ou escaldados, alegremente montados numa porção de torradas". A tradução mais popular de um velho livro francês de culinária, *Tante Marie*, é também extremamente loquaz, e *The Joy of Cooking* explica sua loquacidade, dizendo que, originalmente, as receitas foram coletadas e redigidas pela filha da autora, a qual, por seu turno, julgou que "outras filhas" poderiam apreciá-las. (Como hoje as moças são menos instruídas pelas mães, a filha precisa fiar-se na instrução de uma estranha, se ela quiser cozinhar bem.) Em suma, a pessoa alterdirigida, em seu trato da comida, assim como em seus encontros sexuais, está constantemente à cata de um elemento qualitativo que possa eludi-la. Ela sofre daquilo que Martha Wolfenstein e Nathan Leites chamam "moralidade do divertimento"[1].

É claro que, colocando as questões desta forma, exageramos as desvantagens da alteração; sem dúvida, o número de pessoas que aprecia hoje, realmente, a comida e gosta de falar sobre a comida é bem maior do que na época em que a monotonia da dieta americana era notória.

Muitas pessoas, por certo, seguem as novas modas em alimentação sem serem alterdirigidas em caráter, da mesma forma que muitos chefes de pessoal na indústria são introdirigidos e zelosos crentes na "mão cordial". Ainda assim, se quiséssemos demarcar as fronteiras da alterdireção nos Estados Unidos, poderíamos encontrar, na análise dos cardápios, um índice nada incorreto. À medida que as *saladas mistas* e o alho, os molhos elaborados, os pratos em *casserole*, a revista *Gourmet*, os vinhos e os licores se expandem para oeste, a partir de Nova Iorque, e para leste, a partir de São Francisco, à medida que os homens tiram períodos de almoço de duas horas e exibem seus gostos em comida e vinho, à medida que os receituários personalizados tendem a substituir o tipo da Escola de Culinária de Boston — em todos estes sinais dos tempos vemos indicações de um novo tipo de caráter. Recentemente Russel Lynes, em seu artigo "Highbrow, Lowbrow, Middlebrow[2]* procurou delinear o sistema social americano, urbano e contemporâneo em termos de índice de consumo semelhantes. Assim, a salada mista é sinal do

(1) Em *Movies*, Glencoe, Illinois, Free Press (1950).
(2) Harper's, 198 (1949), 19. (*) O título em tradução literal seria "Testa-alta, testa-baixa, testa-média", característica física que está referida ao grau de intelectualização, pois *high brow* significa intelectual. (N. dos T.)

intelectual *highbrow,* que também pode ser etiquetado por seu gosto em matéria de carros, roupas e postura. O que vemos realmente emergir é um sistema social embrionário, cujos critérios de *status* são incompatíveis com os critérios do mais tradicional sistema de classes. Isto foi notado por Lloyd Warner que na realidade define a classe menos em termos de riqueza e poder e mais em termos de quem é sociável com quem, e em termos de estilos de comportamento de consumidor. Estes observadores, porém, são excepcionais; como veremos no capítulo *XI,* a maioria dos americanos continua a encarar sua estrutura social em termos de outra mais antiga, baseada em riqueza, ocupação e posição, no sentido da coluna social. Mas creio que por baixo dessas velhas rubricas está surgindo uma estrutura muito mais amorfa, na qual a liderança de opinião é cada vez mais importante, e na qual a hierarquia "da testa", da inteligência, compete por reconhecimento com as hierarquias tradicionais, baseadas na riqueza e na posição ocupacional.

Sexo: *a Última Fronteira.* Na era dependente da introdireção era possível inibir o sexo, como nas classes e áreas fortemente afetadas pela Reforma e Contra-Reforma. Ou era possível admitir como certa a sua satisfação no quadro do gênero humano em dados limites, como na Itália e Espanha, e entre os elementos não-respeitáveis, tais como o "pessoal da baixa", em toda população. Em ambos os casos, havia uma certa simplificação do sexo, num pelos tabus e noutro pela tradição. Os problemas conexos de subsistência e poder, problemas da mera existência ou de "alcançar alguma coisa", eram os mais importantes; e o sexo era relegado para seu "devido" tempo e lugar: noite, a esposa ou a prostituta, palavrões ocasionais e fantasias. Somente nas classes altas, precursores dos tipos alterdirigidos modernos, a feitura do amor tinha precedência sobre a feitura de bens (como se afirma na França) e atingia o *status* de agenda diurna. Nestes círculos, o sexo era quase totalmente separado da produção e da reprodução.

Tal separação, quando ultrapassa a classe alta e se expande por quase toda a sociedade, é sinal de que esta, através do controle da natalidade e tudo o que isto implica, entrou na fase do declínio incipiente de população pela rota da industrialização. Nesta fase, há não apenas um aumento no lazer, mas o trabalho em si faz-se ao mesmo tempo menos interessante e menos exigente, para muitos: a crescente supervisão e a subdivisão de tarefas tornam o processo industrial uma rotina que vai além daquilo que foi realizado na fase de crescimento transicional da população. Mais do que antes, à medida que declina a mentalidade voltada para o emprego, o sexo permeia as horas do dia, bem como a consciência do tempo de folga. É considerado um bem de consumo, não apenas pelas velhas classes ociosas, mas também, pelas modernas massas ociosas.

O indivíduo alterdirigido que, amiúde, padece de baixa sensibilidade, poderá perseguir o que parece ser o "culto da facilidade" (*effortlessness*) em muitas esferas da vida. Ele poderá saudar a rotinização de seu papel econômico e de sua vida doméstica; as companhias de automóveis poderão tentá-lo através de vidros que se abrem e de marchas que mudam automaticamente; ele poderá remover toda emoção da política. Entretanto, ele não pode manejar sua vida sexual desta forma. Apesar de haver tremenda insegurança em *como* realizar o jogo do sexo, há pouca dúvida *se* se deve ou não fazer o jogo do sexo. Mesmo quando estamos conscientemente entediados com o sexo, ainda assim temos de obedecer ao seu impulso. O sexo fornece, pois, uma espécie de defesa contra a ameaça da apatia total. Eis uma das razões pelas quais o indivíduo alterdirigido canaliza tanta excitação para o sexo. Procura nele uma reafirmação de que está vivo. Impelido por este giroscópio interno e orientado para os problemas mais exteriores de produção, o introdirigido não precisava desta prova.

Enquanto o aquisitivo consumidor introdirigido podia perseguir as "fronteiras" em constante recuo da aquisição material, tais "fronteiras" perderam muito da sua atração para os indivíduos alterdirigidos. Como vimos no Capítulo *III*, este último começa, como criança muito pequena, a conhecer o seu caminho por entre os bens de consumo disponíveis. Viaja amplamente, seja para a colônia de férias ou com a família. Sabe que o carro do rico é apenas marginalmente, se o for, diferente do seu próprio — uma questão, na melhor das hipóteses, de alguns cavalos de força adicionais. Sabe que, de alguma forma, o modelo do próximo ano será melhor que o modelo deste ano. Ainda que nunca tenha estado lá, sabe como são as buates; e ele assiste à televisão. Enquanto o indivíduo introdirigido, desprovido de posses, freqüentemente as cobiçava como um escopo cujo fascínio uma abastada idade adulta não podia ofuscar, o alterdirigido dificilmente pode conceber um bem de consumo capaz de manter, por algum espaço de tempo, uma dominância indiscutível sobre sua imaginação, exceto, talvez, o sexo.

Pois o consumo do amor, apesar de todos os esforços dos meios de comunicação de massa, continua escondido na vista do público. Se alguém tem um Cadillac novo, o alterdirigido sabe o que é isto, e pode, mais ou menos, duplicar a experiência. Mas se alguém tem um novo amante, ele não pode saber o que isto significa. Os Cadillacs foram democratizados. Assim, também o encanto (*glamour*) sexual, até certo grau: sem a produção em massa de jovens de boa aparência, bem cuidados, o padrão americano da competição sexual não poderia existir. Mas há uma diferença entre Cadillacs e parceiros sexuais no grau de mistério. E com a perda ou submersão da vergonha moral e das inibições, mas não completamente de uma certa inocência inconsciente, o indivíduo alterdirigido não tem defesas contra sua própria inveja. Ele não tem a ambição de quebrar o recorde quantitativo de aquisitivos consumidores de sexo como Don Juan, mas ele não quer perder, sai dia entra dia, as qualidades de experiência que, segundo diz a si mesmo, os outros estão tendo.

De certo modo, este desenvolvimento é paradoxal Pois, enquanto que os livros de culinária se fizeram mais atraentes na era da alterdireção, os livros sobre sexo se tornaram menos atraentes. Os antigos manuais de casamento, como o de Van der Velde (apesar disto, ainda popular), respiram um tom de êxtase; são travelogues do júbilo do amor. Os mais novos, inclusive alguns manuais universitários de sexo, são objetivos, inexpressivos e higiênicos — estilo Escola de Culinária de Boston. Não obstante, por mais que os jovens possam dar a impressão de que o sexo os atrapalha tanto quanto suas vitaminas, a era da alterdireção continua sendo uma época de competição e um local de busca, nunca completamente suprimida, do significado e da resposta emocional na vida. A pessoa alterdirigida procura no sexo não a exibição, mas um teste de sua (dele ou dela) capacidade de atrair, do lugar dele ou dela na escala de "classificação de encontros" — e além disto, com o fito de experimentar a vida e o amor.

Uma razão para a mudança é que as mulheres não são mais objetos para o consumidor aquisitivo, mas são elas próprias membros de grupos cômpares. A esposa relativamente não-emancipada e a amante socialmente inferior do homem introdirigido não podiam desafiar seriamente a qualidade do seu desempenho sexual. Hoje em dia, milhões de mulheres, libertadas de muitas tarefas domésticas pela tecnologia, providas por esta de muitos "auxiliares de romance", passaram a ser, com os homens, pioneiras na fronteira do sexo. À medida que se tornam consumidoras versadas, a ansiedade dos homens, temerosos de não satisfazê-las, também cresce, — mas, ao mesmo tempo, esta é uma outra prova a atrair os homens que, segundo seu caráter, querem ser julgados pelos outros. A própria capacidade das mulheres de reagir de uma forma que em tempos anteriores só se esperava de cortesãs, significa, além do mais, que as diferenças qualitativas da experiência do sexo — o mistério impenetrável — podem ser procuradas, noite após noite, e não apenas nas visitas periódicas à amante ou ao bordel. Enquanto o padrão de uma época anterior freqüentemente era o de fazer troça do sexo, seja no nível dos musicais populares ou dos *Contes drôlatiques* de Balzac, o sexo hoje carrega demasiado peso psíquico para que seja realmente divertido para a pessoa alterdirigida. Por um ascetismo disfarçado torna-se, ao mesmo tempo, um assunto por demais ansioso e uma ilusão por demais sagrada.

Esta competitividade ansiosa na esfera do sexo tem muito pouco em comum com padrões mais antigos de ascensão social. Naturalmente, as mulheres ainda usam o sexo como meio de alcançar *status* em esferas controladas pelos homens. Mas elas podem fazê-lo, principalmente nas indústrias que ainda são competitivas nos padrões pré-monopolistas. Assim, até recentemente, o teatro e o cinema eram controlados por *novi homines*, que nos lembram aqueles proprietários de fábricas inglesas do início do século XIX que, antes dos *Factory Acts* (Decretos Fabris), contavam com suas fábricas como se fossem haréns [3]. E Warner, Havighurst e Loeb em *Who Shall Be Educated?* [4], descrevem como as professoras primárias, graças a encontros fortuitos, podem ainda subir pelas hierarquias relativamente não burocratizadas dos sistemas de escola local. Entretanto, estes são casos excepcionais; na época alterdirigida, a busca de experiência na "fronteira" do sexo é, em geral, despida de motivos ulteriores.

II. Alterações na Maneira do Consumo da Cultura Popular.

ENTRETENIMENTO COMO AJUSTAMENTO
AO GRUPO

No capítulo IV, vimos como o jovem introdirigido era preparado para deixar a casa e ir para longe, seja

(3) Vide G. M. Young, *Portrait of an Age* (London, Oxford University Press, 1936), p. 16, n. I.
(4) W. Lloyd Warner, Robert J. Havighurst e Martin Loeb, *Who Shall Be Educated?* (New York, Harper, 1944), por exemplo, p. 103.

através da literatura didática direta, seja através de romances e biografias que lhe davam uma orientação quanto aos papéis possíveis nas "fronteiras" da produção. Em contraste a isto, o indivíduo alterdirigido vale-se de ampla literatura que pretende norteá-lo quanto à parte não econômica da vida. Esta orientação é necessária porque, com o desaparecimento virtualmente completo da direção traditiva, não resta nenhuma possibilidade de aprender a arte da vida dentro do grupo primário — uma possibilidade que persistia até mesmo nas famílias instáveis da época submetida à introdireção. A criança deve procurar bem cedo, com seus tutores em meios de comunicação de massa, instrução nas técnicas de obter rumos para a vida, assim como truques específicos do mister.

Podemos traçar uma seqüência edificante, que vai da biografia do êxito do gênero Samuel Smiles ou Horatio Alger aos livros e periódicos contemporâneos que tratam da paz de espírito. Os mais antigos estão diretamente preocupados com o avanço econômico e social, abordado como algo atingível pelas virtudes da parcimônia, trabalho árduo e assim por diante. Depois, encontramos nos primeiros anos deste século, nos Estados Unidos, o movimento quase esquecido, na atualidade, do "Novo Pensamento" Segundo descrição de A. Whitney Griswold, a divisa do movimento era "Pense no Seu Caminho para a Riqueza" [5]. Isto é, a riqueza devia ser alcançada não mais pela atividade no mundo real, porém pela automanipulação, um tipo de coueísmo econômico. Entretanto, a riqueza em si, enquanto meta, era indiscutível.

Daí para frente, a literatura inspiracional passa a preocupar-se, cada vez menos exclusivamente, com a mobilidade econômica e social. *How to Win Friends and Influence People* (Como Conquistar Amigos e Influenciar Pessoas), de Dale Carnegie, escrito em 1937, recomenda exercícios automanipulativos com vistas não só ao bom êxito nos negócios, mas também a objetivos mais vagos, tais como a popularidade. Talvez não fosse apenas a mudança da depressão para o pleno emprego o que levou Carnegie a escrever, em 1948, *How to Stop Worrying and Start Living* (Como parar de preocupar-se e começar a viver), no qual a automanipulação não é mais orientada para alguma realização social, porém é usada de maneira solipsista para ajustar a pessoa ao seu destino e à sua condição social. As mesmas tendências surgem num grande

---

(5) "The American Cult of Sucess" (Tese de Doutoramento, Universidade de Yale, 1933); resumida no *American Journal of Sociology,* XL (1934), 309-318.

grupo de periódicos, com um corpo interligado de autores e com títulos tais como *Journal of Living, Your Personality, Your Life* *, que testemunham a alteração de caminhos no sentido da mobilidade ascendente e do aumento da ansiedade como incentivo para procurar auxílio especializado. A Seção de Livros do *New York Times* de 24 de abril de 1949, anuncia *Calm Yourself* (Acalme-se a si mesmo) e *How to Be Happy While Single* (Como ser feliz estando só); este último trata, de acordo com o anúncio, de problemas tais como "como manejar as pessoas na vida da gente (encontros maçantes, companheiros de escritório, amigos de bebedeira)...manter conversação... álcool, aborrecimento — sobre todo problema que você encontrar em si mesmo". Certamente, existem muitos aspectos positivos num desenvolvimento que substitui as metas mais antigas, externas e muitas vezes despropositadas, tais como riqueza e poder, pelas metas mais recentes e internas, de felicidade e paz de espírito, embora seja necessário, é claro, perguntar sempre se, ao mudar, a pessoa está simplesmente se adaptando ao mundo como ele é, sem protesto ou crítica.

Entretanto, não estou avaliando aqui essas tendências, mas estou interessado em mostrar como a cultura popular é explorada com propósitos de ajustamento grupal, não apenas sob a forma de literatura e serviços manifestamente didáticos, mas também sob aparência ficcional. Não há nada de novo na observação de que pessoas, que de preferência não admitiriam sua necessidade de ajuda, ou que preferem condimentá-la com a diversão, olham para os filmes e outros meios de comunicação populares, como fontes de ilustração. Nos estudos sobre cinema, efetuados sob o patrocínio do Payne Fund há vinte anos atrás, foram recolhidas muitas provas sobre o uso do cinema pelos jovens, que queriam aprender como olhar, como se vestir e namorar [6]. A combinação da aprendizagem com o estímulo era evidente nestes casos, especialmente entre crianças originárias da classe baixa, subitamente colocadas frente a frente com o sexo e o esplendor. No entanto, hoje, à medida que as audiências se tornam mais sofisticadas, a mistura de mensagens se faz mais sutil.

De uma amostra de um grupo de revistas femininas, *Ladies' Home Journal, American, Good Housekeeping* e *Mademoiselle*, de outubro de 1948, concluí que muitas estórias e traços e, é evidente, de maneira menos sutil, muitos

---

(*) Revista do Viver, Sua Personalidade, Sua Vida.
(6) Vide, por exemplo, Herbert Blumer e Philip Hauser, *Movies, Delinquency, and Crime* (New York, Macmillan, 1933) pp. 102 e seguintes.

anúncios, tratavam em grande parte de modos de manipular o eu, a fim de manipular outros, primordialmente para a consecução de bens intangíveis como a afeição. Duas estórias hão de ilustrar o fato: "A Rebelião de Willy Kepper" de Willard Temple, no *Ladies' Home Journal*, e "Vamos sair hoje à noite" de Lorna Slocombe, na revista *American*.

Lidando com o escritório — "A Rebelião de Willy Kepper" é inusitada na medida em que trata mais de uma situação de trabalho do que de uma situação doméstica e do lazer. É a estória de um vendedor de tintas, Willy, jovem tímido que conseguiu subir através da fábrica. Há uma bonita arquivista que Willy deseja conhecer mais de perto, mas não sabe como a abordar. Neste ponto, o filho do capitalista entra no negócio, ganha a promoção que Willy estava esperando e passa o tempo com a arquivista. Willy, antes tão calmo, perde a cabeça e torna-se rude e irritante com as pessoas no escritório e na oficina. É a sua "rebelião". Esta mudança de temperamento é, naturalmente, percebida de imediato.

Willy, entretanto, acumulara um enorme capital de boa vontade por seu bom temperamento anterior, de modo que o pessoal da fábrica, em vez de se voltar contra ele, tenta descobrir qual é o probléma; a falta não pode ser de Willy. Descobrem que a culpa é do filho do capitalista, e empenham-se em enfeitiçá-lo — ele cai na tinta, confunde as encomendas, e aprende depressa o quanto depende da aceitação dos outros para desincumbir-se de seu trabalho. Willy, na realidade, salva-o de sua pior enrascada com um cliente e, depois de alguns golpes desse tipo, o filho decide começar do início, na fábrica, a fim de ganhar seu próprio capital de boa vontade. Assim é reaberto o caminho para a promoção de Willy. No fim, Willy pergunta ao filho do capitalista quais as técnicas que ele usava com a arquivista. Ele lhe recomenda que elogie seus olhos; ele o faz e consegue marcar um encontro.

A respeito dessa estória, cumpre mencionar algumas coisas bastante óbvias. Em primeiro lugar, embora situada na esfera da promoção, trata do setor de vendas de uma fábrica, que é uma rede de relações interpessoais que fornecerá tinta ao consumidor, somente contra uma nota de conhecimento rubricado com "boa vontade". A situação de trabalho é vista em termos de seu elemento humano e seus incentivos não-econômicos. Não existem problemas com as tintas, mas somente com as pessoas. Em segundo lugar, o filho do capitalista foi capaz de marcar encontro com a moça, graças não à sua riqueza ou posição, mas à sua linha, à sua habilidade nas artes da linguagem relacionada com o lazer. A linguagem é apresentada com um bem de consumo grátis; demais, um bem do qual o consumidor é também produtor; não há patente, nem monopólio em matéria de linha. Finalmente, temos um retrato dos "cooperadores antagonísticos" do mesmo sexo — Willy e o filho cuja rivalidade com respeito ao emprego e à jovem é tão silenciosa, que podem trocar conselhos quanto ao modo de ambos ganharem; de certa forma, estão mais interessados na aprovação mútua do que na vitória. No fim, Willy recuperou seu bom humor perdido e seu rival desistiu da arrogância anterior.

Lidando com o lar — "Vamos sair hoje à noite" retrata a "fronteira" de consumo de uma jovem matrona suburbana, educada em universidade. Seu esposo é um bom provedor e lhe é fiel; seus dois filhos são saudáveis; ela tem tudo — exceto atenção suficiente de parte de seu cansado esposo, homem de negócios. Este volta para casa, lê o jornal, vai dormir, e a mulher queixa-se à amiga, na conversa telefônica matutina, que eles nunca mais vão a lugar nenhum ou fazem coisa alguma. Ela olha com nostalgia para os tempos de universidade, quando ele lhe fazia a corte e a vida parecia atrativa. De repente, ela decide voltar ao seu *college* só para ver o que era o encanto daqueles tempos.

Quando chega ao seu antigo quarto, compreende que apenas em retrospecto seus encontros de namoro eram antes fáceis. Na verdade, recorda, mourejava a fim de arranjar festinhas para o futuro marido, de levá-lo a beijá-la e, finalmente, a fim de propor casamento. Conclui que simplesmente tem estado a vadiar em seu trabalho de dona de casa e volta cheia de tolerante compreensão para com o esposo e cheia de entusiasmo por novas e aperfeiçoadas manobras. Comprando um vestido novo, arranjando uma babá para ficar com as crianças e outras medidas semelhantes, ela acaba induzindo o marido a ir uma noite ao teatro e, no dia seguinte, pode contar o êxito à amiga pelo telefone.

Na era da introdireção, estórias de alcance educacional semelhantes amiúde encorajavam o leitor a aspirar horizontes distantes, a jogar grandes paradas; muitas dessas estórias nos soam atualmente como relatos escapistas e sentimentais. Em contraste, o tipo de "realismo" na ficção de periódicos modernos não é nem exaltante, nem escapista; existe toda uma recusa demasiado sensível, numa narrativa como "Vamos sair hoje à noite", a admitir a possibilidade de haver casamentos decisivamente melhores do que este, com sua contínua decepção miúda. O leitor dessas estórias de maneira alguma encontra sempre aprovados seus ideais e estilo de vida — é um erro supor que revistas tais como *Ladies' Home Journal* são editadas sob a fórmula de "dar ao público o que este quer" — porém, raras vezes, ele é estimulado a fazer maiores exigências à vida e a si mesmo. Em ambas as estórias que usei aqui como ilustração, há o pressuposto de que existe uma solução de conflito acessível, a qual não envolve nem risco nem sacrifício, mas somente as comodidades — esforço interpessoal e tolerância — que o indivíduo alterdirigido já está preparado a fornecer.

As teorias de "conspiração" da cultura popular são bastante velhas, sumariadas como se acham no conceito de "pão e circo". Em *The Breadline and the Movies* Thorstein Veblen apresenta um conceito mais sofisticado, isto é, que as modernas massas americanas pagaram à classe dominante o privilégio dos próprios divertimentos que ajudavam a mantê-los sob o efeito do gás hilariante. Tais pontos de vista consideram a cultura como algo mais do que ela é. O ajustamento grupal e a influência de orientação na cultura popular contemporânea não servem aos interesses de qualquer classe em particular. De fato, as pressões para a conformidade alterdirigida parecem mais fortes nos estratos mais bem educados. A forma assumida por essas pressões pode ser ilustrada por alguns exemplos.

Harmonia pesada. A direção de um internato progressista no leste dirigiu-se recentemente aos pais de seus alunos como segue:

O departamento de música da Escola X deseja proporcionar a cada criança uma experiência musical tão rica quanto possível.

Acreditamos que a música é uma parte necessária da vida e sua influência é sentida em todas as fases da vida. Cantar e tocar junto podem trazer compreensão e boa-vontade e parece-me que este mundo necessita mais dessa espécie de harmonia.

Em X, tentamos dar algum tipo de participação musical a cada criança e desejamos encorajar mais a atividade musical, especialmente a de tocar em grupo numa orquestra.

Esta carta não denuncia muito interesse na música como tal. Vê a música, primariamente, como um modo de reunir as pessoas local e também internacionalmente. A música como um caminho de fuga para a vida criativa individual da pessoa — um refúgio particular — seria considerada por muitas destas autoridades escolares de hoje como egoísta.

Um tema semelhante aparece, de forma mais refinada, no romance da vida acadêmica de Harvard, de autoria de Helen Howe, *We Happy Few* [7]. Dorothea, a heroína, é vista por Miss Howe como uma mulher egoísta, que durante a guerra se evade de sua obrigações sociais através de um caso de amor e das peças de Bach e Mozart, que toca ao piano, para si mesma. No romance, sua trajetória passa por uma série de experiências de ajustamento grupal que desinflam o que Miss Howe encara como seu esnobismo intelectual. Tornando-se auxiliar de enfermagem, ela encontra socialmente outras auxiliares de enfermagem: são finas e insípidas. Viajando para Coeur d'Alene, para ficar perto do filho que está em treinamento, ela "vê" os Estados Unidos: no mau cheiro dos sanitários femininos, na tristeza das separações de plataforma, no bom coração dos habitantes do Centro-Oeste dos Estados Unidos. Os cidadãos de Coeur d'Alene constituem uma outra experiência de ajustamento grupal: eles também são finos e insípidos. No fim, Dorothea volta a Cambridge, uma mulher mais triste e mais sábia; seu orgulho foi-se e ela aprendeu humildemente a admirar os grandes espaços abertos e os sentimentos abertos, em geral associados a eles nas canções e nas estórias.

Como símbolo do processo de aprendizagem, Miss Howe escreve que Dorothea, enquanto auxiliar de enfermagem, ao vacilar ao longo dos dias torturantes no hospital, aprende nas suas horas de folga a apreciar Schumann tanto quanto os seus amados Bach e Mozart: "Seu gosto estético, como também o humano, estava ampliando-se; tornava-se mais tosco, possivelmente, porém mais afetuoso e mais compreensivo".

Esta citação mal necessita comentário. Em vez de se lhe permitir que escape, seja para cima, seja para baixo, dos contatos humanos irritantes do dia de trabalho de uma enfermeira, a heroína é obrigada a mover-se por vias laterais. É obrigada a adquirir gostos musicais mais cálidos ajustados ao grupo, mais cordiais, e seria ainda mais desculpada, sem dúvida, se aprendesse a gostar de Ethelbert Nevin [8].

(7) Tratei das implicações deste livro com mais detalhes em "The Ethics of We Happy Few" *University Observer*, I (1947), 19; apóio-me neste artigo, no que se segue.

(8) A referência ao calor é especialmente significativa na análise das preferências das pessoas nos grupos cômpares. Num conjunto de experiências muito interessantes, Solomon E. Asch mostrou que o eixo cálido-gélido é, para os seus estudantes-cobaias, a dimensão contro-

Entretanto, admitindo que Dorothea devesse aprender essa arte interpessoal, como um benefício para o seu trabalho de auxiliar de enfermagem — talvez os doentes sejam um caso especial e necessitem, de fato, dessa espécie de calor — é notável que ela tenha de introduzir a mesma atitude em seu tempo de lazer: nenhuma mudança de papéis é permitida. Lazer e trabalho devem, como a própria Dorothea, ser expandidos (aceitando-se, falsamente, que a sentimentalidade de Schuman é "mais cálida") até que se sobreponham por completo. O tema de ambos é o ajustamento grupal.

O que eu disse não deve ser entendido como uma polêmica em favor da frieza contra a cordialidade, ou como uma crítica dos elementos genuínos na preocupação do indivíduo alterdirigido com respeito ao calor, nele mesmo e nos outros. Certamente constitui um avanço da constrição emocional compulsória, a frieza amedrontadora, de muitos americanos introdirigidos, rumo à abertura da sociabilidade a uma receptividade mais ampla e mais emanante.

Sucessos solitários — Em nossa discussão sobre as estórias em quadrinhos do *Flauteio* (*Tootle*) e de "Willy Kepper", vimos como a cultura popular moderna ressalta os perigos do abandono e, por contraste, as virtudes do espírito grupal. Num artigo profundo, "The Gangster as Tragic Hero", Robert Warshow trata, a partir dessa perspectiva, de um certo número de filmes recentes sobre gangsters [9]. Ele observa que, inevitavelmente, o êxito do gangster importa em sua ruína. Pois, separa-o do grupo, não só da comunidade obediente à lei, mas também do seu próprio bando. No ápice do sucesso, ele se sente, por isso, infeliz e amedrontado, esperando a todo momento ser derrubado das alturas.

Podemos interpretar isto como um relato admonitório acerca do que acontece se alguém sai do seu próprio caminho. O êxito é fatal. De acordo com o código do cinema não é permitido identificar-se com o fugitivo solitário; seu destino é retratado, qual o de Dorothea no romance, como um conjunto de sofrimentos e penas. O filme *Body and Soul* aponta uma moral semelhante. O

ladora da personalidade: as pessoas tidas por calorosas recebem avaliação positiva, não importa que outros traços elas tenham, enquanto que as pessoas tidas por gélidas não merecem confiança, não importa quão honradas e sérias elas possam ser. Vide Solomon E. Asch, "A Test for Personality", *Journal of Abnormal and Social Psychology*, 41 (1946), 258-290.

(9) *Partisan Review*, XV (1948), 240.

herói é um menino judeu do East Side *, que consegue chegar a campeão de box e que vai se alienar de todos os grupos circundantes: o círculo familiar e a namorada fiel; o séquito devotado e ambicioso; os judeus de East Side, que o consideram um herói. Por uma grande soma concorda em perder sua última luta e aposta contra si mesmo; a derrota completará sua alienação desses grupos. A caminho da luta, contam-lhe que os judeus o consideram um herói, um campeão na luta contra Hitler. Chamado de volta a "si mesmo", atraiçoa seus apostadores gangsters, ganhando a luta; e, novamente pobre, é reintegrado no grupo primário da família, da namorada, dos judeus.

Ocasionalmente, aparecem filmes ou livros que partem desta fórmula. *The Fountainhead*, de Ayn Rand, um livro e um filme populares, retratam o herói, arquiteto, resistindo, com violenta integridade, à pressão no sentido do ajustamento ao grupo e, ao fim, levando com êxito à sua posição o júri de seus pares. Ele *consegue* tudo: os cumes da fama, a esposa do rival, a morte do rival. O mais impressionante em tudo isto, entretanto, é a caricatura impremeditada, tanto do ajustamento quanto da resistência grupal. O grupo é representado não como tolerante, porém mesquinho, inartístico e corrupto. A resistência ao grupo é vista em termos de nobreza por parte do herói sádico, que quer negar quaisquer laços com a humanidade, qualquer dependência. Este super-homem para adultos é a própria apoteose do sucesso solitário, para ser talvez admirado pelo leitor, porém muito teatral para ser imitado.

Além do mais, com toda probabilidade, a audiência de Ayn Rand, que aplaude denúncias veementes do espírito de grupo e submissão aos outros, não tem percepção de suas próprias tendências à submissão nas situações miúdas, sem dramaticidade, da vida cotidiana. Nesse sentido, *The Fountainhead* é escapista.

ADEUS À EVASÃO?

Vimos, até aqui, nestes exemplos, pouca coisa que corresponderia às evasões inambíguas do introdirigido. Vimos, antes, a cultura popular sendo empregada, muitas vezes de modo bastante desesperado, para treinar em ajustamento grupal. Da mesma forma, podemos encontrar a cultura popular sendo usada para adestrar na orientação

(*) Parte oriental da cidade de Nova Iorque, habitada principalmente por judeus.

dos consumidores, o que dificilmente é um problema menos sério (sob muitos aspectos, é o mesmo problema) para o indivíduo alterdirigido. Apesar das aparências, o alterdirigido parece, com freqüência, incapaz de safar-se de si mesmo ou de perder tempo com quaisquer gestos de abundância ou abandono. (É claro que, se compararmos padrões de evasão alcoólica, poderemos chegar a resultados algo diferentes.)

A pessoa introdirigida, se influenciada pelo Protestantismo, é incapaz também, evidentemente, de perder tempo. O jovem, móbil, das classes mais baixas mostra seu compromisso com a introdireção ao desligar-se de seus "chapas" na chalaça ou na bebedeira: ele continua a produção do caráter introdirigido através da prática de uma espécie de contabilidade mental, pela qual os demônios do Desperdício e da Preguiça são impiedosamente expulsos. Uma tal pessoa tem pouco lazer, a menos que o possa justificar como auto-aperfeiçoador, e uma vida que nunca tem um momento livre deve ter muitos momentos de tensão. Em face disto, o indivíduo alterdirigido não é puritano; ele parece muito menos preocupado com o desperdício; seus aprestos, suas maneiras e sua moral são mais casuais. Mas um puritanismo atenuado sobrevive em sua exploração do lazer. Quando tira férias ou estica um fim de semana, poderá dizer: "Eu devo isto a mim mesmo" — porém, o eu em questão é visualizado como um automóvel ou casa, cuja conservação deve ser cuidadosamente feita para fins de revenda. O indivíduo alterdirigido não tem nenhum cerne nítido do eu para que possa fugir dele; nenhuma divisão nítida entre produção e consumo; entre ajustar-se ao grupo e servir os interesses particulares; entre trabalho e divertimento.

Um interessante índice disto é o declínio da roupa de noite, sobretudo entre os homens e, inversamente, a invasão do escritório pela roupa esporte. Isto parece uma ramificação do culto da facilidade e, por certo, os homens dizem: "dá muito trabalho", ao explicar por que não trocam de roupa para jantar ou à noite. Mas a explicação reside mais no fato de que a maioria não sabem como mudar de papéis, muito menos marcar a mudança pela indumentária apropriada. Outra razão pode residir no medo de ser considerado cartola; é permitido usar camisas vistosas porém não engomadas. Assim, a camisa esporte e a roupa informal mostram que o indivíduo é bom sujeito não só no campo de golfe ou durante as férias, mas também no escritório e num jantar.

Às mulheres concede-se ainda que se vistam para a noite, um sinal, talvez, de sua lenta resposta aos costumes cambiantes. Elas estão mais envolvidas, do que os homens, nos padrões moribundos do consumo conspícuo. Entretanto, na mudança do trabalho doméstico a uma recepção à noite (*dining party*), realizam provavelmente uma deslocação bem mais efetiva do que muitos homens que tratam de coisas de escritório, tanto no trabalho quanto na distração; além do mais, elas gostam realmente da mudança, arrastando consigo os esposos que, com a mesma rapidez, estariam no escritório. Tenho observado que as conversas femininas sobre crianças e assuntos domésticos são freqüentemente — embora nem sempre! — conduzidas com mais habilidade, interesse e realismo do que a dos homens, visto que a mudança de papel refresca seja o trabalho seja o lazer.

O que é que impele homens, que estiveram rodeados de pessoas e problemas no turno do dia, a procurarem, amiúde, exatamente a mesma companhia (ou o seu reflexo na cultura popular) no turno da noite? Em parte, talvez, o pavor da solidão que o filme de bandidos simboliza. Mas, certamente, isto cria tensão. Apesar de a cultura popular, em um nível, rechear os "claros" entre as pessoas, de modo a evitar qualquer demanda de gambitos de conversação ou de sexo, em outro nível, o desempenho da cultura popular não é simplesmente uma forma de matar tempo: na situação do grupo cômpar, exige que seja avaliado. A jovem alterdirigida que vai em companhia ao cinema não precisa falar com os outros durante a exibição do filme, mas, às vezes, defronta-se com o problema: deve ou não chorar nos momentos tristes? Qual é a reação apropriada, a linha sofisticada com respeito ao que está acontecendo? Quando se observa o público de cinema saindo de um "pequeno" teatro ou de um teatro "de arte", evidencia-se muitas vezes que as pessoas sentem que deviam reagir, mas como?

Em contraste com isto, o indivíduo introdirigido, lendo um livro a sós, está menos consciente do olhar de observação dos outros; além disso, ele tem tempo de voltar a seu próprio passo do transportamento a que a leitura o levou — de voltar e pôr qualquer máscara que lhe aprouver. O jogo de pôquer no quarto do fundo, com seu elogio de máscaras, adequa-se a seu hábito de distância social, mesmo de solidão. Seu sucessor, temeroso da solidão, tenta amenizá-la não apenas em seu círculo, mas também naquelas fantasias que, como um espelho, apenas lhe devolvem suas próprias preocupações.

III. Os Dois Tipos Comparados

Completamos nossa confrontação direta dos dois tipos; agora, torna-se necessário restabelecer o equilíbrio contra a alterdireção que, eu bem sei, passou um mau bocado nestas páginas. É difícil para nós sermos inteiramente justos com o alterdirigido. O termo em si sugere frivolidade e superficialidade em comparação com o introdirigido, ainda que a orientação, em *ambos* os casos, venha de fora e seja simplesmente internalizada num ponto inicial do ciclo de vida do introdirigido.

Há fatores externos à terminologia que podem levar os leitores a concluir que a introdireção é melhor. Indivíduos com formação profissional e acadêmica ficam freqüentemente muitíssimo contentes quando informados que esses horrorosos homens de negócios, esses cordiais publicitários, são manipulatórios. E, como todos nós sabemos, os próprios homens de negócios e publicitários afluem a peças e filmes que lhes dizem que pecadores miseráveis eles são. É claro que é especialmente satisfatório olhar por cima do nariz para Hollywood, para o melodrama radiofônico e outros fenômenos da cultura de massa.

Ademais, os indivíduos introdirigidos de *status* elevados acham-se ligados à tradição anglo-saxônia e à reverência que rendemos aqueles, dentre os idosos, que ainda são poderosos. Mais ainda, visto que o introdirigido enfrenta problemas que não são os problemas do alterdirigido, parece feito de um material mais duro e mais intrépido. Como já achamos os vitorianos encantadores, assim também podemos patrocinar os introdirigidos, em especial se não sofremos pessoalmente suas limitações e visualizamos a época dependente da introdireção com uma nostalgia compreensível.

Além disso, não desejo que me compreendam como se eu estivesse afirmando que é errado preocupar-se com os "outros", com as relações humanas. Que possamos darnos o luxo de estar preocupados com tais problemas, é uma das importantes opulências de uma sociedade de realizações tecnológicas avançadas. É mister perguntar a quem quer que se oponha à manipulação dos homens na indústria moderna, se prefere voltar à brutalização destes, como nos primeiros tempos da revolução industrial. No meu esquema de valores, até a persuasão manipulatória é preferível à força. De fato, existe o perigo, quando se fala da "moleza do pessoal", que se entenda isto como sinal de uma preferência pela dureza. Pelo contrário, uma das principais disputas deste livro é que o indivíduo alterdirigido, do jeito como as coisas são, já é demasiado inflexível consigo mesmo de determinadas formas e que suas ansiedades, como aprendiz infantil de consumidor, como progenitor, como trabalhador e jogador, são muito grandes. Amiúde, ele está dilacerado entre a ilusão de que a vida deveria ser fácil, caso apenas pudesse encontrar os modos de ajustamento adequado ao grupo, e o sentimento semi-enterrado de que isto não é fácil para ele. Em tais condições, só lhe complicaria ainda mais a vida sustentar a ilusão oposta da rígida introdireção como um ideal, apesar de ser exatamente isto o que muita gente propõe. De fato, justamente por ele ser alterdirigido, está com freqüência super-pronto a tomar alguma pessoa intransigente e aparentemente convencida por modelo de como ele próprio deveria ser; sua própria simpatia e sensibilidade poderão perdê-lo.

É fácil alcançar triunfos verbais sobre as práticas pessoais e a cultura popular americanas, pois velhos esnobismos para aí convergem. Assim, a crítica à mão cordial pode ser perfeita sob muitos pontos de vista, radicais ou reacionários. O contexto a partir do qual eu escrevi é, entretanto, algo diverso — é um esforço de desenvolver uma visão da sociedade, que aceita mais do que rejeita novas potencialidades para o lazer, a simpatia humana e a abundância. Tanto a mão cordial, como a procura de lições de ajustamento na cultura popular são em si, freqüentemente, testemunhas pungentes dessas potencialidades. Os valores da era da mão invisível acompanhavam e escassez e, assim, requerem uma reinterpretação, antes de se tornarem relevantes para uma era de abundância. A alternativa promissora para a alterdireção, como tentarei esclarecer na Parte *III*, não é a introdireção, mas sim a autonomia.

Segunda Parte

POLÍTICA

8

OS ESTILOS POLÍTICOS TRADITIVO-DIRIGIDOS,
INTRODIRIGIDOS E ALTERDIRIGIDOS:
INDIFERENTES, MORALIZADORES,
INSIDE-DOPESTERS

> *"Em alguns países, os habitantes parecem não querer beneficiar-se dos privilégios políticos que a lei lhes oferece; poderia parecer que atribuem um valor demasiado alto ao seu tempo para gastá-lo com os interesses da comunidade... Mas, se um americano fosse condenado a limitar suas atividades aos próprios problemas, ser-lhe-ia roubada metade da sua existência; sentiria um imenso vazio na vida que está habituado a levar e sua desventura seria insuportável.*
>
> Tocqueville, *Democracia na América.*

Nesta parte do livro, volto-me para o esforço introdutório de aplicar à política americana a teoria do caráter, desenvolvida na parte precedente. Em primeiro lugar, contudo, cumpre ressaltar os problemas e limitações que resultam desse tipo de abordagem da política. Minha tese geral é que o caráter introdirigido tendeu e ainda tende a expressar-se politicamente no estilo "moralizador", enquanto o caráter alterdirigido tende a expressar-se politicamente no estilo de um *inside-dopester*. Estes estilos também se ligam a uma alteração no ânimo político da "indignação" para a "tolerância" e uma mudança, na decisão política, da dominância de uma classe governante para a dispersão do poder entre numerosos grupos de pressão a competir marginalmente. Algumas dessas mudanças poderão figurar entre os fatores responsáveis pelo surgimento da alterdireção.

Isto posto, devo efetuar imediatamente algumas ressalvas. Mais uma vez, chamo a atenção do leitor voltada para as limitações de classe social e região que restringem o retrato que apresentei, do caráter nos Estados Unidos. Além do mais, como também já disse antes, as pessoas reais são misturas mais complexas e variadas — composições de retalhos e trapos — do que tudo quanto qualquer esquema possa abranger. Elas podem, por exemplo, ser no conjunto alterdirigidas, mas a política poderá constituir uma esfera em que elas sejam mais introdirigidas do que em outras. Ou, as pessoas podem chegar a ser produtivas na política, ter um estilo superior ao do moralizador e ao do *inside-dopester,* ainda que em suas vidas, como um todo, pareçam estar "perdidas": a política pode ser a sua atividade mais saudável; ou a política pode ser uma esfera na qual, por qualquer número de razões, elas se ajustam menos do que nas outras.

Estes problemas de caráter, porém, não são os únicos fatores que nos impedem de explicar ou predizer um comportamento político específico apenas em bases psicológicas. Para tomar apenas um exemplo, a crônica atmosfera de crise na qual se enquadra, de modo geral, a política contemporânea e a falta geral de alternativas imaginosas poderão ser suficientes, ou virtualmente suficientes, para explicar o malogro das pessoas em desenvolver novos estilos políticos, isto é, em trazer novas motivações à política e novas formas de definir o que é política, mesmo que seu caráter possa ter mudado.

Minha investigação não está diretamente ocupada com a política, definida a partir do ponto de vista do Estado ou do ponto de vista dos grupos, partidos e classes, em que o Estado se divide, com o propósito de análise política formal, mas está interessada, ao invés, no processo pelo qual as pessoas ficam ligadas à política e a conseqüente estilização das emoções políticas. Obviamente, não é possível traçar uma linha de separação entre as duas esferas; a grande tradição da moderna ciência política que vai de Maquiavel e Hobbes até Tocqueville e Marx se preocupa com ambas. Eis uma razão por que, ao falar das conseqüências políticas do caráter, emprego o termo impressionista "estilo" [1]. Se a política é um bailado encenado pela história, o estilo nada nos diz, nem de onde vieram os dançarinos, nem se eles se movimentam, mas apenas de que maneira desempenham seus papéis e como o público reage.

Posteriormente, quando passo do problema do estilo ao problema do poder, a conexão entre estrutura de caráter e estrutura política tornar-se-á ainda mais tênue do que a palavra "estilo" implica. Por outro lado, é óbvio que hoje em dia muitas pessoas fogem das realidades do poder para as interpretações psicológicas do comportamento social, a fim de evitar o desafio das crenças políticas contemporâneas, ou de restaurar uma desejada maleabilidade para a política através do apoio em um novo dispositivo analítico. Não obstante, deveria ser igualmente óbvio que o realismo político que ignora a dimensão do caráter, que ignora como as pessoas interpretam a configuração do poder com base em suas necessidades políticas, somente será útil em interpretações de curtíssimo alcance e, mesmo aí, nem sempre.

I. *Os Indiferentes*

ESTILO ANTIGO

Assim como é recente a noção de que todos os membros adultos de uma comunidade devem estar envolvidos na feitura de sua política, do mesmo modo é o ponto de vista de que a indiferença política e a apatia constituem problemas. Destarte, nas antigas sociedades orientais, onde somente a dinastia e pequeno número de conselheiros e nobres eram chamados à esfera da participação, o rótulo da

---

[1] Embora o termo "estilo" seja aqui utilizado num sentido diverso do de Lasswell em seu "Style in the Language of Politics" in Harold D. Lasswell, Nathan Leites, e outros, *Language of Politics* (New York, George W. Stewart, 1949), pp. 20-39, tenho uma dívida para com este ensaio; meus colaboradores e eu, na tentativa de relacionar a política com o caráter, devemos muito ao grande volume de trabalho de Lasswell nessa área, que se iniciou com *Psychopathology and Politics*.

apatia não poderia ser, apropriadamente, aplicado ao resto da população; ela estava apenas politicamente adormecida. Da mesma forma, na cidade-Estado grega, cabe pensar da apatia como problema tão-somente entre os cidadãos — mulheres, estrangeiros e escravos eram simplesmente excluídos da esfera do envolvimento político.

As poucas pessoas traditivo-dirigidas nos Estados Unidos figuram entre esse tipo de politicamente indiferentes. A sua é a indiferença clássica das massas da Antiguidade ou da Idade Média — as pessoas que no transcurso da história, aceitaram com cinismo periódico e com revoltas esporádicas, a tirania de uma elite. Não tem meios de se articularem politicamente, nem qualquer concepção do que isto envolveria. Falta-lhes o instrumental político elementar do alfabetismo, da educação política e da experiência organizacional.

Nos Estados Unidos de hoje, o número de tais indiferentes traditivo-dirigidos é pequeno. Existem algumas poucas "reservas", onde as pessoas podem evitar de serem afetadas pelos valores introdirigidos ou alterdirigidos, ou ambos. Entretanto, entre alguns grupos de imigrantes e negros da zona rural a velha indiferença da direção-traditiva permanece, pelo menos em certo grau. Tomarei um exemplo de uma entrevista [2] com uma mulher de limpeza, de meia idade, oriunda das Índias Ocidentais Britânicas e ora residente no Harlem. Embora fortemente afetada pela introdireção, suas atitudes políticas (levando em conta respostas precavidas) parecem representativas de certos temas de uma indiferença baseada na direção traditiva.

P. *Você se considera uma pessoa muito interessada em política, não interessada ou quase sem nenhum interesse?*

R. *Não. Meu marido sim. Ele é um conversador. Ele pode manter discussões.*

P. *Você se decide sobre o que está acontecendo? Sabe quem você quer que ganhe a eleição?*

R. *Não. Acredito que o melhor homem ganha.*

P. *Você acha então que não faz nenhuma diferença quem ganhe?*

R. *Nenhuma. O melhor homem ganha. De qualquer jeito, eles são todos iguais quando entram. Todos iguais. Fazem as mesmas coisas. Ganhe um repu-*

---

(2) A entrevista é uma das muitas realizadas em 1948 pela Dra. Genevieve Knupfer entre os migrantes vindos do interior do Sul, do Caribe e da Itália para o Harlem. Está publicada em sua totalidade em *Faces in the Crowd*, pp. 98-119.

blicano ou um democrata. São todos a mesma coisa.

P. *Você ouve às vezes coisas no rádio sobre política que a deixem irritada?*

R. *Não, eu não me interesso, por isso não fico irritada.*

P. *Você ouve qualquer outra coisa pelo rádio que a irrita — sem ser política?*

R. *Não.*

P. *Você ouve qualquer coisa que a deixa satisfeita?*

R. *Não.*

P. *Que tipo de gente você acha que está interessada em política?*

R. *Oh!... acho que é mais a gente rica. A classe pobre também estaria, mas eles não tem a oportunidade.*

P. *Você acha que as guerras poderiam ser evitadas?*

R. *Não. A Bíblia diz que os Romanos lutarão (algo parecido com isto — não entendi bem). Acho que haverá sempre guerras (dito quase com satisfação como você diria "Sempre haverá uma Inglaterra"). Geração após geração — a Bíblia nos diz isto.*

P. *Você acha que podemos fazer alguma coisa para evitar as depressões?*

R. *Acho que se pode trabalhar e tentar possuir alguma coisa — mas, às vezes, será difícil e outras vezes fácil. E se a gente tem alguma coisinha é melhor, mas sempre se pode continuar de algum jeito...*

P. *Você acha que as pessoas em Washington sabem melhor do que os outros se haverá guerra?*

R. *Só Deus no Céu sabe. O homem não sabe. Nós só esperamos...*

P. *Você acha que, no todo, os Estados Unidos constituem uma democracia?*

R. *Vou dizer uma coisa, é um país abençoado. De todos os países do mundo, é um país abençoado.*

É característica do indiferente traditivo-dirigido a atitude de que a política é serviço para alguma outra pessoa; no caso da entrevistada acima, política é coisa para o marido, os ricos e, muito possivelmente, a sociedade do homem branco. A profundeza e a tenacidade destas convenções substitutas são tais que o indiferente à política deste tipo, apesar de excluído da participação política direta, não tem motivo para sentir-se ao mar. Como não possui senso algum de responsabilidade pessoal na esfera política, tal criatura tampouco procura qualquer poder na política e, por isso, raramente sente-se frustrado ou culpado com respeito à política. De fato, além dos serviços dos "sábios, dos bons e dos ricos" — para usar as palavras de Fisher Ames — a responsabilidade não é do homem, mas sim de Deus.

NOVO ESTILO

Isto no que tange ao número cada vez mais raro de indiferentes, cujo estilo político é compatível com um caráter traditivo-dirigido, baixa posição de classe, pobreza e falta de educação política. Muito mais importantes são os indiferentes que, não sendo mais traditivo-dirigidos, adquiriram os instrumentos políticos elementares dos alfabetizados, um certo montante de competência organizacional, uma certa consciência dos empregos possíveis da atividade política. Na realidade, quando analisamos os esforços para levar a educação política e a organização àqueles que vivem em zonas de cortiços, tanto urbanas como rurais, amiúde parece que suas condições de vida não os adestram nas motivações políticas ou técnicas (técnicas simples tais como, por exemplo, o uso fácil do telefone) tidas como óbvias em alguns setores politicamente cônscios e ativos da classe média. No entanto, no decorrer do último século, o alargamento da educação, o encurtamento e a facilitação das horas de trabalho, o surgimento de sindicatos e outras associações mais ou menos formais, o aumento da experiência com as formas e rotinas de governo, parecem ter incrementado a habilidade, senão o desejo, dos cidadãos mais pobres para manobrarem dentro da esfera política.

Não obstante, essas pessoas são, na maior parte, indiferentes à política, embora sua indiferença não seja a clássica e inerte indiferença dos traditivo-dirigidos. É, em grande parte, a indiferença de pessoas que sabem o bastante sobre política para a rejeitar, o bastante sobre informação política para recusá-la, o bastante sobre suas responsabilidades como cidadãos para eximirem-se delas. Podemos classificar alguns desses indiferentes de novo estilo como indivíduos intro ou alterdirigidos que não chegaram a adotar um estilo político mais característico para seu tipo. Sob outros aspectos, são pessoas que estão em movimento, caracterológica e socialmente, de um tipo de caráter e situação social para outra: indivíduos traditivo-dirigidos ainda não aculturados à introdireção, indivíduos introdirigidos ainda não aculturados à alterdireção e todos os matizes intermediários.

Isto é teórico, por certo. Os fatores externos da atual situação política são muitas vezes suficientes para explicar uma indiferença similar em todas as classes e todos os tipos de caráter. É claro que um indivíduo poderá afastar-se completamente da política porque a cena se afigura tão promissora que nenhuma ação parece necessária. Poder-se-ia argumentar que a vida americana pode ser suficientemente satisfatória, mesmo para muitos que se situam nos níveis salariais mais baixos, para justificar a indiferença diante de esforços políticos de melhoria; nesta ordem de idéias, como os americanos são bastante ricos e folgados para se permitirem mais alimento, mais telefones e mais viagens do que a maioria das pessoas, podem permitir-se em sua segurança, maior indiferença política. De modo diverso, uma pessoa pode afastar-se por completo da política porque a situação se afigura tão confusa que nenhuma ação parece adequada ou tão desesperadora que nenhuma ação parece promissora; e estes também são os sentimentos de muitos americanos. Um fracasso na tentativa de agir politicamente ou de conseguir informar-se, motivado por qualquer dessas formas, não significa que a indiferença do indivíduo tenha algo a ver com seu caráter. Entretanto, o fracasso habitual de uma pessoa, por um longo período de tempo, em dar qualquer resposta declarada aos estímulos políticos pode contribuir para uma retirada de afeto, ou, na verdade, constituí-la efetivamente e isto pode expandir-se da política para outras esferas, como também vice-versa, com conseqüências para a formação do caráter.

Para ilustrar o problema, servir-me-ei de um grupo de entrevistas realizadas (por Martin e Margy Meyerson) em uma pequena capital de condado em Vermont, onde a geração mais velha parece ser pesadamente introdirigida, enquanto que a geração mais jovem se torna cada vez mais alterdirigida. Nesta comunidade, as pessoas idosas expressam sentimentos de responsabilidade com respeito à política. Apesar da falta de real participação, sentem uma conexão com o governo, embora expressa com freqüência apenas em sentimentos de agravo e culpa. Assim, dizem que deveriam participar da política. Referindo-se a acontecimentos, usam o pronome eu: "Eu" penso, "eu" quero, "eu" detesto e assim por diante. Falam como se lhes coubesse julgar o que acontece na política e, dentro dos limites de seus dotes e energias disponíveis, dirigi-la.

Os jovens da cidade, por outro lado, apesar de terem mais educação e instrumentos políticos elementares, sentem que as ações políticas não são de sua conta. Tem menos queixas e menos culpa. Ambas as espécies de sentimentos que os poderiam ligar, mesmo que inadequadamente, à política, foram retirados. Ao invés, aceitam tudo o que o govêrno lhes dá, inclusive o recrutamento militar, com uma passividade quase total [3]. Suas referências à política apresentam-se quase destituídas do pronome "eu"; às vezes, é feita referência ao grupo "nós" e, na maioria das vezes, ao grupo "eles". Mais "socializados", mais cooperativos que seus pais, não reagem como indivíduos àquilo que lhes acontece. Passaram da indignação dos pais para a indiferença. Esta, simplesmente, não é a indiferença da pessoa traditivo-dirigida. Talvez seja a indiferença dos que ficaram presos entre a introdireção e a alterdireção.

Ninguém poderá prever se seu estilo político — e mesmo seu caráter — mudará quando se tornarem, por sua vez, a geração mais velha. É bem possível que possa haver um ciclo vital de estilos políticos para o indivíduo, em que a conexão é tanto ganha como perdida, à medida que envelhece. Não obstante, estou propenso a pensar que os indiferentes do novo estilo, hoje passivos ou resignados, dificilmente alterarão sua posição política quando ficarem mais velhos — contanto que, é evidente, as condições sociais gerais não mudem apreciavelmente. Suas experiências de vida poderão trazer-lhes certo grau de competência — se, por exemplo, se envolverem com o Farm Bureau * ou com o trabalho pesado da política sindical, mas mesmo suas frustrações serão aceitas e não combatidas. Caso essas especulações sejam corretas, vemos aqui a prova de uma mudança histórica de longo alcance no estilo político, mais do que prova da existência de uma fase, no ciclo da vida, na qual qualquer pessoa poderia ser indiferente.

Como eu os defino, os indiferentes, do novo ou do velho estilo, correspondem provavelmente a mais do que à maioria da população americana. Não equivalem necessariamente aos não-eleitores: estes indiferentes podem executar alguns servicinhos políticos, por dinheiro ou sob pres-

(3) Não estou dizendo que deveriam resistir ao recrutamento militar, tornando-se refratários por questão de consciência — o que exige heroísmo ou fanatismo raro. É de sua atitude subjetiva que eu falo, não de seu comportamento aberto; êles abdicaram do privilégio de criticar, de respeitar e expressar pelo menos seus próprios sentimentos.

(*) American Farm Bureau Federation, organização de agricultores americanos que defende seus interêsses, especialmente no campo da legislação estadual e nacional. (N. do T.)

são. Tampouco são destituídos de opiniões políticas. Na verdade, se aceitarmos a prova dos levantamentos de opinião pública, só uns 10% da população, ao que parece, se recusam a dar seu voto, enquanto outros 10%, mais ou menos, entram na coluna do "Não sei". Daí, poderíamos concluir que indivíduos, em todas as regiões e classes sociais, tem um senso de sua influência fácil e direta, sobre o forum da opinião e da política, e que sua disposição de ter e emitir uma opinião é sinal de saúde política. Porém um exame mais acurado das atitudes que acompanham o processo da entrevista e da eleição não apóia semelhante juízo. Na realidade, essas opiniões políticas não se vinculam nem ao auto-interesse aqui político direto e nem a manifestos laços emocionais com a política. Assemelham-se antes ao intercâmbio das preferências de consumo do grupo cômpar, ainda que, diversamente deste último, as preferências sejam poucas vezes transferidas para o mercado político e traduzidas em compras de mercadorias políticas. Pois os indiferentes não crêem que, em virtude de qualquer coisa que façam, saibam ou acreditam, possam comprar um pacote político que vá melhorar sensivelmente as suas vidas. Assim, submetidas à manipulação ocasional, tendem a encarar a política, na maior parte de suas formas ampliadas, como se fossem espectadores.

Entretanto, uma vez que estes indiferentes de novo estilo tem alguma educação e competência organizacional e uma vez que não estão comprometidos moralmente com princípios políticos, nem ligados emocionalmente a acontecimentos políticos, unem-se com bastante facilidade em quadros de ação política — tanto quanto são capazes de se caldearem em um exército moderno, mecanizado. Os indiferentes do velho estilo, traditivo-dirigidos, de outra parte, não tem semelhante potencial; na melhor das hipóteses, são capazes de uma ação esporádica, mais ou menos espontânea. Os indiferentes de novo estilo, todavia, não estão apegados nem à sua privatividade, que tornaria a política uma intrusa, nem aos agrupamentos de classe, que a tornariam limitada: ao contrário, como os jovens de Vermont, anteriormente descritos, são socializados, passivos e cooperativos — não só na política, é claro. Sua lealdade é de caráter geral, pronta a ser arrebatada por qualquer movimento capaz de suplantar ou explorar seu freqüente cinismo. Dificilmente erguem quaisquer barreiras em todos esses caminhos, nem sequer as de seus próprios gostos e sentimentos, entre eles mesmos e a comunidade politicamente organizada. A única barreira que oferecem é a apatia.

Esta apatia atravessa dois caminhos. Priva-os da capacidade de entusiasmo e envolvimento político genuínos, mas também os impede de cair em muitos dos contos de fada sobre a política que, no passado, mobilizaram gente para as aventuras políticas. E embora a pessoa traditivo-dirigida possa às vezes ser levada, em sua inexperiência, à indignação, estando às vezes até mesmo faminta de doutrinação política (como de instrução de qualquer tipo), o moderno indiferente, em nosso país, desenvolveu imunidade razoavelmente alta e, amiúde, razoavelmente útil em relação à política — mas não em face dos ataques cínicos contra a "política".

II. Os Moralizadores

> Às vezes, as pessoas me chamam de idealista. Bem, esta é a forma pela qual sei que sou um americano. Os Estados Unidos são a única nação idealista no mundo.
>
> Woodrow Wilson.

O estilo típico da pessoa introdirigida na política americana do século XIX é o do moralizador. Uma vez que o introdirigido é impulsionado e conduzido pelo trabalho, seus sentimentos mais profundos se agasalham no trabalho e na competência com que este é feito; quando ele se volta para a política, vê nela um campo de trabalho, julgando-a conseqüentemente. Colocado diante de uma mensagem política, vê nela uma tarefa e, longe de procurar demonstrar seu conhecimento do significado desta, em termos de personalidades, reage com retidão emocional e, freqüentemente, com ingenuidade. (É claro que nem todas as pessoas introdirigidas são sensíveis à política e nem todas que o são são por sua vez moralizadoras).

Um variante do moralizador projeta na cena política sua tendência caracterológica em direção ao auto-aperfeiçoamento: ele quer aperfeiçoar todos os homens e todas as instituições. Em suas margens, o Movimento Granger abrigava tipos como estes no último quartel do século XIX e o discurso da Cruz de Ouro marcou, talvez, um píncaro da moralização entusiasta do "fisco". Mas na época em que surgiu o problema da adesão americana à Liga das Nações, Wilson foi considerado por muitos como um simples moralizador, um idealista, incapaz de conseguir que seus amigos, seus inimigos, e quiçá ele próprio, entendessem o quão consciente ele era dos problemas práticos e manipulativos. Outra variante do tipo expressa sua capacidade moralizadora, menos pelo desejo de conseguir o bem possível, do que pelo desejo de prevenir a perpétua repetição do mal. Este interesse em reprimir o mal, mais do que em evocar o bem, é levado adiante a partir de sua própria luta pessoal. Para ele, o mal define-se por si próprio com facilidade e clareza: por exemplo, uma falta de seriedade para com o trabalho constitui preguiça, uma atitude confortável para com o prazer é devassidão, uma atitude cética para com a propriedade é socialismo.

O homem introdirigido, quando aborda a política, tende a subestimar os valores do relaxamento cômodo da articulação política. Ele não busca na política orientação intelectual num mundo confuso, e, em geral, não a considera como um jogo a ser assistido devido a seu interesse humano. Antes, ele se volta para a política a fim de proteger seus interesses adquiridos, e sejam estes do tipo "prático" ou "ideal", ele sente restrita ambivalência a seu respeito. Assim, poderíamos encontrar no mesmo campo caracterológico, e até político, um conchavador (*logroller*) protecionista e um reformador proibicionista ou do sistema penitenciário, contanto que o primeiro tenha alguma carga emocional por trás de sua pressão política.

Como vimos, ao discutir no primeiro capítulo a luta caracterológica, faz grande diferença se o tipo de caráter está em crescimento ou em declínio. O moralizador no poder é representativo de uma classe (a "velha" classe-média) e de um tipo de caráter (o introdirigido) dominantes no século XIX. O moralizador-em-retrocesso representa a mesma classe e caráter em seu declínio de meados do século XX.

O ESTILO DO MORALIZADOR NO PODER

Muito daquilo que sabemos sobre a política americana do século XIX pode ser visto em termos do auto-interesse introdirigido e da moralização alterdirigida. Embora hoje tendamos a considerar a moralização e o auto-interesse como abordagens contraditórias da política, amalgamadas através da hipocrisia, esta visão em si diz algo sobre a nossa própria perda de ingenuidade política. No século XIX as posições de moralização e auto-interesse eram compatíveis porque, em comparação com hoje, havia pouco conflito entre as claras emoções sentidas e os claros interesses reconhecidos pelo introdirigido. Os *Federalist Papers* * constituem talvez um exemplo clássico disto.

(*) Série de 85 artigos, publicados na imprensa americana em 1787-8 e reunidos mais tarde em *The Federalist*. Neste conjunto, escrito a propósito da nova Constituição dos Estados Unidos, Alexander Hamilton, James Madison e John Jay, examinam a natureza do governo representativo (N. dos T.).

Na realidade, com a ampliação do eleitorado, tornava-se cada vez mais difícil ser tão franco como os pais da Pátria * — como Nicholas Biddle aprendeu à custa de sofrimento — e o resultado foi uma tendência crescente no sentido de divorciar o interesse da moralidade ou de encobrir sua junção com uma ideologia demagógica e vaga. Mesmo assim, até a Guerra Civil, interesses econômicos não dissimulados intrometiam-se constantemente na esfera política transformando-se em grandes debates sobre sistemas fiscais, desenvolvimento interno, tributação e interesses de propriedade na escravidão e na anti-escravidão. De forma semelhante, os interesses moralizadores fizeram-se sentir assaz abertamente no governo das cidades, nas discussões sobre o sufrágio masculino, a educação universal e a escravidão.

As plataformas e programas dos sindicatos anteriores à Guerra Civil e às Mechanics' Associations ilustram tais padrões de relacionamento político. Os trabalhadores autodidatas dessas organizações estavam apaixonadamente preocupados com questões de justiça política, legal e econômica e, apenas indiretamente, interessados em salários e condições de trabalho. Estes trabalhadores eram francos moralizadores, ávidos por participar dos valores religiosos e educacionais da classe média. Nem tudo era encarado por sua imprensa e suas reuniões sob o ponto de vista do trabalhista. (Hoje, semelhante visão desapareceu da imprensa e do programa trabalhista, exceção feita a alguns socialistas de velho estilo ou ex-funcionarios do CIO. Não lhe sucedeu uma visão do claro interesse trabalhista, mas antes uma linha laborista que os funcionários sindicais colocam como ideologia para uma massa indiferente de membros nominais dos sindicatos.)

Na época dependente de introdireção, a imprensa, em geral, fortalece seus leitores no seu desempenho de papéis políticos — assegura-lhes que estes papéis lhes incumbiam e que a política estava reagindo ao seu desempenho. O jornalismo preservava zelosamente uma inclinação individualista antes pessoal do que personalizada — como lhe era dado fazer mais facilmente, antes da época da AP (Associated Press), das chapas estereotipadas dos serviços de imprensa (*boiler plates*) e dos jornais em cadeia — e o individualismo jornalístico ajudava a nutrir no leitor o sentimento de que sua decisão política individual era sempre importante para ele e, em geral, era importante para o país. O cinismo em relação à política como um todo (como em oposição ao cinismo acerca da Democracia, do

---

(*) *Founding Fathers* designa os membros da convenção constitucional americana de 1787.

caciquismo ou de outra forma ou uso político específico) era virtualmente desconhecido. De fato, prevalecia em muitos círculos o sentimento de que o Milênio estava próximo. Os problemas políticos definidos do período consideravam-se como sendo controláveis por seus costumeiros devotados: alguns profissionais (os caciques e um pequeno corpo de funcionários de carreira) e os amadores que trabalhavam em tempo parcial ou integral (os estadistas e gente do governo).

Assim os limites da esfera política, como também seu significado, eram evidentes por si próprios para o homem introdirigido do século XIX. Em termos de motivação, a atividade política não era mais frustradora do que o trabalho. Tantas eram as tarefas políticas que precisavam ser executadas e eram obviamente indispensáveis na base da posição de classe do indivíduo, localização regional e moralidade, que toda pessoa ativa encontrava emprego político satisfatório. Este emprego era satisfatório porque muitos problemas acabavam, na verdade, resolvidos pelo zelo do reformador: não só o direito de voto foi ampliado e a educação gratuita difundida, como as prisões e os asilos sofreram sensível melhora, introduziu-se a legislação fabril e assim por diante. Talvez tenham os reformadores alcançado tanto êxito somente porque estes eram objetivos relativamente limitados, pelo menos quando tomados isoladamente.

De fato, era característico dos moralizadores, e talvez dos indivíduos introdirigidos em geral, não terem consciência dos limites estreitos que impunham à sua relação com a esfera política. Cada movimento de reforma do século XIX canalizava poderosamente as energias de seus simpatizantes e adversários, sem produzir necessariamente, em qualquer dos grupos, uma consciência política mais ampla, mais compreensiva e, por conseguinte, mais realista. Caso se atingisse o objetivo visado, fosse ele emancipação ou legislação ferroviárias, o interesse do moralizador na política desfazia-se no êxito. Se não se conseguia alcançar o objetivo visado, como foi o caso do movimento feminista no século XIX, seus membros permaneciam prisioneiros de uma cruzada. Contudo, mesmo então, julgavam a esfera política como um campo maleável: o êxito viria, tal como para os seus esforços em favor da mobilidade ascendente, se trabalhassem assaz arduamente e se fossem de bom caráter.

Concluindo, quando pensamos no estilo político do homem introdirigido, cumpre pensar sempre nos interesses que trouxe para a esfera política. Ele participava, não por se sentir obrigado a promover uma vida grupal altamente cooperativa, mas por ter algo específico em jogo: uma responsabilidade para consigo, ou para com os outros, ou ambas. Em geral, e apesar de sua compartimentação parcial, a esfera política servia para promover os interesses de sua posição, aspirações e antagonismo de classe. Como a política era considerada um foro para satisfazer necessidades outras que não a diversão e a evasão psíquica, julgava-se que ela reagia passivamente à pressão dessas necessidades; os homens eram os amos de suas políticas. Inversamente, a política não podia invadir e não invadia a vida particular de um homem, uma vez que só conseguia tocá-lo na medida em que sentia estar respondendo, ou se recusando a responder, à pressão do que ele tinha certeza serem seus interesses. E esta é, talvez, a razão mais importante por que a política era uma esfera relativamente bem definida e, de fato, com freqüência, superdefinida, no século XIX, em comparação com o século XX.

Com os novos desenvolvimentos, o estilo do moralizador no poder não é mais conveniente. A política atual recusa-se a ajustar-se em seu compartimento do século XIX. Apoiada pelos meios de massa, ela invade a privatividade do cidadão com seu ruído e suas exigências. Esta invasão destrói as transições mais antigas e mais fáceis dos interesses individuais para os locais, dos locais para os nacionais e dos nacionais para os internacionais, e mergulha o indivíduo diretamente nas complexidades da política mundial, sem que tenha uma noção clara de onde se localizam seus interesses.

Ao mesmo tempo, a política torna-se mais difícil de ser compreendida, num sentido puramente técnico, em parte, porque invade esferas antes semi-independentes, como a economia e, em parte, por causa do âmbito e da interdependência crescente das decisões políticas. Por exemplo, na guerra moderna, as pessoas tem de compreender que se impõem tributos mais elevados, não para fazer face a despesas governamentais ou mesmo redistribuir a renda, mas porque é preciso evitar que os consumidores industriais e particulares gastem demasiado, alimentando a inflação, e porque o governo tem necessidade de adquirir bens e serviços que se tornariam escassos se fosse dado às pessoas conservar o dinheiro para os comprar.

A incompreensibilidade da política ganha impulso não apenas com o aumento de sua complexidade objetiva, mas também com aquilo que constitui, em alguns aspectos, uma queda dos níveis gerais de habilidades, relevantes para se compreender o que acontece na política. Embora a educação formal tenha aumentado, a educação proporcionada pelo esforço de gerir uma granja, um negócio independente ou uma loja decresceu em concomitância com o aumento do número de empregados; e embora possa haver pequeno, ou nenhum declínio no número de empreendedores independentes, uma proporção maior de fatores conducentes ao sucesso ou ao malogro não mais se encontra em mãos dos que permanecem como empreendedores. Não se pode mais julgar o trabalho e a competência do administrador político ou governamental a partir da linha básica confiante, amiúde superconfiante, do seu próprio trabalho e competência.

O ESTILO DO MORALIZADOR EM RETIRADA

Muitos moralizadores do século XIX já consideravam a política, não apenas de uma forma confusa e eticamente limitada, mas também ligeiramente paranóica e autista. Esses homens, precursores do moderno desajustado introdirigido, não dirigiam tanto a política quanto permitiam que seus temores os dirigissem excessivamente, temores que projetavam para a política. De que outra forma podemos explicar a emoção gerada pelas periódicas cruzadas anti-estrangeiros, pelas campanhas contra misteriosas ordens secretas católicas, maçônicas, Phi Beta Kappa? Certos americanos tiveram por vezes dificuldade em ver a diferença entre associações cerimoniais (*mumbo-jumbo*) voluntárias, como a dos maçãos, por exemplo, e uma conspiração social e de classe. Da mesma forma, o sentimento dos conservadores políticos de que o mundo vai acabar se "aquele homem" for eleito, não aflorou pela primeira vez sob o segundo Roosevelt.

A ansiedade mórbida deste tipo é fruto de uma inveja e uma perplexidade enraizadas no caráter. Enquanto os indiferentes traditivo-dirigidos não se sentem nem desamparados e nem avassalados pela política, devido à cortina que os separa do mundo político, os indignados introdirigidos podem sentir-se facilmente desamparados e avassalados por ela quando as coisas não lhes correm bem. Como vimos no capítulo V, o homem introdirigido torna-se vulnerável para si mesmo quando não consegue alcançar suas metas internalizadas. Capaz de esquecer a mão invisível enquanto for bem sucedido, ele procura, em seu fracasso frustrador, torná-la visível, a fim de que possa golpeá-la. Sua política, como seu caráter, fica *coagulada* quando a falta de êxito revela e torna intolerável sua falta de compreensão.

É, em parte, a incompreensão frustrada da pessoa indignada que o leva a ver no espertalhão urbano uma criatura dotada de grande e desagradável segurança de domínio quando comparado com ele próprio. Ele inveja e superestima isto. Os magnatas e advogados urbanos do século XIX eram, em seu caráter, quase tão evidentemente introdirigidos quanto os seus inimigos rurais e das pequenas cidades. Ainda assim, as comunicações entre eles, como entre regiões e classes, estavam sempre próximas do colapso.

Hoje, admite-se freqüentemente que, por haver diminuído a lacuna da educação entre a cidade e o campo e por terem os meios de comunicação de massa, tais como o rádio, atraído audiências tanto urbanas como rurais, a brecha de estrutura de caráter também se estreitou. Em algumas partes do país, isto talvez tenha acontecido. Penso porém que o mais provável é que a brecha entre os habitantes urbanos alterdirigidos e a população rural introdirigida aumentou e que os esforços bem intencionados para fechar tal brecha serviu, freqüentemente, apenas para fazer com que a população rural se sentisse ainda mais invejosa e insegura.

Inveja e o sentimento de estar deslocado — fontes de um estilo político de indignação horrorizada — encontram-se também, é claro, entre aqueles imigrantes rurais da cidade, que são habitantes urbanos apenas nominalmente. Enquanto tais indivíduos, urbanos ou rurais, dispõem de força política, seu mal-estar face aos elementos alterdirigidos na vida americana pode ser abafado; eles podem modelar seu mundo e forçá-lo a ter sentido para eles. Porém, quando mesmo esta avenida para a compreensão é bloqueada, o indignado horrorizado desanda em ira irremediável ou cai num tipo de resistência passiva e frustrada, a qual comentamos no Capítulo I com respeito aos estudos de Erikson sobre os índios americanos.

Outra variedade de moralizador, aquele que podemos denominar de "entusiasta", longe de resignar-se à frustração política, agarra-se esperançoso às tarefas mais intratáveis. O significado mutante do termo entusiasta diz muito sobre a história dos estilos políticos. Os entusiastas nos dias de Cromwell e do "Long Parliament" eram os homens de espírito e visão, os Quacres ou *Levellers* * (Igualitários) ou *Diggers* ** (Cavadores). Mas na Inglaterra do século XVIII, a palavra entusiasta já tinha

(*) Durante a Guerra Civil inglesa, membro do exército do Parlamento, que advogava reformas constitucionais, igualdade de direitos e separação de Igreja e do Estado (N. dos T.)

(**) Membro da corrente que advogava a abolição da propriedade privada e que começou a cultivar em 1949 estas terras comunais (N. dos T.)

começado a perder seu significado religioso e a tornar-se,
ao invés, um termo mais de ridículo do que de temor ou
admiração. É talvez parte do mesmo desenvolvimento que
agregou a designação de *do-gooder* (filantropo), *world
improver* (reformador do mundo), *reformer* (reformador) e *Boy Scout* (escoteiro, bonzinho) ao nosso vocabulário coloquial como termos de desprezo ou de repúdio
amigável: querer "fazer bem" (*do good*) em política é
obviamente ser ingênuo.

O entusiasta assemelha-se ao indignado pelo fato de
suas emoções políticas freqüentemente preponderarem sobre sua inteligência política: conduzem-no a cruzadas semipremeditadas. Mas ele difere do indignado na qualidade de tais emoções; estas são róseas e alegres em contraposição ao matiz emocional mais sombrio do indignado [4].
No século XIX, o entusiasta estava incessantemente em
ação. Quando desafiado ele argüia, como argüiria hoje,
de que sempre há trabalho, e trabalho político, para ocupar mãos ociosas. Tal argumento baseia-se no ascético
sentimento da obrigação de envolver-se ou preocupar-se
com política e, também, no pendor americano para a atividade, como tal, — um pendor que sobrevive à crença
no progresso, que racionalizava a atividade incessante para
muitos dos introdirigidos no século XIX.

Guerras e mudanças tecnológicas, bem como o deslocamento da introdireção para a alterdireção levaram o
estilo moralizador à ruptura, seja em sua versão indignada
seja em sua versão entusiasta. A Guerra Civil, em si uma
catarse complexa da indignação moral que acompanhava
a esfera política nos anos precedentes, iniciou um processo
que prosseguiu desde então. Os poucos veteranos vivos da
Guerra Civil provavelmente retêm ainda uma fé combativa
na probidade de sua causa. Os veteranos da Primeira
Guerra Mundial estão menos envolvidos na causa que
defenderam, embora continuem ainda envolvidos na experiência que tiveram. Os veteranos da Segunda Guerra
Mundial raramente introduzem um traço de probidade moral em sua escassa participação política. Estes homens
"não estão loucos da vida com ninguém". É como se
desde a Guerra Civil tivesse havido um declínio na emotividade das diferenças políticas, um declínio na violência
histriônica das campanhas eleitorais e um declínio nas re-

---

(4) A indignação ou o ódio deste tipo é bem descrito no ensaio
de Svend Ranulf, *Moral Indignation and Middle Class Psychology*,
(Copenhagen, Levin e Monksgaard, 1938). Apesar de nossa ênfase
recair inteiramente no caráter, talvez não possamos evitar aqui o ponto
de vista do temperamento como distinto do caráter — por exemplo,
distinções temperamentais tais como aquela antiga distinção entre tipos
sangüíneos e coléricos.

servas de indignação e entusiasmo disponíveis para qualquer aspecto de uma questão facilmente moralizada.

Por certo, subsistem exemplos marcantes do estilo indignado. As surtidas de Mencken na década de vinte atingiam os grupos sociais onde se encontravam ainda a maioria dos moralizadores extremados: a gente do campo, os *midwesterners*, * os protestantes das pequenas cidades, os APA (*American Protective Association*) sulinos, as seitas vociferantes de boa gente e bem alimentada (*corn-fed*), os pequenos negociantes das lojas maçônicas. Que tais grupos tenham sido algo mais cosmopolitas nos últimos anos, durante os quais a alterdireção se expandiu, não significa que os padrões mais velhos hajam desaparecido.

Atualmente, contudo, assim como a introdireção no caráter resulta, em parte, de um estilo político moralizante, do mesmo modo a perda da emoção na política leva à alterdireção no caráter. Em outras palavras, a política em si, ao invadir as vidas das pessoas e modelar suas experiências e as interpretações destas, torna-se uma das agências da formação de caráter. Esta complexa interação é uma razão pela qual, dentro de nosso amplo esquema de tipos de caráter ligados à curva de população, achamos, e esperaríamos achar, diferentes variantes nacionais enraizadas em experiências históricas nacionais diferentes. Por exemplo, tanto a Inglaterra como os Estados Unidos são países que chegaram ao declínio incipiente de população em conseqüência da industrialização, urbanização e da difusão de substitutos anticoncepcionais da moralidade malthusiana. Mas ambos os países enfrentaram estas crises históricas, como defrontaram a guerra civil, em períodos muito diversos de seu desenvolvimento político. Congreve, vivendo em um reino tolerante de pós-guerra, poderia ficar surpreso com a recorrência da moralização na Era Vitoriana, quando a combinação do recrudescimento evangélico e o ritmo e política da industrialização alteraram os estilos políticos mais antigos. Da mesma forma, à vista das indeterminações da história, seria precipitado predizer que o estilo moralizador está condenado e que nenhum revivescimento é possível nos Estados Unidos. Na verdade, se homens influentes se tornarem moralizadores, o alterdirigido, por ser alterdirigido, tentará ser também moralizador.

(*) Habitantes do centro-oeste dos Estados Unidos (N. dos T.)

III. *"Os que estão por dentro"*

> *Pois todos os atenienses e estrangeiros que lá estavam não gastavam o seu tempo em outra coisa exceto contar ou ouvir algo de novo.*
>
> São Paulo.

A expansão da alterdireção trouxe ao cenário político a atitude do *inside-dopester*, originária, não da esfera do trabalho, porém da do consumo. Esta atitude não é inteiramente nova, não mais do que o é a alterdireção.

O homem alterdirigido possui um rico cabedal de habilidades sociais — habilidades de que necessita a fim de sobreviver e se movimentar em seu meio social; algumas, ele pode desdobrar na forma de habilidades políticas. Uma destas é sua habilidade de manter o fogo emocional, o que ele tenta diligentemente fazer por causa do padrão cooperativo de vida em que está empenhado. Tal perícia relaciona-se à sua inevitável consciência, ausente no homem introdirigido, de que em qualquer situação as pessoas são tão importantes quanto as coisas.

O *inside-dopester* poderá ser alguém que concluiu (com boas razões) que, visto não poder fazer nada para mudar a política, apenas lhe é dado compreendê-la. Ou ele poderá ver todas as questões políticas em termos de sua capacidade de conseguir falar pelo telefone com alguém de "dentro". Isto é, alguns *inside-dopesters* realmente almejam *estar* "por dentro", fazer parte de um círculo fechado, ou inventar um; outros pretendem não mais do que *conhecer* o interior, quaisquer que sejam as satisfações do grupo cômpar que isto lhes possa trazer.

O *inside-dopester* de qualquer classe tende a saber muito sobre o que as outras pessoas fazem e pensam nas esferas importantes ou das "grandes jogadas" da vida; politicamente, é mais cosmopolita do que paroquial. Se não pode mudar os outros que dominam sua atenção política, seu impulso caracterológico leva-o a manipular a si mesmo, não para mudar os outros mas a fim de se parecer com eles. Irá a extremos para evitar a aparência e a sensação do sujeito desinformado, que está por fora. Nem todas as pessoas alterdirigidas são *inside-dopester*, mas talvez, por falta de um modelo mais amadurecido, muitas aspiram a sê-lo.

O *inside-dopester* é competente na medida em que o sistema escolar e os meios de comunicação de massa lhe ensinaram a ser competente. A ideologia exige que ele, vivendo em um meio politicamente saturado, conheça o placar político, assim como tem de conhecer o placar em outros campos de entretenimento, tais como os esportes.

A maioria dos *inside-dopesters* não toma parte ativa na política, mas existem aqueles que o fazem. Assim, encontramos muitos funcionários do governo e dos partidos, que manejam as notícias políticas na forma encorajada por seu trabalho, em fragmentos de conversa de escritório. Existem jornalistas e locutores que, após prolongado treinamento, conseguiram eliminar todas as reações emocionais à política e que se orgulham de alcançar a meta do *inside-dopester*: jamais ser tomado por pessoa, causa ou acontecimento. Por outro lado, alguns consumidores do *dope*, da "dica", que lhes vem de quem está por dentro, particularmente os elementos influenciados pelo estalinismo, em seus vários disfarces, parecem colocar-se entre os indignados políticos. Com freqüência usam o que conhecem "por dentro" como simples meio de instigarem a si próprios contra os abusos políticos americanos: eles tem um tropismo positivo para com as provas de discriminação racial, brutalidade da polícia, trapaça das companhias, etc. Esta posição política torna-se *de rigueur* entre alguns grupos; nestes círculos, a conformidade ao grupo não leva à tolerância ou à consunção política, mas à indignação e à ação política. Tal paradoxo aparente pode servir como lembrete de que falo da alterdireção em termos de padrões de conformidade e resposta a outrem, e não em termos do conteúdo ideológico e comportamental da resposta. Usualmente, haverá compatibilidade entre o mecanismo de conformidade e os valores e realidades aos quais a gente tenta se acomodar, mas isto é apenas uma tendência e existem muitos casos, como este, no qual a alterdireção bem sucedida leva ao comportamento que simula a introdireção. (Encontraremos outros exemplos no Capítulo *XV*.)

A FOLHA DE BALANCETE DO INSIDE-DOPESTER

Nos dias de seu poder, o moralizador introdirigido nutria grande confiança na continuação da estrutura social — o conceito da *mão invisível* * o simboliza — mesmo, e talvez especialmente, quando não entendia como isto funcionava. O *inside-dopester*, pelo contrário, sabe demasiado a respeito da política para ser tão facilmente consolado, embora saiba ainda demasiado pouco para avaliar as oportunidades de mudança à sua disposição. Isto porque

(*) O grifo é nosso, para destacar este conceito de economia que, em Adam Smith, traduz o princípio que assegura o nível ótimo do bem estar de uma sociedade onde cada pessoa age segundo seu próprio interesse. (N. dos T.).

seu entendimento é tolhido pela preocupação que tem com a classificação altamente seletiva de acontecimentos transmitidos como a estória por dentro ou apresentados de um modo ainda mais atraente quando estampados como informação classificada ou confidencial. Preocupado em estar "certo", temendo ser envolvido, ou ser considerado culpado por ver as coisas como desejaria que fossem (que ele equipara a qualquer introdução de sua humanidade de seus julgamentos), o *inside-dopester* priva-se de uma das melhores varas de medida que poderia usar ativamente para controlar sua experiência, isto é, suas próprias reações como participante sensível na vida política de seu tempo. E não se trata apenas do fato de ele retirar sua fidelidade emocional de uma cena política que se lhe apresenta como demasiado complexa e incontrolável — em parte, ela se lhe apresenta assim, precisamente porque ele se retirou [5].

Além do mais, a fim de não ficar para trás em relação ao ramo político do sindicato dos consumidores, o *inside-dopester* deve estar preparado para rápidas mudanças de linha. A este respeito, é como o negociante por nós discutido anteriormente, que é mais capaz de ganhar o prêmio da reputação se estiver em dúvida a respeito e não tiver reivindicado seus direitos legais no caso; o *inside-dopester* pode mudar mais facilmente suas opiniões, se houver perdido a habilidade do moralizador em relacionar acontecimentos políticos consigo e com seus interesses práticos. Daí por que, talvez, o retrato do *inside-dopester* como oficial, em *Ana Karenina* (a imagem de Stepan Arkadyevitch Oblonsky, citada no Capítulo I), de Bilibin em *Guerra e Paz* e de Ivan Ilitch no conto de

(5) Em face disto, esse panorama poderia ser considerado como semelhante ao dos observadores políticos do século XIX, que insistiam que o homem era limitado e, em certa medida, impotente para realizar mudanças sociais a longo prazo, por sua própria natureza e pela natureza orgânica da sociedade, que seguia suas próprias leis de desenvolvimento. Edmund Burke e outros críticos conservadores da Revolução Francesa no início do século, e os darwinistas sociais no fim deste, representam dois fios nesta linha geral de pensamento. No entanto, estes sentimentos de limitação não eram necessariamente acompanhados por sentimentos subjetivos de impotência; e, pelo menos no caso dos darwinistas sociais, e talvez também no caso de Burke, adotou-se uma visão positivamente otimista quanto ao curso do desenvolvimento orgânico da sociedade. Se o mundo tomasse conta de si — se os reformadores simplesmente o deixassem sozinho — ninguém necessitaria sentir-se frustrado ou abandonado; seria preciso reconhecer meramente esta limitação e devotar-se a mudanças menos apocalípticas.

Formas contemporâneas de determinismo social, por outro lado, tendem a aceitar que a civilização está em declínio, um ponto de vista que encontramos somente em alguns observadores do século XIX, tais como Brooks Adams, que dificilmente poderia acreditar em suas próprias profecias — mesmo os pessimistas do século passado não poderiam vislumbrar quão terrível a política iria tornar-se no século XX. Hoje, porém, os homens sentem-se politicamente impotentes, e o seu filosofar reforça a tendência que condiz com seu caráter e sua situação.

Tolstoi *A Morte de Ivã Ilitch* — por que esses russos do século XIX, sintonizados com os meios de classe da corte, parecem, sob os seus estranhos nomes, tão verdadeiramente contemporâneos.

Existem provas de que a rápida flutuação de opiniões nos Estados Unidos é encontradiça, primariamente, nos grupos mais bem educados, os grupos em que esperamos encontrar também os *inside-dopesters*. Assim, um estudo muito interessante feito no Departam·nto de Relações Sociais de Harvard, sobre as atitudes em relação à Rússia. evidencia que a opinião da classe média para com a Rússia oscilou muito mais largamente do que a opinião da classe inferior, que sempre foi hostil e desconfiada. Para a classe média, a Rússia tornou-se um aliado de período de guerra e, por um tempo, um amigo do período após-guerra; a isto seguiu-se uma violenta hostilidade. Outros estudos mostram a mesma coisa com respeito ao isolacionismo e à guerra. Em todos estes assuntos, as classes médias, sendo surpreendidas na política e, em seu conjunto, suscetíveis às formas com que os meios de massa apresentam os acontecimentos, são capazes de atender a qualquer mudança muito mais rápida de sinais do que as classes inferiores.

Na verdade, a política serve ao *inside-dopester* principalmente como um meio de conformidade ao grupo. Ele deve ter opiniões aceitáveis e, onde se empenha em política, deve fazê-lo de forma aceitável. Na classe superior, como entre os grupos radicais, a influência do estilo moralizador ainda é forte, e muitas pessoas que estabelecem os padrões culturais continuam sustentando uma ideologia de responsabilidade política; agem como se a política fosse uma esfera significativa para eles. Os estudantes de faculdade, o jovem profissional ou o homem de negócios da classe média superior podem abraçar a política como abraçam o golfe ou qualquer outro passatempo aceitável: é o cumprimento de um papel social e, além disto, é bom divertimento, bom negócio e uma forma de encontrar-se com pessoas interessantes. Acontece, naturalmente, que pessoas levadas à política, em um ou outro nível, por motivações do tipo *inside-dopester,* podem ver-se emocionalmente envolvidas e permanecer por razões muito diferentes. Provavelmente, o mais comum são aqueles *inside-dopesters* que usam sua experiência política para justificar sua anemia emocional, induzindo os conhecidos, com a estória por dentro, a olhar com superioridade para aqueles que ficam sensibilizados.

Cumpriria contrastar estes *inside-dopesters* da alta classe média com os que vivem em pequenas cidades e áreas rurais e que tem contato fácil com seus dirigentes locais e mesmo estaduais. Nas pequenas cidades, a distância social entre os que possuem influência política e os que não a possuem é pequena, e pouquíssima coisa na máquina do governo é opaca — a linha telefônica do partido, que é ouvida por todo mundo, pode ser tomada como símbolo disto. Embora estas pessoas não possam comumente exibir uma boa dose de indignação com respeito às questões locais, este nem sempre é o caso; e encontramos ocasionalmente pessoas de cidade pequena ou de zona rural que, trazendo para a política o estilo cosmopolita dos tipos alterdirigidos, oferecem uma boa imitação dos *inside--dopesters* urbanos [6].

Na realidade, muitas vezes é difícil traçar a distinção entre o *inside-dopester* e o indiferente. Isto pode servir de outro exemplo do problema levantado anteriormente, de que existem semelhanças notáveis entre a direção traditiva e a alterdireção. Os dois grupos sentem-se indefesos em face da política, e ambos tem recorrido a diferentes fatalismos, que o moralizador introdirigido rejeitaria asperamente. Existem, entretanto, diferenças importantes. O *inside-dopester*, ao contrário do indiferente, está subordinado ao grupo cômpar, para o qual a política é um artigo de consumo importante, e no qual a atitude correta — isto é, a não-emotiva — para com o consumo do indivíduo é igualmente importante. O indiferente de novo estilo pode aceitar ou largar a política, enquanto que o *inside-dopester* está amarrado a ela por motivações dificilmente menos coatoras do que as do moralizador.

O *inside-dopester* traz, para a política, um certo tipo de realismo que faltava amiúde ao moralizador. A noção de transcender o inevitável nunca surge para o *inside-dopester*. Como espectador, e também como operador, ele tem uma idéia muito boa de quais sejam os limites; ele não coloca seu ponto de vista em níveis muito altos. O homem alterdirigido levou habilidades que são essencialmente políticas para muitas áreas exteriores à ciência política formal, tal como definida pelo moralizador — por exemplo, para o campo do planejamento urbano e das relações administração-trabalho. Além do mais, os *inside-dopesters* incluem, como que contra o excesso de simplificação de muitos moralizadores, um corpo de especia-

---

(6) Compare a valiosa discussão em Robert K. Merton, "Paterns of Influence: a Study of Interpersonal Influence and of Communications Behavior in a Local Community", *Communications Research* 1948-1949, ed. Lazarsfeld e Stanton pp. 180-219.

listas que sabem muito mais do que os indignados e entusiastas, amiúde estreitamente partidários, mesmo nos dias de seu poder, quanto mais nos de seu declínio. Muitas pessoas, não apenas os especialistas, acostumaram-se a pensar em termos de política mundial, e em termos de cruzamento cultural, tais como dificilmente seriam encontrados entre os etnocentrismos — ou idealismos de irmandade universal — de até uma geração atrás. No século XIX, a maioria das abordagens jornalísticas de política internacional apoiava-se em lemas paroquiais, tais como "honra nacional" — no caso de Mason e Slidell, por exemplo, ou do *Maine*. Hoje, entretanto, os meios de massa, embora com muitas exceções, parecem discutir a política mundial em termos tornados já familiares graças às campanhas psicológicas, e os acontecimentos são interpretados por suas relações com a propaganda de uma ou outra das facções. Freqüentemente, o público é convidado a apoiar uma política, porque tal apoio, numa espécie de ato de equilíbrio automanipulativo, influenciará a opinião pública; tais argumentos podem ser apresentados tão-somente por causa do aumento de compreensão, numa era cada vez mais dependente de alterdireção, das forças psicológicas na política.

Alguns podem achar que a conversa corrente sobre "nosso estilo de vida" faz lembrar as discussões da honra nacional. A mudança, porém, não é meramente de fraseado. "Honra nacional" podia ser uma frase hipócrita para encobrir interesses de classe tão delineados, como os que levaram à nossa invasão do Haiti, ou podia ser agrupada nas várias xenofobias internas do século XIX. No entanto, por mais vago que fosse o conteúdo da frase, o que exigia do inimigo nacional era bastante específico. "Nosso estilo de vida", por outro lado, tem um número bem maior de conotações psicológicas; é razoavelmente específico no tocante ao conteúdo doméstico, porém, altamente inespecífico quanto ao que sejam, ou poderiam ser, as conseqüências do lema na política internacional. "Honra nacional" meteu algumas vezes nossa política exterior numa camisa de força, ao estabelecer uma cabeça-de-ponte moral que não estávamos querendo nem estávamos preparados para defender. Contra isto, "nosso estilo de vida" quase não dá orientação moral à política exterior, que parece, portanto, entregue à *Realpolitik*. Entretanto, apenas, parece. Pois, exatamente como a frase "honra nacional" traz à lembrança uma forma vitoriana de hipocrisia, assim a frase "nosso estilo de vida" lembra-nos que o homem alterdirigido oculta de si próprio, bem como dos outros, uma moralidade tal como a que ele possui, refugiando-se em considerações visivelmente de conveniência. Quando se perguntou a um jovem veterano entrevistado pelo Centro de Investigação e Observação da Universidade de Michigan em 1947, se ele achava que os Estados Unidos haviam cedido ou mantinham em demasia seu próprio modo nas Nações Unidas, respondeu:

"Parece engraçado, mas eu acho que estamos seguindo nosso próprio estilo em demasia. (Por que diz isto?, perguntaram-lhe.) Porque, não queremos que as outras nações sintam que estamos tentando nos apoderar de seus países. Elas sabem que a Rússia o quer e eu acho que é por isso que há tanta discussão. Mas se elas sentirem que estamos tentando deitar a mão nelas, tampouco terão confiança em nós e, então, não seremos capazes de conduzir todo este programa que é, penso eu, o que devíamos fazer. Assim, quando não conseguimos o que queremos e as manchetes dizem que fomos derrotados em alguma coisa, acho que isto é realmente bom, porque faz com que os outros países sintam que somos exatamente como eles e que também estamos tendo dificuldade. Isto poderia torná-los mais simpáticos e mais cordiais para conosco. [7]

Uma compreensão psicológica como esta representa um progresso real. O moralizador não seria comumente capaz de tais sutilezas, ou não estaria interessado nelas.

Restam muitas questões importantes. Por que tantos grupos cômpares, em que se move o alterdirigido, continuam a incluir a política em seu cardápio, e por que é que a moda não a substitui, como fez no caso de muitos intelectuais, por alguma outra coisa, por exemplo, pela religião? O que nos deveria surpreender nos Estados Unidos não é o número dos indiferentes, mas por que seu número não é ainda maior e por que as pessoas perseveram como moralizadoras e procuram informar-se como *inside-dopester*. Sugiro como explicação parcial que os meios de comunicação de massa desempenham um papel complexo no treinamento e manutenção de pessoas (de caráter apropriado) nestes últimos dois estilos. Os meios são, ao mesmo tempo, fornecedores contínuos de informação e tutores da tolerância para estes aspirantes a *inside-dopesters,* e tutores e provocadores de indignação de aspirantes a moralizadores.

---

(7) Extraído do panfleto *Four Americans Discuss Aid to Europe,* Study nº 18 (Ann Arbor, Michigan, University of Michigan Survey Research Center, 1947). p. 13.

9

PERSUASÕES POLÍTICAS: INDIGNAÇÕES E TOLERÂNCIA.

O supermercado que "oferece ao comprador os valores psicológicos sutis" terá melhor oportunidade de construir um corpo de clientes lucrativos do que um que dependa apenas do preço baixo e de mercadoria de boa qualidade, afirmou hoje, aqui, G. G. Clements, vice-presidente e gerente-geral da Jewel Food Stores de Chicago...

Ao determinar como prover "valores psicológicos" atraentes para o consumidor, o Sr. Clements disse que ele achava que um empreendimento deveria tentar desenvolver "os mesmos traços que apreciamos em nossos amigos". Ele caracterizou estes traços como sendo asseio, aparência atualizada, generosidade, cortesia, honestidade, paciência, sinceridade, simpatia e delicadeza. Cada proprietário de loja, disse ele, deveria perguntar a si mesmo se a sua loja tem estas características...

O Sr. Clements asseverou que, procurando compreender as forças psicológicas que motivam os clientes, "poderemos iniciar fazendo a seguinte indagação: "Será que as pessoas sabem realmente o que querem?" A resposta a esta pergunta indica que as pessoas não sabem o que "querem", disse o Sr. Clements. Mas elas sabem do que "gostam ou não gostam", afirmou ele...

> Do relatório da décima segunda convenção anual do Instituto de Supermercados, *New York Herald Tribune*, 10 de maio, 1949.

O moralizador introdirigido traz à política uma atitude derivada da esfera de produção. O *inside-dopester* alterdirigido traz à política uma atitude derivada da esfera do consumo. A política deve ser avaliada em termos das preferências do consumidor. Os políticos são pessoas — e quanto mais atraentes, melhor. Além disso, imitando o mercado, a política torna-se uma esfera na qual a maneira e a disposição de fazer coisas é quase tão importante quanto o que é feito. Isto corresponde à tendência do homem alterdirigido a dar ênfase aos meios, mais do que o introdirigido dava, e menos ênfase aos fins.

Os meios de comunicação de massa são talvez os canais mais importantes entre os atores alterdirigidos no palco da política e o seu público. Os meios de comunicação criticam os atores e o espetáculo em geral, e ambos treinam, direta e indiretamente, o público nas técnicas do consumo político. Os meios de comunicação de adestramento direto são aqueles que são abertamente políticos, tais como os descendentes modernos do *Springfield Republican* ou o *New York Tribune* e um número muito reduzido de jornais antigos, com seus editorialistas moralizadores introdirigidos. Muito maiores e mais influentes são os meios de comunicação de treinamento indireto: incluem a gama inteira da cultura popular contemporânea, desde estórias em quadrinhos até a televisão. Dominam o uso do lazer em todas as classes americanas, exceto no topo superior e talvez também no fundo inferior: e sua influência é muito grande na criação dos estilos de respostas compatíveis com a alterdireção.

Ainda que o padrão desta influência seja complexo, pode-se sumariá-lo em três generalizações experimentais.

Primeiro, dado que a cultura popular é, em essência, um tutor no consumo, ensina o homem alterdirigido a consumir política, a considerar a política e a informação política e as atitudes como bens de consumo. São produtos, jogos, entretenimentos, recreações; e ele é o seu comprador, jogador, espectador, ou observador de horas vagas.

Segundo, os meios de comunicação, por sua própria sensibilidade à pressão, tem interesse na tolerância. Mas mesmo lá onde são moralizadores no intuito, a disposição de ânimo do auditório composto de membros de grupos cômpares fará com que a mensagem indignada seja recebida de um modo não indignado. Demais, esta atitude da audiência induz a uma ênfase, não no que os meios de comunicação dizem em termos de conteúdo, mas na "sinceridade" da apresentação. Este foco na sinceridade, tanto na cultura popular como na política, leva a audiência a passar por cima, tolerantemente, da incompetência do desempenho.

Terceiro, embora haja um resíduo significativo de moralização introdirigida na cobertura de notícias e nos editoriais sobre a política americana, esta diminui, mas não detém as persuasões exercidas pela cultura popular em favor da tolerância e da passividade alterdirigida.

I. *Política como Objeto de Consumo*

A incapacidade do homem alterdirigido em saber o que quer, enquanto está preocupado com o que gosta, — como foi observado pelo varejista citado no início do capítulo — aplica-se à política tanto quanto às outras esferas da vida. Contrastando com isto, o homem introdirigido, nestas esferas da vida, tais como política, que ele identificava com o trabalho, sabia o que queria, mas na realidade não se permitia saber do que gostava.

Um exemplo marcante disto encontra-se num grupo de entrevistas feitas no recém-construído subúrbio de Park Forest, perto de Chicago. Park Forest é um empreendimento de uma companhia particular, chamada American Community Builders, com auxílio federal; as casas são alugadas aos ocupantes, e a A. C. B. conserva as funções financeiras do governo, em cooperação com uma espécie de conselho urbano de moradores. Perguntou-se, nas entrevistas com os residentes, como eles se sentiam em relação à A. C. B., e que papel, se é que exerciam algum, exerciam na política local, inclusive nas queixas e bisbilhotices. Muitos tinham reclamações quanto às suas acomodações e às disposições comunitárias em geral. Digno de nota era que estas queixas eram com freqüência formuladas em termos das alegadas — e, ao que parece, reais — "más relações públicas" da A. C. B. Isto é, a crítica direta, baseada nos desejos e sentimentos dos moradores, foi emudecida; ao contrário "eles" eram criticados por serem suas relações públicas tão rudemente tratadas a ponto de tornar as pessoas — presumivelmente, outras pessoas que não o declarante — críticas. Com efeito, as pessoas estavam reclamando não sobre as suas queixas diretas, mas por não terem sido manipuladas de forma a "fazê-las gostar disto". Suas necessidades (em arranjos concretos de vida) tomavam segundo lugar diante de seus gostos (com relação ao grau devido de habilidade tido por adequado para uma grande organização) [1].

Sob estas condições de consumo passivo, seria de se esperar que as pessoas caíssem fora da liga dos *inside-dopesters*, entrando na grande massa dos indiferentes do novo estilo. Abandonadas a si próprias, muitas talvez o fizessem. Mas elas não são abandonadas. Os meios de comunicação de massa agem como uma espécie de pregoeiro do espetáculo político. Descobriram eles um remédio soberano, *o glamour*, para combater o perigo da indiferença e da apatia. Assim como o *glamour* no sexo é substituto tanto do amor quanto dos laços familiares relativamente impessoais da pessoa traditivo-dirigida, assim como o *glamour* na embalagem e na propaganda de produtos é substituto da competição de preços, da mesma forma o *glamour* na política, seja como carisma — embalagem — do líder, ou como a abordagem excitada dos acontecimentos pelos meios de comunicação de massa, constitui substituto para os tipos de auto-interesse que governam o introdirigido. Em geral: *onde quer que vejamos glamour no objeto de atenção, devemos suspeitar de apatia básica no espectador*.

O resultado da busca de *glamour* na política é o esforço, não diverso daquele do varejista acima citado, "de prover valores psicológicos sedutores para o cliente". E, como disse o Sr. Clements ao Instituto de Supermercados, os valores são "os mesmos traços que apreciamos em nossos amigos", isto é, "asseio, aparência atualizada, generosidade, cortesia, honestidade, paciência, sinceridade, simpatia e delicadeza". Muitas das manobras da política são interpretáveis nesses termos. Em 1948, achou-se que faltava a Truman aparência atualizada; a Dewey, sinceridade, simpatia e delicadeza. Eisenhower parecia irresistivelmente atraente em todos esses pontos — ele tinha "tudo". O povo queria um candidato com os dois atrativos, e os elementos espontâneos no movimento por Eisenhower eram, em grande parte, tributo à desesperada procura de *glamour* pelo povo. Os partidários de Eisenhower na campanha de 1948 diziam, com efeito, que um candidato que "tem tudo" — de quem se podia gostar de todo o coração — haveria certamente de saber o que a gente precisa.

Onde as qualidades agradáveis são menos evidentes do que em Eisenhower, as pessoas tentam a todo custo encontrar um candidato com encanto (*charm*). Na realidade, isto também era válido em épocas passadas, mas acho

---

(1) O estudo de Park Forest é trabalho de Herbert J. Gans ("Political Participation and Apathy", tese de Divisional Master's, não publicada, Universidade de Chicago, 1950).

provável que esse estilo de atrativo político tenha crescido continuamente nos Estados Unidos na era do rádio. Pois mesmo os mais renitentes chefes políticos aprenderam, sofrendo sua experiência com Franklin Roosevelt, a levar tais atrativos em conta; quanto mais amplo o eleitorado, é claro, mais tende o *glamour* a deslocar questões ou antiquadas considerações de patrocínio.

Mas isto, por enquanto, é apenas uma tendência; não pretendo sugerir que, agora, as pessoas ignoram suas necessidades ao sufragar seus gostos, ou que a compreensão do caráter alterdirigido nos auxiliará a predizer melhor as eleições do que a compreensão das correntes econômicas, das tradições étnicas ou da organização política.

II. *Os Meios de Comunicação como Tutores de Tolerância.*

Há várias razões por que os meios de comunicação de massas desenvolvem uma atitude de tolerância que se torna o modo de experimentar e visualizar todas as coisas, inclusive a política.

O fator mais poderoso responsável por esta inclinação é o simples tamanho da audiência. A imprensa, apesar de menos aterrorizada do que o cinema, é sujeita a uma variedade de pressões exercidas por grupos à procura de proteção em face do ataque; e estas pressões são internalizadas na própria estrutura da administração e da distribuição dos grandes meios de comunicação.

Mais uma vez, quanto mais amplo o alcance do meio, maior probabilidade terá de ser editado e produzido no grande centro metropolitano, onde as pressões no sentido da tolerância alterdirigida são as maiores. Embora mais livres da pressão dos anunciantes e das manipulações locais do que os editores de jornais e os radiodifusores das pequenas cidades e, em geral, com freqüência consideravelmente mais ousados, os meios de comunicação das grandes cidades, com um auditório de amplitude metropolitana, não podem deixar de ter consciência das atitudes que possam ofender suas complexas clientelas. Enquanto que o redator-chefe do início do século XIX podia arriscar-se a uma companha capaz de lhe trazer tanto um processo de calúnia quanto o aumento de tiragem, o editor do século XX freqüentemente não pode permitir que seu redator--chefe se arrisque sequer a um aumento de circulação. Como em geral a companhia moderna, deseja ele uma curva de demanda relativamente inflexível para o seu produto; ele não pode aventurar-se a perdas acentuadas de circulação e muitas vezes, nem a aumentos acentuados, uma vez que seus gerentes garantiram a tiragem aos anunciantes, planejaram o suprimento de papel e o comprometeram, com grande antecedência, com os contratos e as relações de distribuição da Newspaper Guild.

Além disto, é óbvio, à medida que as cidadezinhas e cidades com um só jornal crescem em número, o proprietário monopolista tem pouco a ganhar atacando um grupo poderoso. Preferirá os confortos do comércio regulado, tal como santificado pela American Newspaper Publisher's Association (Associação Americana dos Editores de Jornais) ou no Código dos Radiodifusores, em vez dos perigos do livre comércio dos golpes e idéias. Portanto, sendo todas as outras coisas iguais, quanto maior for o alcance do meio de comunicação, mais tende ele a ser produzido e consumido num espírito de tolerância alterdirigido e menos apelo faz aos indignados. Na verdade, já que a estratégia principal dos meios de comunicação como tutores do consumo é introduzir e racionalizar mudanças, enriquecimentos ou descontinuidades nos gostos e estilos convencionais, os meios de comunicação tem interesse na tolerância de gosto. Não podem permitir-se a ter pessoas comprometidas em excesso com um gosto que tais meios poderão querer mudar amanhã. Mas é pouquíssimo provável que tenham a consciência deste aspecto, talvez o mais fundamental de seu empenho na tolerância.

De outro lado, a própria intolerância de alguns dos antigos capitães da imprensa e do rádio, homens ambiciosos com mensagem, permite-lhes, e aos comissários jornalísticos que eles encorajam, adotar uma abordagem "dura", para conseguir e manter uma audiência entre todos aqueles indivíduos desajustados e indiferentes que procuram, não notícias políticas, porém excitamento e diversão de sua apatia. Hearst, McCormick, Gannett, Shepherd, da rede ianque — tais homens desejam poder através da imprensa e do rádio, mais do que dinheiro ou aprovação. Todavia, suas audiências são compostas primariamente não de *indignados,* mas de indiferentes políticos de novo estilo — prováveis *inside-dopesters,* atraídos pela impiedade de Hearst, do *Chicago Tribune* e, especialmente, do *New York Daily News,* porque este tipo de manejo de notícias parece prometer-lhes a estória por dentro e sem enfeite... Tendo sido treinados a associar a piedade com a cultura oficial do sermão, da escola e da imprensa, aceitam tudo o que, por contraste, pareça sofisticado, brutal, ilegal ou misterioso como uma verdade quase por definição e consideram o editor sincero por lhes permitir entrar nela.

TOLERÂNCIA E O CULTO DA SINCERIDADE

A exploração do que se entende por sinceridade nos conduzirá bem longe na compreensão das formas em que a cultura popular adestra seu auditório na tolerância. Cumpre lembrar que a sinceridade é uma das qualidades através das quais uma loja a varejo pode manter uma freguesia leal, de acordo com as observações do Sr. Clements, acima invocadas [2].

Num estudo de atitudes para com a música popular, encontramos reiteradamente afirmações tais como: "Gosto de Dinah Shore porque ela é tão sincera" ou "esta é uma gravação muito sincera", ou "você pode simplesmente sentir que ele (Frank Sinatra) é sincero". Se, no caso, é transparente que as pessoas desejam personalizar suas relações com seus heróis de consumo e que seus anseios de sinceridade constituem um lembrete implacável do quão pouco podem confiar em si mesmas ou em outros na vida cotidiana, é menos evidente o que precisamente se lhes afigura "sincero" em um cantor ou outro executante [3]. Um dos elementos pode residir na aparente liberdade do artista em expressar emoções que outros não podem ou não ousam expressar. Mais uma vez, a sinceridade significa desempenho num estilo que não é agressivo ou cínico e que pode até ser indefeso, como parece ser a técnica de pergunta-resposta ou entrevista à imprensa de alguns políticos. O executante coloca-se à mercê de sua audiência bem como de suas emoções. Assim, a sinceridade de parte do executante provoca a tolerância da audiência para com ele: não seria justo ser demasiado crítico com uma pessoa que se abriu totalmente e estendeu a mão aberta da amizade.

Mas, a ênfase popular na sinceridade significa mais do que isto. Significa que a fonte do critério para o jul-

(2) Na Universidade de Chicago, um estudante graduado, ao investigar o movimento de afastamento das preocupações de ofício para as preocupações de vendas e relações com os clientes entre peleiros varejistas, verificou que a palavra "sinceridade" era empregada de forma similar, como no caso de um homem que observou, explicando como se defendia da competição: "Você tem que saber como conversar com os fregueses... quando chega um freguês você pode levá-lo para uma ou outra coisa... os fregueses sabem dizer quando você é sincero". Para êste homem o sucesso era definido não apenas em têrmos de dinheiro, mas também em têrmos de um acompanhamento (*following*) "pessoal" e "uma classe melhor de gente". Vide Louis Kriesberg, "The Relationship of Business Practices and Business Values among Chicag's Retail Furriers" (Tese de Mestrado, Departamento de Sociologia, Universidade de Chicago, 1949).

(3) Sou muito grato a Howard C. Becker pela análise destas entrevistas. Aproveitei muitíssimo a profunda discussão da sinceridade aplicada às reações da audiência numa Campanha de Bônus de Guerra de Kate Smith em Robert K. Merton, *Mass Persuasion* (New York, Harper, 1946).

gamento se deslocou do conteúdo do desempenho e de suas qualidades ou defeitos, esteticamente falando, para a personalidade do executante. Ele é julgado por sua atitude em face da audiência, atitude esta que ou é sincera ou falsa, mais do que por sua relação com seu ofício, ou seja, sua honestidade e sua perícia.

Por ignorar o que a audiência acredita carecer (habilidade para executar) e enfatizar as qualidades que esta acredita secretamente possuir (capacidade de sinceridade), a audiência fica autorizada, em certa medida, a favorecer o artista, exatamente como favorece os partícipes gaguejantes de um programa de perguntas e respostas com prêmios. É possível, também, que, ao dar ênfase a uma qualidade emocional do artista, tal como sinceridade, a audiência fuja da necessidade de oferecer uma reação emocional ao próprio artista. Apesar de o ouvinte gostar de um astro que, como dizem os adolescentes, possa "colocar-me em órbita", ele não quer ir muito longe; ele precisa levar em conta seu cartão de membro do sindicato dos consumidores. Ao fazer a sinceridade aparecer como uma qualidade objetiva ou, pelo menos, uma qualidade passível de discussão dentro do grupo cômpar, consegue alguma liberação emocional enquanto preserva a segurança em números. Ele poderá "dar uma mãozinha à menina" sem se comprometer quanto a um julgamento sobre a virtuosidade dela. Neste sentido, o artista sincero é como o artista que trabalha arduamente.

Considerando a cena política como um mercado para emoções comparáveis, parece que o apelo de muitos dos nossos candidatos políticos tende a ser desta espécie. Forçados a escolher entre a habilidade e a sinceridade, muitos componentes da audiência preferem a última. Se o líder tentar seriamente, são tolerantes para com os murmúrios e a inépcia óbvia [4].

Sinceridade e cinismo — O *inside-dopester* alterdirigido está longe de ser simplesmente um cínico. O cinismo é um traço compatível tanto com a introdireção quanto com a alterdireção, mas tem um procedimento diferente nas duas constelações. O cínico introdirigido é ou pode ser um oportunista, implacável na busca de suas metas. Ou, pode ser um idealista insatisfeito, comprometido ainda na prática com a retidão. Na busca de suas metas, boas ou más, ele poderá estar inteiramente disposto a explorar os outros, assim como o moralizador introdirigido poderá estar inteiramente disposto a forçar os outros a serem mo-

---

(4) Tudo isto, é claro, foi escrito antes da eleição de 1952, que oferece alguns bons exemplos dessas atitudes.

rais também. Entretanto, o alterdirigido cínico, como amiúde parece, é, em geral, demasiado dependente dos outros para que seja completamente cínico em relação a eles: poderá continuar procurando sinceridade, isto é, personalidades que, se vierem a explorar-lhe as emoções, envolverão também as suas próprias. O desejo de um candidato presidencial sincero, tal como Eisenhower, é então, em parte, um desejo de escapar ao cinismo e à apatia, rumo ao engajamento e ao entusiasmo — uma desculpa para o retorno de qualidades reprimidas. O que aparece aqui como cinismo é freqüentemente a presteza da pessoa alterdirigida em aceitar tolerantemente as normas de qualquer grupo côrnpar adulto em cujo meio esteja. Porém, esta lassa aceitação é mais uma fonte de seu cinismo acerca de si mesmo do que de seu cinismo em relação aos outros, aos quais se apega na procura das metas. De fato, o cinismo do homem alterdirigido para consigo mesmo é uma das principais razões pelas quais, embora esteja disposto a dizer que gosta, não pode acreditar o suficiente em si mesmo para saber o que quer.

O homem introdirigido, quando se volta para a política, tende a ser excessivamente cínico em relação às pessoas, porém não é cínico com respeito às instituições, constituições e, como vimos anteriormente, ao valor da própria política. Em contraste, o homem alterdirigido, um tanto sentimental no tocante às pessoas, tende a ser inteiramente cínico acerca das instituições legais e políticas, assim como o é no referente ao grande jogo da própria política. Conjugada a esta perspectiva, sua preocupação com a sinceridade das personalidades políticas torna-se um vício. Ainda que a preocupação com a sinceridade possa implicar recusa em ser arrastado por quaisquer noções abstratas do bem e do mal, juntamente com a insistência de que o tom emocional pessoal do líder é de importância decisiva, existem muitas situações onde tal orientação leva a pessoa a extraviar-se.

Em primeiro lugar, o calor e a sinceridade do líder nem sempre são importantes; isto depende da situação. A estrutura da política e do eleitorado pode ser bastante firme para tornar improvável que um candidato insincero possa ocasionar grandes malefícios, mesmo que ele o queira. A pessoa alterdirigida, focalizada nas pessoas tal como ela é, poderá deixar passar semelhante rigidez institucional do material. Destarte, da mesma forma como o moralizador romantiza um governo de leis e não de homens, o *inside-dopester* romantiza um governo de homens e não de leis.

Em segundo lugar, é evidentemente muito difícil julgar a sinceridade. Enquanto o público que usa o termo sinceridade pensa estar escapando, em sua disposição tolerante, da dificuldade de julgar habilidades, está, efetivamente, movimentando-se, para dentro de um domínio de complexidade consideravelmente maior. Exatamente porque um prêmio assim é posto na sinceridade, um prêmio é posto na sua falsificação.

Evidentemente, é a necessidade psicológica do alterdirigido, e não a política, que dita sua ênfase no calor e na sinceridade. Para a liderança, a capacidade de ser desagradável pode, freqüentemente, ser mais importante. O homem que pensa que é sincero pode, além disso, enganar a si mesmo e aos outros; o homem que sabe que não é, pode vigiar a si mesmo e ser vigiado [5].

III. *Será que os Meios de Comunicação de Massa Escapam da Política?*

A descoberta por Hollywood do problema negro deu aos estúdios um novo ciclo, e aos distribuidores, um problema difícil: Como receberia o Sul os filmes que denunciavam o preconceito racial?... Tendo permanecido já nove lucrativas semanas em Manhattan, O Lar dos Bravos estreou em Dallas e Houston... Em Dallas, o ascensorista negro tentou sintetizar as opiniões ouvidas: "Bem, eu lhe digo, 99 por cento das pessoas dizem que é educativo, e o outro 1 por cento restante diz que é bom."

Time, *18 de julho de 1949*

Em geral, os críticos dos meios de comunicação de massa parecem supor que estes favoreçam a apatia política, que permitem e encorajam a audiência a escapar da realidade política e de outras realidades da vida, que, por uma espécie de lei de Gresham, expulsam o difícil dinheiro da política com o dinheiro fácil dos entretenimentos de massa. Pergunta-se, algumas vezes, como pode Washington competir com Hollywood e Broadway?

Na realidade, entretanto, os meios de comunicação tão criticados — em especial, a imprensa — parecem ter

---

(5) Um exemplo excelente de uma atitude introdirigida para com a avaliação de sinceridade e habilidade, encontra-se nas relações de Lincoln com seus generais do tempo da Guerra de Secessão. Como no caso do General Grant, que gostava de beber, Lincoln queria saber se estes homens eram capazes de realizar uma tarefa e não se eram simpáticos, ou simpáticos para ele.

mantido uma atitude surpreendentemente introdirigida em relação à política. De fato, prestam mais atenção à política do que o público parece exigir. Até mesmo os pequenos tablóides publicam manchetes e, com freqüência, fotos de notícias e não estórias em quadrinhos na primeira página. É verdade que muitas vezes são "notícias" sobre sexo, crime, relatos perturbadores e politicamente sem importância, porém alguns tópicos políticos importantes figuram de vez em quando. O Velho Indignado Hearst gostava mais de imprimir o editorial "do Chefe", do que fotos da "dona boa" (*cheesecake*) na primeira página. As estações de rádio locais com *disc jockeys** constroem a estima de si próprias (e agradam o FCC)** transmitindo notícias de hora em hora, que as pessoas não se importam de desligar, como fazem com os comerciais. Do mesmo modo, os jornais cinematográficos começam, em geral, com flagrantes de algum personagem ou acontecientmo político, postergando Lew Lehr ou a exposição de modas. Assim, muitas das agências de comunicação de massas dão às notícias políticas um papel maior do que aquele que a consideração estrita da pesquisa de mercado poderia ditar. Desta forma ajudam a manter o prestígio da política como um suposto interesse de parte de seu público, embora, ao mesmo tempo, raramente se oponham ao estereótipo popular, no tocante à má fama dos políticos.

Esta posição de prestígio dada aos políticos é especialmente importante para a pessoa alterdirigida, uma vez que ela busca nos meios de comunicação de massa uma orientação para o seu projeto de vida e hierarquia de valores. Ela é levada a admitir que outros indivíduos devem avaliar a política como os próprios meios de massa o fazem — que estes são moralizadores politicamente alertas, mesmo que ela não o seja. Sua suposição também é encorajada pelos levantamentos de opinião pública que a imprensa estampa. À exceção de um "fotógrafo curioso" ocasional, tais levantamentos fazem muitas perguntas e apresentam muitas respostas sobre questões políticas e muito poucas sobre a vida cotidiana ou os esportes. Os meios de comunicação de massa, longe de serem uma conspiração para obscurecer o senso político dos indivíduos, poderiam ser vistos como uma conspiração para disfarçar a extensão da indiferença política.

Na verdade, na maioria das categorias da vida social, as pessoas são apologéticas quando não estão empenhadas

---

(*) Aquele que faz programas de discos com comentários, nas rádios (N. dos T.).
(**) *First Class Certificate*, certificado de primeira categoria (N. dos T.).

na política, os homens especialmente. Nem sempre chegam a descobrir que os outros estão igualmente tão aborrecidos ou apáticos em relação à política (ou outras coisas às quais os meios de massa conferem respeitabilidade) como elas próprias sabem estar. Na cidade, onde as pessoas não se conhecem, os "descrentes" só poderiam ter consciência do quão numerosos eles são, através dos meios de comunicação de massa, porém estes são exatamente os canais que dão prioridade à política [6].

Uma razão disto é o desejo dos que trabalham para os meios de massa de fazer o que é certo, ou o que é considerado certo por aqueles para os quais se voltam à procura de liderança. Assim como os editores desejam publicar livros de prestígio, ainda que neles possam perder dinheiro, sob várias racionalizações de boa vontade, da mesma forma os jornalistas e radialistas querem elevar-se acima "do denominador comum mais baixo", sem explorar por completo o potencial de lucratividade financeiro deste último. O rei do filme, que defende o mero divertimento, sente-se na defensiva ante o arrojado produtor de *Home of the Brave* e filmes-problema similares.

Pois, de fato, aqueles que trabalham nas indústrias de comunicações de massa são, apesar do estilo moralizador com o qual abordam a política, tipicamente alterdirigidos. O radar hipersensível que lhes dá o seu vale de refeições está sintonizado nos momentos livres, não com o auditório para o qual vendem, porém com as camadas intelectuais à sua volta e acima deles. Estas camadas freqüentemente desprezam a cultura popular.

Sem dúvida, a hierarquia entre os diferentes tipos de entretenimento sempre existiu. Mas, enquanto antigamente a hierarquia se baseava, pelo menos em certa medida, em critérios de mestria, atualmente parece basear-se de alguma forma mais no tema do que no modo do tratamento. Como o próprio público é solicitado a mover-se num gradiente de tema e gosto constantemente inclinado para cima, desde as estórias em quadrinhos para crianças até os comentários para adultos, assim também os fautores dos meios de massa, em sua própria combinação de mobilidade social e elevação ética, estão sempre impacientes para alcançar o ponto em que, além de estarem entretendo, estejam, em termos de tema, educando e melhorando. Da mesma forma como as revistas elegantes (*slicks*) são mais "classe alta" do que as sensacionalistas (*pulps*),

---

(6) Cf. Paul Lazarsfeld e Robert K. Merton, Mass Communication, Popular Taste and Organized Social Action", *The Communication of Ideas*, ed. Lyman Bryson, pág. 95, sobre a função de "atribuição de status" dos meios de comunicação de massa.

também a política é mais "classe alta" do que o sexo. O redator esportivo quer tornar-se colunista político; o locutor de clubes noturnos transfere-se primeiramente para os mexericos da política, e daí para o fogo político; muito editor de jornal que começa como comerciante nada-de--brincadeira (*no-nonsense*), acaba meio moralizador político. Exatamente como o novo rico é "educado" na filantropia por seus associados, também os novatos nos meios de comunicação de massa são educados para se distanciarem dos motivos comerciais "baixos" em direção aos de maior prestígio. Para dar um exemplo, as antigas revistas ilustradas, tais como *Life* e *Look*, e mesmo algumas das menos conhecidas, afastaram-se decididamente das fotos da "dona boa", rumo à arte, do sensacionalismo do jornalismo de suplemento dominical para a matéria de leitura "séria" e a exortação política; as fotos são apenas o chamariz para questões sociais.

Parece, portanto, que os meios de massa, dentre seus efeitos altamente complexos e ambíguos, ajudam mesmo a escorar o prestígio da esfera política nos Estados Unidos, e que, no âmbito desta esfera, tem o efeito de favorecer os estilos políticos moralizadores mais antigos. Isto é mais verdadeiro para a imprensa do que para o cinema e o rádio, assim como, no círculo da imprensa, é mais verdadeiro para certas revistas e jornais do que para outros. Não obstante, apesar dessas boas intenções, o impacto total dos meios de comunicações de massa sobre as atitudes políticas dos americanos atua mais para encorajar a tolerância alterdirigida do que para preservar a indignação introdirigida. A pura ênfase dada às habilidades do consumidor nos meios de comunicação de massa, uma ênfase que ao mesmo tempo encoraja e supre o alterdirigido, redunda em efeitos cumulativos. Um dos mais básicos é que os tipos introdirigidos e seus interesses são expulsos dos meios de massa em *todas as esferas, exceto a própria política.*

IV. *O Reservatório de Indignação*

Na verdade, fora da política, os meios de comunicação de massa oferecem aos indignados uma alimentação um tanto escassa. As questões morais neles abordadas são propostas de forma crescentemente sutil e, como vimos no Capítulo VIII, refletem, na maior parte, problemas de relacionamentos pessoais. Além do mais, o ritmo dos meios de massa é demasiado rápido, demasiado sofisticado para muitos dos leitores que permanecem introdirigidos. O que farão eles, por exemplo, com uma coluna de Billy Rose sobre a moral e os costumes da Broadway? Como poderão traduzir os jargões especializados de muitas estórias em quadrinhos? Como poderão encontrar sentido no elíptico e no possivelmente alusivo do filme-problema de categoria A? Os indignados estão aptos a achar que mesmo fitas de faroeste (*horse opera*) se tornaram cenários para o sadismo, sexo e problemas sociais, não mais como os velhos *westerns,* cujas principais personagens eram cavalos e cujos problemas morais dificilmente envolviam seres mais complexos. Aos casuais ouvintes da classe média superior, as novelas radiofônicas (*soap opera*) parecem banhar-se em lacrimosa moralização. Porém, tipicamente, suas personagens estão preocupadas em estender uma complexa teia de emoções sutis, exigindo, com freqüência, os serviços especializados do auxiliar profissional ou semiprofissional. O horrorizado e típico indignado, especialmente talvez se for do sexo masculino, não está simplesmente interessado em tais coisas.

Podemos notar conjuntamente em outro meio de comunicação a mudança do que a cultura popular oferece, ressaltando a transformação, de alguns anos para cá, do novo *Scientific American.* O velho *Scientific American* costumava ser lido por amadores de ciência introdirigidos; agora tornou-se ele um periódico elegante, provendo de brilho e sofisticação os consumidores de ciências, inclusive ciência social e filosofia; um antigo assinante queixou-se que a revista não era mais editada para que homens com as mãos cheias de graxa a lessem em seus bancos de trabalho — realmente a única coluna de passatempo remanescente é a seção de astronomia. Da mesma forma, poderíamos observar que Street e Smith, editores de contos moralizadores, tais como Alger e Nick Carter, liquidaram em 1948 todas, menos uma, de suas restantes revistas baratas, inclusive *Detective Story, Western Story* etc., para se concentrarem em três de suas revistas elegantes em rápida expansão: *Mademoiselle, Charm e Mademoiselle's Living.* O que há de fazer com elas o aferrado moralizador?

Este torturante *deficit* de meios de massa aceitáveis poderia ser talvez menos molesto ao moralizador, se o mundo em que ele vive continuasse a parecer introdirigido, isto é, governado pela mão invisível. Mas sua própria experiência de vida é freqüentemente desapontadora; ele se acha privado de um sentimento de competência e lugar. Nem seu caráter, nem seu trabalho, são recompensados. Nessa situação, tende a voltar-se contra ambos — pois é vulnerável à falta de compreensão mundana, talvez mais do que à falta de sucesso mundano — e contra o mundo. Num último esforço desesperado de fazer o mundo voltar ao seu curso introdirigido, a fim de torná-lo habitável, está pronto a unir-se a um movimento político cuja força propulsora básica é a indignação. Um mundo que lhe recusa um lugar — um mundo que o bombardeia com mensagens que o fazem sentir-se inadequado — pode não lhe parecer digno de salvação, embora sua destrutividade possa ser racionalizada por várias ideologias.

Os meios de massa abastecem-se desta atitude na política, mesmo que não se abasteçam dela em outros campos. Vimos uma razão para tanto: o fato de que muitos líderes dos meios de comunicação de massa, por prestígio ou por outras razões que lhes são próprias, esposarem no tocante à política mais moralizadora do que o tipo *inside-dopester*. E vimos uma outra razão: o fato dos meios de massa atraírem e proverem uma audiência para homens indignados com uma mensagem simples. Conquanto a maioria de seus leitores sejam indiferentes do novo estilo, titilados pela excitação política, alguns são indignados políticos que encontram suas reações saudadas na página do editorial e nas colunas dos comentaristas, senão algures.

Além disso, a indignação dos senhores da imprensa, do comentário e da coluna não é tão despido de efeito sôbre os leitores alterdirigidos de seu público, como se poderia supor à primeira vista. Muitos destes adotaram como próprio o estilo do moralizador. Porém, mesmo o tolerante alterdirigido fica, amiúde, fascinado pela ira do indignado, não porque seja compatível com sua estrutura de caráter, mas por não o ser. Nos esportes de caráter comercial, por exemplo, aprecia a rivalidade e a demonstração de mau gênio — mesmo que saiba, de certo modo, que as coisas são cozinhadas para seu proveito — que estão desaparecendo ou sendo banidas de outras esferas de sua vida. Como resultado, mostras de agressão e indignação na arena política gozam de popularidade junto a todos os tipos — indignados, *inside-dopesters* e indiferentes. "Continua largando brasa, Harry!" gritavam as multidões para o Presidente Truman. Tal como os americanos, qualquer que seja sua classe ou o seu caráter, podem apreciar uma luta de boxe ou um rodeio, também ainda assistem a um pega político como parte importante de sua herança americana, apesar da tendência para a tolerância.

Isto nos leva à importante consideração de que a natureza do processo eleitoreiro encoraja a entrada do indignado nos seus próprios termos. Nas campanhas, sobrevive a tradição de moralização, em concorrência com a recente busca do *glamour*. Apesar de sensíveis ao *glamour*, as máquinas políticas também tem consciência, por derrotas passadas, da força política dos indignados — os que realmente foram combater a administração municipal. Mesmo homens alterdirigidos podem votar em políticos introdirigidos moralizadores, porque estes últimos apresentam uma atitude mais familiar, mais dramatizada, mais aparentemente apropriada em relação à política.

Pois os indignados· tem a posse de uma das grandes tradições de política americana, a de pedir ao governo que governe mais do que este sabe governar — como no caso da Proibição — uma sobrevivência atual do tempo em que um estado como Connecticut, para espanto de Tocqueville, sentia-se justificado a pôr nada menos do que a lei hebraica em seus livros de estatutos, mas não se sentia justificado a impor suas severas disposições penais. De acordo com esta tradição, os indignados de hoje podem empenhar-se na política para "levar a lei" àqueles movimentos da cultura — da literatura, do cinema, da universidade, das bibliotecas — que simbolizam a tolerância e a sofisticação urbanas. Eles são apoiados, neste esforço, menos pelos tipos alterdirigidos do que pelos introdirigidos para os quais a tolerância é um princípio moral, não um traço de caráter. Os defensores mais fervorosos das liberdades civis na América haurem sua força política de seus princípios e convicções firmes, e não de seu conhecimento de quem é quem na política. Em contraste, o *inside-dopester* tolerante poderá tornar-se "objetivo" com relação à intolerância: ele conhece bastante a respeito das pessoas para duvidar da eficácia da razão, ou para estar certo de sua própria resistência. Seus pontos vulneráveis, assim como suas habilidades, originam-se do fato de sua atenção estar voltada para os outros e não para suas próprias necessidades ou princípios.

De fato, os alterdirigidos tentam defender-se das investidas políticas dos indignados por meio de operações interiores, mais do que pela contramoralização. Avessos à militância pessoal, a meter-se em apuros, fazem pressão através de grupos e associações que falam em seu nome. Como manobradores capacitados de táticas interiores e do processo de comunicação — acham-se, por certo, à vontade entre os meios de massa, dos quais nem todos são controlados pelos moralizadores — conseguem, freqüentemente, pôr freio naquilo que os indignados gostariam de fazer. Tal como um esperto procurador distrital pode mitigar a fúria de um grande júri imperante ao qual lhe incumbe apresentar uma denúncia, mediante um acordo com o advogado de defesa para que aceite uma alegação de delito menor, assim também o *inside-dopester* tem sido amiúde capaz, na política nacional e local, de contemporizar os indignados com uma concessão. Ele pode fazer concessões, pois não exige da política que esta lhe endireite o mundo. Na verdade, se o indignado pede demasiado da política, o *inside-dopester* tolerante pede demasiado pouco.

Os moralizadores e os *inside-dopesters*, tomados em conjunto, são provavelmente a maioria entre os mais cultivados, mas certamente a minoria no total da população. Entretanto, o *inside-dopester* tem pouco a oferecer aos indiferentes na forma de dividendos psíquicos: seu conhecimento mesmo leva-o a ter consciência do quão pouco se pode alcançar na política e quão fantástica é a esperança de "livrar-se da política". Mas no incitamento dos indiferentes, a indignação conta com grandes possibilidades. Ela não só favorece um melhor espetáculo, mas também joga com agravos como os que os indiferentes tem. As vezes tais ressentimentos podem ser levados à esfera política através de concitações antipolíticas. As promessas cheias de ódio dos indignados poderão empolgar muitos daqueles cuja indiferença política se baseia, não na segurança da direção traditiva, porém na incompetência e na falta de hábito. De fontes similares, foram arregimentados muitos dos primeiros nazistas, uma grande ala dos gaullistas e muitos outros grupos, em vários países, que se colocam "acima da política", "acima dos partidos" e "acima de opiniões". Tais grupos atacam os elementos da sociedade mais tradicionalmente partidários e politicamente articulados e exigem independência da política — de plataformas, princípios e parlamentos. Semelhante atitude em relação ao sistema de partidos americanos e ao padrão do discernimento político não é tão incomum. Portanto, se em qualquer momento os indignados puderem fazer junção com os indiferentes, os primeiros talvez venham a tornar-se muito poderosos. Internamente, a indignação poderá abeberar-se nas grandes reservas de nacionalismo e xenofobia de classe mais baixa. Externamente, a indignação poderá encontrar a contra-indignação, e a congruência dos indignados e dos indiferentes, temporariamente incitados, poderá colocar o tolerante diante de um suposto *fait accompli*. E os tolerantes *inside-dopesters*, quando comparados àqueles que são tolerantes a partir de um princípio introdirigido, são homens treinados a reconhecer um fato consumado, e a não combatê-lo.

Muito antes que os tolerantes sejam capazes de organizar a política segundo seu estilo e tendência, uma disparada dos indignados poderá ocasionar uma explosão e poderá impelir a causa e o caráter tolerantes para a inatividade temporária.

V. *"Nos Sonhos Começam as Responsabilidades"*.

Como conclusão, gostaria de aventurar a sugestão de que se os meios de massa encorajassem, e se a sua audiência se permitisse uma fuga mais genuína, "para longe de tudo isto", os americanos tornar-se-iam psiquicamente mais fortes e mais prontos a empreender um despertar da imaginação e do comprometimento políticos. Prolongando nosso atual padrão de crítica dos meios de comunicação de massa, possibilitamos aos meios de massa continuar sustentando o prestígio do elemento político, mesmo quando, tanto como a nossa vida no presente, o político é destituído de conteúdo substancial — senão por outra coisa, porque justamente esta falta de conteúdo só poderia ser vislumbrada a partir de uma visão menos realista e mais orientada pela fantasia. O impacto direto dos meios de massa na decisão política poderá, facilmente, fazer-se tão tênue quanto o impacto da Câmara dos Lordes na opinião pública da Inglaterra. A imprensa séria recusa-se a encarar tal situação e, longe de tentar explorar novas correntes emocionais na vida americana, procura zelosamente apresentar à Câmara dos Comuns dos meios de comunicação de massa — rádio, televisão, cinema e revistas sensacionalistas — uma agenda de segunda mão de debate político. Uma vez que a política é na realidade menos real do que os senhores da imprensa para si mesmos e para sua audiência fingem que ela seja, o consumo da vituperação política pode facilmente tornar-se, mais do que nunca, uma fuga no usual sentido odioso, racionalizado pelo seu alto prestígio baseado nos meios de massa. Assim, as fontes da arte popular e da cultura, das quais a eventual criação política pode emanar, acham-se parcialmente represadas por falsas considerações de prestígio e pelas deslocadas culpas e imperativos éticos, compartilhadas por aqueles que controlam os meios de comunicação de massa e por aqueles que, por sua vez, procuram neles um cardápio cultural.

As probabilidades são que os meios de massa, em seu impacto direto, portador de mensagem, tenderão a fazer menos, tanto para ajudar, como para ofender a audiência, do que os dirigentes dos meios de massa e seus críticos gostam de crer. A consciência deste fato poderá permitir, tanto aos controladores como aos críticos dos meios de massa, reorientar a sua atenção. Eles tem a liberdade, muito além do que imaginam, de servir aos próprios meios de massa, mais do que à mensagem que estes ministram, ou que se acredita que ministrem. O produtor de cinema ou o crítico que está preocupado principalmente com mensagens, como por exemplo a de tolerância étnica, poderá na realidade desprezar o cinema como forma de arte. O redator ou cientista social, que está interessado apenas em incitar o eleitorado, poderá detestar a língua inglesa porque esta se tornou, para ele, um simples instrumento. O locutor que deseja remir-se de seu alto salário e de seus patrocinadores, infiltrando um trocadilho contra os negócios, poderá ter pouco respeito para com os recursos estéticos de seu meio de comunicação.

Desta e de outras formas, os homens que trabalham no rádio, no cinema e na ficção tendem a dar à política, como a imprensa e seus melhores a vêem, um prestígio negado à arte, especialmente à arte popular dos próprios meios de massa. Há nisto algo de patético para as suas vidas pessoais, uma vez que os leva a um desdém injustificado por seu próprio ofício. Há ironia nisto para a política americana, pois, segundo me parece, um país que produziu artisticamente cinema, escritos e emissões de primeira classe — não importa qual tenha sido o tema e, na verdade, subordinando toda a questão do tema — deveria ser, política assim como culturalmente, um país mais vivo e mais feliz. Bons artistas de meios de massa são quase tão importantes e, talvez mesmo, mais raros do que comentadores responsáveis e antiescapistas.

10

IMAGENS DO PODER

> *Nos Estados Unidos, os cidadãos mais opulentos tomam muito cuidado para não se isolarem do povo; ao contrário, eles se mantêm constantemente em termos amistosos com as classes mais baixas; ouvem-nas e falam-lhes diariamente. Sabem que, nas democracias, o rico sempre tem necessidade do pobre, e que a gente liga a si um homem pobre mais pelas maneiras do que pelos benefícios concedidos.*
>
> Tocqueville, *Democracia na América*.

Nos últimos cinqüenta anos houve mudança na configuração do poder nos Estados Unidos, no qual uma hierarquia única, com uma classe dominante à sua frente, foi substituída por um certo número de "grupos de veto", entre os quais se dispersa o poder. Esta alteração tem várias raízes e conseqüências complexas, inclusive a mudança do espírito político, de moralizador para tolerante. Uma estrutura de poder bem delineada ajudou a criar a nitidez de metas do introdirigido; uma estrutura de poder amorfa ajuda a criar a orientação de consumidor do alterdirigido.

I. *Os Líderes e os Liderados*

Houve dois períodos na história americana nos quais uma classe dirigente claramente definida emergiu. Nos fins do século XVIII e inícios de XIX a Liderança Federalista — a liderança aristocrático-rural e a monetário-mercantil — certamente julgava-se, e era, um grupo dominante. Muito antes que sua liderança fosse realmente desalojada, seu poder era contestado e, em exemplos decisivos, sobrepujado nos estados do centro e do norte, pela milícia de lavradores e artesãos. Estes últimos, tendo pouco tempo ou pouco pendor para a política, comumente deixavam-na para os seus "melhores", porém retinham um poder de veto sobre o que era feito e, ocasionalmente, como no caso de Jackson, assumiam um comando mais positivo. Depois da Guerra Civil, entretanto, os agricultores e os artesãos perderam a capacidade de controlar o que era feito e os capitães de indústria surgiram como classe dominante. Durante sua hegemonia, as imagens e as realidades de poder nos Estados Unidos coincidiram mais estreitamente do que parecem coincidir na atualidade.

CAPITÃES DE INDÚSTRIA E CAPITÃES DE CONSUMO

De acordo com esta perspectiva da questão, a eleição de 1896 assemelha-se a um divisor de águas histórico: o ponto alto do domínio oligárquico. Em termos de estilo político, havia moralizadores em favor de Bryan e moralizadores em favor de McKinley. E havia grupos que, considerassem eles ou não seus interesses em termos morais, tinham um quadro claro de si próprios e de seus interesses; também eles reagiam às eleições de uma forma introdirigida. Apenas alguns indivíduos, como Brooks Adams, que apoiava Bryan em virtude de seu ódio pelos *"gold-bugs"* (percevejos do ouro), tinham consciência de algumas das ambigüidades nas posições de ambos os candidatos.

Certamente, os líderes vitoriosos — McKinley, Hanna e Morgan, em seus vários distritos — não estavam cônscios da ambigüidade. O êxito de sua solicitação eleitoral é menos importante para nós do que o espírito de sua empreitada, que era de liderança consciente, dirigida por considerações de classe conscientes. Esta liderança autoconsciente apoiava-se na íntima ligação, para a qual já chamei a atenção, entre a política e o trabalho. O mundo do trabalho era o grande mundo; a política era uma extensão que poderia tanto facilitar o trabalho quanto sabotá-lo. Embora banqueiros e granjeiros tivessem noções diferentes sobre que trabalho a política deveria fazer ou deixar de fazer, eles concordavam quanto ao primado do aspecto produtivo da vida.

Naturalmente, a esfera política não se apresentava despida de entretenimento para o homem introdirigido: com suas oportunidades de discutir à mesa do boteco, de beber cerveja e estabelecer camaradagem em mangas de camisa, à luz de tochas, tinha funções ocasionais de permitir uma fuga "para baixo" das dignidades do trabalho e da existência abastada. Mas a grande diferença em relação à atualidade é que os líderes ingressavam na política para executar uma tarefa — em primeiro lugar, assegurar a conquista dos recursos americanos — mais do que para procurar um público receptivo. Assim como Rockefeller vendia seu petróleo mais pela força ou pelo baixo preço do que pela marca, assim o líder político dos fins do século XIX vendia suas mercadorias (votos ou decisões) para quem oferecesse o lance mais alto. Tanto o sonante quanto a moralidade podiam fazer lance — mas não a "boa vontade" como tal.

Esta situação e estas motivações introdirigidas deram em 1896 uma clareza à cena política e social que, segundo parece, não existia na época de Tocqueville e nem desde então. A bala que matou McKinley marcou o fim dos dias da liderança explícita de classe. Denúncias de corrupção e ferozes caricaturas políticas — artes que dependem da clareza de linha — continuaram durante algum tempo e, é claro, ainda não desapareceram por completo. Mas da mesma forma como a religião dos velhos tempos dependia de uma imagem clara do céu e do inferno e de juízos claros sobre o bem e o mal, assim também a política dos velhos tempos dependia de uma estrutura de classes nítida e de juízos claros e facilmente moralizados sobre o bem e o mal que dela emanam. Dependia, também, e eu não posso acentuar demasiadamente este ponto, de um acordo entre os líderes e os liderados segundo o qual a esfera de trabalho da vida era dominante. E por serem claros os objetivos, o trabalho óbvio do líder era liderar; e dos liderados, seguir. Sua cooperação política, como sua cooperação na indústria e na agricultura, baseava-se em interesses mútuos, fossem diretamente moralizados ou não, mais do que em preferências e gostos mútuos.

Deve-se tomar o que eu disse como um retrato político "típico-ideal" da época, útil por via de contraste com o nosso próprio tempo. Na realidade, as mudanças são, como sempre, mudanças em ênfase e grau, e o retrato estaria seriamente exagerado se o leitor viesse a concluir que nenhum estado emocional, nenhum anseio por carisma ou *glamour,* redemoinhava à volta das relações entre os líderes e os liderados. Essas relações não eram inteiramente construídas a partir de sóbrias moralizações e interesses econômicos bem entendidos, mas, como Veblen descreveu as coisas, ocasionalmente o capitão de indústria servia para fornecer à população subjacente personagens a serem admirados "para o maior conforto espiritual de todos os partidos interessados".

Teorias de classes dirigentes, aplicadas aos Estados Unidos contemporâneos, parecem constituir remanescentes espectrais desses tempos passados. O capitão da indústria não mais dirige os negócios, não mais dirige a política e não mais fornece "o conforto espiritual" legitimado. É verdade que, às vezes, aqui e ali, há sobrevivências. No Sudoeste em desenvolvimento acelerado, o Texas ainda produz homens como Glenn McCarthy e a Califórnia produziu um leão da selva dos velhos tempos, na pessoa de A. P. Giannini (que procedia, de um modo bastante significativo, de uma família à qual faltou a oportunidade de educá-lo para as motivações comerciais mais novas). Todavia, mesmo esses tipos são tocados por traços que não eram, nem aproximadamente, tão evidentes nos primeiros capitães de indústria que fascinaram Veblen tal como Lúcifer fascinou Milton. Como Henry Kaiser, dependem muito mais da opinião pública do que os antigos magníficos e, como corolário da opinião pública, da atitude do governo. Com este fim, tendem a explorar suas personalidades, ou permitir que elas sejam exploradas, de uma forma que faz com que a proeza da distribuição de níqueis de Ivy Lee, do velho Rockefeller, pareça tão remota quanto os Fuggers.

Muito mais do que os seus predecessores de antes da Primeira Guerra Mundial, esses capitões sobreviventes permanecem dentro dos limites, bem como das possibilidades da economia da *mão cordial.* Se entram na política, fazem-no porque é um esporte ou uma obrigação para o rico; ou, simplesmente, porque estão amarrados ao governo a cada passo de suas empresas que se ramificam. Estes capitães tardios nem se vêem, nem são reconhecidos como líderes políticos que, por sua presença e pelo que defendem, clarificam e, portanto, moralizam a política. O velho Morgan e seus amigos achavam que lhes competia refrear Bryan e a depressão de 1907. Ninguém tomou o lugar deles.

No foco da atenção pública, os velhos capitães de indústria foram substituídos por um tipo inteiramente novo: o Capitão da Não-indústria, do Consumo e do Lazer. Exames de conteúdo nos meios de massa mostram, quanto aos líderes empresariais e políticos, uma alteração nos tipos de informação exigidos pela audiência [1]. Em outro tempo, fornecia-se ao público a estória do ascenso do herói, orientado para o trabalho, em direção ao sucesso. Atualmente, a escala é dada como certa ou vista em termos de "brechas" (*breaks*), e as preferências dos heróis em relação a roupas, comida, mulheres e recreação são enfatizadas — estas são, como vimos, as "fronteiras" nas quais o próprio leitor poderá competir, conquanto não possa imaginar-se a si mesmo, dentro do trabalho, no papel de presidente dos Estados Unidos, ou diretor de uma grande companhia.

Além disso, há um deslocamento, em tais biografias, da acentuação nos líderes empresariais para a dos "líderes" de consumo. Proporcionalmente, atores, artistas e animadores recebem mais espaço do que costumavam receber, e os heróis do escritório, da tribuna e da fábrica, menos. Estes consumidores do excesso de produto podem, em termos de Veblen, fornecer "conforto espiritual" exatamente por sua habilidade de consumo. O *glamour* de tais heróis de consumo pode residir em sua incompetência nas habilidades de um desempenho metódico e, como vimos, em alguns casos, sua total "sinceridade" pessoal poderá servir, em lugar de critérios artísticos mais objetivos.

É claro, porém, que esses capitães do consumo não são líderes. Não passam ainda de personalidades, empregadas para enfeitar os movimentos, e não para liderá-los. Contudo, os verdadeiros líderes têm muita coisa em comum com eles.

Para uma exemplificação, podemos voltar-nos para um líder americano recente — um líder, sem dúvida —

(1) Ver o excelente artigo de Leo Lowenthal, "Biographies in Popular Magazines", *Radio Research*, 1942-43, ed. Lazarsfeld and Stanton (New York, Duell, Sloan e Pearce, 1944), p. 507. O Dr. Lowenthal liga a alteração de "heróis da produção" para "heróis de consumo" a importantes mudanças sociais da vida americana.

que compartilhava de muitas das características do artista e do animador: Franklin D. Roosevelt. Estamos habituados a pensar nele como um homem de grande poder. Seu papel, todavia, ao liderar o país para a guerra, foi muito diverso do de McKinley, e mesmo de Wilson. Pensem em McKinley, andando de cá para lá em seu gabinete, decidindo se devia ou não pedir uma declaração de guerra à Espanha — quando já sabia que a Espanha iria capitular. McKinley sentia que isto dependia dele; da mesma forma agia Wilson. Roosevelt sentia que podia manobrar apenas dentro de limites muito estreitos, limites que chegaram a deixar a decisão ao inimigo.

Novamente, se compararmos suas atividades às de Churchill durante os anos de guerra, é possível notar diferenças importantes. Churchill liderava os ingleses de certo modo segundo o velho sistema de uma relação explícita entre o líder e os seguidores. Que ele liderava, além do mais, como um líder moralizador e não como uma "personalidade", apesar de seu grande encanto pessoal, patenteou-se na presteza do eleitorado em segui-lo na guerra e dispensá-lo na paz; encaravam-no com mentalidade mais de trabalho do que de consumo. Por outro lado, como acontecera antes, Roosevelt permaneceu durante toda a guerra como um persuasor poderoso, embora tolerante, um cúmplice mesmo, e um estimulador de mudança na opinião pública, que ele acompanhava em todos os momentos com profunda preocupação, Churchill explorava sua indignação; Roosevelt, seu encanto.

As diferenças obviamente reais na situação militar da Inglaterra e dos Estados Unidos, durante este período, não bastam para explicar essas diferenças de ânimo e método de liderança. Muito mais importantes do que as diferenças da época de guerra, entre os dois países, são as diferenças de alterações no padrão político durante o último meio século. Os Estados Unidos da década de noventa podiam ser dirigidos política e moralmente. Desde então, ingressamos numa fase social e política em que o poder está disperso entre grupos de veto. Estes grupos são demasiado numerosos e diversificados para serem conduzidos pelo moralizar; o que desejam é por demais variado para ser moralizado e por demais intangível para ser comprado apenas por dinheiro; e o que se chama liderança política consiste, como pudemos ver no caso de Roosevelt, na habilidade do tolerante para manipular alianças.

Isto significa que homens que, em períodos históricos anteriores, eram líderes políticos, encontram-se agora atarefados com a ocupação alterdirigida de estudar a realimentação (*feedback*) de todos os outros — seus eleitores, seus correspondentes, seus amigos e inimigos dentro dos grupos de pressão influentes. A revolução na comunicação possibilita esta atenção de uma forma que era inacessível ao não menos assíduo cultivador de clientes dos velhos tempos, que comprava alguns redatores quando queria que fossem ditas coisas favoráveis. E aqueles que foram outrora seguidores, aprenderam as artes da politicagem dos corredores e da publicidade. As listas de chamada dos líderes dos séculos XIX e início do XX contêm muitos nomes que se recusavam a acompanhar seu rebanho: Gladstone e Cleveland, Robert Peel e John Stuart Mill (como M. P., Membro do Parlamento), Woodrow Wilson e Winston Churchill. Mesmo hoje, a necessidade de impor linhas impopulares traz à tona tipos introdirigidos: Cripps, por exemplo, na Inglaterra; Stimson e Robert Patterson neste país. É claro que as figuras políticas, em todas a épocas, estiveram na dependência de seus seguidores, e o oportunismo e a manipulação não constituem uma descoberta do século XX. O líder introdirigido era, entretanto, bastante cônscio das discrepâncias entre seus pontos de vista e os dos outros; se alterava o seu curso, este ainda era o *seu*. Além do mais, uma vez que era ambicioso, podia muito bem preferir a fama posterior a um calor momentâneo de reação; de qualquer modo, não precisava que todo mundo o amasse, porém somente aquêles que importavam com seus destinos.

Em sua autobiografia, John Stuart Mill conta o seguinte: *No panfleto "Pensamentos sobre a Reforma Parlamentar" (Thoughts on Parliamentary Reform), eu havia dito, um tanto rudemente, que as classes trabalhadoras, apesar de diferirem das de alguns outros países, em se envergonhando de mentir, são, no entanto, mentirosas em geral. Algum adversário mandou imprimir esta passagem em um cartaz que me foi apresentado em um comício, composto em sua maior parte pelas classes trabalhadoras, e perguntaram-me se eu havia escrito ou publicado aquilo. Imediatamente respondi: "Fui eu". Mas essas palavras saíram de minha boca, quando um aplauso veemente ressoou pela assembléia toda.*

É interessante comparar este acidente com as práticas de certas figuras públicas americanas, que não só jamais pensariam em dizer qualquer coisa capaz de ofender uma audiência, como também, com freqüência, partem de um texto preparado, cuidadosamente planejado para agradar uma grande audiência, com o fito de amolecer o grupo menor, face-a-face, diante do qual o discurso vem a ser proferido.

O antigo capitão de indústria era também um capitão de consumo: quaisquer padrões que fossem estabelecidos eram estabelecidos por ele. Era também um capitão de política. O novo capitão de consumo, que lhe usurpou o lugar aos olhos do público, está severamente limitado à esfera de consumo — que, por sua vez, se expandiu largamente. Hoje em dia, as personalidades do mundo do lazer, não importa quão amadas elas sejam, carecem do poder e da situação para a liderança. Se um astro do cinema tenta passar uma mensagem política, fora ou dentro de seus filmes, vê-se exposto a toda a sorte de pressões. O produtor cinematográfico não é mais poderoso. Os católicos, os metodistas, os agentes funerários organizados, o Departamento de Estado, os sulistas, os judeus, os médicos, todos fazem pressão sobre o veículo que está sendo preparado para a distribuição em massa. A piedade ou a decência protegem alguns grupos minoritários que não têm elementos para agir nos corredores (*lobbies*). O produtor de cinema age como intermediário entre estes grupos de veto em uma situação demasiado intricada para encorajá-lo a tomar uma posição firme e moralizadora. Na melhor das hipóteses, ele ou alguém em sua organização poderá introduzir furtivamente uma mensagem política ou moral no filme, como Roosevelt ou alguém em sua organização introduzia às escondidas um encontro ou uma nova agência coordenadora. A mensagem, o encontro, a agência — nenhuma delas poderia ir muito longe no *croquet* de Alice no País das Maravilhas dos grupos de veto.

II. *Quem tem o Poder?*

Os Grupos de Veto — A natureza variável do *lobby* fornece-nos uma chave importante no que diz respeito à diferença entre a cena política americana atual e a do tempo de McKinley. A classe dirigente de homens de negócios podia decidir, com relativa facilidade (embora talvez erradamente), onde se situavam seus interesses e que jornalistas, advogados e legisladores deveriam ser pagos para promovê-los. O *lobby* contribuiu para a clara liderança, privilégio e imperativo da classe dominante de homens de negócios.

Hoje, substituímos essa liderança por uma série de grupos, cada um dos quais lutou a fim de conseguir e, finalmente, atingiu o poder de sustar coisas concebivelmente adversas aos seus interesses e, dentro de limites muito mais estreitos, de encetar outras. Os vários grupos de negócios, grandes e pequenos, os grupos de censura de filmes, os grupos de agricultores e os grupos de profissionais e trabalhadores, os grupos étnicos e regionais mais importantes lograram, em muitos casos, guindar-se a uma posição na qual estão aptos a neutralizar aqueles que poderiam atacá-los. O próprio aumento no último desses grupos, e nos tipos de interesses "práticos" e "fictícios" que eles protegem, assinala, portanto, mudança decisiva em relação aos *lobbies* do passado. Há mudança também no método, na forma em que os grupos são organizados e na maneira pela qual se tratam uns aos outros e ao público, isto é, os inorganizados.

Estes grupos de veto não são nem grupos de liderança, nem grupos de liderados. Os únicos líderes de alcance nacional remanescentes nos Estados Unidos, hoje, são aqueles que podem aplacar os grupos de veto. Os únicos seguidores remanescentes nos Estados Unidos, hoje, são aqueles inorganizados ou, às vezes, desorganizados infelizes que ainda não inventaram o seu grupo.

Dentro dos grupos de veto ocorre, é claro, a mesma luta pelos lugares principais que se desenrola em outras estruturas burocráticas. Dentre os grupos de veto, a competição é monopolística; regras de honestidade e companheirismo determinam até onde é possível chegar. A despeito das regras, verificam-se, é claro, ocasionais "guerra de preço", como as disputas jurisdicionais de sindicatos ou de grupos judaicos de defesa; estas terminam por negociações, pela divisão do território e formação de uma organização de cúpula para o eleitorado, antes dividido. Estes grandes monopólios, tomados como grupo único, travam devastadora competição com os que ainda não estão agrupados, da mesma forma que a economia do comércio regulado compete com a economia do comércio livre. Os adeptos espalhados deste último encontram a proteção possível nos interstícios à volta dos que têm mentalidade grupal [2].

Cada um dos grupos de veto, neste padrão, é capaz de efetuar um movimento agressivo, porém o movimento é

(2) Cumpriria esclarecer que a competição monopolista, tanto no comércio como na política, é competição. As pessoas estão muito cônscias de seus rivais dentro e fora da organização. Elas sabem quem são, porém pela própria natureza da competição monopolista são raras vezes capazes de eliminá-los inteiramente. Embora estivéssemos falando de comércio regulado e tolerância, isto não deveria obscurecer o fato de que, para os participantes, o sentimento de pertencerem a estruturas rivais é muito forte. Na verdade, enfrentam o problema de muitas pessoas alterdirigidas: como combinar a aparência de comportamento amigável, personalizado e "sincero" com as invejas cruéis, às vezes quase paranóides, de sua vida ocupacional.

acentuadamente limitado em seu alcance, graças à forma com que os vários grupos já retalharam a esfera da política e dispuseram certas expectativas maciças por detrás de cada corte. Quer dentro dos grupos, quer na situação criada pela presença deles, o espírito político tende a tornar-se o da tolerância alterdirigida. Os vetos amarram de tal modo a ação que é difícil para os moralizadores conceber um programa passível, em alguma forma ampla, de alterar as relações entre vida pessoal e política ou entre a vida política e a econômica. Na amorfa estrutura do poder criada pelos grupos de veto, é difícil distinguir os governantes dos governados, os que é preciso auxiliar dos que é preciso combater, os que estão de seu lado dos que estão do lado oposto. Este padrão mesmo encoraja o *inside-dopester* capaz de desenredar as ligações pessoais e desencoraja o entusiasta ou o indignado que pretende instalar o bem ou afastar o mal. Provavelmente, acima de tudo, encoraja o indiferente de novo estilo, o qual tem a sensação, e a quem freqüentemente se diz que seus problemas e os de todos os outros se encontram em mãos de especialistas e que os leigos, embora devessem "participar", na realidade não deveriam ser, quanto a isto, demasiado curiosos ou vigilantes.

Devido à sua própria natureza, os grupos de veto existem como grupos de defesa, não como grupos de liderança. É verdade que eles "têm o poder", eles o têm em virtude de uma necessária tolerância mútua. Cada vez mais eles se espelham uns aos outros no estilo de ação política, inclusive no interesse nas relações públicas e na ênfase na harmonia interna de sentimentos. Há uma tendência de organizações, tão diferentemente orientadas quanto, por exemplo, os Jovens Socialistas e o Clube 4H, a adotar métodos psicológicos de venda similares, para obter e consolidar seus recrutas.

Isto não significa, entretanto, que os grupos de veto sejam formados segundo as linhas de estrutura de caráter. Como há lugar, numa companhia comercial, para tipos introdirigidos e alterdirigidos extremos, e todas as combinações intermediárias, igualmente podem existir, num grupo de veto, relações simbióticas complexas entre pessoas de diferentes estilos políticos. Assim, uma equipe de *lobbyists* pode incluir tanto moralizadores como *inside-dopesters* trabalhando às vezes em conjunto, às vezes em conflito; e a clientela da equipe pode compor-se, na maior parte, de indiferentes políticos de novo estilo, com bastante instrução e experiência organizacional para exercer influência, quando chamados a tanto. Apesar dessas complicações, acho justo dizer que os grupos de veto, mesmo se estabelecidos para proteger um nítido interesse moralizador, vêem-se em geral forçados a adotar as maneiras políticas dos alterdirigidos.

Ao dizer isto, estou falando sobre o cenário nacional. Quanto menor a clientela, é claro, menor o número de grupos de veto envolvidos e maior a probabilidade de que um deles seja dominante. Assim, na política local, há mais indignação e menos tolerância, assim como até o *Chicago Tribune* é um jornal tolerante em comparação aos folhetos de comunidade em muitas redondezas de Chicago.

O mesmo problema poderá ser considerado sob outra perspectiva. Vários grupos descobriram que, na amorfa situação de poder nos Estados Unidos, eles podem ir muito longe, sem que sejam detidos. Do ponto de vista do comportamento, nossa sociedade é bastante aberta para permitir a uma comunidade considerável de gangsters uma vida confortável sob uma variedade de regimes políticos partidários. Na sua falta de preocupação com as relações públicas, estes homens são negociantes atrasados. Assim também o são alguns líderes sindicais que descobriram seu poder de assaltar a economia, embora na maioria das situações o que surpreende seja a moderação das exigências trabalhistas — uma moderação baseada mais em restrições psicológicas do que em qualquer poder que pudesse ser efetivamente interposto. Da mesma maneira, às vezes é possível que um grupo agressivo, apesar de não pertencer às equipes de poder de veto entrincheiradas, consiga fazer passar um projeto em uma legislatura. Por exemplo, a Lei de Segurança Social (*Social Security Act*) original foi aprovada pelo Congresso, até onde pude descobrir, porque foi apoiada por uma reduzida porém devotada coorte; os grandes grupos de veto, inclusive o trabalho organizado, não estavam nem muito a favor, nem muito contra a referida lei.

Por razões semelhantes, são mais fortes, em muitas situações políticas, aqueles grupos de veto cujo quadro mesmo de membros se compõe de grupos de veto, especialmente de grupos vetantes de um. O melhor exemplo disto é o agricultor individual que, depois de um dos grupos de interesses agrícolas (*farm lobbies*) fez um negócio para ele, pode ainda recusar-se a aceitar outros mais. A preocupação do *lobby* agrícola com a reação de outros grupos de veto, tais como sindicatos de trabalhadores, tem pouca importância para o agricultor individual. Este fato poderá fortalecer o grupo de interesse numa negociação: poderá usar seus problemas internos de relações públicas como um contrapeso na barganha, de maneira muito parecida à do diplomata a dizer a um ministro do exterior que lhe cumpre considerar como o Senador fulano de tal há de reagir. Pois, não importa qual seja a alterdireção dos líderes do grupo de interesse, não podem eles obrigar eus membros a confirmar uma abordagem de relações públicas. Muitos sindicatos tem um poder semelhante, porque não podem forçar seus membros, os quais, na hipótese de não ficarem satisfeitos com um acordo concluído pelo sindicato, podem dar o fora ou sabotar o trabalho de outra forma.

Em contraste, freqüentemente são mais fracos aqueles grupos de veto cuja orientação alterdirigida pode dominar seus membros. As grandes empresas são vulneráveis a uma chamada da Casa Branca porque, salvo no caso de um indignado residual como Sewell Avery, os seus dirigentes são, eles próprios, alterdirigidos e porque, uma vez proferida a palavra do chefe, os superintendentes da fábrica, não importa quão doidos, deverão enquadrar-se na nova política devido à própria natureza da orientação centralizada para a qual trabalham: eles podem sabotar a cúpula administrativa em assuntos menores, mas não, por exemplo, na questão do valor dos salários ou da contabilização dos impostos. Em contraposição a isto, a Igreja Católica americana possui um imenso poder de grupo de veto, porque ela combina uma certa porção de comando centralizado — e a imagem pública de uma porção maior ainda — com um clero altamente descentralizado (cada religioso é, num certo sentido, o secretário de sua própria associação profissional) e um quadro de associados com lealdades políticas, sociais e étnicas de longo alcance; semelhante estrutura permite uma grande flexibilidade nas transações.

Estas qualificações, entretanto, não alteram o fato de que os grupos de veto, formados em conjunto, constituem uma nova região de amortecimento entre os velhos, alterados e minguantes extremos daqueles que eram outrora líderes e liderados. Tanto a atenuação de líderes e liderados como outros feitos alterdirigidos destes amortecedores ajudaram a dar a muitos moralizadores uma sensação de vácuo na vida política americana.

Os grupos de veto, pelas condições que a sua presença cria e pelos requisitos que estabelece para a liderança na política, forjam o espírito da alterdireção e aceleram a retirada dos indignados introdirigidos.

SOBROU UMA CLASSE DOMINANTE?

Não obstante, as pessoas continuam agindo como se ainda existisse uma classe dominante decisiva na América contemporânea. Nos anos do após-guerra, os homens de negócios pensavam que os líderes trabalhistas e os políticos governavam o país, ao passo que os trabalhadores e a Esquerda pensavam que era a "Wall Street" ou as "sessenta famílias" que o faziam. A "Wall Street", desconcertada talvez por seu destronamento da posição de barômetro previsor do tempo da formação de capital, pode ter pensado que os barões industriais do Centro-oeste dos Estados Unidos, deitados sobre o dinheiro de expansão dos equipamentos, na forma de reservas fortemente depreciadas e de lucros não distribuídos, é que governavam o país. Viram possivelmente uma certa prova disto no fato de que o New Deal era muito mais severo com o capital financeiro — por exemplo, o SEC (*Security and Exchange Comission*), o Holding Company Act (Lei das Companhias controladoras de Companhias) — do que era com o capital industrial, e de que ao tentar, no imposto dos lucros não distribuídos, sujeitar este ao controle do acionista ou do mercado financeiro, tal tributação foi rapidamente revogada.

Mas esses barões de Pittsburgh, Weirton, Akron e Detroit, apesar de serem, certamente, uma turma bem mais dura do que o pessoal de Wall Street, começam, como já vimos antes, cada vez mais a ver-se a si próprios como os depositários (*trustees*) de seus beneficiários. E enquanto que, do ponto de vista do operariado e da Esquerda, estes homens dirigiam o War Production Board (Conselho de Produção de Guerra) no interesse de suas respectivas companhias, poder-se-ia argumentar, com igual facilidade, que a experiência do WPB foi uma das congéries de fatores que domaram os barões. Colocou-os numa situação em que foram obrigados a encarar suas companhias do ponto de vista "dos outros".

Apesar da ausência de estudos intensivos sobre o poder dos negócios e sobre o que acontece numa negociação comercial, pode-se, de pronto, ter uma percepção impressionista da mudança ocorrida no comportamento dos negócios na última geração. Nas páginas de *Fortune,* esta excelente crônica dos negócios, é possível observar que há poucos remanescentes dessa espécie de procedimento — com outros homens de negócios, com o operariado, com o governo — que constituíam as práticas operacionais comuns para os *tycoons* (magnatas da indústria) de antes da Primeira Guerra Mundial. Além disso, em seus vinte anos de história, a própria *Fortune* mostrou, e talvez seja possível considerá-la bastante representativa de seu público, um constante declínio de interesse nos negócios como tais e um crescente interesse em assuntos outrora periféricos, como relações internacionais, ciências sociais e outros equipamentos do moderno executivo.

Mas, certamente, é mais difícil saber se mudou o caráter, bem como o comportamento, ou se, como sustentam alguns, os homens de negócios simplesmente governam na atualidade de uma forma mais sutil, mais "empresarial". Em "O Gerente encontra o Sindicato", Joseph M. Goldsen e Lillian Low retrataram a dependência psicológica de um gerente de vendas com respeito aos homens sob seu comando, sua disposição de ir muito longe, em termos de concessões, de manter um calor interpessoal em suas relações com eles, e seu altivo ressentimento em face do sindicato enquanto barreira a esse intercâmbio emocional [3]. Em contraposição a isto, cumpre apresentar a atitude de algumas companhias fornecedoras de automóveis, cuja chefia continua, segundo parece, mais orientada no sentido profissional do que no sentido pessoal, mostrando-se, por isso, relutante em fazer concessões e não demasiado preocupada com a atmosfera emocional das negociações. De forma semelhante, as negociações de 1946 entre General Motors e U.A.W. (United Automobile Workers), como foram relatadas na imprensa, parecem mais uma rinha de galos do que um banquete platônico, ainda que no estudo sobre a General Motors, publicado no mesmo ano sob o título *Concept of the Corporation,* de Peter Drucker, haja muitas provas do anseio empresarial em construir uma grande e feliz família.

Na verdade, o poder fundamenta-se, em grande parte, nas expectativas e atitudes interpessoais. Se os homens de negócios se sentem fracos e dependentes, eles se tornam, na realidade, mais fracos e dependentes, não importa quais os recursos materiais que lhes possam ser creditados. Minha impressão, baseada em grande parte em minhas próprias experiências na prática de advocacia e nos negócios, é que os homens de empresa de grandes companhias manufatureiras, embora falem muitas vezes grosso, amedrontam-se facilmente com a ameaça da hostilidade de outrem: eles podem dar murros na mesa, porém buscam liderança alheia e não se importam em sair da linha de seus companheiros de grupo compar. Possivelmente, as atitudes para com um homem de negócios tão irrascível como Sewell Avery poderiam marcar uma boa linha divisória entre as atitudes mais antigas e as mais recentes. Aqueles homens de negócios que admiram Avery, embora possam não se atrever a imitá-lo, estão tornando-se cres-

---

(3) "Manager Meets Union: a case Study of Personal Immaturity", *Human Factors in Management,* ed. S.D. Hoslett (Parkville, Missouri, Park College Press, 1946), p. 77.

centemente minoria mais idosa, enquanto que os homens mais jovens ficam, em geral, chocados pela "mão arbitrária" de Avery, por sua repulsa à *mão cordial*.

O desejo dos homens de negócios de serem bem considerados levou à ironia de que, cada vez que um professor escreve um livro atacando os negócios, mesmo que ninguém o leia, ele cria empregos na indústria para seus alunos, no setor das relações públicas, das associações comerciais e das pesquisas de mercado! Enquanto que a Black Horse Cavalry (Cavaleiros do Corcel Negro) de uma época anterior assaltava os negociantes com as ameaças de deixar passar uma legislação mutiladora desejada pelos moralizadores antinegocistas, hoje em dia muitos intelectuais honestos, que jamais pensariam em aceitar suborno, possuem empregos em associações comerciais ou empresas, porque os seus clientes foram amedrontados, talvez por estes próprios homens, ao tomar conhecimento de algum grupo de veto real ou imaginário. Uma vez que se constrói uma grande estrutura para cortejar o grupo, não se faz nenhuma prova de força para verificar se o grupo tem existência ou poder reais. É compreensível que as ideologias sobre quem tem o poder nos Estados Unidos sejam tomadas como base de sustentação dessas amáveis ficções que servem, como veremos no Capítulo VIII, para provar o homem de negócios moderno de um infindável rol de compras, uma interminável tarefa de distribuição de cordiais cumprimentos de mão (*glad-handing*). Este é um grito longínquo, sugiro eu, da cordialidade oportunista dos abastados que Tocqueville comenta no início do capítulo; de forma muito semelhante, o que era mero hábito no tempo dele tornou-se enraizado no nosso caráter.

Os homens de negócios, além do mais, não são as únicas pessoas que deixam de explorar a posição de poder que parecem ter aos olhos de muitos observadores. Os oficiais do exército são também espantosamente tímidos quanto ao exercício de sua liderança. Poder-se-ia pensar, durante a guerra, que o exército seria relativamente impermeável à crítica. Mas, freqüentemente, os generais iam muito longe em seu esforço de se abster de qualquer coisa que pudesse levar um congressista a pronunciar um discurso desfavorável. Procediam assim mesmo em momentos em que poderiam ter varrido o congressista qual um mosquito incômodo. No trato com homens de negócios ou líderes trabalhistas, os oficiais do exército eram, a meu ver, espantosamente condescendentes; e isto era verdade, seja para os de West Point seja para os da reserva. É claro que havia exceções; porém, em muitas das situações em que as forças armadas faziam concessões para propiciar algum grupo de veto, eles racionalizavam as concessões em termos de moral ou de relações públicas de após-guerra ou, amiúde, simplesmente não tinham consciência de seu poder.

Na realidade, alguns chegaram ao mesmo resultado pelo caminho da tradição democrática do poder civil. Provavelmente, foi muito bom para o país que as forças armadas fossem tão moderadas. Eu não trato aqui do assunto em termos dos méritos, porém o emprego como uma ilustração da mudança do caráter e da estrutura social.

Tudo isto pode levar à pergunta: Bem, quem é que governa realmente as coisas? — O que as pessoas não percebem é que, embora possa haver necessidade de liderança para pôr as coisas em movimento ou para estancá-las, pouquíssima liderança se faz mister depois que elas estão em andamento — que, na verdade, as coisas podem tornar-se terrivelmente emaranhadas e, ainda assim, continuarem funcionando. Quando se estuda uma fábrica, um grupo do exército, ou outra grande organização, o que espanta é ver que as coisas são feitas, em geral, a despeito da falta de liderança e apesar de todo *feather bedding* *. Talvez consigam fazê-lo por estarmos negociando ainda com nossas reservas de introdireção, especialmente nos níveis mais baixos. De qualquer forma, o fato de o conseguirem não é prova de que haja alguém à testa.

Ainda existem, é claro, alguns grupos de veto que têm mais poder do que outros e alguns indivíduos que têm mais poder que outros. Mas a determinação de quem são êles tem de ser inteiramente refeita para o nosso tempo: não podemos satisfazer-nos com as respostas dadas por Marx, Mosca, Michels, Pareto, Weber, Veblen ou Burnham, embora possamos aprender com todos êles.

Também existem fenômenos neste vasto país que escapam a todos êles (e certamente, escapam também a meus colaboradores e a mim). Um exemplo é o imenso poder, quer político quer econômico, sob o contrôle de Artie Samish, o chefão do grupo de veto da Califórnia, ao que se afirma. Samish é o nôvo tipo de *lobbyist,* que representa, não um, porém dezenas de interêsses amiúde competitivos, desde motoristas de caminhão até quiropráticos, e que joga um grupo de veto contra outros para os abalar e fortalecer seu próprio poder; êle compreendeu que a alterdireção dos grupos de veto estabelecidos há de levá-los a criar ainda

---

(*) Prática pela qual o sindicato obriga o empregador a contratar mão-de-obra desnecessária ou a limitar a produção segundo uma norma sindical ou um estatuto de segurança. O conceito é aqui utilizado tipologicamente, como se verá adiante. (N. dos T.)

outros grupos através de seus auspícios. Como os partidos da velha guarda têm pouca força na Califórnia, não há modo de alcançar uma decisão clara a favor ou contra um grupo de veto específico por meio do sistema de partidos; em vez disso, as autoridades do Estado tornaram-se dependentes de Samish no que tange ao apoio eleitoral ou, pelo menos, à não-posição, através de seus grupos arrebanhados de eleitores e das contribuições destes em dinheiro; ademais, ele sabe como chegar diretamente ao povo através da maquinaria do plebiscito "democrático"[4].

Carey McWilliams observou que o poder de Samish apóia-se tanto na máquina eleitoral peculiar do estado como no fato de que nenhuma indústria ou grupo aliado de indústrias, nenhum sindicato, nenhum grupo étnico ou região é dominante. A situação é muito diferente num estado como Montana, onde o cobre é essencial e as pessoas precisam estar ou do lado do sindicato, ou do lado da Anaconda. É diferente ainda na Virgínia, onde, como mostra V. O. Key, em *Southern Politics*, a estrutura constitucional do estado favorece o controle que o pessoal do velho palácio da Justiça exerce. Em vista dessas divergências, arraigadas em sutilezas legais locais, assim como em fatores sociais e econômicos importantes, é evidente que qualquer discussão de classe e poder no cenário nacional poderá, na melhor das hipóteses, constituir apenas uma aproximação. Não obstante, eu me arriscaria a afirmar que os Estados Unidos são, no seu conjunto, mais semelhantes à Califórnia em sua variedade — porém sem o seu chefão de veto — do que à Montana e Virgínia em sua particularidade. O número maior dos grupos de veto, e seu maior poder, significa que nenhum homem só ou um pequeno grupo de homens poderá reunir, no âmbito nacional, o poder que Artie Samish e, no passado, Huey Long, conseguiram obter no âmbito local.

Antes, o poder no cenário nacional deve ser visualizado em termos de questões. É possível que, onde uma questão envolva apenas dois ou três grupos de veto, em si minorias muito pequenas, o intermediário oficial ou

(4) É bastante irônico, mas também bastante típico, que Samish anseie pelo único poder que ele não tem: o poder social, no sentido da coluna social. Menino de origem pobre, chegou a uma altura em que pode fazer ou destruir homens de negócios e políticos, mas não pode ingressar nos clubes mais fechados. E, embora se diga que, conscientemente, despreza esses líderes sociais a quem ele pode tão facilmente amedrontar e manipular, não consegue livrar-se das machucaduras de criança e suas imagens de poder, que o tornam tão vulnerável à exclusão que eles lhe impõem. Nisto, evidentemente, assemelha-se a outros e mais bem conhecidos ditadores.

Baseei-me em Carey McWilliams, "Guy who Gets Things Done", *Nation* CLXIX (1949), 31-33; e Lester Velie, "Secret Boss of California", *Collier's,* CXXIV (Agosto, 13, 20, 1949), 1|1-13, 12-13.

extra-oficial, entre os grupos, possa ser bastante poderoso — mas somente nessa questão. Entretanto, onde a questão envolver o país como um todo, nenhuma liderança individual ou grupal terá possibilidade de ser muito eficaz, porque os entrincheirados grupos de veto não podem ser movidos de sua posição; diversamente de um partido que pode sofrer derrota nas eleições, ou de uma classe que pode ser substituída por outra, os grupos de veto estão sempre "dentro".

Caberia perguntar se não se verificaria, em um longo período de tempo, que as decisões na América favoreceram um grupo ou classe — portanto, por definição, o grupo ou classe dominante — em relação a outros. Será que a riqueza não exerce sua vantagem a longo prazo? No passado foi assim; para o futuro, eu duvido. O futuro parece estar nas mãos dos pequenos comerciantes e profissionais que controlam o Congresso, tais como corretores de imóveis, advogados, vendedores de automóveis, empreiteiros, etc.; dos militares que controlam a defesa e, em parte, a política exterior; dos diretores de grandes empresas e seus advogados, homens da comissão de finanças e outros conselheiros que decidem sobre os investimentos em equipamentos e influenciam a taxa de mudança tecnológica; dos líderes trabalhistas que controlam a produtividade e os votos do trabalhador; dos brancos nos "cinturões negros" (*black belt*) * que tem o maior interêsse em jogo na política do sul; dos poloneses, italianos, judeus e irlandeses que tem interêsse em jogo na política exterior, nos empregos urbanos, nas organizações culturais, étnicas e religiosas; dos editorialistas e contadores de estórias que ajudam a socializar o jovem, que provocam e treinam o adulto, que divertem e aborrecem os idosos; dos agricultores em si, congéries antagônicas de criadores, homens do milho, homens dos laticínios, plantadores de algodão, e assim por diante — que controlam departamentos-chave e comitês e que, como os representantes vivos de nosso passado introdirigido, controlam muitas de nossas memórias; dos russos e, em menor grau, de outras forças estrangeiras que controlam boa parte de nossa agenda de atenção; e assim por diante. O leitor poderá completar a lista. O poder parece-me nos Estados Unidos circunstancial e variável; ele resiste às tentativas de localizá-lo, da mesma forma que a molécula resiste, de acordo com o princípio de Heisenberg, às tentativas de, simultaneamente, localizá-la e medir a sua velocidade.

(*) Áreas de preponderância negra nas cidades e estados ianques. (N. dos T.).

Entretanto, as pessoas temem esta indeterminação e e esta amorfia na cosmologia do poder. Mesmo aqueles intelectuais, por exemplo, que se sentem muito distantes do poder e que temem aqueles que lhes parecem dominar o poder, preferem ser amedrontados pelas estruturas de poder que invocam, a enfrentar a possibilidade da que a estrutura de poder, que acreditam existir, se haja em grande parte evaporado. A maioria das pessoas prefere sofrer com interpretações que infundem significado a seu mundo, a relaxar na caverna sem uma teia de Ariadne.

Permitam-me agora que eu resuma a argumentação desenvolvida nos capítulos precedentes. A pessoa introdirigida, se for absolutamente política, estará relacionada com o cenário político, seja por sua moralidade, seja por seus interesses bem definidos, ou por ambos. Seu relacionamento com suas opiniões é estreito, não periférico. As opiniões são meios de defender certos princípios de política. Eles podem ser altamente carregados e pessoais, como na discussão política das primeiras páginas do *Portrait of the Artist as a Young Man* (Retrato do Artista quando Jovem) de Joyce, ou podem ser altamente carregados e impessoais — um meio da pessoa defender seu bostonianismo ou outra posição de classe. Em qualquer dos casos, a pessoa julga que suas opiniões importam e tem alguma relação direta com o mundo objetivo no qual vive.

Em contraposição, o alterdirigido, se for político, está relacionado ao cenário político, como membro de um grupo de veto. Deixa ao grupo a defesa de seus interesses, cooperando quando chamado a voltar, a fazer pressão, e assim por diante. Estas táticas de pressão parecem tornar manifesta sua posição no nível político, mas na realidade permitem que ele seja separado de suas opiniões. Não mais operando como "eleitor independente" — em grande parte uma ficção amável, mesmo na época submetida à introdireção — suas opiniões políticas, como tais, não mais suscitam a sensação de se relacionarem com sua função política. Podem, assim, servi-lo como um balcão social em seu papel de consumidor cômpar das notícias políticas do dia. Ele pode ser tolerante para com as opiniões de outrem, não apenas por causa de sua tolerância caracterológica, mas também porque são "meras" opiniões, talvez interessantes ou divertidas, faltando-lhes, porém, o peso de um empenho, mesmo parcial, muito menos ainda total, no papel ou ação política da pessoa. São, ademais, meras opiniões, pois o mundo político dos grupos de veto, é tão intratável que a opinião como tal é tida como sendo quase irrelevante.

O moralizador político introdirigido tem apoio firme — com freqüência demasiado firme — na gama de julgamentos que ele está disposto a aplicar em todo e qualquer lugar. O *inside-dopester* alterdirigido é incapaz de fortalecer qualquer julgamento particular, com a convicção que brota de um tom emocional sumarizado e organizado. Poder-se-ia argumentar que o afeto suprimido ou o tom emocional ainda está lá, permanecendo escondido. A doutrina freudiana iria predizer a volta do reprimido. Mas, sendo o hábito social poderoso como é, parece mais provável que a supressão de um tal entusiasmo ou indignação moral, como o homem introdirigido consideraria natural, faz decrescer permanentemente a capacidade do homem alterdirigido para essas formas de resposta. O homem alterdirigido pode até começar como introdirigido que finge ser alterdirigido. Ele acaba sendo aquilo que ele finge e sua máscara torna-se a realidade talvez inevitável de seu estilo de vida.

11

AMERICANOS E KWAKIUTLS

Os moralistas queixam-se constantemente que, hoje, o vício reinante é o orgulho. Em certo sentido, isto é verdadeiro, pois, de fato, cada um pensa ser melhor do que seu vizinho ou se recusa a obedecer a seu superior; em outro, porém, é exatamente falso, pois o mesmo homem que não consegue suportar a subordinação ou a igualdade tem uma opinião tão desprezível de si mesmo que julga ter nascido apenas para regalar-se com prazeres vulgares. Voluntariamente, mete-se com os prazeres pouco elevados sem atrever-se a embarcar em aventuras sublimes, com as quais dificilmente sonha.

Assim, longe de pensar que cumpriria pregar a humildade aos nossos contemporâneos, eu faria empenho em dar-lhes uma idéia mais ampla de si mesmos e de sua espécie. A humildade é deletéria a eles; na minha opinião, o que eles mais desejam é orgulho.

Tocqueville, *Democracia na América*.

A imagem do poder na América apresentada nos capítulos anteriores parte de discussões correntes sobre o poder, usualmente baseadas na procura de uma classe dominante (por exemplo, a descoberta dos gerentes por Burnham, dos líderes trabalhistas por Mills e outros). Os próprios americanos, ao contrário das pessoas amenas e cooperativas que eu retratei, são, para muitos observadores e para si mesmos, obcecados pelo poder, ou loucos pelo dinheiro ou preocupados com a exibição conspícua. Ou, como na parábola que usarei para ilustrar meu argumento, os americanos dão aos outros a sensação, e sentem-se eles próprios, mais como chefes Kwakiutl * rivais e seus seguidores, do que como os pacíficos e cooperativos agricultores Pueblo. Talvez prosseguindo na busca dessas imagens de poder e personalidade, as discrepâncias (como elas me parecem ser) entre fato político e ideologia política possam ser, de certa forma, melhor compreendidas.

O livro de Ruth Benedict, *Patterns of Culture,* descreve, com vívidos pormenores, três sociedades primitivas: os índios Pueblo (Zuñi) do sudoeste, o povo da ilha de Dobu, no Pacífico, e os índios Kwakiutl da costa noroeste da América [1].

Os índios Pueblo são retratados como uma sociedade pacífica e cooperativa, onde ninguém quer ser considerado um grande homem e todo mundo deseja ser considerado bom sujeito. As relações sexuais provocam pouco ciúme ou outra reação violenta; a infidelidade não é punida severamente. A morte também é abordada calmamente, com pouca emoção violenta; em geral, a emoção é reprimida. Ao mesmo tempo em que há variações consideráveis no *status* econômico, há pouca exibição de poder econômico e ainda menos de poder político; há espírito de cooperação com a família e a comunidade.

Em contraste, os Dobu são apresentados como sendo virtualmente uma sociedade de paranóides, na qual a mão de cada homem se ergue contra a de seu vizinho, na feitiçaria, roubo ou ofensa; na qual marido e mulher se alternam como cativos dos parentes do cônjuge, e onde a infidelidade é profundamente sentida. A vida econômica dobuana fundamenta-se em práticas desonestas de comércio inter-insular, em intenso sentimento dos direitos de propriedade e na esperança de conseguir algo em troca de nada, através do roubo, da magia e da fraude.

(*) Grupo iletrado que habita no noroeste do Canadá, numa estreita faixa do Pacífico. (N. dos T.)

(1) *Patterns of Culture* (Boston, Houghton Mifflin, 1934, reeditado em New York, Pelican Books, 1946).

A terceira sociedade, a Kwakiutl, também é intensamente competitiva. A rivalidade, porém, consiste primariamente em consumo conspícuo, tipificado por festas chamadas "*potlatches*", nas quais os chefes se excedem uns aos outros na provisão de alimentos e na queima de cobertores e folhas de cobre que são os principais indicadores de riqueza na sociedade; às vezes, até mesmo uma casa ou uma canoa é consumida em chamas num lance final pela glória. Na verdade, a sociedade é uma caricatura do consumo conspícuo de Veblen; certamente os *potlatches* dos chefes Kwakiutl servem de "canal legítimo por meio do qual o produto excedente da comunidade é escoado e consumido, para o maior conforto espiritual de todas as partes interessadas". Veblen estava, de fato, familiarizado com estas "festas de aparecer" (*coming-out parties*), da costa noroeste.

Eu indaguei a estudantes, que haviam lido o livro de Ruth Benedict, qual destas três culturas, na opinião deles, se parecia mais de perto à cultura mais altamente diferenciada dos Estados Unidos. A grande maioria vê os americanos como Kwakiutls. Ressaltam a rivalidade dos americanos nos negócios, o ciúme no *status* e no sexo, e o açodamento pelo poder. Eles vêem os americanos como individualistas, primariamente interessados na exibição de riqueza e posição.

Uma minoria de estudantes, em geral os mais radicais políticamente, dizem que a América se parece mais à tribo Dobu. Enfatizam as práticas desonestas da vida de negócios americana, apontam para o grande ciúme e amargor nas relações familiares, e vêem a política americana, doméstica e internacional, como dificilmente menos agressiva do que o estado de natureza de Hobbes.

Nenhum dos estudantes com quem conversei discutiu a existência de semelhanças significativas entre a cultura dos Hopi e Pueblos Zuñi e a cultura americana — muitos gostariam que houvesse.

No entanto, quando nos voltamos ao exame dos padrões culturais destes mesmos estudantes, observamos pouca evidência de modos Dobu ou Kwakiutl. Os estudantes ricos fazem grandes esforços para não se fazerem notar — em agudo contraste com o que acontecia no tempo dos capotes de *racoon* da década de vinte. O uniforme próprio é deliberadamente o molambo. De fato, ninguém dentre os estudantes, exceto algum raríssimo Lúculo, ousa ser considerado peito de pombo. Da mesma forma como nenhum Vanderbilt moderno diz "o público que se dane", assim nenhum progenitor moderno diria:

"Onde Vanderbilt senta, lá é a cabeceira da mesa. Eu ensino meu filho a ser rico" [2].

Além do mais, não é apenas no desaparecimento virtual do consumo conspícuo que os estudantes abandonaram os modos de vida à la Kwakiutl. Outras exibições de dotes, nativos ou adquiridos, também se tornaram mais moderadas. Um dos principais ases universitários de natação disse-me: "Eu fico danado com os gajos contra os quais estou competindo. Alguma coisa está errada comigo. Gostaria de ser como X que realmente coopera com os outros caras. Ele não se preocupa tanto em ganhar".

Parece haver uma discrepância entre a América que os estudantes constroem para si, como estudantes, e a América na qual eles pensam em que terão de ingressar quando saírem do *campus*. A imagem que tem desta última é baseada, em grande parte, em mitos sobre a América que são preservados por nossa literatura. Por exemplo, muitos dos nossos romancistas e críticos ainda acreditam que os Estados Unidos, em comparação com outras culturas, são uma nação materialista de pretensos chefes Kwakiutl. Este retrato poderia conter alguma verdade na Idade Dourada, ainda que Henry James tivesse visto como era ambígua a questão do "materialismo" entre a América e a Europa, mesmo então.

O materialismo dessas culturas mais antigas tem sido oculto por seus sistemas de *status* e pelo fato de haverem herdado muitos valores da era dependente de direção traditiva. As massas européias simplesmente não tiveram o dinheiro e o lazer, até anos recentes, para reproduzir os padrões americanos de consumo; quando o tem, são, se diferença houver, às vezes mais vulgares, mais materialistas.

Os europeus, não obstante, tem tido a maior satisfação em dizer aos americanos que estes eram materialistas; e os americanos, sentindo-se *nouveaux riches*, durante o século passado, pagavam para ouvir isso. Ainda pagam: não são apenas os meus estudantes que não conseguem perceber que chegou a vez do resto do mundo ser *nouveaux riches*, ficar excitado com as engenhocas de uma idade industrial, enquanto que milhões de americanos passaram a afastar-se enfarados, sem lhe atribuir maior significação emocional, da "fronteira" dos bens de consumidor [3].

(2) A observação é citada por Juiz Oliver Wendell Holmes, Jr., em "The Soldier's Faith", 1895, reeditado em *Speeches* (Boston, Little, Brown, 1934), p. 56.

(3) O excelente artigo de Mary McCarthy, "America the Beautiful" *Comentary,* IV (1947), 201, assume uma atitude muito semelhante à do texto.

Entretanto, quando tento sublinhar estas coisas para os estudantes que comparam os americanos com os Kwakiutl, respondem-me que os anúncios mostram quanta emoção está ligada ao consumo de bens. Porém, quando lhes pergunto se eles próprios acreditam nos anúncios, dizem ironicamente que não. E quando pergunto se conhecem pessoas que acreditam, julgam difícil dar exemplos, pelo menos na classe média. (Se os anúncios afetassem poderosamente as pessoas da classe baixa empobrecida que tivessem pouca esperança de mobilidade, certamente haveria uma revolução!) No entanto, os anúncios devem estar alcançando alguém, insistem os estudantes. Por que, pergunto eu, por que não é possível que a propaganda, como um todo, seja uma fraude fantástica, apresentando uma imagem da América que não é tomada a sério por ninguém e muito menos pelos publicitários que a criam? Da mesma forma como os meios de comunicação de massa convencem as pessoas que os outros acham a política importante, assim também convencem que ninguém mais pode esperar por sua nova geladeira, carro ou conjunto de roupas. Em nenhum dos casos podem as pessoas crer que "os outros" sejam tão apáticos quanto elas próprias sentem sê-lo. E, enquanto sua indiferença para com a política pode levar as pessoas a sentirem-se na defensiva, sua indiferença para com a propaganda pode permitir-lhes um sentimento de superioridade. De fato, creio que um estudo da propaganda americana, durante o último quarto de século, mostraria que os próprios publicitários percebem, pelo menos implicitamente, a perda de entusiasmo emocional do consumidor. Se antigamente os anúncios de carros e geladeiras mostravam a dona de casa ou o marido exultantes com as novas posses, nos anúncios de hoje, freqüentemente, são apenas as crianças que exultam diante do novo Nash que o pai acabou de comprar. Em muitos anúncios contemporâneos, a posse em si recua para o pano de fundo ou é tratada de maneira abstrata e surrealista; não mais explode em fagulhas de entusiasmo e pontos de exclamação; a cópia em si tornou-se mais sutil, mais natural.

É claro que ainda subsistem na América muitos antiquados entusiastas do consumo, que não foram ainda afetados pela disseminação da sofisticação e repressão de respostas emocionais do consumidor alterdirigido. Um exemplo maravilhoso é a mãe irlandesa de pequena cidade no filme *A Letter to Three Wives*, cujo maior orgulho e alegria em sua enfumaçada casa à beira da estrada de ferro é o grande, luzidio e novo refrigerador ainda não pago. E pode-se argumentar que mesmo os americanos da classe média cobriram seu materialismo com um verniz de "bom gosto", sem alterar seus impulsos fundamentais. Não obstante, o alterdirigido, orientado como é para as outras pessoas, é simplesmente incapaz de ser tão materialista quanto o eram muitos dentre os introdirigidos. Para encontrar o genuíno materialismo introdirigido — uma real ligação aquisitiva com as coisas — é preciso ir ao burguês da Holanda ou ao camponês da França ou outros entre os quais perduram modos antigos.

Foi a alterdireção dos americanos que os impediu de compreendê-lo; entre os publicitários, de um lado, e os romancistas e intelectuais, de outro, ficaram a supor que *outros* americanos eram materialistas, não dando, ao mesmo tempo, suficiente crédito a seus próprios sentimentos. Na verdade, a situação paradoxal em um estrato alterdirigido é que as pessoas fazem constantemente graves erros de julgamento com respeito ao que sentem e pensam os outros, pelo menos aqueles com os quais eles não têm contato de grupo cômpar, mas também amiúde aqueles em cuja companhia passam muito tempo.

Na realidade, os próprios homens de negócios tentam, freqüentemente, agir como se ainda fosse possível ser um chefe Kwakiutl nos Estados Unidos. Quando escrevem artigos ou proferem discursos, gostam de falar sobre livre empresa, dura competição e riscos a correr. Estes homens de negócios são, por certo, como Legionários da Primeira Guerra Mundial, falando sobre os dias gloriosos de outrora. Os estudantes, e muitos outros, acreditam no que os homens de negócios dizem nestas ocasiões, mas depois têm pouca oportunidade de observar aquilo que fazem. Talvez os próprios homens de negócios sejam não menos vítimas de seus próprios cantos e rituais que os Kwakiutl.

Aqueles poucos estudantes que insistem em que a América se parece à tribo Dobu encontrarão pouca coisa na vida estudantil para sustentar seu ponto de vista, exceto, talvez, um bocado de trapaça no amor e nos exames. É que eles vêem mais o "sistema capitalista" qual uma selva de práticas desonestas, como se nada houvesse mudado desde os dias de Mark Twain, Jack London e Frank Norris. A América é, para eles, uma terra de linchamentos, gangsters e fraudes de pequenas e grandes raposas. No entanto, hoje em dia, só os pequenos negociantes (vendedores de carros, reparadores de caldeiras de calefação, por exemplo) tem muitas oportunidades para o comércio *wabu-wabu* *, isto é, para a acumulação de propriedade agudamente manipulativa dos canoeiros Dobu.

Entretanto, se estes estudantes buscarem na ciência social as imagens do poder na América, encontrarão com muita freqüência apoio para o ponto de vista que sustentam. As observações esparsas, sobre os Estados Unidos, nos *Patterns of Culture*, constituem, por si, uma ilustração. Meus estudantes leram também o capítulo de Robert Lynd sobre "O Padrão de Cultura Americana" em *Knowledge for What?* [4].

Embora note contraditórias exortações à amizade e fraternidade, Lynd ressalta o caráter altamente individualista e político dos negócios; alhures, sublinha a ambição imperiosa e o consumo conspícuo, tipificado pela geração mais velha de "família X" de Middletown. Ironicamente, o panorama destas e de outras críticas sociológicas do domínio dos negócios é confirmado e refletido por aqueles economistas neoclássicos que constroem modelos para a condução racional da firma, apresentando consciente ou inconscientemente os homens de negócios desoladoramente como "homens econômicos".

Em parte, como resultado desta imagem do homem de negócios, muitos estudantes de universidade com dotações particulares passaram a considerar relutantemente as carreiras empresariais e, à medida em que mais e mais jovens são atraídos para as faculdades, estas atitudes difundem-se crescentemente. Os mais aptos desejam algo mais "elevado" e olham com desprezo para os rapazes de Wharton ou mesmo da Harvard Business School (Escola de Administração de Harvard). Os negócios são tidos não só como enfadonhos e desagradáveis, mas também como moralmente suspeitos, e o autêntico problema moral que implica a escolha de uma carreira — isto é, o de como desenvolver melhor as próprias potencialidades para uma plena existência — é ofuscado pela escolha falsa e superdramatizada de ganhar dinheiro (perdendo a própria alma) nos negócios, *versus* penúria (salvando a própria alma) no serviço público ou no ensino. Parece inexistir, nem sequer nas mentes dos estudantes cujos pais são negociantes (talvez lamentavelmente inarticulados), a noção de

(*) É o ato de levar vários colares de conchas de diferentes lugares para o sul, com a garantia de uma concha de braço deixado em casa, no norte, ou vice-versa. Vide R. Benedict, *Patterns of Culture*, Penguin Books, Inc., New York, 1946 p. 146. (N. dos T.).

(4) Robert S. Lynd, *Knowledge for What?* (Princeton University Press, 1939), pp. 54-113.

que, na atualidade, os negócios, e sobretudo os grandes negócios, apresentam problemas e oportunidades intelectuais desafiadores e não estão visivelmente empenhados nas práticas dobuanas desonestas e na rivalidade Kwakiutl mais do que qualquer outra carreira.

É provável que a imagem que o estudante faz dos negócios, e da vida americana em geral, surta alguns efeitos autoconfirmativos. Oe negócios ver-se-ão obrigados a recrutar sua gente entre os elementos menos dotados e sensíveis, que não serão capazes de tirar vantagem das oportunidades que os negócios poderiam oferecer para o progresso pessoal e que, portanto, não se tornarão modelos para os mais jovens. Além do mais, pessoas que esperam encontrar nos outros hostilidade e cálculo, justificarão, quanto a si próprios, a hostilidade e o cálculo antecipados.

Na realidade, não faltam americanos desagradáveis, corruptos e maus, dentro e fora da vida dos negócios; não faltam turbas sulistas assustadoras, nortistas arruaceiros, muitos moleques-de-rua com ou sem *smoking*. Existem muitas ilhas culturais nos Estados Unidos onde abundam os modos dobuanos, tal como existem remanescentes dos padrões Kwakiutl dos fins do século XIX. Porém, estas ilhas e sobrevivências não constituem um sistema de poder, nem estão ligadas por nenhuma conspiração, fascista ou de outro tipo.

Entretanto, mostrar que os americanos não são nem como os Kwakiutl, nem como os Dobu, não prova por certo que eles sejam como os índios Hopi ou Zuñi. Obviamente, em qualquer caso, as comparações devem ser muito grosseiras; do ponto de vista dos meus tipos de caráter, todas as três tribos, enquanto estivessem na fase de alto potencial de crescimento de população, seriam mais ou menos dependentes de direção traditiva. O meu propósito é apresentar uma parábola, não uma descrição. Embora um tanto subestimadas talvez por Ruth Benedict, há provas de que os índios Pueblo não são, efetivamente, tão brandos e amistosos como parecem, e que são, em certo grau, colaboradores antagonísticos, com boa dose de hostilidade e inveja reprimidas que afloram em sonhos e tagarelices maliciosas. Isto, porém, apenas reforça a analogia feita com os americanos de classe média, cuja cooperatividade alterdirigida tampouco é totalmente suave, mas contém elementos antagonísticos reprimidos.

Na verdade, todo o tom emocional da vida dos Pueblos lembra-me fortemente o grupo cômpar americano, com o seu insultante "você pensa que é grande coisa". Enquanto os Kwakiutl se orgulham de suas paixões, que os levam a cometer assassínio, incêndio premeditado e suicídio, os Pueblo não vêem com bons olhos qualquer emoção violenta.

Escreve Ruth Benedict:

> *Um bom homem tem ... "uma maneira de falar agradável, um temperamento prestativo e um coração generoso". ... Ele deveria "falar muito, como dizem eles — isto é, deveria sempre colocar as pessoas à vontade — e deveria, sem falha, cooperar facilmente com os outros, seja no campo, seja no ritual, jamais traindo uma pitada de arrogância ou de emoção forte".*

A citação nos traz à mente um dos mais notáveis padrões de nossas entrevistas com jovens. Quando lhes perguntamos qual é o seu melhor traço, sentem-se em dificuldade para dar uma resposta, ainda que, às vezes, mencionem uma habilidade de "se dar bem com todo mundo". Quando perguntamos: "Qual é o seu pior traço?" a resposta única mais freqüente é "gênio". E quando continuamos a perguntar: "Então, seu gênio é tão mau assim?" usualmente resulta que o entrevistado não tem gênio tão ruim. E se perguntamos se o gênio já lhe criou muito problema, são poucos os que chegam a afirmar que isto tenha ocorrido. O que poderão significar tais respostas, que não são, é claro, amostra adequada? Minha impressão é que o mau temperamento é considerado o pior traço na sociedade receptiva. É tido como ameaça interna às atitudes cooperativas das pessoas. Além do mais, o grupo cômpar considera a raiva e o caráter temperamental como ligeiramente ridículos: a gente deve ser capaz de aceitá-los com um sorriso ou sofrer a acusação de algo ainda pior que mau gênio, algo de que ninguém acusará a si próprio, mesmo numa entrevista — falta de senso de humor. O homem introdirigido pode preocupar-se também com o temperamento, por exemplo, se ele for religioso mas as suas inibições de consciência pesada e suas formações de reação mantêm a emoção ainda viva, borbulhando dentro dele — freqüentemente, pronta para erupcionar na insatisfação política —, enquanto que o homem alterdirigido permite que suas emoções sarem, ou as compele a fazê-lo, ainda que deixem cicatrizes, em uma atmosfera de camaradagem e tolerância forçadas.

Hoje muitos jovens também estabelecem, eles próprios, um ideal em sua vida sexual, que não difere muito da norma Zuñi. Acham que deveriam considerar o sexo com pouca emoção interpessoal e certamente sem qualquer dose de ciúme. A palavra do sábio para o jovem — "não se comprometa" — mudou de significado em uma geração. Antes significava: não engravide nem se deixe engravidar; não entre em choque com a lei; não saia nos jornais. Hoje, a injunção procura controlar a experimentação pessoal da emoção capaz de romper a camaradagem do grupo cômpar.

Não é o comportamento mútuo, mas o tempo, que é o alvo da principal preocupação dos índios Pueblo, e suas cerimônias religiosas visam primariamente a fazer chuva. Para aquietar a ansiedade, os índios submetem-se a rituais que devem ser cumpridos com perfeição. Os jovens americanos não dispõem de semelhante ritual único para conseguir o êxito pessoal e tribal.

Entretanto, é possível notar a similaridade na tendência a criar rituais de certas espécies em todas as esferas da vida. As pessoas fazem um ritual do ir à escola, ao trabalho, do divertir-se, da participação política enquanto *inside-dopesters* ou indignados, bem como das incontáveis compulsões particulares. Mas os rituais, públicos ou particulares, tem de ser em geral racionalizados como necessários; e uma vez que isto não é evidente por si e que a marca do sucesso não é tão patente quanto uma chuvarada, os jovens americanos dificilmente conseguem tanta satisfação de seus rituais quanto os índios Pueblo dos deles.

Os jovens que expressam as opiniões que descrevi começaram a deixar os grupos cômpares de adolescentes; eles não tomaram ainda seus lugares na padronização adulta da vida americana. Qual será o efeito da discrepância entre o retrato que eles fazem dos Estados Unidos como um lugar liderado por chefes Kwakiutl, conduzindo sequazes do estilo Kwakiutl, e a realidade de seu progresso ao longo do "Caminho Hopi"? Procurarão eles introduzir mudanças através da ação política e social que tornarão os Estados Unidos mais confortáveis para os tipos alterdirigidos tolerantes? Ou procurarão eles adotar um comportamento mais cruel, do tipo Kwakiutl, como supostamente mais compatível com a vida real? Ou, porventura, admitirão no fim de contas que também são americanos não tão singulares, que possam exigir uma revisão de suas imagens do poder, suas imagens de como são os americanos em geral?

Sem dúvida, todas essas coisas podem ocorrer, e muitas outras. Mas existe, talvez, um fator adicional que moldará tanto a ideologia quanto o caráter cambiantes. Os estudantes, cônscios de sua própria competitividade e ciúme reprimidos, pensam que outros podem querer fazer-lhes aquilo que eles próprios não ousariam fazer aos outros. A sociedade é por eles *sentida* como Kwakiutl ou Dobu, não só porque esta é a ideologia que aprenderam com relação à América, mas também porque sua própria cooperatividade é tingida de um antagonismo que eles ainda conseguiram silenciar por completo. E isto, talvez, nos dê a resposta para um quebra-cabeça acerca da tolerância alterdirigida: se o indivíduo alterdirigido é tolerante, por que tem ele mesmo tanto medo de sair da linha? Não pode ele depender da tolerância dos outros? É possível que ele sinta a sua própria tolerância como coisa precária, seu desagradável temperamento como algo pronto a escapar quando recebe permissão? Se ele próprio se sente tão irritadiço, não importa quão brando seja seu comportamento, é forçoso que tema os outros, não importa quão amáveis eles também possam parecer.

Estes estudantes, se precisassem escolher entre as três tribos descritas por Ruth Benedict, prefeririam viver na cultura Pueblo. E, embora esta escolha em si não deva ser discutida, o fato importante é que eles ignoram já estarem vivendo numa cultura assim. Desejam segurança social e não grandes realizações. Querem aprovação e não fama. Não estão ansiosos por desenvolver talentos que os poderão levar a conflitos; ao passo que o jovem introdirigido tendia a promover-se até o limite de seus talentos, e além. Poucos deles sofrem, como os jovens de épocas anteriores, porque tem "vinte anos e realizaram tão pouco". Enquanto que o rapaz da classe média introdirigido precisava, muitas vezes, aprender a ajustar-se depois dos vinte, a renunciar a seus sonhos de adolescente e aceitar a modesta sorte de burguês, o rapaz alterdirigido jamais alimentou tais sonhos. Aprendendo a conformar-se ao grupo quase tão cedo quanto aprende qualquer coisa, não enfrenta, na adolescência, a necessidade de escolher entre o mundo de sua família e o de sua própria geração, ou entre seus sonhos e um mundo que ele jamais criou.

Ademais, uma vez que seu ajustamento à realidade, como é definido pelo grupo, começa mais cedo, torna-se mais uma questão de conformar o caráter e menos uma questão de conformar o comportamento. A música popular *I don't want to set the world on fire* (Não quero pôr fogo no mundo) expressa um tema típico. O Kwakiutl desejava fazer exatamente isto, literalmente, pôr fogo no

305

mundo. O indivíduo alterdirigido prefere o "amor" à "glória". Como Tocqueville viu ou previu: "De bom grado, ele se entrega a desejos baixos, sem ousar embarcar em aventuras sublimes, com as quais dificilmente sonha".

Há uma conexão entre o sentimento que esses estudantes e outros jovens nutrem acerca de seus próprios destinos e as noções contemporâneas de quem governa o país. Vimos que os estudantes se sentem impotentes, seguros apenas quando levam a cabo um ritual em companhia aprovativa. Embora possam querer preservar a independência emocional mediante o não-envolvimento, esta exigência é, em si, um mandato do grupo cômpar. Como, então, ao mirarem à sua volta na América, explicam eles sua impotência? Alguém deve ter aquilo que eles não conseguiram: sua impotência deve combinar com o poder em algum outro lugar. Eles vêem a América como composta de Kwakiutls, não só por causa de suas próprias tendências Kwakiutl residuais e reprimidas, porém ainda mais por causa de sua cooperatividade coagida. Eles sentem que alguns chefões importantes devem estar fazendo isto a eles. Não vêem que, em grande parte, são eles próprios que estão fazendo isto, através de seu próprio caráter.

Os chefes perderam o poder, mas os seguidores não o ganharam. O selvagem acredita que obterá mais poder bebendo o sangue ou reduzindo a cabeça de seu inimigo. Mas o indivíduo alterdirigido, longe de ganhar, só se torna mais fraco com a fraqueza de seus companheiros.

Terceira Parte
AUTONOMIA

12

AJUSTAMENTO OU AUTONOMIA?

> *Dentre os trabalhos do homem, cuja vida humana é adequadamente empregada em aperfeiçoar e embelezar, o primeiro em importância, certamente, é o próprio homem. Supondo que se conseguisse construir casas, produzir milho, travar batalhas, julgar causas e mesmo erigir igrejas e rezar preces por meio de máquinas — por autômatos em forma humana — haveria uma perda considerável em trocar mesmo os homens e mulheres que atualmente habitam as partes mais civilizadas do mundo por estes autômatos que seguramente não passam de meros espécimes faminton daquilo que a natureza pode e irá produzir. A natureza humana não é máquina a ser construída segundo um modelo e posta a fazer exatamente o trabalho que lhe foi prescrito, mas é árvore, que precisa crescer e desenvolver-se a si mesma por todos os lados, de acordo com a tendência das forças internas que a tornam uma coisa viva.*

> John Stuart Mill, *On Liberty*.

Se os líderes perderam o poder, por que os liderados não o ganharam? O que há com respeito ao caráter e à situação do homem alterdirigido que impede a transferência? Em termos da situação, parece que o padrão da competição monopolista dos grupos de veto resiste às tentativas individuais de engrandecimento. Em termos de caráter, o homem alterdirigido simplesmente não procura o poder; talvez até o evite ou se lhe esquive. Se por acaso for um *inside-dopester*, cria uma fórmula que lhe diz onde se encontra o poder e procura atuar de tal modo que, daí por diante, todos os fatos se conformem à fórmula. Em certo sentido, isto significa que ele preferiria estar certo a ser presidente. Sua necessidade de estar informado, sua necessidade de aprovação, sua necessidade de diferenciação marginal nos estratos superiores, poderão levá-lo a ações que parecem movidas pelo impulso de conseguir ou guardar o poder. O fato, porém, é que quanto mais longe o *inside-dopester* estiver da introdireção, menos ambicioso, explorador e imperialista ele será. Êle espera que outros — alguns tipo Kwakiutl ou dobuanos — façam a exploração. Êle se ajusta a si mesmo, enquanto manipulador de menor importância, e automanipulador, à imagem que faz dêles.

Se o indivíduo alterdirigido não procura o poder, então o que é que êle procura? Em última análise, procura ajustamento. Isto é, procura ter o caráter que se supõe que êle tenha e as experiências internas, bem como os complementos externos, que se supõe que acompanhem a tal caráter. Se não consegue alcançar o ajustamento, torna-se *anômico* — um têrmo que definirei em seguida. No máximo, o homem alterdirigido procura ocasionalmente ser *autônomo*.

Sua oportunidade de tornar-se autônomo situa-se precisamente na disparidade existente entre as pressões, reais e objetivas, no sentido da conformidade, que são inevitáveis, e as pressões ritualistas que brotam, não das instituições do tipo Kwakiutl da América, porém do caráter cada vez mais alterdirigido de seu povo. Em outras palavras, não creio que o caráter social suscitado pela estrutura social de hoje, isto é, o caráter alterdirigido, seja uma réplica perfeita daquela estrutura social trazida à existência por suas demandas.

I. *O Ajustado, o Anômico, o Autônomo.*

Como é possível, pode-se bem perguntar, que um grande grupo de pessoas influentes numa sociedade viesse a desenvolver uma estrutura de caráter mais contraída do que a exigida pelas instituições da sociedade? Uma resposta está em olhar para a história e ver que as fatalidades institucionais tendem a perpetuar-se na ideologia e no caráter, operando através de todos os mecanismos sutis da formação do caráter, discutidos nos capítulos anteriores da Parte I. Justamente por isso, as disparidades entre caráter social e papel social adulto podem figurar entre as alavancas importantes da mudança social. É demasiado simples dizer que a estrutura social de caráter atrasa-se em relação à estrutura social: quando qualquer elemento da sociedade muda, todos os outros elementos devem também mudar em forma ou em função ou em ambos. Mas numa sociedade ampla, como a americana, há lugar para disparidades e, portanto, para que indivíduos escolham modos diversos de reconciliação. Na camada americana de renda superior, muitas das pressões sentidas pelos indivíduos originam-se de suas interpretações em comum do que é necessário para seguir em frente. Tão logo, num grupo, um ou dois se emancipam dessas interpretações, sem que seu trabalho e seu mundo se acabem, outros também podem encontrar a coragem para proceder assim. Neste caso, o caráter mudará em consonância com as interpretações alteradas das condições.

Ao perguntar de onde podem vir estes um ou dois inovadores, cumpre lembrar que o caráter social não é de modo algum a totalidade do caráter. O indivíduo está capacitado a mais do que aquilo que sua sociedade, em geral, exige dele, embora não seja fácil determinar este fato, uma vez que as potencialidades podem estar escondidas, não só dos outros como também do próprio indivíduo.

Naturalmente, as estruturas sociais diferem muitíssimo quanto ao grau em que provocam um caráter social, que no decurso do processo de socialização completa, esmaga ou enterra a individualidade. Podemos tomar, como casos extremos, as sociedades primitivas de Dobu ou Alor. Lá, os indivíduos parecem tão esmagados, desde a infância, pelas práticas institucionalizadas que, apesar de êles conseguirem fazer o que sua cultura lhes pode exigir dentro do tom emocional que a cultura cria, não são capazes de fazer muito mais do que isso. Os testes de Rorschach aplicados entre os Aloreses, por exemplo, indicam a presença de uma boa porção de uniformidade caracterológica entre os indivíduos e a existência de poucas reservas de profundidade e fôlego, além das normas culturais ou daquilo que Kardiner chama tipo de personalidade básica. Uma sociedade assim poderá extinguir-se em conseqüência de sua apatia e sofrimento, especialmente quando mais desorganizada pelo contato com o branco, mas é difícil conceber um rejuvenescimento interno liderado pelos membros mais autônomos do grupo. Colhido entre o caráter social e as instituições sociais rígidas, o indivíduo e suas potencialidades tem pequeno alcance. Não obstante, mesmo em uma sociedade como esta, haverá desajustados; como ressaltou Ruth Benedict, não se conhece cultura alguma que não os tenha. Entretanto, antes de nos volvermos para observar se a extensão do desvio pode relacionar-se com a fase de população, é necessário compreender mais precisamente o significado que se pretende dar ao termo desvio.

Os "ajustados" são aqueles que, em sua maior parte, foram objetos de nossa descrição. São os típicos traditivo-dirigidos, introdirigidos ou alterdirigidos — aqueles que correspondem, em sua estrutura de caráter, às exigências de sua sociedade ou classe social em seu estágio específico da curva de população. Tais indivíduos adequam-se à cultura, como se fossem feitos para ela, como de fato o são. Caracterologicamente falando, há uma falta de esforço na qualidade de seu ajustamento, embora, como vimos, o modo de ajustamento possa, em si, impor pesadas cargas aos chamados indivíduos "normais". Ou seja, os ajustados são aqueles que refletem a sua sociedade, ou sua classe dentro da sociedade, com a menor distorção.

Em cada sociedade, os que não se conformam com o padrão caracterológico dos ajustados podem ser anômicos ou autônomos. Anômico* é a tradução de *anomique*, de Durkheim (adjetivo de *anomie*), ou seja, sem regras, desgovernado. O uso que eu faço do termo, entretanto, cobre um âmbito maior do que a metáfora de Durkheim: é virtualmente sinônimo de mal-ajustado, palavra que evito empregar devido a suas conotações negativas; pois existem culturas em que eu atribuiria um valor maior aos mal-ajustados ou anômicos do que aos ajustados. Os "autônomos" são aqueles que, no todo, são capazes de se conformarem às normas comportamentais de sua sociedade — uma capacidade que falta, em geral, aos anômicos — mas que são livres de escolher entre se conformarem ou não.

Na determinação do ajustamento, a prova não é se o comportamento manifesto do indivíduo obedece às normas sociais, porém se a estrutura de seu caráter o faz. Uma pessoa dotada de caráter apropriado ao seu tempo e lugar é "ajustada", mesmo quando erra e faz coisas que se desviam nitidamente daquilo que se espera dela — na realidade, as consequências de tais erros poderão, eventual-

(*) No original inglês *anomic*. (N. dos T.).

mente, produzir desajustamento de caráter. (De maneira assaz similar, uma cultura poderá constituir uma preocupação constante, mesmo se se comporta "irracionalmente" com respeito a seus vizinhos, ou à cultura material.) Inversamente, da mesma forma como a inconformidade de comportamento não significa necessariamente a inconformidade na estrutura de caráter, assim a absoluta conformidade de comportamento pode ser adquirida pelo indivíduo a um preço tão alto a ponto de levá-lo a uma neurose de caráter, ou anomia; o anômico tende a sabotar a si próprio ou à sociedade e provavelmente a ambos [1]. Assim, "ajustamento", como o termo é aqui empregado, significa ajustamento sócio-psicológico e não adequação em qualquer sentido avaliativo; para determinar a adequação, de comportamento ou de caráter, devemos estudar não apenas o indivíduo, porém a *caixa de câmbio* que, com vários deslizes e inversões, engrena o comportamento com as formas institucionais. O indivíduo, aqui definido como autônomo, poderá ou não conformar-se externamente, mas qualquer que seja a sua escolha, ele paga um preço mais baixo e tem uma alternativa: pode atender tanto às definições culturais da adequação quanto às que (em um grau ainda culturalmente determinado) transcendem ligeiramente a norma do ajustamento.

Estes três tipos universais (o ajustado, o anômico e o autônomo), como os nossos três tipos históricos (traditivo-dirigido, introdirigido e alterdirigido) são, no sentido de Max Weber, "tipos ideais", isto é, construções necessárias para o trabalho analítico. Todo ser humano há de ser um desses três tipos, num certo grau; mas, pessoa alguma poderia ser completamente caracterizada por qualquer desses termos. Para dar um exemplo extremo, mesmo um demente não é anômico em todas as esferas da vida; nem uma pessoa autônoma poderia ser completamente autônoma, isto é, engrenada irracionalmente, em alguma parte de seu caráter, às exigências culturais de sua existência. Não obstante, podemos caracterizar um indivíduo segundo a forma pela qual predomina um modo de adaptação, e, quando estudamos indivíduos, a análise feita por este método fornece algumas dimensões úteis para fins descritivos e comparativos. Podemos também caracterizar uma sociedade examinando a freqüência relativa em que os três modos de adaptação nela ocorrem e a relativa importância desses três tipos na estrutura social.

No tocante aos anômicos que surgem como subprodutos, por assim dizer, da tentativa de criar introdireção

(1) Vide Robert K. Merton, "Social Structure and Anomie" in *Social Theory and Social Structure* (Glencoe, Illinois, Free Press, 1949).

e alterdireção, sugerimos um bocado de coisas nas páginas anteriores. Mesmo uma sociedade dependente de direção traditiva conta certo número de anômicos, aqueles constitucional e psicologicamente incapazes de se conformarem ou se sentirem à vontade nos papéis que uma sociedade assim atribui aos divergentes que nela aparecem com regularidade. Alguns desses indivíduos podem explorar o sistema de parentesco para continuarem tocando as coisas, mas em qualquer sociedade de certo porte alguns hão de ser expulsos dessa teia apertada. As sociedades mais complexas, submetidas a processos de mudança mais rápidos, adicionam a estes afloramentos, um tanto idiossincrásicos e acidentais, do caráter anômico, indivíduos que, tendo sido antes capazes de ajustamento, são marginalizados pela emergência de um novo tipo dominante. Tipos educados sob um regime familial de direção traditiva podem, mais tarde, ficar desajustados numa sociedade a esta altura dependente de introdireção; da mesma forma, o aparecimento da alterdireção pode levar os tipos introdirigidos, assim como os traditivo-dirigidos, para a anomia. Já fizemos referência a algumas das possíveis conseqüências políticas desses tipos de caráter anômico na América, como sua indiferença política pode ser mobilizada por uma cruzada que apele para sua incapacidade de enfrentar as demandas sociais da cultura urbana moderna.

Os anômicos incluem não apenas aqueles que foram treinados em seu caráter a atender a sinais que não são mais dados nem indicam mais significado ou sucesso. Como acabamos de dizer, eles podem ser também aqueles que são superajustados, que ouvem de maneira demasiado assídua os sinais de dentro ou de fora. Vimos, assim, que numa sociedade dependente de alterdireção poderá haver crianças e adultos superguiados, indivíduos com um controle de superego demasiado severo para lhes permitir até mesmo as satisfações e fugas normais de seus companheiros. Da mesma forma, dentre os que dependem de alterdireção, alguns poderão ser incapazes de desligar seus radares por um momento sequer; o seu superconformismo converte-os numa caricatura do padrão ajustado — um padrão que lhes escapa porque eles se empenham demasiado em o conseguir.

Vimos, por exemplo, o esforço do indivíduo alterdirigido para alcançar um estilo político e pessoal de tolerância, drenado de emoção, humor e rabujice. Obviamente, porém, isto pode ir ao ponto em que o amortecimento de sentimento chega a parecer um sintoma clínico. O psicanalista Ralph Greenson, estudando a apatia de soldados hospitalizados na Segunda Guerra Mundial, escreve a respeito deles:

A característica mais marcante do paciente apático é sua falta visível de emoção e impulso. À primeira vista, pode parecer que esteja deprimido; um exame mais acurado, entretanto, revela a falta de afeto. Ele parece refreado em suas respostas psíquicas e motoras; mostra um vazio de expressão e um rosto de máscara ... Comporta-se muito bem na enfermaria, cumprindo tôdas as regras e regulamentos ... estes pacientes não sentiam necessidade de comunicar seus sofrimentos e qualquer compreensão de sua condição [2].

De minha parte, creio que os pacientes de ambulatório no hospital da cultura moderna mostram muitos sintomas análogos de obediência em excesso e muito pouca compreensão, embora seus sintomas não sejam evidentemente tão repentinos e severos. Sua falta de emoção e e vacuidade de expressão são tão características de muitos anômicos contemporâneos quanto a histeria ou a ilegalidade eram características dos anômicos nas sociedades dependentes das formas mais antigas de direção.

Tomados em conjunto, os anômicos — que variam desde os delinquentes manifestos até os tipos "catatônicos" que carecem até mesmo da centelha para a vida, quanto mais para a rebelião — constituem um número considerável na América. O que se conhece sobre eles é muito pouco em termos de tipo de personalidade, classe social, "preferência" em matéria de doenças e assim por diante. De fato, a ciência social e a psiquiatria estiveram, até recentemente, preocupadas em compreender os anômicos e sugerir terapias, assim como a medicina esteve mais preocupada em combater os agentes externos que ocasionavam as moléstias nos indivíduos, do que em compreender os mistérios internos que os mantêm em bom estado. Na verdade, não é usualmente muito difícil explicar por que alguém é anômico, uma vez que as tragédias e as urdiduras da vida, qual germes, são onipresentes, e que qualquer desastre pessoal pode ser remontado a uma "causa".

Obviamente, sabemos muito menos sobre aqueles a quem chamamos de autônomos. Muitos negarão mesmo que existam tais indivíduos, indivíduos capazes de transcender sua cultura em qualquer tempo e a qualquer respeito. Os que se tornam autônomos em nossa própria sociedade, por exemplo, parecem surgir de um plano de

---

(2) "The Psychology of Apathy", *Psychoanalytic Quarterly*, X (1949), 290; vide também Nathan Leites, "Trends in Affectlessness", *American Imago*, Vol. IV, (abril, 1947).

fundo familiar e de um ambiente regional ou de uma classe que tiveram conseqüências inteiramente diversas para outros. De fato, os tipos anômicos, ajustados ou autônomos podem ser irmãos e irmãs dentro da mesma família, associados no mesmo serviço, moradores do mesmo conjunto residencial ou subúrbio. Quando alguém não consegue tornar-se autônomo, podemos ver freqüentemente quais os empecilhos que se erguiam em seu caminho, mas, quando alguém é bem sucedido, neste mesmo cenário aberto em que outros falharam, eu próprio não tenho pronta explicação para o fato e sou tentado, às vezes, a recorrer aos fatores constitucionais ou genéticos — aquilo que as pessoas de épocas anteriores chamavam de centelha divina. Certamente, se observarmos bebês de uma semana de idade num berçário de hospital, ficaremos impressionados com a variedade de sensibilidade e vivacidade, que apresentam, antes que tenha havido efetiva ocasião para a cultura impor seu domínio. Porém, como este livro trata de cultura e caráter, devo deixar tais especulações a outrem.

Parece-me razoável admitir que um passo decisivo na estrada para a autonomia conecta-se com as camadas sociais que eu vinculei à curva populacional. Para por isto em negativo, é difícil, quase impossível, numa sociedade de elevado potencial de crescimento de população, que uma pessoa venha a tornar-se consciente de que lhe é dada a possibilidade de mudar, de que existem muitos papéis acessíveis a ela, papéis que outros indivíduos adotaram no decorrer da história ou em seu próprio meio. Como observou o filósofo G. H. Mead, esta adoção do papel dos outros leva à conscientização das diferenças reais e das semelhanças potenciais entre o outro e o eu. Daí por que o contato da cultura apenas não leva as pessoas a mudarem, quando suas interpretações do contato saltam de um modo de vida traditivo-dirigido. Alto potencial de crescimento de população de direção-traditiva e incapacidade do indivíduo em trocar de papéis — em pensar em si como um indivíduo capaz de tal troca — são, como vimos, elementos que caminham juntos.

Durante séculos os agricultores do Líbano sofreram com as invasões dos cavaleiros árabes. Após cada invasão, o camponês começava de novo a cultivar o solo, embora o fizessem às vezes apenas para pagar tributo ao próximo saqueador. O processo continuou até que, finalmente, os vales férteis se converteram em virtuais desertos, nos quais nem camponeses, nem nômades poderiam esperar grande coisa. Os camponeses evidentemente jamais sonharam que poderiam tornar-se cavaleiros; os saqueadores evidentemente jamais sonharam que poderiam tornar-se agricultores. Esta epopéia tem a qualidade, não de história humana, porém de vida animal. Os herbívoros são incapazes de parar de comer grama, apesar de comerem apenas para serem devorados pelos carnívoros. E os carnívoros não poderão comer grama quando tiverem eliminado os herbívoros. Nessas sociedades dependentes da direção traditiva, mal existe a idéia de que seria possível mudar o caráter ou o papel.

Se os árabes pudessem imaginar a possibilidade de se tornarem agricultores, e vice-versa, daí não resultaria, necessariamente, que a ecologia simbiótica dos dois grupos principais iria mudar. Esses tipos traditivo-dirigidos poderiam continuar fazendo aquilo que, no seu modo de compreensão, não precisavam fazer. Não obstante, uma vez que os indivíduos tomam consciência, com o aparecimento da introdireção, de que eles, como indivíduos que tem um destino particular, não estão amarrados a nenhum padrão ecológico, algo radicalmente novo acontece na história social e pessoal. Então, as pessoas podem encarar a possibilidade de se adaptarem, não apenas nos estreitos limites do reino animal, mas também no amplo âmbito de possibilidades alternativas, ilustradas — porém não mais do que ilustradas — pela experiência humana até então. Eis, talvez, o significado mais importante da descoberta sempre renovada do caráter único da humanidade como espécie: que toda experiência humana se torna relevante.

O árabe que se puder ver como camponês, mesmo que seja, por razões de temperamento e de outros fatores, incapaz de efetuar mudança tão radical, terá ganho uma nova perspectiva da relação: árabe-camponês. É possível que conceba estruturá-la de alguma outra forma, mais por manipulação do que pela força, por exemplo. Mas se o fizer, mudará, como também mudará o camponês: as relações entre eles jamais poderão ter outra vez a velha simplicidade de tipo animal.

Quanto mais avançada a tecnologia, no conjunto, tanto maior a viabilidade, para um número considerável de seres humanos, de cada um imaginar-se como outro. Em primeiro lugar, a tecnologia esporeia a divisão de trabalho que, por seu turno, cria a possibilidade de maior variedade de experiência e de caráter social. Em segundo lugar, o aperfeiçoamento da tecnologia permite lazer suficiente para contemplar a mudança — uma espécie de reserva de capital na auto-adaptação dos homens à natureza — não da parte de uns poucos governantes, mas da parte de muitos. Em terceiro lugar, a combinação de tecnologia e lazer ajuda a familiarizar os indivíduos com outras soluções históricas — isto é, abastece-os não só com mais bens de consumo e experiência, mas também com uma variedade crescente de modelos sociais.

Quão poderosa tal influência pode vir a ser, a Renascença o indica. Então, um retrato mais rico do passado permitiu viver no sentido de um futuro mais aberto. Os italianos, ricos há pouco tempo e autoconscientes, tentaram imitar os gregos; e povos do Norte, tais como os ingleses elizabetanos, quiseram imitar os italianos. O tipo de caráter introdirigido emergiu, como tipo dominante, das novas possibilidades criadas neste período; ele erigiu tanto estas possibilidades quanto os limites que lhes estabeleceu dentro de seu caráter. Das massas de traditivo-dirigidos emergiram muitos indivíduos móveis, os quais decidiram que poderiam ser "cavaleiros" e não mais precisavam ser "agricultores"; e a nova tecnologia e as novas terras de além-mar deram-lhes a reserva física e intelectual necessárias para a alteração, tornando, ao mesmo tempo, possível que os agricultores sustentassem maior número de não-agricultores. Desde então, nos países de crescimento transicional de população, os homens têm roubado da terra os seus frutos e do agricultor, sua prole, a fim de construir a civilização industrial (e o índice de natalidade reduzido) de hoje. Neste processo, a prole do agricultor teve de aprender como tornar-se outra coisa que não agricultores.

Hoje, nos países de declínio incipiente de população, os homens acham-se novamente à soleira de novas possibilidades de ser e vir-a-ser — apesar de a história fornecer um guia menos preparado, talvez apenas desencaminhador. Eles não precisam mais limitar suas opções através de adaptação giroscópica, podem responder a uma faixa muito mais ampla de sinais do que qualquer outra que pudessem eventualmente internalizar na infância. Entretanto, com o avanço ulterior da tecnologia e a mudança de fronteiras, da produção para o consumo, as novas possibilidades não se apresentam sob a mesma forma dramática da passagem de uma classe para outra, da aliança com um ou outro lado — os exploradores e os explorados — na fábrica e nas barricadas. De fato, aqueles que tentam, como os comunistas, estruturar as questões de acordo com estas antigas imagens do poder, tornaram-se talvez a força mais reacionária e mais ameaçadora da política mundial.

Numa sociedade de abundância que atingiu a fase populacional de declínio incipiente, a luta de classes se altera à medida que a classe média se expande, até que possa abranger mais do que a metade de toda a população em termos ocupacionais, com uma proporção ainda maior, avaliada em termos de renda, lazer e valores. As novas possibilidades que se abrem para o indivíduo consistem, não tanto em ingressar em uma nova classe, porém mais em mudar o próprio estilo de vida e caráter dentro da classe média.

Nessas condições, a autonomia não estará relacionada à classe. Na era dependente de introdireção, quando o caráter era em grande parte formado para o trabalho e no trabalho, fazia grande diferença o fato de alguém possuir ou não os meios de produção. Hoje, entretanto, as vantagens psicológicas da propriedade estão muito reduzidas em importância; o caráter é cada vez mais formado para o lazer e durante o lazer — e tanto o lazer quanto os meios de consumo são amplamente distribuídos. Assim, produtos ajustados, autônomos e anômicos resultam freqüentemente de variações assaz impalpáveis na forma em que as pessoas são tratadas por sua educação e a ela reagem, no seu tratamento de consumidor e, em geral, em seus encontros com as pessoas — tudo dentro do largo rótulo de *status* da classe média.

Na realidade, pode haver correlações, ainda despercebidas, entre autonomia e ocupação. O trabalho, mesmo hoje em dia, está longe de ter perdido sua relevância para o caráter. E o *status* ocupacional afeta o *status* de lazer. Aqueles que são potencialmente autônomos podem selecionar algumas ocupações, de preferência a outras; de mais a mais, as experiências cotidianas de trabalho, dos membros de diferentes grupos ocupacionais, moldarão o caráter. No conjunto, entretanto, parece provável que as diferenças que dividirão as sociedades na fase de declínio incipiente de população, não serão mais as que medeiam entre trabalho braçal, de um lado, e *status* do *rentier*, do outro, entre miséria e luxo, entre vida longa e vida curta — diferenças que dominaram o pensamento de homens tão diversos quanto Charles Kingsley, Bellamy, Marx e Veblen, durante a época de crescimento transicional de população. Hoje em dia, a maioria dos indivíduos na América — os dois terços de "superprivilegiados", digamos, em oposição ao terço de desprivilegiados — pode dar-se o luxo de atender, permitindo que elas modelem seus caracteres, a diferenças situacionais de uma natureza mais sutil do que as emergentes da pura necessidade econômica e de suas relações com os meios de produção.

319

II. *O Autônomo entre os Introdirigidos*

A pessoa autônoma, vivendo como qualquer outra em um dado ambiente cultural, emprega as reservas de seu caráter e de sua posição para se afastar da média ajustada do mesmo ambiente. Assim, não podemos falar propriamente de um "homem alterdirigido autônomo" (nem de um "homem alterdirigido anômico"), mas somente de um homem autônomo que emerge de uma época ou de um grupo dependente da alterdireção (ou de um homem anômico que se tornou anômico através de seu conflito com padrões alterdirigidos ou alguma combinação destes). Pois a autonomia, como a anomia, constitui um desvio dos padrões ajustados, embora seja um desvio controlado em seu alcance e significado pela existência desses padrões.

A pessoa autônoma numa sociedade dependente da introdireção, como a pessoa ajustada da mesma sociedade, possuía objetivos nítidos, internalizados, e era disciplinada para árduos combates com um mundo cambiante. Mas, enquanto o indivíduo ajustado era guiado para suas metas por um giroscópio, sobre cuja velocidade e direção dificilmente exercia algum controle e de cuja existência não tinha às vezes consciência, o seu contemporâneo autônomo era capaz de escolher suas metas e modular seu ritmo. Os objetivos, e o impulso a fim de alcançá-los, eram racionais, não-autoritários e não-compulsivos para o indivíduo autônomo; para o ajustado, eram simplesmente dados.

É óbvio, porém, que enquanto existiram os estreitos controles despóticos ou teocráticos, era difícil a pessoa "escolher-se a si mesma" seja no trabalho, seja no lazer. Pois, embora seja possível ser autônomo, não importa quão estreita seja a supervisão do comportamento, contanto que o pensamento seja livre — e o pensamento como tal não é efetivamente avassalado, até a época do totalitarismo moderno — na prática, a maioria dos homens necessitava do ensejo para alguma liberdade de comportamento, se quiser desenvolver e confirmar sua autonomia de caráter. Acredito que Sartre esteja errado em sua noção de que os homens — outros que não uns poucos indivíduos heróicos — podem "escolher-se a si mesmos" em condições de extremo despotismo.

Os autônomos não devem ser igualados aos heróis. O heroísmo pode, ou não, ser indício de autonomia; a definição do autônomo refere-se àqueles cujo caráter os capacita à liberdade, possam e queiram, ou não, assumir o risco do desvio declarado. O caso de Galileu ilustra ambos os pontos. A fim de realizar seu trabalho, Galileu precisava de *alguma* liberdade, tal como a liberdade de fazer intercâmbio de textos e instrumentos astronômicos, de anotar os resultados e assim por diante. No entanto, ele escolheu um caminho não-heróico. Na União Soviética de hoje, e seus satélites, não lhe seria dado fazer essa escolha, uma vez que a escolha entre martírio e segredo não é possível sob o medonho regime do *N.K.V.D.*

Os quatro séculos desde a Renascença assistiram ao surgimento e queda de muitos períodos em que os controles autoritários teocráticos, reais ou outros, não eram tão estritos como na Rússia Soviética de hoje; assistiram também a períodos em que a vida econômica foi elevada, para muitos, acima da mera subsistência, fornecendo destarte oportunidades para a autonomia. E houve brechas para a autonomia, mesmo nos períodos despóticos anteriores, uma vez que os déspotas eram ineficientes, corruptos e limitados em seus escopos. O totalitarismo moderno também é mais ineficiente e corrupto do que freqüentemente se acredita que seja, mas seus objetivos são ilimitados e, por esta razão, precisa travar guerra total contra a autonomia — não sabemos ainda com que eficiência final. Pois a aceitação, por parte da pessoa autônoma, da autoridade social e política é sempre condicional: ela pode cooperar com as outras na ação, enquanto conserva o direito do julgamento particular. Não pode haver qualquer reconhecimento de semelhante direito no totalitarismo — razão pela qual os trabalhos artísticos e as teorias científicas, na União Soviética, são tão inexoravelmente inspecionados na busca de "desvios", para que não dissimulem nem mesmo as sementes de privatividade inconsciente ou de independência de percepção.

Felizmente para nós, os inimigos da autonomia nas democracias modernas são menos totais e implacáveis. Entretanto, como insistiu Erich Fromm em *Escape from Freedom,* a autoridade difusa e anônima das modernas democracias é menos favorável à autonomia do que se poderia pressupor. Uma razão disto, talvez a principal, é que o indivíduo alterdirigido é treinado a responder, não tanto à autoridade manifesta, quanto às expectativas interpessoais sutis, mas nem por isso menos constrangedoras. Na verdade, a autonomia, numa era dependente da introdireção, parece mais fácil de ser alcançada do que hoje em dia. Entretanto, a autonomia ao modo introdirigido não é mais exeqüível para a maioria das pessoas. Para entender o porquê disto é necessário dar uma olhada nos poderosos baluartes ou defesas da autonomia, que uma era dependente da introdireção forneceu, e que hoje deixaram de ser tão poderosos. Nos países protestantes, estes incluem certas atitudes em relação à consciência, e por toda parte os baluartes do trabalho, da propriedade, da classe e da ocupação, bem como as possibilidades consoladoras da fuga para a "fronteira".

Em primeiro lugar, uma sociedade protestante ou protestante-secular de tipos introdirigidos, ajustados, espera que as pessoas se conformem, não por olhar para os outros, mas por obediência a seus giroscópios internos ou suas consciências. Isto permite privatividades, pois embora a sociedade possa punir as pessoas mais ou menos pelo que *fazem*, carece do interesse e da capacidade psicológica para descobrir o que elas *são*. As pessoas são como os iates numa corrida das Bermudas, atentos não uns com os outros, mas ao objetivo em vista e aos ventos favoráveis.

Em segundo lugar, uma linha de defesa sempre esteve disponível na existência de fronteiras de colonização e do direito de asilo. O poder de se movimentar pelo mundo, nos dias anteriores aos passaportes, punha limites no alcance do tirano e tornava real o conceito dos direitos inalienáveis [3]. Roger Williams sumindo sozinho; Voltaire movimentando-se de um lado para o outro pela Europa; Karl Marx encontrando refúgio no Museu Britânico; Carl Schurz correndo para a América — são cenas de um passado quase desaparecido.

Em terceiro lugar, os autônomos na era da introdireção tinham à sua disposição as defesas providas pelo próprio trabalho, num período em que as pessoas ajustadas eram também, em sua maior parte, orientadas para o trabalho. Embora fosse difícil admitir que, nos países puritanos, a pessoa encontrava prazer no seu trabalho, era permissível considerá-lo um fim em si mesmo, bem como um meio para outros fins. A "dureza do material" atraía os autônomos — novamente, como seus companheiros menos autônomos — e na verdade, com freqüência os endurecia para todas as outras considerações. A seguinte passagem do *Medicina Experimental* de Claude Bernard, publicado pela primeira vez em 1865, expressa esta perspectiva:

"*Depois de tudo isto, devemos ficar comovidos com os gritos sensíveis de gente da moda ou com as objeções dos homens desfamiliarizados com as idéias científicas? Todos os sentimentos merecem respeito e serei muito cuidadoso a fim de não ferir os sentimentos de ninguém. Facilmente eu os explico para mim e é por isso que não me podem deter. Um fisiologista não é um homem da*

---

(3) Para uma discussão mais completa desta liberdade atualmente adormecida, vide meu artigo, "Legislative Restrictions on Foreign Enlistment and Travel", *Columbia Law Review*, XL (1940), 793-835.

moda, é um homem de ciência, absorvido pela idéia científica que ele persegue; não ouve mais o grito dos animais, não vê mais o sangue que corre, vê apenas sua idéia, percebe apenas os organismos a ocultar problemas que êle pretende resolver. Da mesma forma, nenhum cirurgião é paralisado pelos gritos e soluços mais comovedores, porque ele procura apenas a sua idéia e o propósito da sua operação ... Depois do que foi dito, devemos considerar toda a discussão sobre vivissecção como fútil ou absurda. Julgando os fatos através de idéias tão diferentes, é impossível que os homens jamais concordem; e como é impossível satisfazer a todos, o homem de ciência deveria atender apenas às opiniões dos homens de ciência que o entendem e deveria derivar leis de conduta apenas de sua própria consciência [4].

Um homem assim, como Claude Bernard, olhava para seus colegas cientistas, não em busca de aprovação para si, como pessoa, mas de validação para seu trabalho objetivo. Tinha menos necessidade de pessoas, de cálidas respostas interpessoais, do que o homem autônomo que emerge dentre os grupos dependentes de alterdireção.

Em quarto lugar, a propriedade e a classe eram defesas substanciais para aqueles que lutavam por autonomia. Protegiam, não apenas o consumo conspícuo do milionário mas também a irreverência do Bentham segregado e da dupla vida integrada do refinado cavaleiro e industrial de Manchester, Friedrich Engels. As pessoas também eram protegidas, não apenas por seu trabalho e por sua propriedade, mas outrossim por sua posição, fosse ela elevada ou humilde. Se os indivíduos conseguiam preencher seus papéis ocupacionais, aquilo que faziam nas horas de folga ficava mais ou menos por conta deles. Charles Lamb, como oficial subalterno, podia escrever durante o tempo livre. Hawthorne e muitos outros escritores americanos do século XIX ocupavam postos que não exigiam que eles dessem muito de si — e muito menos, por certo, a auto-exploração, dentro e fora do emprego, exigida de escritores muito mais bem pagos, que têm hoje empregos

---

(4) Claude Bernard, *And Introduction to the Study of Experimental Medicine*, tradução Henry O. Greene (New York, MacMillan, 1927), pp. 102-103. Freud, cujas atitudes eram extraordinàriamente similares, dá-nos, como uma de suas citações favoritas, uma passagem parecida, de Ferdinand Lassalle: "Um homem como eu que, como já lhe expliquei, devotou toda sua vida à máxima *Die Wissenschaft und die Arbeiter* (A Ciência e os Trabalhadores), receberia, de uma condenação que, no curso de acontecimentos, viesse a se lhe apresentar, a mesma impressão que o químico, absorvido em suas experiências científicas, receberia da rachadura de uma retorta. Com um ligeiro franzir de testa ante a resistência do material, ele continuaria, tão logo o distúrbio passasse, calmamente o seu trabalho e sua investigação". Vide Freud, *Wit and its Relations to the Unconscious*, tradução Bril (New York, Moffat, Yard, 1916), p. 115.

assalariados. A corrente hierárquica de ocupações, uma vez que se obtinha uma posição em seu quadro, mantinha as pessoas no lugar com certo grau de segurança, permitindo, ao mesmo tempo, suficiente âmbito para o autônomo. Dentro de certos limites de propriedade e lugar, o indivíduo podia mover-se sem suscitar antagonismo de choque traumático, seja em termos dos sentimentos da pessoa ou de seu destino terreno.

Muitas destas mesmas defesas, entretanto, operavam muito mais freqüentemente como barreiras à autonomia do que como defesas desta. Uma sociedade organizada em termos de classe, de propriedade privada e ocupação resistia à autonomia com todas as armas da família, riqueza, religião e força política; as queixas e protestos dos reformadores políticos e religiosos, artistas e artesãos contra este tipo de organização social largamente burguesa, agora em desaparecimento, eram verdadeiros e bastante justos. Mas cumpre não esquecer que estas barreiras eram amiúde organizadas como defesas do indivíduo; uma vez dobrados os seus flancos pela energia e pelo talento, proporcionavam a liberdade em que a autonomia, bem como a complacência do *rentier*, poderiam florescer.

Nas biografias e memórias dos últimos séculos, podemos como que reconstruir o caminho pelo qual os indivíduos começavam sua luta pela autonomia, dentro das paredes despóticas da família patriarcal. A família, muito mais do que o Estado, operava como um "comitê executivo" da classe burguesa introdirigida, treinando o caráter social, tanto dos futuros membros daquela classe quanto dos seus futuros servidores. Todavia, como já vimos, o impresso poderia socorrer a criança em sua batalha solitária contra pais e professores e outras autoridades adultas — conquanto o livro pudesse também desorientá-la e aumentar a pressão sobre ela. Mas, com boa sorte, um livro, como um professor ou um parente simpático, podiam romper a sólida frente da autoridade no lar.

As outras crianças dificilmente seriam de alguma ajuda antes da adolescência, ainda que então, especialmente quando mais tarde os grupos de jovens adolescentes assumiram forma institucional, pudessem dar assistência na ruptura com o lar. De fato, a adolescência era, em geral, um período de crise para o menino ou menina que procuravam a autonomia. Embora até mesmo os ajustados tivessem de sair de casa, entravam depois disso num sistema social que ainda os prendia firmemente, encontrando sub-rogados paternos tão autoritários como os que eram necessários para calibrar seus sinais paternos já internalizados. Entretanto, o aspirante a jovem autônomo, ao romper com os pais, estava rompendo com a autoridade como tal, tanto internalizada como externa. Pode-se acompanhar este processo em toda sua agudeza na evolução de John Stuart Mill, que se libertou da mão do pai somente quando já era maduro, ou de Franz Kafka que nunca se libertou.

Uma vez lançado no mundo, o indivíduo a lutar por autonomia defrontava-se diretamente com as barreiras da propriedade, caso não a possuísse, da hierarquia, se procurasse ascender ou se opor a ela; da religião, se infringisse seus controles sobre a expressão. Em particular, nas comunidades fortemente protestantes, o comportamento manifesto e discreto da pessoa não lhe poderia assegurar a liberdade, de que Erasmo ou Galileu fizeram uso. O resultado era que entre os superguiados e os subguiados havia pouco espaço para a autonomia. O embate para transformar estes obstáculos em defesas era freqüentemente demasiado árduo, e o indivíduo ficava marcado para o resto da vida, como ficaram Marx, Balzac, Nietzsche, Melville, E. A. Robinson e muitos outros grandes homens da era dependente de introdireção. A outros ainda, todavia — John Dewey, um vigoroso vermontês, foi um magnífico exemplo e também, de forma muito diferente, Bertrand Russell —, mais favorecidos pela fortuna, era dado viver existências de choque e aventura pessoal e intelectual, com diminuto conflito interior.

III. *Os Autônomos entre os Alterdirigidos*

Advogados e legisladores têm uma técnica chamada "incorporação por referência"; por meio dela, podem referir-se em um estatuto ou documento a outro sem a citação completa. Da mesma forma, gostaria de incorporar aqui, por referência, os escritos de Mill que tratam da individualidade: a *Autobiography,* os ensaios *On Liberty* e *On Social Freedom* e *The Subjection of Women.* Estes escritos representam uma extraordinária prefiguração dos problemas do indivíduo autônomo, quando, com o declínio das antigas barreiras à liberdade, as novas e muito mais sutis barreiras da opinião pública surgem na democracia. Na verdade, ao ler escritores modernos, tais como Sartre, Simone de Beauvoir, Erich Fromm, José Ortega y Gasset e Bertrand Russell, que tratam de temas semelhantes, ficamos impressionados com o grau em que, sob as diferenças de idioma, suas perspectivas filosóficas se assemelham, em muitos aspectos importantes, às de Mill.

Mill escreveu: "Nesta época, o mero exemplo da não-conformidade, a mera recusa de curvar os joelhos ao costume, é em si mesmo um serviço". Seu interesse, porém, era mais no indivíduo do que no serviço. Ele observou duas tendências que se tornaram muito mais poderosas desde a época em que ele escreveu. Viu, como o fizeram muitos outros, que as pessoas não mais tomavam seus exemplos "dos dignitários da Igreja ou do Estado, dos líderes ostensivos, ou dos livros", mas, de preferência, uns dos outros — do grupo cômpar e seus órgãos de meios de massa, como diríamos. Viu, como poucos o fizeram, que isto ocorria não apenas em assuntos públicos, mas também nos particulares, na busca do prazer e no desenvolvimento de todo um estilo de vida. Tudo o que mudou, talvez, desde que ele e Tocqueville escreveram, é que as ações que se lhes apresentavam baseadas no medo daquilo que as pessoas poderiam dizer — isto é, do oportunismo consciente — são hoje o resultado mais automático de uma estrutura de caráter governada, não apenas de início, mas durante toda a vida, por sinais de fora. Em conseqüência, uma diferença importante entre os problemas da época de Mill e a nossa é que alguém que hoje se recuse a "dobrar o joelho ao costume" é tentado a perguntar-se: "É isto o que realmente eu quero? Talvez eu queira isto apenas porque..."

Esta comparação pode exagerar as mudanças históricas; os autônomos tem sido questionadores em todos os tempos. Os autônomos entre os introdirigidos, entretanto, eram parcialmente modelados por um meio no qual as pessoas tomavam por certos muitos eventos psicológicos, enquanto que os autônomos entre os alterdirigidos vivem num meio no qual as pessoas se questionam sistematicamente, por antecipação às perguntas dos outros. O importante, porém, é que nas camadas sócio-econômicas superiores das democracias ocidentais da atualidade — pois estas são as camadas, à exceção das do topo mesmo, mais fortemente impregnadas pela introdireção — as coerções exercidas sobre os que estão à procura de autonomia não residem nas barreiras visíveis e palpáveis da família e da autoridade, que restringiam, de maneira típica, os indivíduos no passado.

Eis uma razão por que é difícil, como questão empírica, decidir quem é autônomo, ao observarmos a vida aparentemente fácil e permissiva de uma classe social onde não há "problemas" em suspenso, salvo para as pessoas em luta pela autonomia. Estas, por sua vez, são incapazes de definir o "inimigo" com a facilidade relativa da pessoa autônoma a enfrentar um ambiente introdirigido. Será o *inside-dopester* um inimigo, com sua tolerância simpática, mas desinteresse encoberto, e sua incapacidade de compreender emoções violentas? Serão inimigos aqueles amigos que estão ao lado, não para bloquear, mas para se divertir, para compreender e perdoar tudo? Um indivíduo autônomo, hoje, precisa trabalhar constantemente para se apartar das sombrias complicações com este nível culminante da alterdireção — com o qual é tão difícil romper, porque suas exigências parecem tão razoáveis, mesmo triviais.

Uma razão para tanto é que a pessoa autônoma de hoje se beneficia da maior sensibilidade introduzida em nossa sociedade, a grandes custos pessoais, por seus predecessores autônomos, da época da introdireção. Estes, ao rejeitarem a norma dos filisteus, freqüentemente estavam muitíssimo preocupados com o gosto, com aquilo que gostavam; em sua abertura sensual para a experiência, em sua consciência da nuança pessoal, muitos dos poetas românticos e outros artistas do século XIX eram impressionantemente "modernos". O que eles põem em seus poemas e outros trabalhos, em refinamento e subjetividade, é parte de seu legado ao vocabulário emocional de nossos próprios dias. Estes precursores, ademais, não tinham dúvidas quanto a quem eram os seus inimigos: eram eles os indivíduos de classe média ajustados que sabiam, de maneira agressiva, o que queriam e exigiam conformidade com isso — pessoas para quem a vida não era algo a ser saboreado, porém algo a ser aberto a machado. Tais indivíduos, é claro, ainda existem em grande número, mas, nas camadas mais bem educadas das grandes cidades, se acham na defensiva; e a oposição a eles já não basta para levar uma pessoa a sobressair-se como autônoma.

A autonomia, creio eu, deve ser sempre, até certo grau, relativa aos modos de conformidade prevalecentes numa certa sociedade; nunca é uma questão de tudo ou nada, mas, sim, o resultado de uma luta às vezes dramática, às vezes imperceptível com estes modos. A moderna sociedade industrial impeliu numerosas pessoas à anomia e produziu uma conformidade doentia em outras, mas os próprios desenvolvimentos que levaram a isto abriram também, para a autonomia, possibilidades até agora jamais sonhadas. À medida que vamos entendendo melhor a nossa sociedade, e as alternativas que ela mantém à nossa disposição, creio que seremos capazes de criar muitas outras alternativas mais e, portanto, ainda mais espaço para a autonomia.

É mais fácil acreditar nisto do que prová-lo ou mesmo ilustrá-lo. Permitam-me, ao invés, apontar para um certo número de áreas em que as pessoas tentam hoje alcançar autonomia — e as enormes dificuldades com que se deparam.

Boêmia — Como acabamos de indicar, dentre os grupos dependentes de introdireção, o indivíduo discordante pode fugir, geográfica ou espiritualmente, para a Boêmia; e ainda permanecer um "indivíduo". Hoje em dia, grupos inteiros são como lugar-comum boêmios, mas os indivíduos que os compõem não são necessariamente livres. Ao contrário, estão com freqüência em zelosa sintonia com os sinais de um grupo que encontra o significado da vida, de uma forma nada problemática, na ilusão do ataque a uma maioria, supostamente dominante e punitiva, de chefes Babbitts e Kwakiutl. Isto é, sob a égide de grupos de veto, os jovens podem descobrir, hoje, na larga variedade de indivíduos e lugares de vida metropolitana, um grupo cômpar onde a conformidade custa pouco no tocante à busca de princípios.

O inconformista de hoje pode encontrar-se numa posição não prevista por Mill, de um excêntrico que precisa, como um astro de cinema, aceitar os papéis nos quais ele é moldado, a menos que desaponte as encantadas expectativas de seus amigos. O próprio fato de seus esforços pela autonomia serem tomados como deixas pelos "outros", deve torná-lo cônscio da possibilidade de que o esforço no sentido da autonomia poderia degenerar em jogo de representação alterdirigido.

Sexo — Qual será aqui o caminho autônomo? A resistência à demanda supostamente casual do "sofisticado" grupo cômpar, de que as realizações da pessoa sejam tomadas casualmente, ou a aceitação desta atitude "avançada"? Quais os modelos que se devem adotar? Os dos nossos antepassados que estavam cercados por mulheres castas e modestas? Ou das atletas contemporâneas de Kinsey que se vangloriam da "liberdade" e da "experiência"? E, à medida que as mulheres se tornam consumidoras mais instruídas, a questão de se (ou de quando) é preciso "assumir a iniciativa" torna-se matéria de ansiosa especulação. Papéis ainda mais difíceis talvez sejam impostos às mulheres. Como pioneiras da "fronteira" do sexo, devem fomentar a agressividade e simular a modéstia. Elas têm menos probabilidade de escapar à "fronteira", mesmo temporariamente, através de seu trabalho, pois, se possuem uma profissão, tanto os homens como as mulheres tendem a pensar que suas habilidades prejudicam sua vida sexual, ou que sua vida sexual prejudica suas habilidades. Muitas mulheres da classe média parecem ter voltado atrás, num esforço fútil de recapturar padrões mais antigos e aparentemente mais seguros.

Tolerância — A tolerância não é problema quando há um amplo hiato entre os tolerantes e os tolerados. A mera expressão de boa vontade, e talvez a contribuição ocasional, vem a ser tudo o que se exige. Mas quando os escravos se tornam homens livres, e os proletários, trabalhadores respeitáveis, cumpre substituir a tolerância no sentido anterior por uma atitude mais sutil e apropriada. De novo, o aspirante a indivíduo autônomo enfrenta grande dificuldade para se aproximar disto.

Observa-se freqüentemente que, nos círculos emancipados, tudo é perdoado aos negros que tenham se comportado mal, pelo fato de serem negros e de terem sido abusados. Isto está perigosamente perto do preconceito às avessas. As questões morais são enevoadas em ambos os lados da linha racial, uma vez que se espera que nem brancos nem pretos reajam como indivíduos em luta pela autonomia, mas apenas como membros da raça tolerante ou tolerada. Evidentemente, para separar o que hoje é válido na disposição de tolerância daquilo que é suspeito, faz-se mister alto grau de autoconsciência.

Esta autoconsciência alçada acima de tudo o mais constitui a insígnia do autônomo numa era dependente de introdireção. Pois, como o homem introdirigido é mais autoconsciente do que o seu predecessor traditivo-dirigido e como o homem alterdirigido é ainda mais autoconsciente, o autônomo, crescendo em condições que encorajam a autoconsciência, só pode desembaraçar-se dos outros ajustados mediante um passo a mais no sentido de uma autoconsciência ainda maior. Sua autonomia depende, não da facilidade com a qual pode negar ou disfarçar as emoções, porém, pelo contrário, do êxito de seu esforço para reconhecer e respeitar seus próprios sentimentos, suas próprias potencialidades, suas próprias limitações. Isto não é uma questão quantitativa, porém, em parte, uma consciência do problema da própria autoconsciência, uma conquista de um nível mais alto de abstração.

Como sabemos muito bem, tal realização é algo difícil; muitos daqueles que a logram não conseguem infundir seu molde na estrutura de uma vida autônoma, sucumbindo à anomia. No entanto, a anomia de tais processos talvez seja preferível à ansiedade menos autoconsciente, embora socialmente amparada, dos ajustados que se recusam a distorcer ou reinterpretar sua cultura e terminam por distorcer a si próprios.

A luta caracterológica, que hoje ocupa o centro do palco, é a que se trava entre a alterdireção e a introdireção, contra um pano de fundo no qual a direção traditiva desaparece gradativamente do planeta. Agora já discernimos no horizonte uma nova polarização entre aqueles que se apegam a um ajustamento compulsivo, via alterdireção, e aqueles que vão esforçar-se a fim de superar este meio através da autonomia. Parece-me improvável, porém, que possa ser feroz a luta entre os que lutam pela autonomia e aqueles indivíduos alterdirigidos que não são capazes de se tornarem autônomos, ou que não desejam permitir que os outros assim se tornem. Pois a alterdireção dá aos homens uma sensibilidade e uma rapidez de movimento que, sob as instituições americanas prevalecentes, proporcionam grande oportunidade de explorar os recursos de caráter — maior, como tentarei demonstrar nos capítulos seguintes, do que se imagina atualmente, e isto me sugere, ao menos, a possibilidade de um desenvolvimento orgânico da autonomia a partir da alterdireção.

13

FALSA PERSONALIZAÇÃO:
OBSTÁCULOS À AUTONOMIA NO TRABALHO.

> *Só o homem pode ser inimigo do homem; só ele pode roubá-lo do significado dos seus atos e de sua vida, porque somente a ele cabe confirmá-lo em sua existência, reconhecê-lo no fato real como uma liberdade ... minha liberdade, a fim de se realizar, requer que esta surja num futuro aberto: são os outros homens que abrem o futuro para mim, são eles que, estabelecendo o mundo de amanhã, definem o meu futuro; mas, se em vez de me permitirem que eu participe desse movimento construtivo obrigarem-me a consumir em vão minha transcendência, se me conservarem abaixo do nível que conquistaram e em cuja base novas conquistas serão alcançadas, então eles estarão cortando-me o futuro, estarão transformando-me numa coisa...*
>
> Simone de Beauvoir, *Para uma Moral da Ambigüidade.*

I. *Definições Culturais do Trabalho*

As reservas emocionais do alterdirigido são as fontes possíveis da crescente autonomia. Deveria, porém, ficar claro, a partir da discussão do trabalho, do lazer e da política do homem alterdirigido, que suas reservas, apesar de serem talvez mais flexíveis do que as do introdirigido, são constantemente exauridas por sua organização social. Estas reservas são especialmente esgotadas por nossas definições culturais, correntes, de trabalho e divertimento e das relações entre elas — definições que, como vimos, introduzem muito "divertimento" vigoroso no trabalho do pessoal da "mão cordial" e muito "trabalho" adaptativo de grupo em seus divertimentos. Todos nós somos forçados, em certo grau, a aceitar essas definições de trabalho e divertimento, assim como somos forçados a aceitar certas definições culturais de classe, sexo, raça e papel social ou ocupacional. E as definições nos são impostas pelas formas da cultura e do processo de socialização que sofremos, sejam eles oportunos ou anacrônicos, úteis ou destrutivos para a nossa elasticidade e nossa humanidade fundamental.

O trabalho tem o maior prestígio; além do mais, é tido como alheio ao homem — é um tipo disciplinado de operação de salvamento que resgata um produto social útil do caos e das desordens da preguiça inata do homem. A mesma era, a de crescimento transicional da população, que assistiu ao mais espantoso crescimento do domínio do homem sobre a natureza, tomou como axiomático, ecoando uma série de autores, de Malthus a Sumner e Freud, que as pessoas precisavam ser impelidas ao trabalho pela necessidade econômica. Hoje, conhecendo mais a respeito do homem e do trabalho, tendemos, não obstante, a aceitar a premissa psicológica segundo a qual trabalho e produtividade são disciplinas exercidas contra o cerne da natureza do homem. Não percebemos inteiramente, apesar de estarmos bem perto disto, que aquilo que parece preguiça pode ser uma reação contra o tipo de trabalho que os indivíduos são forçados a fazer e a forma em que são forçados a defini-lo.

Como o trabalho é considerado mais importante do que o divertimento, a atitude tradicional tem sido a de levar mais a sério o trabalho que menos se assemelha ao divertimento, isto é, o trabalho físico ou fisicamente mais òbviamente produtivo. Eis uma das razões pelas quais o prestígio das ocupações terciárias, sobretudo das ocupações distributivas, é, em geral, baixo.

Nossas definições de trabalho significam também que a dona de casa, embora apresente um produto de trabalho social, não vê seu labor explicitamente definido e totalizado, em termo de um produto horário ou produto em dólar, no censo nacional e nas mentes dos indivíduos. E, visto que o seu trabalho não é definido como tal, está exausta ao fim do dia sem que se julgue no direito de assim estar, adicionando-se assim o insulto à injustiça. Em contraste, os trabalhadores da indústria de Detroit que completam sua meta de produção diária em três horas e passam o resto do dia vadiando pela fábrica são definidos como trabalhadores de oito horas por dia, por eles mesmos, por suas esposas e pelo recenseamento.

Essas definições culturais do trabalho têm curiosas implicações para a saúde da economia como um todo e, portanto, derivativamente, para as probabilidades de autonomia na vida. Tendemos a ressaltar a importância da expansão daquelas partes da economia que gozam de prestígio e descuidar das oportunidades econômicas existentes nas partes mais próximas ao divertimento. Na época dos acampamentos do C.C.C. (*Civilian Conservation Corps*), por exemplo, constituía opinião amplamente admitida que o trabalho do C.C.C. nas esteiras dos incêndios florestais era mais importante do que o trabalho do C.C.C. nas áreas de recreação, exatamente como o Teatro Federal da W.P.A. (*Works Progress Administration*) era considerado menos importante do ponto de vista econômico do que os robustos edifícios públicos jorgianos da P.W.A. (Public Works Administration) *.

Em nossa sociedade, o consumo é definido mais como um meio do que como um fim. Isto implica o fato de que nós consumimos a fim de alcançar pleno emprego — e procuramos o pleno emprego através da maior produção da produção em vez de o fazer através da maior produção da enorme variedade dos recursos recreacionais que nosso lazer, nosso treinamento no consumo e a nossa indústria educacional nos permitem desenvolver. Entretanto, ao pensar na expansão do consumo em termos do mercado de bens do consumo, duráveis e semiduráveis — com os céus ansiosamente explorados na busca de novas engenhocas, tais como a televisão, para cair no multiplicador keynesiano — remanescemos abertos a um conjunto antiquado de hábitos e suposições econômicas. Apegando-se-lhes, sobra um escoadouro de pesado ônus, mas politicamente factível, para as esferas primária e secundária, excessivamente expandidas: uma economia de guerra.

(*) Antiga agência federal americana que estabeleceu e administrou planos de conservação dos recursos naturais. (N. dos T.).

Na verdade, a luta por autonomia, por uma orientação pessoalmente produtiva [1] baseada na necessidade humana de participação ativa numa tarefa criativa, tornou-se mais exigente porque vivemos num período em que a solução dos problemas técnicos de produção está à vista. Tanto as instruções quanto o caráter do homem introdirigido combinaram-se para evitar que ele escolhesse seu trabalho e fizeram-no aceitar isto como uma necessidade malthusiana. Quer as instituições, quer o caráter do alterdirigido, dão a este homem um grau potencialmente maior de flexibilidade, ao redefinir e reestruturar o campo de trabalho. Objetivamente, a nova situação que cerca o trabalho permite uma redução de horas; subjetivamente, permite uma diminuição do trabalho de preocupação exigido na era anterior e o investimento da referida preocupação em não--trabalho. Entretanto, em vez de tentar empreender esta revolução, o homem alterdirigido prefere jogar no trabalho todos os recursos de personificação e de manipulação cordial de que é capaz o seu caráter, e, justamente pelo fato de por tanta energia e esforço no trabalho, colhe o benefício de continuar capaz de julgá-lo importante.

II. *Glamorizadores, "Featherbedders", Indispensáveis*

Voltemo-nos, agora, para o primeiro par de conceitos gêmeos que nos ocuparão neste e no próximo capítulo. Ao primeiro chamarei de "falsa personalização"; ao outro, de "privativação imposta". Neste livro já encontramos, antes, a falsa personalização, sob a forma da "mão cordial" penosa e espúria. Considero a falsa personalização como a principal barreira à autonomia na esfera do trabalho: é o que esgota as energias emocionais do homem alterdirigido, mais do que certos problemas técnicos de produção subsistentes. A privatização imposta é uma barreira fundamental da autonomia, porém, como veremos, não é de forma alguma a única na esfera do divertimento. Privatização será o nosso termo genérico para as restrições —econômicas, étnicas, hierárquicas, familiais — que afastam as pessoas das oportunidades adequadas de lazer, inclusive de amizade. Em certo grau, os que mais sofrem com a falsa personalização no trabalho são também os que mais sofrem com a privatização forçada no divertimento.

Há uma dialética de avanço social e individual que torna provável que, se estas barreiras à autonomia fossem

---

(1) O termo "orientação produtiva" é o que foi usado por Erich Fromm em *Man for Himself*, para o tipo de caráter capaz de relacionar-se com as pessoas através do amor, e com objetos e com o mundo, em geral, através do trabalho criativo. Vali-me livremente de sua discussão para o meu conceito de autonomia.

transpostas, teríamos o privilégio de tomar consciência de outras mais. A liberdade do homem, uma vez que é mister reconquistá-la de novo a cada geração, é apenas ligeiramente um crescimento cumulativo. Todavia, faz sentido apontar algumas aparentes dificuldades de maior vulto que bloqueiam hoje a autonomia, drenando energias utilizáveis de maneira mais produtiva, apesar de reconhecermos que mal sabemos qual aspecto a autonomia assumirá ou o que exigirá, com a remoção desses bloqueios.

A PERSONALIZAÇÃO DO PESSOAL DO ESCRITÓRIO: EM DIREÇÃO AO GLAMOUR

O diretor introdirigido nunca "via" sua secretária. Esta, como membro de uma classe diversa e, amiúde, de um grupo étnico diverso, também raras vezes "via" o chefe como indivíduo. Reunidos pela mão invisível, os dois estavam concentrados no trabalho, e não um no outro, salvo quando um paternalismo benevolente e insensível unia a distância social. Em contraste, o diretor alterdirigido, embora continue a tratar com ar patronal seus empregados *white collar,* é compelido a personalizar suas relações com o pessoal do escritório, queira ou não, pois ele faz parte de um sistema que vendeu a classe dos *white collar,* como um todo, aos valores superiores da personalização. Esta personalização é falsa, mesmo onde não é intencionalmente explorada, por causa de seu caráter compulsório: como a cooperação antagonística, da qual constitui parte, é um mandado de manipulação e automanipulação para aqueles que se encontram nas fileiras dos *white collars* e acima destes.

É visível a mudança, ao compararmos as atitudes, em relação ao trabalho feminino em escritório, manifestadas por dois diários de Chicago. Um, o *Tribune,* defende os antigos valores da mentalidade de trabalho; o outro, o *Sun-Times,* fala implicitamente a favor dos valores mais recentes da personalização. O *Tribune* apresenta uma coluna diária chamada "White Collar Girl" que prega as virtudes da eficiência e da lealdade. Seu tom sugere que é escrita para a moça de escritório que deseja uma resposta paternalista de um chefe um tanto distante, mas não espera muito mais. É dirigido a leitores que aceitam, em seu conjunto, o padrão introdirigido clássico de administração de escritório — embora não se importassem, igualmente, se o chefe personalizasse um pouco mais, conquanto permanecendo claramente chefe.

O *Sun-Times* fala a um grupo presumivelmente algo mais liberal e progressista, no mesmo estrato ocupacional, porém sob a classificação geral de "moça de carreira" (*career girl*). A moça de carreira é invocada não só numa única coluna que focaliza o relacionamento do empregado, mas em várias colunas que enfatizam as carreiras, a autopromoção bem sucedida de mulheres atraentes, e em artigos sobre a psicologia dos relacionamentos no escritório. Estes artigos ressaltam o sentido de uma economia dirigida para o pessoal, na qual a maioria dos "executivos" são zelosamente alterdirigidos e, sejam eles masculinos ou femininos, estão interessados nas moças como algo mais do que o "auxílio", de fato, como personalidades a exsudar atração glamorosa.

O *Sun-Times* estabelece uma conexão muito mais íntima entre estilos de sociabilidade no lazer e no trabalho do que o *Tribune*. Transmite a idéia de que o chefe está personalizando o tempo, de que ele sabe como fazê-lo, e de que o problema — realmente o único problema — para a jovem funcionária é determinar o estilo em que deve responder ao patrão e torná-lo responsivo. O *Tribune*, muito menos interessado naquilo que poderíamos chamar "engenharia do estado de ânimo", conserva o respeito pelas habilidades não-glamorosas da estenografia e datilografia.

Onde há apatia para a política, esperamos encontrar apelo ao *glamour*. Aqui, pois, onde há apatia para com o trabalho, o apelo é mais uma vez ao *glamour*, que depende menos do trabalho em si do que para quem é feito. O mais impopular de todos é o trabalho em conjunto, que minimiza o *glamour* ou o trabalho para um chefe feminino, que o inibe. Na realidade, parece que as mulheres desejam jogar suas reservas emocionais na situação de escritório, mais do que protegê-las para a situação de divertimento. E devemos concluir daí que nem seu trabalho nem seu divertimento são em si muito significativos.

Isto, com efeito, coloca o chefe na necessidade de ter que satisfazer uma demanda quase ilimitada de personalização, baseada, em parte, na natureza insatisfatória da vida das jovens funcionárias *white collar*, fora do escritório. Lá, a privatização imposta prevalece com freqüência: a despeito do meio urbano, essas moças raramente tem os recursos, educacionais, financeiros e simplesmente especiais para variar o círculo de amizade e recreação. Agarrando-se ao *glamour*, são impelidas a encontrá-lo em seu período de trabalho, no chefe e na superestrutura das emoções que elas entretecem na situação do escritório. O fato de o *manager* alterdirigido ter contribuído para encetar esta corrente de personalização, porque ele, também, tem a habilidade em descrédito, não lhe serve de conforto, uma vez que precisa personalizar, não só como um banqueiro vendendo bônus, um estadista vendendo uma idéia ou um administrador vendendo um programa, mas ainda, simplesmente, como um chefe ou cliente cercado por moças de escritório.

Além do mais, esta nova sensibilidade para com as pessoas de *status* mais baixo faz com que seja difícil desembaraçar-se das correntes da falsa personalização, pelo uso de uma máscara de trabalho completamente estranha. Alguns indivíduos alterdirigidos conseguem fazê-lo: simplesmente não vêem os outros como pessoas, ou como pessoas altamente diferenciadas e complexas. Os "executivos" profissionais e empregados de escritório alterdirigidos não podem, porém, separar tão facilmente a cordialidade coercitiva no serviço da expressão espontânea da genuína cordialidade fora do serviço.

O DIÁLOGO DAS CLASSES: O MODELO FABRIL

O empregado de escritório imita, e mesmo caricatura, o estilo alterdirigido da classe média alta. O operário de fábrica, por outro lado, vem de Missouri: é preciso que lhe sejam vendidas as virtudes da "mão cordial". E até hoje isso não ocorreu. No conjunto, o dirigente empresarial trava luta árdua para conseguir que os operários industriais em fábricas largamente sindicalizadas aceitem a oferecida mão cordial, e esta resistência em si fornece-lhe uma agenda realmente ilimitada para devorar as energias que ele pode devotar ao trabalho. Como já vimos antes, ele pode continuar, incessantemente, a adicionar pessoas ao grupo administrativo — treinando diretores, conselheiros e outros construtores morais — e pode também envolver-se na organização de pesquisas sobre moral para testar a eficácia desses homens e dessas medidas.

Assim como o operário, quando estava na escola, considerava os professores como uma administração e fazia greve ou "operação tartaruga" (*slowdown*) contra seus esforços bem intencionados ou predispostos pela classe, na fábrica ele também não aceita a mão cordial estendida pelo departamento de pessoal. Na verdade, enquanto o *manager* acredita que a alta produção atesta o moral alto, talvez a realidade seja oposta: o moral alto pode coexistir com a baixa produção através do *featherbedding*. Pois, se os trabalhadores se sentem unidos na solidariedade e na compreensão mútua — que eles definiriam como "moral alto" —, existem as condições para facilitar "operações tartaruga" e a punir sistematicamente os furadores da tabela salarial (*rate-busters*).

Existem muitos dirigentes empresariais, entretanto, que não se contentam em permitir à cúpula administrativa e ao departamento do pessoal dizer aos trabalhadores que eles tem um interesse na produção e que seu trabalho é importante e atraente — quer ele o seja ou não. Muitos procuram, sinceramente, por em execução planos que concedem efetivamente aos trabalhadores um quinhão maior, pelo reajustamento da propriedade, do planejamento de produção e do controle. Um dos objetivos destas propostas é introduzir vitalidade emocional, ou uma espécie de espírito lúdico, dentro da fábrica. Ambos os resultados, em conjunto com produtividade mais alta, são com freqüência alcançados.

Mas a harmonia de sentimentos entre administrador, trabalhador e processo de trabalho amiúde tem mais importância para o administrador do que para o trabalhador e o processo de trabalho, em parte porque, como vimos, o administrador alterdirigido não pode suportar hostilidade e conflito; em parte, como também já vimos, porque a tentativa de eliminar a hostilidade e o conflito mantém-no ocupado; e o que é mais importante, talvez, porque a ideologia americana contemporânea não concebe a possibilidade de hostilidade ou indiferença entre os membros de "uma equipe de trabalho" sem que isto não venha afetar desfavoravelmente a produção. A obtenção da harmonia torna-se, às vezes, não um subproduto do trabalho, de resto agradável e significativo, porém um pré-requisito obrigatório. Em alguns casos a conseqüência pode ser até mesmo o afrouxamento do ritmo de trabalho, porque as pessoas foram induzidas a esperar harmonia de ânimo, e precisam ser constantemente persuadidas e repersuadidas de que ela existe.

Isto não invalida o fato de que muita coisa pode e deve ser feita para reduzir a monotonia da linha de produção e a falta de tato dos supervisores. Quando os engenheiros do moral tem poder para movimentar as pessoas de pôsto para posto e alterar os padrões de equipe, realizam um bocado de coisas. Mas, como já dissemos, são freqüentemente as necessidades psicológicas dos administradores que determinam a ênfase e a prioridade da reorganização da fábrica.

Enquanto isto, dois grupos se opõem à melhor integração dos trabalhadores na "equipe de trabalho"; os "isolados" que, embora cumpram sua tarefa de produção, recusam envolver-se na harmonia de sentimentos dos operários fabris e, de outro lado, o grupo muito mais amplo dos *featherbedders* que se envolvem por demais. Estes dois grupos procuram reter sua liberdade emocional contra o empenho da fábrica em forçá-los a misturar trabalho e divertimento. O isolado não quer ser envolvido no planejamento emocional e na dinâmica dos grupos fabris. O *featherbedder* resiste simplesmente àquilo que considera como exploração por parte do patrão.

Obviamente, diante de tal resistência, passará muito tempo antes que o operário fabril siga o exemplo do empregado de escritório e, imitando o seu chefe, o pressione a personalizar-se ainda mais e melhor. Mas talvez esteja aqui a fonte da inveja que muitos indivíduos da classe média sentem em relação à classe trabalhadora: invejam não apenas a sua maior liberdade de agressão aberta, mas sua própria recusa de ver-se envolvida na situação de trabalho e a conseqüente habilidade de poupar reservas para o divertimento, mesmo lá onde o trabalho é monótono, fisicamente cansativo, ou de fazer suar.

O CLUBE DOS INDISPENSÁVEIS

Responder às personalizações da secretária ou tentar dar liderança de ânimo ao recinto da fábrica não são as únicas ocupações que contam para que o dirigente se mantenha atarefado. Ele está atarefado porque ele é mais do que atarefado: é indispensável. Ele se apega à noção de escassez que foi tão detalhadamente elaborada na cultura americana oficial da escola, da igreja e da política. Cumpre-lhe combater a noção de que ele mesmo poderia não ser tão raro — que poderia ser dispensável. E certamente, no mundo como é agora, este medo de ser considerado excedente é compreensivelmente amedrontador.

Todavia, o homem alterdirigido compra o sentimento de ser escasso à custa de não ver quão pouco necessário é o trabalho, e muito menos o trabalho de equipe, em muitos setores produtivos, para manter a sociedade em funcionamento [2]. É da própria natureza da falsa personalização

(2) Hans Sachs, *Freud, Master and Friend* (Cambridge, Massachussets, Harvard University Press, 1945), pp. 46-47, conta uma das estórias favoritas de Freud, que parece tão relevante para a estrutura social como para a individual: "Há muitos anos atrás, faleceu um velho professor de Medicina que ordenou no testamento que seu corpo fosse dissecado. A autópsia foi executada por um renomado anátomo-patologista e eu

esconder este fato. E, sem dúvida, as definições de trabalho também desempenham um papel no construir a noção de indispensabilidade — por exemplo, ao fazer do trabalho pago uma expressão ideal do esforço do homem — e no prover os indispensáveis com lucros secundários, tais como simpatia das esposas e filhos, justificativas de demandas e possibilidades de lazer.

III. *A Sociedade Superpersonalizada*

Uma das possibilidades de desobstruir canais para a autonomia, então, é despersonalizar o trabalho, torná-lo menos estrênuo emocionalmente e encorajar os indivíduos a decidirem, por si mesmos, se e como desejam personalizar naquilo que a cultura exige inescapavelmente na forma de trabalho. Mas, por certo, existem obstáculos psicológicos no caminho de quaisquer mudanças institucionais. O caráter do homem alterdirigido é trazido à tona pelas instituições contemporâneas, e então, como adulto, exige que as instituições explorem o caráter que veio a assumir como sendo o seu. Conseqüentemente, se as instituições não mais puderem utilizá-lo na maneira em que espera ser utilizado, não se sentirá ele emocionalmente vazio?

Percival e Paul Goodman propuseram-se a mesma questão em *Communitas,* um livro que inclui uma das mais imaginativas discussões sobre trabalho e diversão que se possa encontrar em qualquer escrito contemporâneo [3]. Retratam uma utopia, na qual as pessoas poderiam ganhar a subsistência com um mínimo de esforço e ver-se-iam, então, diante do problema realmente chocante de como passar o dia.

Repentinamente, os americanos encontrar-se-iam a salvo da necessidade física e da pressão social que por si sós, talvez, os impeliam às suas satisfações habituais: eles poderiam, subitamente, achar os prazeres comerciais enfadonhos e repulsivos, mas nem por isso encontrariam quaisquer recursos dentro de si mesmos.

Como aquela menininha na escola progressista que, ansiando a segurança das decisões que os adultos tomavam por ela, pergunta: "Professor, hoje teremos que fazer outra vez aquilo que queremos fazer?"

trabalhei como seu assistente. — Veja só estas artérias! — disse-me o anatomista. — São tão duras e grossas como cordas. É claro que o homem não poderia viver com elas. — Respondi-lhe: — Está certo. Mas o fato é que o homem viveu até ontem com estes vasos sangüíneos.

(3) *Communitas*: *Means of Livelihood and Ways of Life* (Chicago, University of Chicago Press, 1947), p. 120.

Parece haver dois caminhos principais para reduzir as exigências do trabalho, um através da automatização, que libertaria inteiramente a atenção de muitos de nós do processo produtivo, e o outro através do emprego das potencialidades para impessoalidade nos nossos processos produtivos e distributivos. Ambos os desenvolvimentos deparam com vigorosa resistência, e não apenas de homens que pensam do trabalho o mesmo que um encarregado de máquina, aborrecedor como é às vezes, porém menos aborrecedor do que as alternativas; de fato, acredito que estaríamos agora bem mais longe no caminho da fábrica totalmente automática, se a administração não abrigasse temores residuais — certamente compreensíveis — de que sem o trabalho estaríamos perdidos.

Esta falácia é característica das propostas para introduzir alegria e significado no industrialismo moderno, que procedem das escolas de De Man, Mayo e muitos outros autores mais recentes. Estes homens, como alguns dos sindicalistas e daqueles que depositam fé nas cooperativas, desejam restaurar as relações pessoais no trabalho, características de uma sociedade dependente de direção-traditiva e, igualmente, dos primeiros estágios da introdireção. Gostariam eles, numa falácia de participação deslocada, de personalizar, "emocionalizar" os mundos da fábrica e do escritório em todos os pontos. Pelo menos na América, cometem o erro de ver a nossa civilização como uma sociedade "impessoal" e deplorá-la. A longo prazo, acredito que faz mais sentido trabalhar não contra mas com a semente da impessoalidade na indústria moderna: incrementar a automatização no trabalho, porém em benefício do prazer e do consumo e não do trabalho em si.

Para muitos trabalhadores *white-collars*, como já vimos, a falsa *personalização* é a única personalização que se lhes depara. Para muitos operários fabris, o *featherbedding* é a única sociabilidade que conseguem. O trabalho, quando tem tais conotações para as pessoas, permanece ainda real, importante e magnético. Foi este um chamariz que, durante a última guerra, atraiu muitas mulheres das classes média e baixa para as fábricas e as manteve lá, apesar das condições de trabalho insatisfatórias, transporte inadequado e pressão dos maridos. Para escapar à vida doméstica de extrema privatização sentiam-se desejosas, até mesmo ansiosas, por aceitar os trabalhos da mais monótona aparência. Qualquer esforço, portanto, para adiantar a automatização do trabalho deve levar em conta, não apenas o desemprego tecnológico temporário, mas também a situação dos indivíduos excessivamente privatizados, que ainda sofrem com as barreiras residuais

de família, pobreza e hierarquia, que herdamos da época
dependente da introdireção. Mas podemos, certamente,
pensar em coisas melhores para eles do que a fábrica, como
um refúgio em face do lar, exatamente como podemos
pensar em formas melhores de proporcionar às vítimas da
pobreza segurança e boa assistência médica, do que as
trancar em prisões ou hospitais para doentes mentais.

O AUTÔMATO VERSUS A MÃO CORDIAL

No estado de nossa contabilidade econômica e social,
acho impossível dizer onde termina a personalização necessária e onde começa a personalização desnecessária. Nem
tenho índices para separar o esforço lucrativamente produtivo do trabalho de ocupação. Não sei, por exemplo, dizer
quanto o vagaroso progresso para a automatização nas
atividades terciárias se deve aos baixos salários, empregando lavadeiras e passadeiras negras numa competição mus-
cular com a força mecânica existente, quanto se deve à
falta de invenção do maquinário necessário, quanto à
exigência do consumidor no sentido de comprar personalização com o produto e quanto se deve às necessidades
da própria força de trabalho de personalizar, por razões
já apresentadas, que o consumidor o exija ou não.

Também é difícil julgar em que medida a exigência
de atenção individual por parte do consumidor conflita
inevitavelmente com o direito do produtor de libertar-se
de personalização desnecessária. Neste particular, o comércio varejista oferece um problema especialmente difícil.
O crescimento do mercado de luxo e de consumo nos
Estados Unidos, unido ao surgimento da alterdireção, tornam mais árduo o trabalho do pessoal de venda do que
era em 1900. Na época, por exemplo, a vendedora de
uma loja na Quinta Avenida vendia seu limitado estoque
para uma clientela abastada, num ritmo que lhe era estabelecido pela lentidão relativa do próprio comércio. Na
realidade, "fazer compras" era, mesmo então, um passatempo. Mas a freguesa não tinha pressa, nem, no âmbito
de seu estilo baseado na classe, ficava muito ansiosa no
tocante à sua escolha. Além do mais, a vendedora, servindo apenas alguns clientes, podia lembrar-se de suas exigências e, portanto, ser de alguma ajuda onde coubesse prestá-
-la. Atualmente, a vendedora de uma grande loja, figura
típica na cadeia distributiva de personalização, defrontou-se
com uma clientela em massa, enorme em tamanho, nervosa
no ritmo e insegura no gosto. Ela é solicitada a responder
às pressas a uma série de desejos vagamente especificados.

Estas observações sugerem que muito do *pathos* de nosso atual estágio de industrialismo reside no fato de necessitarmos expandir rapidamente os ofícios terciários que abastecem o lazer, embora estes sejam os ofícios mesmos capazes hoje de combinar as maiores dificuldades e tédio do trabalho físico — há muito disto, por exemplo, nas grandes lojas — com as mais severas demandas emocionais. O problema de onde automatizar é em geral considerado pelos economistas como um problema de investimento e reinvestimento, bem como de mobilidade do trabalho. No entanto, um orçamento nacional de bens capitais talvez devesse incluir em suas previsões uma estimativa quanto ao grau de falsa personalização que possa provocar ou eliminar.

O que muito necessitamos é um novo tipo de engenheiro, cuja tarefa seja a de remover os acasos psíquicos decorrentes da falsa personalização, assim como os engenheiros de segurança removem, agora, os acasos que põem em perigo a vida e os membros. Tal engenheiro poderia, por exemplo, procurar um meio de fabricar bombas de gasolina automáticas como máquinas papa-níqueis, e dar aos postos de serviços formas quase tão automáticas quanto algumas das mais atualizadas cabinas de locomotivas. Nas fábricas e nos escritórios, poder-se-ia envidar esforços, mediante cuidadosa engenharia de equipamentos, para eliminar condições e localizações de trabalho que coajam as emoções — assegurando, entrementes, a disponibilidade de outros empregos para os deslocados pela automatização. Serão necessárias certa imaginação e ingenuidade para construir índices com os quais medir o montante de falsa personalização requerido para um dado trabalho, sob condições normais, e para estabelecer tetos além dos quais o prosseguimento de personalização não seria permitida.

Seria interessante examinar, sob esta perspectiva, a presente tendência na América, no sentido de acabar com os escritórios particulares e por todo mundo a trabalhar "democraticamente" numa sala única, acessível e bem iluminada. Tenho a impressão que, para muitos, a dupla exigência de que a pessoa seja sociável e realize seu trabalho tem as mesmas conseqüências que se apresentam na escola e na universidade, de provocar a censura daqueles que gostam visivelmente de seu trabalho e ansiedade por parte daqueles que não conseguem, simultaneamente, orientar-se para a tarefa à mão e para a rede humana de observadores. Para outros, deve haver uma redução na ansiedade do trabalho isolado, e um ganho líquido em amistosidade.

Nos ofícios de distribuição, onde o pessoal de venda se confronta a cada momento com os fregueses, não pode haver solução através de escritórios particulares, mas somente através de maior automatização. Bellamy enxergou algumas das possibilidades com bastante lucidez e, em *Looking Backward,* deu à compra do consumidor a forma de uma ordem "intocada por mãos humanas", endereçada a centros comerciais muito semelhantes aos depósitos locais nos quais se pode hoje fazer encomendas a Sears ou Montgomery Ward. Certamente, se fosse possível tornar a maioria das vendas automática, tanto consumidores como vendedores seriam poupados de muito movimento e emoção. O supermercado, o Autômato, a casa de reembolso postal, inteiramente dependente de acurada e colorida exposição e propaganda, são as invenções técnicas qua alargam os interstícios do sistema de distribuição em que a autonomia pode florescer.

Bellamy também nos sugere a maneira de reduzir um pouco a culpa que muitos de nós sentem por levar uma vida relativamente fácil, enquanto outros permanecem presos ao irredutível mínimo de serviços árduos e desagradáveis — culpa que é, certamente, muito mais difundida numa época da alterdireção e a qual poderá antes aprofundar, e não o inverso, o aumento da autonomia. Seu plano, ao exigir que os jovens servissem durante um período de três anos no "exército industrial", destinava-se a facilitar a organização industrial nacional e a guiar os jovens em suas escolhas vocacionais finais. Quando o C.C.C. nos deu algo do mesmo tipo, foi, como muitas das boas coisas que fazemos, apenas à guisa de "amparo": os de boa situação foram excluídos. Algo semelhante a uma combinação do exército de Bellamy e o C.C.C. poderia, talvez, servir a todos nós como um alívio inicial das culpas com respeito ao trabalho "improdutivo" ulterior, até a chegada de nossas novas definições de produtividade. Uma vez que os indivíduos realizaram uma árdua poupança, nos últimos anos da adolescência, de grandes energias e, para alguns, de grande idealismo, poderiam sentir-se com direito à vida de Riley. Certamente, muitos dos veteranos de guerra que estudam ou vadiam de um modo interessante sob a Carta de Direitos (*Bill of Rights*) do G.I. — a frase é extremamente importante — sentir-se-iam com a consciência culpada sacando um cheque do Tio Sam se não tivessem sofrido sua parte de provação.

Estas são as sugestões para soluções sociais; mas não precisamos esperar por elas. Aqueles que estão à procura de autonomia, poderão simplesmente recusar-se a aceitar como certas as definições culturais do que constitui "trabalho" — uma espécie de greve, não contra o trabalho como tal, mas contra a exigência de que todas as energias emocionais recrutáveis sejam atreladas ao trabalho por uma interminável corrente recíproca.

Thoreau foi um agrimensor de primeira classe; ele escolheu esta ocupação — uma quase desaparecida profissão especializada por excelência — uma ocupação bem paga que o sustentaria se trabalhasse um dia por semana. O Dr. William Carlos Williams é um clínico geral popular em Rutherford, New Jersey. Charles Ives "trabalhou" dirigindo uma agência que colocou apólices de seguros no valor de meio bilhão de dólares enquanto ele "se divertia" compondo algumas músicas das mais significativas embora das menos reconhecidas dentre as que tem sido produzidas: Ives não se sentia, e não se sente, nem um pouco culpado quanto ao dinheiro que ganhou ou ao fato de viver uma vida americana "normal", de preferência a uma vida boêmia. Contudo, muitos homens não têm vontade de fazer aquilo que estes homens fizeram ou o que Charles Lamb ou Hawthorne ou muitos outros fizeram no século XIX: justificar o trabalho primeiramente pelo seu cheque de pagamento, em especial se o trabalho é pequeno e o cheque de pagamento grande. Ao invés, como já vimos, tentam preencher o vácuo criado pela alta produtividade mediante a falsa personalização, a liderança ocasional, a noção de indispensabilidade e inúmeros rituais e programas. No entanto, o "trabalho" real dos indivíduos — o campo em que eles gostariam de jogar suas energias emocionais e criativas, com base em seu caráter e em seus talentos — não pode, talvez na maioria dos casos, coincidir compreensivelmente com aquilo que eles são pagos para fazer.

14

A PRIVATIVIDADE IMPOSTA:
OBSTÁCULOS À AUTONOMIA NA DIVERSÃO

> *Devo observar ... que, apesar de parecer estar, naquele tempo antigo, constantemente ansioso por trocar minha sorte pela sorte de algum outro, na certeza presumida de ganhar com a barganha, não consigo lembrar-me de haver sentido ciúmes de tais pessoas mais felizes — na medida acessível as criaturas de espírito. Eu tinha, antes, uma falta positiva de paixão e por isso, suponho, uma falta de espírito, pois se o ciúme se relaciona, segundo penso, àquilo que se vê que um companheiro é capaz de realizar — em comparação com o nosso fracasso — a inveja, como eu a conhecia, pelo menos, era simplesmente daquilo que eles eram, ou, em outras palavras, de um certo tipo de consciência mais rica que eu supunha — às vezes demasiado livremente — haver neles...*
>
> Henry James, *A Small Boy and Others.*

Por ter sido a distribuição de lazer, na América, tão rápida quanto difundida, o lazer coloca aos americanos questões que, historicamente, são novas. Ao mesmo tempo, parte da promessa de lazer e divertimento para o homem alterdirigido é que poderá ser mais fácil na diversão do que no trabalho quebrar algumas das barreiras institucionais e caracterologicas à autonomia. A diversão, longe de ser obrigatoriamente a esfera residual do período de trabalho e do sentimento de trabalho, poderá, cada vez mais, tornar-se a esfera para o desenvolvimento da habilidade e da competência na arte de viver. A diversão poderá surgir como a esfera na qual ainda há algum espaço para que o aspirante homem autônomo possa recuperar seu caráter individual das difusas demandas de seu caráter social.

Reconhecidamente, sabemos muito pouco a respeito da diversão, em parte como resultado das definições culturais que dão prioridade ao trabalho. A pesquisa tem-se preocupado sobretudo com o caráter social do produtor; só mais recentemente foi prestada a mesma atenção ao consumidor; falta-nos ainda descobrir o que vem a ser o homem que se diverte. Todavia, haverá sentido em sugerir a investigação do divertimento, quando é possível que isto leve a uma crescente interferência sistemática e pública numa área que merece privatividade e falta de sistema? Uma conspiração de silêncio acerca do lazer e do divertimento não será talvez sua melhor proteção?

Antes da falar sobre como a gente deveria divertir-se, ou qual deveria ser a diversão do homem que procura autonomia, questões que, em todo caso, se acham além de meu intento, volto-me para a consideração das restrições da liberdade no campo da diversão em geral.

I. *A Recusa da Sociabilidade*

No capítulo anterior, observamos o excesso de sociabilidade, sob a forma de falsa personalização, que é imposta a muitas pessoas em nossa economia. Não obstante, não nego que para o homem alterdirigido, um *deficit* de sociabilidade é ainda mais sério do que um *superavit*. A presença dos "outros" conducentes e aprovadores é elemento vital em todo este sistema de conformidade e autojustificação. Privá-lo da sociabilidade que seu caráter passou a anelar não o tornará autônomo, mas apenas anômico — assemelhando-se nisto à crueldade de privar o viciado de bebidas alcoólicas ou drogas através de uma súbita prisão. Além do mais, se o alterdirigido está em busca de autonomia, ele não a pode alcançar sozinho. Necessita de amigos.

O homem alterdirigido é socializado num grupo cômpar de crianças, que lhes parecem em índices tão visíveis, como idade, cor e classe, mas que podem absolutamente não se lhe assemelhar no temperamento, interesses e fantasias mais íntimas. Se for ajustado, terá aprendido a parecer-se com aqueloutros com os os quais foi educado, com os quais aprendeu cooperação, tolerância e controle de temperamento. Neste processo, aprendeu a esquecer aspectos de seu caráter que não são nem "sociais" nem alterdirigidos. Enquanto continua a pertencer ao grupo cômpar de sua casual vizinhança, seus colegas de ocupação, seus iguais em *status* ou aspirantes a iguais, o mais provável é que ele nem note, ou note apenas no aborrecimento e em outro vago inconforto, quaisquer discrepâncias entre a imagem que faz de si próprio e a que faz dos "outros". Inversamente, se ele começar a encontrar-se entre pessoas que saúdam e apreciam, ou, pelo menos, não castigam a expressão e a exploração dessas partes enterradas do eu, é possível que seja capaz de mover-se no sentido de uma maior autonomia.

Para dar esse passo, entretanto, é mister a habilidade, psicológica e institucional, de descobrir o caminho que leva aos novos amigos, o novo grupo cômpar ou o imbricante.

Entretanto, da maneira como se apresentam as coisas, a maior liberdade de escolher em matéria de amizade não é, de forma nenhuma, o remédio mais em moda, hoje oferecido, para os problemas de sociabilidade da moderna gente urbana. Muitos críticos da vida contemporânea dirigir-se-iam exatamente para o lado oposto, na suposição de que as pessoas tem não muito pouca, porém demasiada liberdade. Alguns desses críticos falam com base em uma plataforma religiosa, outros, a partir da preocupação com a anomia urbana. Grandemente perturbados com o fato de que os americanos mudam de residência de poucos em poucos anos, não procuram facilitar este movimento, desenvolvendo, por exemplo, casas do tipo Buckminster-Fuller ou reboques (*trailers*) dotados de relativa liberdade em relação a sítios determinados. Prefeririam, antes, congelar as pessoas em comunidades nas quais a amizade seria baseada, em grande parte, na proximidade. Tendem a compartilhar do ponto de vista do planejador urbano, para o qual, segundo disse, as comunidades ideais na América se situavam entre os negros das regiões rurais do interior do Sul e os franceses canadenses das aldeias de

Quebec. Revelou-se posteriormente em conversa que seus próprios amigos estavam espalhados por dois continentes. Aqui temos as classes tentando impor "raízes" às massas exatamente como os Dobuanos tentam, por encantamentos mágicos, manter os tubérculos de seus inhames no lugar!

Poderíamos denominar esses críticos de neotradicionalistas. Eles parecem querer negar aos outros os privilégios da sociedade moderna, que eles, no entanto, aceitam naturalmente. Sua escolha recai sobre a comida francesa hoje, italiana amanhã; selecionam as idéias em todas as épocas e os amigos em todos os lugares; apreciam a escultura na Renascença italiana e da África primitiva e lêem livros em quatro línguas. Isto é levado à conta das vantagens e não dos compromissos; e constitui ironia que muitos indivíduos sofisticados e alterdirigidos expressam, devido ao medo, à impaciência, moda e tédio, nostalgia por uma época do passado em que não lhes seria dado efetuar semelhantes opções. *Connecticut Yankee in King Arthur's Court* de Mark Twain indica maior consciência da ironia; e Twain, com toda a sua amargura, exprime um sentimento mais saudável com relação ao caminho da volta.

Apesar de tais vozes críticas, entretanto, a sociabilidade americana, isto é, "o mercado da amizade", como o mercado americano de bens, é de muitas formas o mais livre e o mais amplo do mundo. Os pais podem controlar as relações sociais dos filhos apenas na fímbria étnica e de classe, e isto eles ainda têm a liberdade de fazer com assiduidade. Na adolescência, entretanto, o automóvel libera muitos americanos da sociabilidade parental supervisionada. Pela facilidade adulta de transporte, unidade de língua e abundância de dinheiro para gastar, as pessoas são liberadas para férias, festas e viagens em busca de muitos e variados amigos.

Contudo, o mercado de amizade é cercado de muitas "tarifas", econômicas, políticas e culturais. Em primeiro lugar, existem as enormes desigualdades na distribuição da renda, que limitam o acesso individual aos bens de consumo, lazer e diversão. Embora sejam construídos preços mínimos com base no consumo de certos agricultores e operários, muitos deles fantasiosos *featherbedders*, outros lavradores e trabalhadores ficam sem a proteção de subsídios ou contratos salariais e são, por isso, excluídos das variantes "4H Club Culture" ou "Cultura U.A.W." de gosto, sociabilidade e diversão. Tais exclusões e privatizações têm resultados complexos para os exclusores e para os grupos mais privilegiados em geral. Particularmente, o alterdirigido pode considerar os caminhos destes para a autonomia, torcidos pela culpa face ao excluído, pela limitação de suas próprias escolhas que acarreta a exclusão, e pela redução global na economia das potencialidades para o divertimento, conseqüência de tal redução em qualquer de seus sub-setores.

Por outro lado, a sociabilidade é, às vezes, sutil e paradoxalmente limitada pelos próprios esforços empreendidos, em nome da tolerância, para cruzar os muros das tarifas e estabelecer associações que a cultura geral pode ainda chamar "culpadas". Ao homem alterdirigido, movendo-se com um grupo cômpar, não é dada a possibilidade de expandir sua amizade a estratos sociais mais largos, a seu próprio passo. Pode acontecer que seja subitamente solicitado a arriar, não apenas uma barreira por vez — digamos, a barreira de casta —, porém duas ao mesmo tempo, ou seja, também a barreira de classe. Por exemplo, é possível que lhe peçam que se encontre com negros de uma posição de *classe* mais baixa do que a sua, enquanto que para ele a questão moral se coloca apenas em termos de *cor*. Isto poderá suceder-lhe precisamente na época em que ele se tenha apartado das fontes costumeiras de sua moralidade e, destarte, do vigor pessoal de que necessita a fim de viver de acôrdo com seus novos valores igualitários. Uma possibilidade, no caso, é que ele seja tomado de súbito pânico, diante da queda forçada das tarifas no mercado da amizade, às quais sua economia psíquica havia se acostumado, e reaja violentamente em favor de seus padrões antigos.

II. *Sociabilidade e a Privatização da Mulher*

A educação e a emancipação parcial das mulheres, como acontece com outras "'minorias", põe a "maioria" (neste caso, os homens) em posição ambígua. Não mais os protege contra as mulheres uma etiqueta rígida ou outros arranjos formais. Além do mais, como vimos anteriormente, as mulheres fazem exigências sexuais e oferecem potencialidades sexuais com as quais suas mães jamais sonharam ou ousariam apenas sonhar. Justamente por isso, reivindicam compreensão e companheirismo. Mas os homens, já ansiosos em meio aos cooperadores antagonísticos do seu próprio sexo, nem sempre acolhem bem a cooperação e o companheirismo do sexo oposto, que a queda da antiga tarifa permite e, de certo modo, exige. Enquanto que o homem introdirigido, capaz ainda de tratar as mulheres com ar protetor, queixava-se à amante que sua esposa não o compreendia, o homem alterdirigido queixa-se, com efeito, que sua mulher o compreende bem demais.

Essas ansiedades causadas pelos recém-liberados são uma das fontes das tentativas correntes de reprivatizar as mulheres, redefinindo seu papel de algum modo confortavelmente doméstico e tradicional. Muitas pessoas, tanto homens como mulheres, sentem-se perturbadas com a assim chamada desintegração da família e voltam o olhar saudoso para a estrutura da família em sociedades situadas no ponto inicial da curva de população. Em geral, deixam de ver que a taxa de divórcios corrente é, em parte, um índice dos novos reclamos de sociabilidade e lazer que casais sensíveis de classe média fazem ao casamento, que estas exigências não só começam alto, na escolha do companheiro, mas, como observou Margaret Mead, incluem a expectativa de que cada parceiro cresça e se desenvolva aproximadamente à mesma razão [1].

Na realidade, muitos divórcios resultam da especulação duvidosa na "fronteira" do sexo, que a nossa sociedade do lazer abriu à exploração de outros mais, afora aristocratas e vagabundos, e tanto de mulheres como de homens. No entanto, não há dúvida que qualquer esforço dos neotradicionalistas para fechar a "fronteira" do sexo, embora isto pudesse ajudar a restaurar o *glamour* que o pecado exercia na época anterior, seria irrelevante para os problemas criados com as exigências acrescidas que pessoas orientadas para o lazer fazem no que concerne à escolha sexual, à companhia e outras coisas. O que obviamente se exige é o desenvolvimento de um novo modelo de casamento que encontre sua oportunidade precisamente nas opções abertas por uma sociedade de divórcio livre e do lazer. Por serem as mulheres menos privatizadas do que o foram tradicionalmente, o casamento oferece para milhões de pessoas mais coisas do que em qualquer outro momento de sua longa história.

Contudo, há um longo caminho a percorrer antes que as mulheres possam associar-se aos homens no trabalho e na diversão em algum pé de igualdade. Hoje, os homens que acham fácil e natural lidar com as mulheres e que preferem companhia mista quer no trabalho quer na diversão, precisam combater os resíduos da antiga privatização. Em primeiro lugar, dificilmente são capazes de evitar muitas ocasiões e reuniões "só de homens" (*stag*)

---

[1] Margaret Mead, *Male and Female* (New York, William Morrow 1949); vide também as observações muito inteligentes no artigo de Talcott Parsons "Age and Sex in the Social Structure of the United States", *American Sociological Review*, VII (1942) pp. 604-616; reeditado em *Personality in Nature, Society and Culture* ed. Kluckhohn e Murray.

para as quais alguns se retraem das liberações que lhes são impostas pela nova ética intersexo. À medida em que o período de latência, na infância, se torna cada vez mais curto, de modo que os meninos só podem ser meninos entre seis e dez anos, os adultos do sexo masculino tentam criar ou reter períodos artificiais de latência, nos quais deixarão de estar expostos à pressão das mulheres — ou, pior ainda, dos juízos masculinos quanto ao êxito que estejam alcançando com as mulheres. Assim, ambos os sexos experimentam os limites, pressões e culpas da emancipação.

Por conseguinte, não deveríamos ficar surpresos em ver que, nos estratos sociais onde prevalece a alterdireção, continua havendo uma considerável privatização mesmo de mulheres de classe econômica mais alta, e que essas mulheres, amiúde entregues ao consumo e recreação compulsórios, não resolveram seus problemas de competência na diversão. A heroína de *Let's Go Out Tonight,* por exemplo, está congelada em sua pequena casa suburbana, isolada de todo o mercado de amizades, tanto de homens quanto de mulheres — à exceção daqueles que ela pode encontrar socialmente com o marido. Muitos moradores suburbanos, para não falar das esposas de agricultores, acham-se em situação pior. O marido vai para o trabalho no único carro e deixa a esposa prisioneira em casa, com os filhos pequenos, o telefone, o rádio e a televisão. Tais mulheres podem facilmente tornar-se tão desinteressantes que permanecerão prisioneiras psicológicas, mesmo quando removidos os impecilhos físicos e econômicos à sua mobilidade. E esta privatização, por sua vez, limita as escolhas de amizade e aumenta as culpas de todos os demais.

Como já vimos anteriormente, a guerra ajudou a desprivatizar muitas mulheres que saudaram o trabalho na indústria, ou outro trabalho de guerra, como um real aumento de sua sociabilidade. Mesmo nos casos em que os ganhos não sejam vitais para os padrões de vida estabelecidos da família, a mulher que trabalha encontra, freqüentemente, o caminho para uma independência dificilmente reconhecível pela mulher de classe média do século XIX. Esta independência lança os alicerces para certa autonomia na diversão, mesmo quando o trabalho permanece rotina, como é o caso para a maioria das mulheres que trabalham.

É claro que algumas mulheres de classe média alta e classe média média tem tempo para se distrair. Tais mulheres podem ingressar em grupos cômpares de jogadores de bridge, de membros de clubes de jardinagem, ou quaisquer outros grupos de passatempo. A transição parece fácil. A dificuldade é que as mulheres estão sendo postas para fora de muitas das áreas em que antes ocupavam o seu lugar com uma competência amadora. Por exemplo, elas não são mais benvindas como damas generosas; as assistentes-sociais profissionalizaram de tal forma o campo de ajuda às pessoas que qualquer intromissão por parte de amadores benevolentes desencadeia profunda resistência e ressentimento. Da mesma forma, os amadores não podem mais auxiliar tais pessoas, a menos que estejam dispostas, como auxiliares de enfermagens, a ajudar as enfermeiras registradas a serem profissionais, fazendo todo o trabalho sujo por elas. Não podem ajudar os outros a se divertirem, porque o trabalho de assistência social e as atividades de recreação também foram profissionalizados. Enquanto as seções locais da Liga das Mulheres Eleitorais e do Y.W.C.A. (Young Women's Christian Association) apresentam acentuada margem para o desenvolvimento de programas e têm oportunidade de relacioná-los às necessidades locais, há considerável relutância em experimentar programas inovadores que não foram testados em nenhum outro lugar, nem sugeridos pelos escritórios nacionais.

Assim, embora com importantes exceções, por toda parte onde as mulheres se voltam para aplicar as energias de parte de seu tempo ao trabalho, defrontam-se com um grupo de veto e com sua insistência de que, para participar, elas precisam "passar pelos canais" ou se tornar arrumadeiras e levantadoras de fundos para aqueles que controlam os canais. E o próprio levantamento de fundos está cada vez mais profissionalizado, ficando apenas a doação de dinheiro para os "participantes". Reagindo a esta situação, as mulheres ou afundam novamente na indiferença ou concluem, como suas irmãs de classe trabalhadora, que somente através do emprego, de um emprego culturalmente definido, é que elas serão liberadas. Em vez de se moverem para a autonomia na diversão, uma autonomia rumo à qual poderiam também ajudar os maridos, elas, com freqüência, simplesmente adicionam todas as ansiedades que os homens sofrem no trabalho aos seus próprios problemas domésticos.

III. *Sociabilidades Empacotadas*

Essas tarifas culturalmente definidas, que entrecruzam o mercado de amizade entre os grupos cômpares americanos, limitam severamente as opções que qualquer indivíduo dado tem para encontrar aqueles que podem ajudá-lo a tornar-se autônomo. Talvez um outro exemplo devesse ser mencionado, ou seja, a tendência para autoprivatização por parte dos vários grupos étnicos ainda não inteiramente assimilados. Pois temos aqui um desenvolvimento um tanto paradoxal, que resulta de uma mudança nos significados contidos na doutrina, de outro modo admirável, do pluralismo cultural.

O que sucedeu é que as antigas pressões no sentido da americanização forçada, que associamos à casa de colonização, retrocederam. Somente grupos recentes de imigrantes pobres, como os mexicanos e os porto-riquenhos, estão constantemente expostos a tais pressões. Ao negro, italiano, judeu ou eslavo da classe baixa é dado aproximar-se da norma da classe média americana, mais ou menos dentro de seu próprio ritmo. Sob a prática do pluralismo cultural, isto significa que os grupos étnicos não são mais instados a aceitar o pacote inteiro de trabalho e diversão tal como os "americanos" o definem. Pelo contrário, os grupos étnicos são convidados a acrescentar algo à variedade da nação, retendo os sabores coloridos de suas "heranças raciais". Como vimos ao discutir a alimentação, exatamente estas heranças são repassadas pelos grupos dominantes, à procura de diferenciações gastronômicas [2]. Até aí, tudo bem. Mas, ao mesmo tempo, o negro, italiano, judeu ou eslavo da classe média e alta não é inteiramente assimilado; ele permanece identificavelmente, ou em seu próprio sentimento, parte de um grupo étnico. Ele é posto à margem da completa participação social nos grupos dominantes, por barreiras sutis e não muito sutis. Enquanto isto, os líderes dos grupos de veto, em seus próprios grupos étnicos, surgem instando-o a saudar a autarquia assim parcialmente imposta a ele de fora, a confinar "voluntária-

---

(2) A comida, é claro, é apenas um símbolo ou exemplo da maneira como os estilos de diversão na América dependem grandemente da imigração pós-protestante (judia ou católica) e pré-protestante (negra). De 1880 até 1920, por exemplo, a maioria dos protestantes brancos travou uma guerra crescentemente intrutífera a fim de manter o seu domínio, não apenas na esfera do trabalho, onde estava bem qualificada, mas também na esfera da diversão, onde tinha de lutar constantemente por uma competência precária. Daí ter resistido a quaisquer novas potencialidades de consumo oferecidas pelos grupos étnicos desprivilegiados no trabalho, variando desde a comida italiana à comédia do *borscht-circuit*(*) e o "Charlestão" dos negros. A Proibição foi sua última batalha nessa guerra. Os maus efeitos desta foram atribuídos ao "gangster siciliano". Ora, obviamente, o fato de os judeus e os negros poderem ascender, e até evitar afrontas étnicas, mais facilmente nas artes e diversões, os colocou em boa posição de liderança, quando a própria sociedade mais ampla mudou, para abranger os valores do consumo. Daí por que os grupos étnicos são aqueles que liberam a maioria. Cada vez mais, diversão e lazer na América poderão sofrer devido à falta de estímulo e a *élan* costumários, embora sub-reconhecidos, quando não houver mais imigrantes ou indivíduos próximos à cultura imigrante.

(*) Nome dado, devido ao suposto consumo maciço da sopa de beterraba, às boates, teatros, hotéis de frequentação judaica, nas Montanhas Catskill. (N. dos T.).

mente" sua sociabilidade ao "próprio" grupo, e a obedecer às normas do grupo nos usos de lazer. Isto também recebe o nome de pluralismo cultural, embora, no que tange ao indivíduo, opere como um meio de restringi-lo a uma única cultura.

Assim, por exemplo, enquanto os negros de classes mais baixas nas grandes cidades do norte são imobilizados pela pobreza e pela segregação, os negros de classe média superior ficam sujeitos às definições de seus líderes de raça, sobre o que significa ser negro, especialmente naqueles campos, como o lazer, que, mais do que o campo do trabalho, se acham sob controle racial. A sociabilidade com os brancos corre riscos, não só de parte destes brancos recém-liberados, mas também de parte das pressões dos líderes raciais, que podem, por exemplo, interpretar a cordialidade como uma atitude de proteção benevolente do gênero Pai Tomás (*Uncle Tomism*).

Outros alvos do lazer podem, similarmente, ficar manchados por considerações raciais. Em alguns círculos de classe média, os negros estão proibidos de gostar de *jazz* porque há brancos que tratam de maneira protetora os negros como criadores do *jazz;* outros negros podem sentir-se compelidos a orgulhar-se do jazz ou de Jackie Robinson, assim como os judeus podem ser obrigados a se orgulharem de Israel ou de Einstein. Outros negros ainda, de classe média, não conseguem apreciar a melancia ou outros alimentos que são parte da dieta tradicional do negro e certamente não lhes é permitido apreciar retratações de cultura popular, tais como as de Rochester, Amos ou Andy. De forma análoga, enquanto que o judeu de classe baixa não está muito preocupado com as definições metafísicas de judeidade, o judeu quase assimilado, mas não totalmente, é subserviente aos compartimentalizadores culturais judaicos, que lhe dizem como deveria ser o seu lazer e quem deveriam ser os seus amigos. A sociabilidade nesses grupos é, destarte, limitada por uma combinação da pressão externa da maioria e do ditado cultural do interior da minoria. Diversão e sociabilidades são consumidas, então, em esforços culpados e ansiosos para agir de acordo com as definições da localização de cada um na cena americana, uma localização que, como uma superstição remanescente, o indivíduo não pode aceitar plenamente nem ousa rejeitar totalmente.

15

O PROBLEMA DA COMPETÊNCIA:
OBSTÁCULOS À AUTONOMIA NA DIVERSÃO
(Continuação)

> *Pois, tão logo o trabalho é distribuído, cada homem tem uma esfera particular e exclusiva da qual não pode escapar. Ele é um caçador, um pescador, um pastor ou um crítico, e deve continuar assim, se não quiser perder seus meios de subsistência; enquanto que numa sociedade comunista, onde ninguém tem uma esfera exclusiva de atividade, mas cada qual pode realizar-se em qualquer ramo que deseje, a sociedade regula a produção geral, tornando possível assim que o indivíduo faça uma coisa hoje e outra amanhã — caçar de manhã, pescar à tarde, criticar depois do jantar, como tenho em mente, sem jamais se tornar caçador, pescador, pastor ou crítico.*
>
> *Karl Marx*, sôbre o amador.

> *Eu sei tocar o alaúde e a flauta, a harpa, o órgão, a gaita de fole e o tamborim. Sei lançar facas e apanhá-las sem me cortar. Sei contar uma estória contra qualquer homem e compor versos de amor para as damas. Sei movimentar mesas e fazer prestidigitações com cadeiras. Sei dar saltos mortais e plantar bananeira.*
>
> *Recreador Medieval*, sôbre o profissional.

I. *A Diversão é a Questão*

A privatização como um obstáculo ao divertimento pode ser considerada, primeiramente, como uma relíquia de épocas anteriores do lazer, dominado pelo *status;* na verdade, a imobilização das mulheres, crianças e das classes inferiores data dos primeiros dias da revolução industrial. Riqueza, transporte e educação são no caso os grandes liberadores. Mas herdamos também obstáculos ao lazer, da ala puritana da introdireção, que conseguiu destruir ou subverter todo um espectro histórico da produção gregária de divertimentos: esporte, teatro, dias festivos e outras fugas cerimoniais. Mesmo aquelas cerimônias que sobrevivem, ou que foram recentemente inventadas, tais como o 4 de Julho ou o Halloween*, tiveram que enfrentar, senão a crítica do ascetismo puritano, pelo menos a crítica do racionalismo puritano, do qual as crianças pequenas têm sido precariamente isentas. Para muitos adultos nossos feriados criam trabalho com a brincadeira feita ou o presente dado aos quais não temos nem a sagacidade de saudar, nem a coragem de recusar; sabemos que os feriados são passos calculados na economia distributiva e os novos feriados, como, por exemplo, o Dia das Mães, nos são impingidos — existem mais "semanas" comercialmente patrocinadas do que o número de semanas no ano. Aqui, o puritanismo mostrou que é como o índio quando dá um presente: espera retribuição; não dá apenas prioridade ao trabalho e à distribuição, porém, o que é mais importante, toma de volta os mesquinhos feriados que nos oferece. As cicatrizes que o puritanismo deixou no domingo americano, e não apenas no de Filadélfia, são bem conhecidas.

Pode demorar muito até que se possa reparar o dano feito à diversão durante a época dependente da alterdireção. Nesse ínterim, a introdireção adicionou novos perigos. O homem alterdirigido aborda o divertimento, como aborda tantas áreas da vida, sem as inibições mas tampouco sem as defesas de seu predecessor introdirigido. Assediado, como ele está, com a responsabilidade pelo ânimo do grupo de divertimento, poderia querer recair nos cerimoniais fixos e objetivos, e em certa medida ele o faz — é êrro comum supor que os citadinos americanos não cultivam quaisquer rituais. Nossos variados drinques, jogos de carta e salão, esportes e entretenimentos públicos, podem todos ser dispostos numa série, dos menos aos mais flutuantes, inovadores e subjetivos. Mesmo assim, a respon-

(*) Dia da Independência americana e véspera do Dia de Todos os Santos, respectivamente (N. dos T.).

sabilidade de todos para com todos, de que cada um participe no folguedo e se envolva em nível similar de subjetividade, interfere com a sociabilidade espontânea no próprio esforço de provocá-la. Acima de tudo, esta grupalidade (*groupiness*) corta, talvez, a privatividade que o homem alterdirigido, empenhado em personalizar no trabalho, necessita (muitas vezes sem o saber) divertimento. Pelo fato mesmo de sentir culpa se não estiver contribuindo para a recreação do grupo, aprend a distinguir entre a solidão, que compreensivelmente teme, e a privatividade que poderia, às vezes, escolher.

Vimos que as crianças aprendem cedo na vida que elas não devem ter segredos com os pares e adultos sociáveis; e isto inclui o seu uso de lazer. Isto, talvez, deva ser esperado do alterdirigido, que se preocupa mais com a disposição de ânimo e a maneira de fazer as coisas do que com aquilo que é feito, que se sente pior com uma exclusão da consciência dos outros do que com qualquer violação de propriedade ou orgulho, e que tolerará quase tôda má ação, contanto que não seja oculta deles. Presumivelmente, os pais que desejam que seus filhos se tornem autônomos, podem ajudá-los muitíssimo, deixando-os aprender que eles têm o direito de efetuar suas opções (mentindo, se necessário fôr) entre aquelas situações nas quais desejam ser íntimos com os outros e aquelas nas quais a intimidade é mera exigência de uma autoridade parental ou grupal. Obviamente, um indivíduo que, para o uso autônomo do lazer, carece tanto da diversão que é particular, plena de devaneio e rica em fantasia, quanto da de caráter social, até mesmo cerimonial, sente dificuldade em combater de uma vez todas as privatizações que herdamos e as personalizações que recém-elaboramos.

Estas são considerações muito gerais, e cumpre complementá-las com a lembrança das contínuas conseqüências da Grande Depressão, quer para o trabalho quer para a diversão. A depressão não levou a uma redefinição de trabalho, mas, ao contrário, fez com que o trabalho parecesse não só valioso como problemático — precioso, por ser problemático. É significativo que tomemos agora o emprêgo integral mais do que o desemprêgo integral ou o lazer, como a meta econômica à qual nos agarramos com desespêro. Isto não é de surpreender quando percebemos quão limitadas eram as oportunidades de diversão para o homem desempregado durante a depressão. Era possível ver, então, da forma mais clara, quão freqüentemente o lazer é definido como um resíduo permissivo deixado pelos reclamos do período de trabalho. Mesmo o auxílio financeiramente adequado não poderia remover êste bloqueio moral da diversão, assim como o pagamento da aposentadoria pode removê-lo no caso das pessoas compulsòriamente aposentadas. Pois o prestígio do trabalho opera como um emblema de identificação que dá a seu portador o direito de sacar sôbre os recursos da sociedade. Até o adolescente que está empenhado em "produzir a si mesmo" sofre desconfôrto emocional, se não puder demonstrar que está trabalhando ou treinando assiduamente para objetivos de trabalho estritamente definidos. Em suma, reunindo o jovem, o desempregado, o velho aposentado, a dona de casa e os *featherbedders* culpados, para não falar do "rico ocioso", teremos um grande número de pessoas que sentem, mais ou menos inconscientemente, algum desassossêgo na diversão — pois, por definição cultural, o direito ao divertimento cabe aos que trabalham.

O mesmo avanço industrial que nos deu uma liberdade muitas vêzes intolerável, em relação ao trabalho, também contribuiu para introduzir uma especialização sem precedentes na área da diversão, com similares conseqüências ambíguas para muitos indivíduos, tecnologicamente desempregados, que se divertem. As variadas capacidades do recreador medieval, cuja jactância é citada na epígrafe do capítulo, incluem algumas virtuosidades simpáticas. Mas dificilmente elas lhe proporcionariam um programa no circuito da R.K.O. ou na televisão de hoje, e êle certamente não seria bastante bom para os Irmãos Ringling. O artista amador tem que competir com profissionais que são, de longe, mais profissionais do que nunca — poderá êle dizer a Laurence Olivier de que maneira representar o *Hamlet*, tal como o próprio Hamlet podia fazê-lo impunemente dizendo aos atôres como *não* o fazer? Vimos na Parte I que, enquanto que o homem introdirigido mantinha tenazmente a sua competência no divertimento, pelo menos em suas fugas para baixo, o homem alterdirigido enfrenta e é oprimido pela virtuosidade dos meios de comunicação, onipresentes para onde quer que êle se volte.

Assim, parece que a tarefa de restaurar a competência para a recreação deveria ser quase, senão totalmente, tão difícil quanto a de restaurá-la para o trabalho. Embora uma mudança nas relações de renda, ou mesmo na organização da indústria, pudesse contribuir para uma distribuição mais eqüitativa do lazer, e uma diminuição das culpas, não poderia, por si só, ensinar a maneira de se divertirem a homens que historicamente esqueceram como os negócios foram transferidos para os profissionais e quem o fez. Estaremos certos, então, ao supor que o divertimento oferece à autonomia alguns canais mais fáceis do que o trabalho; não estarão ambos igualmente "alienados"?

Penso não ser desarrazoado acreditar que vários tipos de competência, até agora dificilmente reconhecidos, estão sendo incutidos na diversão do alterdirigido, em face de todos os obstáculos que arrolamos. Algumas dessas habilidades, tais como os ofícios, têm fundamentos antigos; outros, tais como o consumo, tem novos aspectos. Mesmo a mudança de gostos, esse produto intangível do trabalho-recreação dos grupos cômpares alterdirigidos, pode ser encarada como um campo de treinamento para o lazer. Talvez haja mais competência na diversão do que surge à vista — menos passividade, menos manipulação, menos pretensão do que usualmente se afirma.

II. *As Formas de Competência*

CONSUMO: CURSO DE PÓS-GRADUAÇÃO

Os meios de comunicação de massa servem de tutores quanto ao modo de consumir, e, se estivermos procurando uma palha no vento, podemos começar por aí. A meu ver, é sintomático que certo número de filmes recentes possam ser interpretados como encorajadores de novos estilos no lazer e na domesticidade entre os homens — com a implicação de que a liberdade diante de seus pares contribuirá para aumentar-lhes a própria competência como consumidores e encorajar-lhes o desenvolvimento no sentido da autonomia. Em *Letter to Three Wives* e *Everybody Does It* o herói (Paul Douglas) é representado como um buscador de poder, másculo, que está dando "o pulo de uma só classe" — o salto da classe média baixa para a classe média alta, que ainda propulsiona muito da nossa vida econômica e social. Este saltador de uma só classe, colhido como está entre um grupo cômpar que êle deixou e outro que ainda não alcançou, é, em geral, demasiado inseguro, demasiado impelido, para ser um bom candidato à autonomia. Douglas começa com um tom estereotipado, introdirigido, de dureza e insensibilidade, mas termina por descobrir novos ângulos em suas próprias complexas emoções quando vem a saber (em *Everybody Does It*) que o talento de cantor que sua sociável espôsa, supostamente canora, estava procurando, era de fato êle próprio. Tal descoberta pode constituir um comentário sôbre o fato de que os homens não precisam mais delegar as sensibilidades artísticas às espôsas em busca de cultura como *status*, ou como carreira, mas podem, se desejarem, apreciá-las como parte de sua própria competência — um novo giro (do qual James M. Cain e os cenaristas deviam ter pleno conhecimento) do velho dilema, de comédia, do homem que encontra e ultrapassa as normas cavalheirescas de seu novo grupo cômpar de classe superior.

Ainda outras comédias de costumes de anos recentes abordam, de uma perspectiva diversa, tema similar no tocante à competência livre do grupo cômpar. Retratam com simpatia o estilo de um homem que se permite ao luxo de ser na vida um "generalista" *, um autodidata excêntrico, um quase autônomo. Na série *Mr. Belvedere*, por exemplo, Clifton Webb é um intelectual levemente disfarçado e um desajustado social, que é especialista em qualquer coisa para a qual ele volte as mãos e o cérebro. Entretanto, como Beatrice Lillie, ele atinge seu âmbito de habilidade e competência apenas naquelas situações em que a sociedade aceita um alto grau de individualismo; permitem-lhe criar o empolgante estilo pessoal somente devido à sua espantosa destreza. Num certo nível, a "mensagem" dos filmes de Belvedere é inteiramente diversa da do filme de Douglas, onde, como um "extra" atraente na vida do homem comum da classe média superior, e não do inconformista, sugere-se uma expressividade intensificada. Mas em outro nível, os dois tipos de retratos são muito semelhantes. Os dois parecem dizer, em meio a tôdas as outras coisas divertidas que têm a dizer, que é possível sobrepujar o poder dos pares. Ambas as caracterizações concedem ao indivíduo o direito de explorar e elaborar sua própria personalidade e sensibilidade com uma competência trabalho-lazer que vai além das exigências do grupo cômpar.

Certamente os grandes artistas dos meios de massa, inclusive os diretores, escritores e outros atrás dos bastidores que "criam" e promovem os artistas, dão importante contribuição à autonomia. Os animadores, em seus meios de comunicação, fora de seus meios de massa, na remota terra intermediária do imaginário (*never-never land*), exercem uma pressão constante sobre os grupos cômpares aceitos e sugerem novos modos para escapar deles. Os críticos mais agudos do cinema americano tendem a esquecer isto com demasiada facilidade. Em sua concentração nas indubitáveis falhas de qualidade do cinema de Hollywood, perdem, às vezes, de vista o fato de que o cinema multiplicou as escolhas em estilos de vida e lazer disponíveis para milhões. Mesmo o fã, ele ou ela, que

(*) Em inglês, *generalist*, indivíduo de muitas habilidades, e de espírito oposto ao do especialista. (N. dos T.).

imita a maneira casual de Humphrey Bogart ou o orgulho enérgico de Katherine Hepburn, pode estar, durante o processo, emancipando-se de um grupo cômpar de mentalidade tacanha ou, para tomar outro exemplo, é bem provável que a desconfiança feroz e fantástica de W.C. Fields tenha servido a muitos, em seu público, como apoio às suas próprias dúvidas quanto ao valor indisputado da amizade e amabilidade suave. Acredito que as fitas de cinema, de muitas formas convencionalmente inesperadas, são agentes liberadores, e que precisam de defesa contra a crítica intelectual indiscriminada e também contra os grupos de veto sempre de prontidão, que desejam que o cinema tutele suas audiências em todas as pias virtudes que o lar e escola não lhes conseguiram inculcar.

Uma destas virtudes é a "atividade" como tal e muita rejeição comum do cinema simboliza uma rejeição geral de nossa cultura popular, supostamente passiva. Em contraste, os críticos tendem a colocar suas apostas nas atividades que são individualistas e envolvem participação pessoal. Por exemplo, na perícia artesanal.

AS POSSIBILIDADES DO ARTESANATO

Os filmes da série *Belvedere* vêm a ser uma sátira brilhante sobre competência e artesanato, tal como, de maneira muito similar, *The Admirable Crichton* é uma sátira sobre a competência e classe. Hoje, o artesão parece amiúde excêntrico por causa de sua fanática devoção a seu ofício ou passatempo; o Sr. Belvedere usa de suas diversas habilidades artesanais para ostentar e gozar a sua excentricidade, para esfregá-la no nariz dos outros. Neste sentido, seu estilo de vida é um novo comentário sobre a questão que indaga se a competência em passatempos e ofícios está em declínio nos Estados Unidos. Muitas pessoas, por certo, têm o lazer e a disposição de adotar ofícios que jamais praticaram antes. Informam-nos que, dentre os empregados da fábrica Hawthorne da Companhia Western Eletric, incluem-se milhares de jardineiros ativos e zelosos, que organizam uma exposição anual de passatempos de considerável envergadura e estilo; que a fábrica ajuda a reunir fotógrafos amadores, entalhadores de madeira, construtores de modelos — toda a incontável série do "hobismo" moderno — somados, é claro, aos esportes, música e grupos dramáticos usuais. Mas não há estatísticas para mostrar se os passatempos, que antes eram cultivados particularmente, são agora incluídos no programa do ativo e, de fato, mundialmente famoso departamento de relações industriais. Além de alguns trabalhos exploratórios e cautelosos, tais como o livro *Leisure: a Suburban Study*, de autoria de Lundberg, Komarovsky e McInerny, nem sequer começamos a saber se o lazer de estilo artesanal desenvolveu novos significados na América moderna.

Parece plausível supor que o uso do lazer de estilo artesanal apresenta certas compatibilidades com todo o estilo de vida dos homens dependentes da introdireção: sua atenção à dureza do material, sua despreocupação relativa e sua falta de treinamento para as formas mais complexas do intercâmbio de gostos do grupo cômpar. Demais, o homem introdirigido que canaliza para o *hobby* parte do excesso de seus impulsos de trabalho, poderia achar que a manutenção de sua perícia técnica retroage diretamente para o seu valor no serviço tornando-o, por exemplo, um engenhoqueiro melhor e mais inventivo. Mesmo hoje, dentre muitos trabalhadores qualificados, tal intercâmbio entre a oficina caseira de passatempo e a caixa de sugestões da fábrica não é, de modo algum, um costume esquecido. Mas a habilidade artesanal é mais do que nunca valorizada em si mesma, como no caso do pintor de domingo.

Problemas específicos surgem com a guinada dramática em direção aos passatempos de tipo artesanal, em uma economia avantajada, onde compensa prover os desejos daqueles que reagem contra a produção em massa. O conservantismo do artesão — neste aspecto, parte do conservantismo do próprio divertimento — encontra seus ideais de competência constantemente ameaçados por uma série de instrumentos potentes e produtos de *bricolage* que possibilitam ao trapalhão apresentar-se como um profissional. O artesão doméstico de altas aspirações técnicas estará em melhores condições com um instrumento potente do que sem ele. Porém, quantos podem refrear o entusiasmo espontâneo pelo artesanato diante da tentação de ter a máquina que o faça melhor?

Algumas das ambigüidades do "hobismo" contemporâneo de gênero artesanal ou *bricoleur* dependente de uma ferramenta potente, são ilustradas por um estudo dos aficcionados dos automóveis — especialmente dos que têm a mania de "motores envenenados"[1]. Neste domínio uma larga série de padrões técnicos e desenhos oferece campo tanto aos amadores inexperientes como aos corredores de carro semiprofissionais, enquanto todos os aficcionados têm o consolo de trabalharem segundo uma velha tradição americana, o latoeiro de alto nível. Competência e ima-

(1) Vide "The Hot-Rod Culture" de Eugene Balsley, em *American Quarterly*, II (1950), 353.

ginação estão em cena, em grande número entre os jovens que correm com seus "quase-Fords" ou "quase-Chevrolets", nos *Dry Lakes* do faroeste, numa contínua competição com os modelos estandardizados que Detroit produz em massa. Entre estes grupos existe uma atitude crítica e ativa em relação ao carro de Detroit, tal como é hoje construído, ou como era construído até recentemente. Aqui, de modo bastante espantoso, o mais importante produto comercial do país, o carro de Detroit, longe de expulsar a realização amadora, apenas a estimulou e talvez de fato a provocou. Além do mais, o indivíduo que reforma carros de acordo com os padrões de sua própria concepção, obviamente não estará explorando nenhum discutível dividendo social em sua procura de lazer, porém, estará "fazendo sozinho" com quaisquer peças e ajuda que consiga reunir com sua reduzida conta bancária. A própria escassez de seus meios ajuda a dar ao procedimento sua atmosfera de elevada competência e alta diversão.

Mas este campo também está se tornando profissionalizado e padronizado. *The Hot-Rod*, uma revista fundada para prover o número crescente de aficionados automobilísticos (padronizando ao mesmo tempo sua auto-imagem), informa que o fornecimento de peças e ferramentas aos amadores está virando um alto negócio — uns $ 8.000.000 dólares em 1948. Entrementes, Detroit acabou apropriando-se de muitas das noções de potência de motor desses "envenenadores de carros," quando não das noções de chassis despojados.

Vemos assomar do horizonte do "carro envenenado" exatamente o mesmo destino que se apoderou de outras formas de competência amadora, não só na área artesanal e de passatempo, mas também, como veremos abaixo no caso do jazz, na área de intercâmbio de gostos e da crítica. Aqueles que buscam autonomia através da cata de um ofício devem ficar de olho nos grupos cômpares (outros que não o seu próprio grupo imediato) e no mercado, pelo menos para não se atravessarem em seus caminhos. Mas isto, por sua vez, poderá envolvê-los na busca constante de dificuldades na execução e privatividades no vocabulário (de certa forma, como os "mistérios" dos artesãos medievais), a fim de escapar à invasão ameaçadora da multidão. Então, aquilo que havia começado, mais ou menos espontaneamente, poderá acabar como mera diferenciação marginal penosa, cujas raízes de fantasia foram destruídas por uma preocupação estritamente técnica. O paradoxo do artesanato, e de muitas outras distrações, é que para alcançar alguma importância como estimulante da fantasia ele deve ser "real". Mas sempre que o artesão demonstra uma competência real, tende também a criar uma indústria e uma organização para enredar a competência ou, pelo menos, com o intuito de padronizá-la.

O homem cujo trabalho diário é o de estender a "mão cordial", freqüentemente redescobre tanto sua infância, quanto seus resquícios introdirigidos através do artesanato sério. Um publicitário, empenhado o dia todo em personalizar, poderá passar seus fins de semana nos silêncios de estilo artesanal de um estaleiro e amarradouro de botes, ou numa regata de veleiros — aquela máxima procura introdirigida onde os competidores individuais se movem independentemente em direção ao objetivo, como se fossem guiados por mão invisível! E, no entanto, é claro que estes homens que se distraem (*players*) poderão localizar-se no espectro das atividades artesanais possíveis por razões que nada têm a ver com a procura, seja da competência, seja, objetivo bem mais distante, da autonomia.

É importante ver as limitações da resposta através do artesanato, pois de outra forma poderemos ser tentados a investir mais nisto do que seria justificado. Esta tentação é particularmente forte entre aqueles que procuram lidar com o desafio do lazer moderno, preenchendo-o com estilos de diversão extraídos do passado na Europa ou na América. Na verdade, há atualmente uma tendência largamente disseminada de advertir os americanos contra o relaxamento no colchão de penas da abundância, nas recreações polpudas da cultura popular, nas delícias dos bares e casas de refrigerantes, e assim por diante. Nestas advertências qualquer lazer que pareça fácil é suspeito, e o artesanato não parece fácil.

O homem alterdirigido, nos estratos mais altos, encontra, freqüentemente, um certo atrativo em tomar o partido do artesanato, em oposição ao do consumo. Entretanto, para o homem alterdirigido, em geral, constitui um beco sem saída a tentativa de adaptar seus estilos de lazer àqueles que se desenvolveram a partir de um caráter e de uma situação social anteriores; no processo, é quase certo que ele se torne uma caricatura. Esta tendência revivalista é particularmente nítida no tipo energético de aficcionado artesanal como poderíamos denominar o "hobista" das danças folclóricas. O dançarino folclórico é, muitas vezes, um indivíduo alterdirigido urbano ou suburbano que, na busca de uma posição introdirigida, torna-se "artisteiro" e "artesaneiro" (*artsy and* *craftsy*) * em suas recreações e preferências de consumo. Ele se mete a nativo, com ou sem variações regionais. Barra os meios de massa tanto quanto lhe é possível. Nunca se cansa da atacar, do púlpito de sua bicicleta inglesa, a pelúcia e o cromo dos carros último tipo. Orgulha-se de não ouvir o rádio, e a televisão é seu bicho-papão.

A voga do dançarino folclórico é um testemunho real da busca do indivíduo por um lazer criador e significativo, como o é também o ressurgimento do artesanato. O dançarino folclórico deseja algo melhor, mas não sabe onde procurar. Abandona as possibilidades utópicas do futuro porque, em seu ódio à atualidade americana, como ele a interpreta, é levado a recorrer ao esforço vão de ressuscitar o passado europeu ou americano, como um modelo para o lazer. Como muitos outros que carregam o "ancestral dentro" de um caráter e ideologia introdirigidos, ele teme a perigosa avalanche de lazer que está despencando sobre os americanos.

Estes temores tornam o dançarino folclórico um parente próximo de certos críticos contemporâneos que, apesar de genuinamente preocupados com a autonomia, não alimentam nenhuma esperança de encontrá-la no lazer — nem mesmo, na maior parte, na dura diversão da *bricolage* ou dos esportes. Estes críticos aceitam o dançarino folclórico um pouco melhor; consideram as experiências de rigidez forçada no trabalho, ou mesmo a catástrofe individual e social, como a única fonte viável de coesão grupal e força individual do caráter. Vêem os homens como criaturas capazes de mobilizar e desenvolver seus recursos tão-somente numa situação extrema ou limite, e considerariam meu programa para a vida de Riley numa economia de lazer, como um convite à desintegração psicológica e ao perigo social. Detestando a "frouxidão do pessoal" — não vendo o quanto de tudo isso representa um avanço caracterológico — querem restaurar artificialmente (nos casos extremos, até mesmo pelo recurso da guerra [2]) a "dureza do material".

(*) Expressão que traduz pretensões de natureza artística e artesanal ou interêsse nas artes e ofícios principalmente com referência a objetos utilitários produzidos como passatempo. Na ausência de formas correspondentes em português, optamos pelas sugestões do sentido, que aparecem no texto (N. dos T.).

(2) A experiência de guerra parecia demonstrar que havia pouca necessidade "prática" para tais terapias de privação a serviço dos interêsses da produção ou do esforço de guerra. Resultou daí que a alterdireção caracterológica e a indiferença política não implicavam uma incapacidade de enfrentar provações físicas. Houve tentativas de tratar o soldado como se êle estivesse na América, com coca-colas, programas de rádio e diversões caseiras. Aparentemente, tal "moleza" não impediu a força de combate. A maleabilidade dos americanos tornou possí-

É inegável que as catástrofes evocam, às vezes, potencialidades insuspeitadas nos indivíduos — potencialidades utilizáveis para favorecer o desenvolvimento ulterior rumo à autonomia. Uma doença séria pode dar uma pausa a uma pessoa e tempo para fantasias e resoluções. Ela poderá recuperar-se, como faz o herói Laskell, no romance de Lionel Trilling, *The Middle of the Journey*. Ele poderá morrer, como acontece com o oficial russo na estória de Tolstoi, *A Morte de Ivã Ilitch*, que, à beira da morte, confronta-se pela primeira vez, e honestamente, consigo mesmo com sua vida desperdiçada. E o caminho ceifado pela última guerra oferece repetidas provas de que não apenas os indivíduos, mas grupos inteiros e comunidades poderão beneficiar-se da privação, onde ela não for esmagadora. Um exemplo é relatado por Robert K. Merton, Patricia Salter West e Marie Jahoda em seu estudo (não publicado) da comunidade residencial de trabalhadores de guerra em New Jersey. Estes trabalhadores viram-se metidos em um brejo construído às pressas, sem facilidades comunais, sem drenagem, sem uma loja. Desafiados por estas condições de vida, reagiram com uma enérgica improvisação e conseguiram, contra todos os tipos de obstáculos, criar para viver uma comunidade decente, habitável e vigorosa. A sequela de desânimo é familiar: a comunidade, uma vez superados os principais problemas de sobrevivência, fez-se menos interessante para morar e sua cooperativa, construída com tanto esforço engenhoso e enérgico, estagnou.

Quando se pensa em tais exemplos, chega-se à conclusão de que as emergências ajudam a recriar, na sociedade moderna, formas sociais nas quais as pessoas podem derramar suas energias. Os indivíduos precisam de justificativas e, à medida que a introdireção míngua, procuram-nas na situação social mais do que em si mesmos. Visitantes europeus e asiáticos dizem aos americanos que devem aprender a apreciar o ócio; criticam tanto o nosso idealismo puritano como o assim chamado materialismo, subproduto do primeiro. Isto não é de muita ajuda, pois se temos de nos tornar autônomos, devemos proceder em harmonia com nossa história e caráter, os quais nos atribuem uma certa seqüência de tarefas e prazeres de desenvolvimento. Então, o que precisamos é de uma reinterpretação que nos permitirá focalizar no desenvolvimento do caráter individual as exigências puri-

---

vel construir um exército apoiado mais no espírito de grupo do que na hierarquia. A maleabilidade, a familiaridade com máquinas, as habilidades sociais difundidas e o alto nível educacional, permitiram treinar os homens com rapidez para os serviços e missões fantasticamente variados da moderna atividade militar.

tanas que não são mais necessárias para esporear a organização política e industrial. Precisamos compreender que cada vida é uma emergência, que aparece uma só vez e cuja "salvação", em termos de caráter, justifica cuidado e esforço. Então talvez não precisemos nos lançar em uma guerra ou um incêndio porque a porção diária da própria vida não dá a sensação de ser suficientemente desafiadora, ou porque as ameaças e exigências externas podem narcotizar para nós nossa ansiedade com relação à qualidade e significado da existência individual.

A NOVÍSSIMA CRÍTICA NA ESFERA DO GOSTO

Qualquer que seja o papel que o artesanato possa desempenhar no lazer de um indivíduo ou grupo, não será, obviamente, uma solução completa para os problemas do lazer entre os aspirantes a autônomos. Enquanto o homem introdirigido podia consolar-se nestas buscas, o alterdirigido à procura de autonomia não tem escolha, a não ser passar através — para transcender — intercambiando gostos — daquele processo característico pelo qual a pessoa alterdirigida se relaciona com os grupos cômpares. Uma vez transposto este estágio com sucesso, ele poderá estar em condições de avaliar e desenvolver seus próprios padrões de gosto, até mesmo de criticar as operações criativas do gosto na sociedade como um todo.

Já discutimos o lado negativo deste processo: por exemplo, o fato de que o homem alterdirigido sinta um erro no gosto como uma censura ao seu eu, ou pelo menos naquilo que ele concebe como a parte mais vital de seu eu, o seu radar, ou o fato de que este intercâmbio de gostos seja, em consequência, muitas vezes atormentado e desesperado. Mas agora devemos olhar para o lado positivo do intercâmbio de gostos: o fato de ser também uma experiência tremenda, talvez a mais estratégica na educação adulta americana. O gosto dos setores mais avançados da população é cada vez mais rapidamente difundido — talvez *Life* seja um dos agentes mais notáveis neste processo — para as camadas anteriormente excluídas de todos os exercícios de gosto, com exceção dos mais primitivos, e que agora estão sendo ensinadas a apreciar e discriminar entre variedades de arquitetura moderna, mobiliário moderno e arte moderna — para não falar das realizações artísticas de outros tempos [3].

(3) Charles Livermore, antes um funcionário da CIO, recentemente chamou minha atenção para o repúdio extremamente rápido dos operários automobilísticos de Detroit com respeito ao mobiliário Grand Rapids, demasiado estofado. Muitos adotaram, nestes últimos anos, desenhos modernos.

Naturalmente, todos os processos alterdirigidos que descrevemos desempenham um papel central neste desenvolvimento, mas estou convencido de que a competência real e satisfatória no gosto também aumenta concomitantemente. É interessante observar como os antigos filmes americanos, de apenas vinte anos atrás, parecem à audiência contemporânea. Tal fato, repito, deve-se, em parte, apenas a mudanças nas convenções do cinema; porém, numa medida muito maior, é o produto de um crescimento espantosamente rápido da sofisticação, no que diz respeito à motivação humana e ao comportamento entre os produtores de filmes e sua audiência.

A velocidade com que o gradiente do gosto está sendo escalado escapou a muitos críticos das artes populares que deixam de observar não apenas como são bons muitos filmes americanos, romances populares e revistas, mas também quão vigorosos e compreensivos são alguns dos comentários dos permutadores de gosto amadores, que parecem ser, à primeira vista, parte de uma audiência muito passiva e não criativa. Um dos exemplos mais interessantes é a crítica de *jazz*. Falo aqui, não de críticos tais como Wilder Hobson e Panassié, mas do grande número de jovens que, por todo o país, receberam afetuosamente o *jazz* e criticaram-no carinhosamente, num nível de discurso muito distante do vocabulário fácil da "sinceridade" e do "exagero". Estes indivíduos encontraram no *jazz*, como outros encontraram no cinema ou nas estórias em quadrinhos, uma forma de arte não classificada previamente pelos conhecedores, pelo sistema escolar ou pela cultura oficial. Eles resistiram, muitas vezes de forma violenta e outras com êxito, ao esforço da própria indústria de música popular em rotular seus produtos: na própria forma de suas escolhas — preferência por pequenos conjuntos populares a solistas de nome, preferência por improvisação, desconfiança em relação aos arranjadores suaves — estabeleceram seus próprios *padrões*, em oposição à *padronização*. De maneira muito análoga aos "envenenadores de carros", desenvolveram sua linguagem e cultura próprias, para acompanhar sua nova habilidade.

Aqui novamente, a exemplo dos "envenenadores de carros", o artesanato verbal do intercâmbio de gostos dos amantes de *jazz* não poderia continuar a desenvolver-se por muito tempo entre grupos cômpares isolados. O *jazz* foi há muito dividido por um culto ou uma série de cultos com critérios estéticos cada vez mais exigentes que se tornaram, com freqüência, finalidades em si mesmos.

Os escritores da cultura popular, não querendo reconhecer que o intercâmbio de gostos nas audiências populares é, muitas vezes, a base para a crescente competência na atitude crítica, consideram, em geral, o *jazz*, a radionovela *, o cinema e a televisão com o mesmo horror com que o homem introdirigido era instado a considerar o bordel e o teatro de revista. Essencialmente, esta crítica da cultura de massa é igual à crítica da produção em massa. Mas o que os críticos quase sempre deixam de observar é que, enquanto a produção em massa, em seus primeiros estágios, expulsava belos artesanatos e aviltava o gosto, temos agora uma situação melhor conceituada como produção em massa de classe, onde nossa máquina industrial se tornou bastante flexível para produzir objetos de uma variedade e qualidade ainda maiores do que na era artesanal. Da mesma forma, os críticos dos meios de comunicação de massa deixam eventualmente de observar que, enquanto as primeiras consequências eram amiúde destrutivas para os valores antigos, encontramo-nos hoje numa situação em que é economicamente possível, pela primeira vez na história, distribuir romances e livros, pinturas, músicas e cinema de boa qualidade para públicos que podem ajustar-se a padrões de grande individualidade.

Estes progressos me sugerem que o processo de intercâmbio de gostos contém a promessa de transcender a si mesmo e tornar-se algo bem diferente e, assim, contribuir para o desenvolvimento da autonomia no homem alterdirigido.

III. *Os Consultores do Lazer*

Para levar o indivíduo a estabelecer um contato que não o amedronte em face da nova série de oportunidades de consumo, é necessário alguns guias e sinalizações. Em nossa sociedade urbana, especializada, isto poderá exigir "consultores de lazer".

A "consultoria do lazer" poderá parecer um termo um tanto clínico para descrever as atividades empreendidas por um número de profissões em crescimento relativamente rápido nos Estados Unidos, incluindo agentes de viagem e turismo, técnicos em hotelaria, treinadores e professores de esportes, diretores de estâncias de férias **,

(*) *Soap-operas,* radionovelas lacrimogêneas, assim chamadas por terem, em geral, o patrocínio de produtos de limpeza (sabões, detergentes, etc.) (N. dos T.)

(**) *resort directors* — por extensão, são assim chamados os responsáveis por estâncias de águas, balneárias de inverno, etc. (N. dos T.)

professores de arte, professores de dança, e assim por diante. Contudo, existem também muitos consultores que dão pareceres sobre diversão e lazer como uma espécie de subproduto de alguma outra transação. O decorador de interiores, por exemplo, parece pertencer, à primeira vista, a um grupo ocupacional diverso do diretor social da fazenda de turismo (*dude-ranch*). Na realidade, o maioria dos clientes do decorador de interiores poderá estar procurando o desenho correto por exibição conspícua. Além destas funções, porém, poderá encontrar-se uma esfera na qual o decorador de interiores é procurado por causa de rearranjos domésticos mais básicos, capazes de facilitar uma vida de lazer mais confortável, mais "colorida", nos sentidos literal e figurativo. A venda do serviço de decoração poderá ocultar a venda deste intangível significativo.

Esta função é, talvez, ainda, mais evidente no trabalho do arquiteto de casas para o cliente da classe média alta. Na verdade, ele continua dando consultoria, como o decorador, a seus clientes no que tange à obtenção da fachada pública correta. Entretanto, na geração anterior, ele não sonharia em dar consultoria a seus clientes no que diz respeito às relações interiores funcionais na moradia, pelo menos jamais em termos que fossem além de um "gracioso *living*". No entanto, hoje, o arquiteto poderá, pelo planejamento interior e exterior, tanto liderar como acompanhar seus clientes. Através dele e de seus pontos de vista, filtram-se uma variedade de gostos, inclinações, esquemas sociais (como nas salas de estar facilmente recompostas) e ecologias de tempo de lazer, que dificilmente existiam na geração passada. O arquiteto — e, além dele, o planejador urbano — reúne oportunidades de lazer que poderiam permanecer, de outra forma, subdivididas entre uma porção de especialistas.

Outro conjunto de consultores do lazer agrupa-se em torno do centro cronológico dos hábitos do lazer americano, as férias. Estas, por promoverem o encontro com outros que não são membros do grupo cômpar do próprio indivíduo e que podem estar localizados fora de sua própria experiência com a estrutura social, podem ser consideradas como um símbolo tão dramático dos encontros entre pessoas na fase de declínio incipiente de população quanto era o mercado na fase populacional de crescimento de transição. Para ser mais claro, milhões de americanos com altos salários passam suas férias caçando animais, de preferência a pessoas; outros milhões ocupam-se com aquele resíduo revigorante de épocas passadas — a casa e o jardim. Todavia, cada vez mais, as férias constituem o tempo e o lugar para colocar em contato aqueles que têm lazer e dinheiro para comprar, com aqueles que tem habilidade para vender — equitação, natação, pintura, dança e assim por diante. Neste caso, entretanto, o consultor do lazer, exceto para animadores de recreação no navio ou praia, estará, em geral, tentando vender uma mercadoria ou um serviço, mais do que ajudar o indivíduo a encontrar aquilo que ele quer ou poderia querer.

É fácil prever, nas próximas décadas, uma grande expansão entre os consultores do lazer. Subsiste a objeção de que sujeitar o homem alterdirigido aos cuidados de um consultor de lazer, para treinar sua competência neste campo, serve apenas para aumentar a própria dependência que o conserva mais na condição de alterdirigido do que de autônomo. Será que qualquer esforço no planejamento da diversão não o privará de tal espontaneidade e privatividade, na medida em que ele ainda pode reter esses traços? Isto, certamente, constitui um efeito possível. Podemos opor-nos a isto fazendo o máximo para tornar os consultores de lazer tão bons e disponíveis quanto possível. Esta espécie de consultoria poderia estimular, mesmo provocar, a pessoa alterdirigida para um entretenimento mais imaginativo, ajudando-a a compreender a importância da diversão para o seu próprio desenvolvimento rumo à autonomia.

IV. *Libertando o Mercado Infantil*

Até agora falamos do que poderia ser feito para aumentar a competência dos adultos no entretenimento e ignoramos por completo as realidades e as possibilidades da diversão no caso das crianças. Entretanto, é claro, a experiência da infância é um estágio dos mais importantes para a real habilitação da competência do adulto no divertimento. Sem qualquer intenção de esgotar o assunto, desejo sugerir um modelo, mais ou menos fantasioso, visando estimular a reflexão sobre o que poderia ser feito, aqui e agora, para alterar alguns daqueles aspectos da diversão infantil que, como indicamos no Capítulo III, servem, com freqüência, para inibir a autonomia. A proposta que desejo fazer deveria interessar aos produtores e anunciantes que se dirigem ao mercado infantil. Gostaria de sugerir que eles constituíssem um fundo para a criação experimental de economias modelos de consumo entre crianças.

Por exemplo, poder-se-ia emitir certificados de subscrição de ações para grupos de crianças, permitindo-lhes estimular alguma loja central — um tipo de feira mundial cotidiana — onde uma variedade de mercadorias de luxo, desde comidas extravagantes até instrumentos musicais, estariam disponíveis para a compra. Neste "ponto de venda" ficariam pesquisadores de mercado, capazes e desejosos de ajudar as crianças a fazerem suas escolhas, porém, isentos de qualquer carisma particularmente assustador ou atrativo autoritário, ou qualquer interesse pelo interesse do empregador em forçar uma coisa mais do que a outra. A utilidade destas "estações experimentais" seria a de revelar algo sobre o que acontece com o gosto infantil quando se lhe dá livre curso para longe dos gradientes e "razões" do gosto, e liberdade dos embaraços financeiros de um dado grupo cômpar. Precisamente em tais situações, as crianças poderiam encontrar a oportunidade de criticar e remodelar, em suas próprias mentes, os valores dos objetos. Na "loja livre", elas encontrariam salas particulares onde pudessem apreciar livros e música, doces e estórias em quadrinhos com alguma privatividade [3]. Seria interessante verificar se aquelas crianças, que tiveram a sorte de se expressarem através da escolha do consumidor livre, alforriadas das limitações étnicas, de classe e do grupo cômpar, conseguiriam desenvolver-se como críticos muito mais imaginativos da economia de lazer do que é hoje a maioria dos adultos.

Pode-se conceber outros modelos similares de "economias de abundância" em que seriam envidados todos os esforços, numa base experimental, a fim de libertar as crianças e outras pessoas insuladas da pressão do grupo e dos meios de comunicação. Na verdade, durante muitos anos a pesquisa de mercado pareceu-me um dos canais mais promissores para o controle democrático de nossa economia. Os pesquisadores de mercado sabem tão bem quanto qualquer pessoa que seus métodos não precisam ser usados apenas para manipular os indivíduos para a aquisição de bens e definições culturais já existentes ou

(3) A analogia existente mais próxima a esta "livraria de utilidades" é talvez a bibliotecária do bairro, que pode ajudar as crianças a achar a via de acesso dos livros, porque ela parece estar fora da linha direta da autoridade do lar e da escola, pois seu interesse é muitas vezes, de fato, o de ajudar, mais do que forçar a criança e sendo originária quase sempre de um ambiente introdirigido típico, ela não insiste em personalizar a relação com a criança.

para forrá-las com diferenciações marginais, porém podem ser empregados para descobrir, não tanto o que as pessoas querem, mas o que poderiam querer com uma fantasia liberada [4]. Sem modelos de tamanho natural (*mock-up*), protótipos e modelos-piloto, as pessoas dificilmente darão este salto para a imaginação.

---

(4) Minha ênfase cabal nos meios de comunicação de massa e nas mercadorias fabricadas pela produção em massa não deveria ser tomada como uma negação implícita da importância das artes mais tradicionais. Entretanto, meu esforço foi dirigido no sentido de suprir o hiato que geralmente se acreditava existir entre a cultura erudita e a cultura de massa. A relação entre cultura erudita e cultura popular parece-me plena de possibilidades e esperanças, apesar do temor, da sofisticação e do antiintelectualismo que, agora, opera tão amiúde para inibir uma movimentação fácil entre ambas.

16

AUTONOMIA E UTOPIA

> *O tempo, os acontecimentos ou a ação individual e autônoma da mente poderão, às vezes, solapar ou destruir uma opinião, sem qualquer sinal exterior de mudança. Não foi abertamente arrasada, nenhuma conspiração foi organizada para combatê-la, porém seus seguidores retiram-se, um a um, silenciosamente; dia a dia, alguns poucos deles deixam-na até que, finalmente, ela é professada por uma minoria apenas. Neste estado, ela ainda prevalece. Enquanto seus inimigos permanecem mudos ou trocam pensamentos apenas às escondidas, eles próprios permanecem, por um longo período, sem saber que na realidade se efetuou uma grande revolução; e, neste estado de incerteza, não tomam qualquer medida; eles se observam uns aos outros e ficam em silêncio. A maioria deixou de acreditar naquilo que acreditava antes, mas eles ainda simulam acreditar, e este vazio fantasma de opinião pública é suficientemente forte para deprimir os inovadores e mantê-los em silêncio e a uma distância respeitosa.*
>
> Tocqueville, *Democracia na América*.

Nestes últimos capítulos, expus alguns pensamentos sobre o mundo do trabalho e do lazer da classe média, na esperança de encontrar caminhos através dos quais um tipo mais autônomo de caráter social pudesse desenvolver-se. Não posso estar satisfeito pelo fato de ter ido muito longe ao longo dessas linhas. É bastante difícil considerar como podemos remover as barreiras da falsa personalização e da privatividade forçada. É extraordinariamente mais difícil divisar, depois de ultrapassadas estas barreiras, o que no homem poderá levá-lo à autonomia ou a inventar e criar os meios que o ajudarão a alcançar a autonomia. Afinal, nossas poucas sugestões são insignificantes e podemos concluir nossa discussão dizendo apenas que uma corrente imensamente maior de pensamento criador utópico é necessária para que possamos ver mais claramente a meta que sugerimos vagamente pelo termo "autonomia".

O leitor, que se recorda de nossos passos iniciais, com os grandes e cegos movimentos de crescimento populacional e mudança tecnológica e econômica, poderá perguntar se esperamos seriamente que o pensamento utópico, não importa quão inspirado seja, seja capaz de opor-se a qualquer destino do homem que estes movimentos possam abrigar. De fato, acredito que apenas certas idéias serão geradas e vão pegar, sob quaisquer condições sócio-econômicas dadas. E o caráter, com todas as suas obstinações e tendências auto-reprodutoras, ditará largamente o modo pelo qual as idéias serão recebidas. Mas, apesar dos obstáculos acumulados contra a mudança, inerentes à estrutura social e à estrutura do caráter, acredito que as idéias poderão dar uma contribuição histórica decisiva. Marx, que negava, quanto a ele, que as idéias fossem muito importantes e que rejeitava as especulações utópicas de seus predecessores socialistas, forneceu ele próprio um exemplo irrefutável do poder das idéias na história. Como todos nós sabemos, não deixou que a classe trabalhadora fosse emancipada somente pelos acontecimentos. Em seu papel alternativo de propagandista, tentou moldar o meio ideológico e institucional em que os trabalhadores iriam viver.

Creio que precisamos insistir hoje em trazer à consciência o tipo de meio que Marx desprezou como "utópico", em contraste com a abordagem mecânica e passiva das possibilidades do meio humano que ele ajudou a criar em seus trabalhos mais influentes. Entretanto, visto que vivemos numa época de desencanto, tal modo de pensar, onde não for racional no objetivo e no método, e não simples escapismo, não é fácil. É mais fácil concentrar-se em programas para escolher dentre os menores males. Estamos bastante cônscios da "maldita miserabilidade do pobre"; também o rico, como tentei mostrar neste livro, inibiu seus reclamos por um mundo decente. Ricos e pobres evitam quaisquer objetivos, pessoais ou sociais, que pareçam fora do compasso das aspirações do grupo cômpar. O *inside-dopester*, politicamente operacional, raramente se liga a objetivos além daqueles que o senso comum lhe propõe. Na realidade, entretanto, num contexto político dinâmico, são os modestos objetivos de senso comum, dos críticos que estão por dentro e que são "construtivos", que consideramos inatingíveis. Parece, muitas vezes, que a retenção de um dado *status quo* é uma esperança modesta; muitos advogados, cientistas políticos e economistas preocupam-se em sugerir as mudanças mínimas que são necessárias para ficar parado; no entanto, hoje, esta esperança é invariavelmente frustrada; o *status quo* prova ser a mais ilusória das metas.

É concebível que estes americanos, economicamente privilegiados, hão de despertar algum dia para o fato de que eles se conformam em excesso? Hão de despertar para a descoberta de que uma multidão de rituais de comportamento resulta, não de um imperativo social inevitável, porém de uma imagem da sociedade que, apesar de falsa, proporciona certos "ganhos secundários" para quem acreditar nela? Uma vez que a estrutura de caráter é, se é que o seja, ainda mais tenaz do que a estrutura social, tal despertar é extraordinariamente provável — e sabemos que muitos pensadores, antes de nós, viram falsas auroras de liberdade, enquanto seus compatriotas continuavam teimosamente a fechar os olhos para as alternativas, em princípio, disponíveis. Mas colocar a questão poderá, pelo menos, suscitar dúvidas na mente de alguns.

Ocasionalmente, os planejadores urbanos colocam tais questões. Estes compreendem, talvez, o grupo profissional mais importante a denotar razoável cansaço com as definições culturais que são sistematicamente exibidas com o fito de racionalizar as inadequações da vida citadina de hoje, tanto para os que estão bem na vida como para os pobres. Com sua imaginação e abordagem generosa, eles se tornaram, de certo modo, os guardiães da nossa tradição política liberal e progressista, à medida que ela é cada vez mais deslocada da política nacional e estatal. Em seus melhores trabalhos, vemos expressa, sob forma física, uma visão da vida que nada tem da estreita mentalidade do emprego. É uma visão da cidade como cenário de lazer e amenidade, bem como de trabalho. Mas, no momento, o poder dos grupos de veto locais submete a grande pressão inclusive os planejadores urbanos mais imaginativos, a fim de que se mostrem sujeitos práticos e obstinados, mal distinguíveis dos engenheiros de tráfego.

Entretanto, como sou de opinião que existe uma variedade maior de atitudes com relação ao lazer na América contemporânea do que surge à superfície, acho que as fontes do pensamento político utópico poderão estar outrossim ocultas, em processo constante de mudança e constante disfarce. Enquanto nos últimos anos a curiosidade e o interesse políticos foram, em grande parte, expulsos da esfera consagrada do fato político, tanto no enfoque dado pela imprensa como pelos setores mais responsáveis da vida pública em crise, os indivíduos, no que sobrou de sua vida particular, poderão estar nutrindo padrões criativos e críticos recentes. Se esta gente não fôr cerceada antes de dar a partida — pela elaboração e ingestão forçada de um conjunto de doutrinas oficiais — as pessoas poderão aprender, algum dia, a comprar, não só pacotes de secos e molhados ou livros, mas o pacote maior de uma vizinhança, uma sociedade ou um estilo de vida.

Se os indivíduos alterdirigidos viessem a descobrir quanto trabalho inútil eles fazem, a descobrir que seus próprios pensamentos e suas próprias vidas valem tanto quanto o pensamento e a vida dos outros, e que, na verdade, não lhes é dado mitigar sua solidão dentro de uma multidão de pares, mais do que se pode mitigar a sede bebendo água do mar, então poderíamos esperar que eles se tornassem atentos a seus próprios sentimentos e aspirações.

Esta possibilidade pode parecer remota, e talvez o seja. Mas, sem dúvida, muitas correntes de mudança na América escapam à observação dos repórteres desta nação mais bem informada da terra. Temos índices inadequados para as coisas que gostaríamos de descobrir, sobretudo com relação a coisas intangíveis tais como caráter, estilos políticos e usos do lazer. A América não é apenas grande e rica, é misteriosa; e sua capacidade para o disfarce irônico ou jocoso de seus interesses compara-se à do lendário chinês inescrutável. Justamente por isso, aquilo que meus colaboradores e eu temos a dizer poderá estar muito longe do alvo. Inevitavelmente, nosso próprio caráter, nossa própria geografia, nossas próprias ilusões limitam nossa visão.

Mas, embora eu tenha dito neste livro muitas coisas das quais não estou seguro, de uma coisa estou certo: as enormes potencialidades para a diversidade na gratificação da natureza e a capacidade dos homens para diferenciar sua experiência, podem tornar-se valorizadas pelo próprio indivíduo, de modo que ele não será tentado ou coagido a chegar ao ajustamento ou, falhando este, à anomia. A idéia de que os homens nascem livres e iguais é, ao mesmo tempo, verdadeira e enganadora: os homens nascem diferentes. Eles perdem sua liberdade social e sua autonomia individual quando procuram tornar-se parecidos entre si.

ÍNDICE

A

Acampamentos do C.C.C., 333, 346
Adams, Brooks, 251n.
Agostinho, Sto., 131
Ajustamento, 136, 310; definido, 313; do introdirigido, 320; e anomia, 314; do alterdirigido, 329; através do trabalho, 335
Alfabetização, 153-156, 234, 236, 239
Alger, Horatio, 158, 217
Alterdirigido, caráter, 72; definição, 83-86; comparado com outros tipos, 86-89; papel dos pais, 109-119; e professor, 121-128, e grupo cômpar, 135-138; socialização de gosto, 126, 138-141; socialização do desempenho, 141-143; e líderes de opinião, 142-143; preferência de consumo de, 144- -147; e meios de comunicação de massa, 162-174; e trabalho, 192-207; e consumo, 208-227; e comida, 209-213; e sexo, 213-216, 328-329, 350-358; comparado cômo o introdirigido, 227-228; estilo político do, 232, 236, 240, 249-256, 293-294; sinceridade e tolerância, 256-265, 269, 271- -273; e poder, 275-279, 283,

-286, 288-289, 292; e autonomia, 174, 319, 325-331s.
Veja também Criança; Meios de comunicação de massa; Grupo cômpar; Divertimento; Política; Trabalho.

American Magazine, 219
Anderson, Sherwood, 188
Ansiedade, do alterdirigido, 90, 91, 112, 115, 128, 203, 216, 218, 245, 328, 330, 344, 351, 355
Apatia, 191, 321; e sexo, 213; política, 91, 98, 233-240, 259, 261, 265-266, 335; das sociedades primitivas, 311
Artesanato, 196-298, 205, 361-362, 362-369, 368, 369. *Veja também* Passatempos (Hobbies); Trabalho.
Asch, Solomon E., 223n.
Audiência: em sociedade traditivo-dirigida, 151-153; em sociedade introdirigida, 154--156; em sociedade alterdirigida, 218, 257, 258, 261, 264, 266-271
Automatização, 340-344
Autonomia, 309, 312, 328; e curva populacional, 316--318; e opção de ocupação, 318; em sociedade traditivo--dirigida, 310, 317; em sociedade introdirigida, 319--325; em sociedade alterdirigida, 174, 325-330; em trabalho, 331-345; em divertimento, 346-374
Avery, Sewell, 286, 288
Avós, 120-121, 134-135

B

Bagehot, Walter, 143
Beauvoir, Simone de, 325, 332
Becker, Howard C., 125n., 262n.
Bellamy, Eduard, 186, 321, 344
Benedict, Ruth, 69, 296, 302, 303, 305, 312
Berelson, Bernard, 142n.
Berle, A. A. Jr., 180

Bernard, Claude, 322-323
Bíblia, 162, 249
Blake, William, 145
Blumer, Herbert, 218n.
Boemianismo, 328
Breckenridge, M. E., 171
Burnham, James, 84, 216
Butler, Samuel, 114

C

Califórnia, 291
Caráter: função social do, 70; e mudança social, 68, 92-93; e curva do crescimento populacional, 72, 95-97; tipos ideais, 73; traditivo--dirigido, 75-77, 80; introdirigido, 77-81; alterdirigido, 81-89; os três tipos comparados, 88-91; autônomo, 311-312, 313, 316, 320-330; agentes de formação, 101--102; política como, 248. *Veja também* Introdirigido; Alterdirigido; Traditivo-dirigido; Criança; Casas; Família; Meios de comunicação de massa; Mito; Pais; Grupo cômpar; Professores.
Carnegie, Dale, 217
Casas, 103, 107, 112, 117, 367
Censura, 154-158, 170
Chesterfield, Lord, 131, 157
Chicago Sun-Times, 335
Chicago Tribune, 262, 285, 335
Churchill, Winston, 280
Cinema, 163, 268; e consumo conspícuo, 183; realismo do, 168-169; e orientação de consumidor, 218; heróis do, 165-166, 168-169, 223--224; e moralizador, 267-268; e política, 282; e divertimento, 360-361; e gosto, 368-370; *House of Strangers*, 105-106; *Curse of the Cat People*, 115-116; *Torment*, 122; *Three Musketeers*, 166; *Citizen Kane*, 184; *Ghost Goes West*, 184; *Going My Way*, 189; *Body an Soul*, 224; *Home of the*

382

Brave, 265, 267; *A Letter to three Wives*, 300, 360; *Everybody do Does It*, 361; série Mr. Belvedere, 361-362. *Veja também* Meios de comunicação de massa; Cultura popular.

Cinismo, 242-243, 263

Clark, Colin, 73, 84

Classe: alterdireção e alta classe média, 78-80, 115; classe média "velha" e "nova", 81-112; relação com a estrutura de caráter, 101-102, 119; em sociedade traditivo-dirigida, 102-104; e grupo cômpar, 111, 135; efeitos sobre a literatura, 156-158; e consumo, 183--185, 208-210, 211-213, 225; e cultura popular, 221; e política, 232, 245, 252, 275, 278, 282-283; e trabalho, 332-334; defesa do introdirigido, 324; e inveja, 339. *Veja também* Dirigente, classe; Status.

Comércio regulado, 198, 202

Comida, 209-213, 355

Competição: entre introdirigidos, 47, 179-181; entre alterdirigidos, 110, 146-147, 205-207; em grupos de veto, 225-226. *Veja também* Cooperação antagonística; Metas; Individualidade.

Competição monopolística, 110, 162-163, 200, 283

Comunismo, 250, 318

Conformidade, e temor da discrepância (nonconformity), 142, 204-205, 218, 250, 311-314, 327-328. *Veja também* Luta caracteriológica.

Consultores do lazer, 371-372

Consumo conspícuo, 184, 297, 301

Contos de fada, 167, 168, 174 *Veja também* Mito.

Cooperação antagonística, 146-147, 167, 204, 206, 220, 284, 296, 305, 334

Crampton, Gertrude, 171

Criança: formação do caráter, 69-70, 85-86, 101-102; em sociedade traditivo-dirigida, 103-105, 106, 115, 151; em sociedade introdirigida, 104-109, 153, 161; em sociedade alterdirigida, 109-110, 111-121, 124-129, 135-137, 162-174, 358. *Veja também* Pais; Grupo cômpar; Divertimento; Professores.

Culpa, 89-90, 344, 350, 359

Cultura Alorense, 311

Cultura dobuana, 207, 300--302, 311-312, 349

Cultura popular, 144, 163, 217-219, 221, 226, 257, 262-264, 268, 355, 370, 373n. *Veja também* Lazer; Alfabetização; Literatura; Meios de Comunicação de massa; Divertimento.

D

Dançarino folclórico, 366

Defoe, Daniel, 158, 168

De Man, Henri, 341

Depressão, 205, 351

Desajustados, 75-76, 312, 314, 320-321 *Veja também* Tipo anômico.

Dewey, Thomas E., 259-260

Diferenciação marginal, 110-111, 133-134, 143, 146, 168, 206, 210, 310

Dirigente, classe, 232, 276, 286-287. *Veja também* Status

Divertimento: e "realismo" forçado, 126; da criança introdirigida, 132; da criança alterdirigida, 137-138, 372-373; do adulto traditivo-dirigido, 182-183; do adulto introdirigido, 176, 182-190, 278; do adulto alterdirigido, 208-216, 332, 346-372, 376 *Veja também* Consultores do lazer; Consumo; Privatização forçada; Lazer; Cultura popular.

Divórcio, 351

Drucker, Peter, 84, 312
Durkheim, Emile, 191, 312

E

Educação: progressiva, 124-129, plano Dalton, 127; em fase de crescimento transicional, 153; voga do geral, 203. *Veja também* Professores.
Empregado fabril, 337-338, 340-341
"Engenharia do estado de ânimo", 336, 345
Eisenhower, Dwight D., 260, 264
Envenenadores de carro, 364, 370
Erikson, Erik H., 69, 97, 246
Estória em quadrinhos, 158--159, 164-171, 223 *Veja também* Meios de comunicação de massa.
Etiqueta, 75, 138-141, 156-157

F

Falsa personalização, 370-373, 340-345, 347-348, 376
Família, 102-105, 109, 130--131, 151-152, 161-162, 324, 351-352. *Veja também* Pais.
Featherbeding, 320-321, 339, 340, 341
Federalist Papers, 241-242
Fielding, Henry, 67
Fiske, Marjorie, 148n.
Forster, E., M., 186
Fortune, 111, 204, 287
Fountainhead, The, 224
Franklin, Benjamin, 158
Freidson, Eliot, 166n.
Freud, Sigmund, 77, 94n., 108, 111, 114n., 329n., 339n.
Fromm, Erich, 69, 83n., 86n., 180n., 321, 325, 334n.
Funt, Allen, 188

G

Galileu, 320
Gans, Herbert J., 259n.
Gesell, Arnold, 125
Glamour, 258-259, 271, 278-280, 336-340
Goldsen, Joseph M., 288
Goodman, Percival e Paul 340
Green, Arnold, 83
Gresson, Ralph, 315
Griswold, A. Whitney, 217
Grupo cômpar: como agente de socialização, 85, 101-102, 111-112; em Atenas, 91; em sociedade introdirigida, 119, 120, 130-135; em sociedade alterdirigida, 85, 94-95, 130-147; em escolas progressivas, 125-126; em consumo, 138-140, 141-153, 373; e padronização do desempenho, 14; como objeto de consumo, 146; e linguagem, 149; e meios de comunicação de massa, 149, 173-174; efeitos sobre os negócios, 201; em profissões, 202; e meta, 205, e sexo, 215, 304; em política, 239, 255; tolerância do, 259; temperamento, 137, 303; e J. S. Mill, 325-326; e autonomia, 350, 360, 368
Grupos de veto, 232, 260; em política, 280-286, 288-293; como barreiras à ação, 377-378; e privatização forçada da mulher, 353; e minorias étnicas, 355
Grupos étnicos, privatização dos, 354-355
Guerra, 78-78, 82, 99, 205, 235, 244, 248, 253, 334, 367
Guerra civil (E.U.A.), 241--242, 248, 274

H

Hauser, Philip, 218n.
Havighurst, Robert J., 215n.
Hearst, W. R., 261-262, 166

Heróis, 138, 165-170, 187, 223
Holmes, Juiz Oliver Wendell Jr., 298n.
Homem de negócio: e habilidade profissional, 196-199; introdirigido e alterdirigido, 199, 201; e liderança de preço, 198-199; motivos para espírito de empresa, 200; grupo cômpar e comércio regulado, 198; e a ajuda profissional, 200; e "brincadeira" em negócio, 202; atitudes em relação ao poder, 276-277, 286-301; posição de poder do, 286-290; atitudes para com, 302-303
Hoslett, S. D., 288n.
Howe, Helen, 222
Hughes, Everett, 197n., 209
Huizinga, J., 81
Huxley, Aldous, 93-94

I

Idade média, 70, 71, 77, 81, 158, 234
Igreja católica, 79, 282, 286
Imigrantes, 96, 193, 234, 354
Império ateniense, 90-91
Imprensa *Veja* Literatura; Meios de comunicação de massa
Índios americanos, 69, 97, 160-161, 295-299. *Veja também* Kwakiutls; Pueblo.
Indispensáveis, 340
Individualidade: em sociedades traditivo-dirigidas, 75-76, 80, 81, 104; em introdirigido, 80, 81, 143, 146-147; e educação progressiva, 124; e consumo, 144-148; e a imprensa, 154, 162; e caráter alterdirigido, 173-74, 204, 311. *Veja também* Autonomia.
Industrialização: e guerra, 78, 83, 99; e trabalho infantil, 82; em fase de declínio incipiente, 81-84, 109, 139, 150; e alterdirigido, 82; e economia de fronteira, 91; e instrução, 153; e literatura, 158; e introdirigido, 178-180; e planejamento do governo, 179; e a nova revolução, 194; e mudança da estrutura do caráter, 318
Introdirigido, caráter, 72; definição, 79; e tradição, 80; e papel dos pais, 104-108, 112; metas do, 109, 182, 205-206; e alterdirigido, 108, 227-228; e papel do professor, 122-124; e grupo cômpar, 130-135; e competição, 146; e alfabetização, 153-160; e trabalho, 177-182; relação com o produto, 178; e propriedade, 180; na Rússia e Índia, 181; e autoaprovação, 190; e traditivo-dirigido, 191; e apatia, 191; em profissões atuais, 197; interesse em comida, 210; e sexo, 213; lazer do, 225-227; em política, 240-249; e autonomia, 320-325; na Renascença, 317; passatempos do, 362-363, 364. *Veja também* Divertimento; Política; População; Trabalho.
Ives, Charles, 345

J

Jahoda, Marie, 341
James, Henri, 187, 298, 350
James, William, 180n.
Janowitz, Morris, 19n.
Jazz, 143, 174, 355, 364, 370
Joyce, James, 293
Judeus, 219, 282, 284, 292, 354-355

K

Key, V. O., 291
Keynes, John Maynard, 185
Kingsley, Charles, 319
Knupfer, Genevieve, 234n.
Kriesberg, Louis, 262
Kwakiutl, índios, 297-299, 301-306, 310, 328

L

Ladies, Home Journal, 140, 221
Lassalle, Ferdinand, 323n.
Lasswell, Harold D., 233n.
Lazarsfeld, Paul, 142n., 202n., 267n.
Lazer, 82, 84, 110n., 118, 154, 177, 182, 185-190, 203, 217-218, 223, 226, 228, 347, 350, 351, 353, 355, 370-372, 378. *Veja também* Divertimento.
Leites, Nathan, 212, 233n., 315n.
Lewin, Kurt, 94
Life, 119n., 126, 145, 268, 369
Literatura: e o surgimento do capitalismo, 158; e formação do caráter introdirigido, 156, 157, 217; heroísmo em, 165-167; *Tootle the Engine* (Flauteio a Locomotiva), 171-173; e formação do caráter alterdirigido, 172-173, 217-219, 223-224; "Rebelião de Willy Kepper", 219-220; "Vamos Sair Hoje à Noite", 220-221; *We Happy Few,* 222-223; *The Fountainhead,* 267
Livermore, Charles, 369n.
Livro de culinária, 209-210, 211, 212, 215
Loeb, Martin B., 19n., 216
Low, Lillian, 288
Lowenthal, Leo, 279n.
Lundberg, George, 363
Luta caracterológica, 95-99, 330
Lynd, Helen Merrill, 134
Lynd, Robert S., 134, 301
Lynes, Russell, 212-213

M

MacMurray, Fred, 211
Malthus, Thomas, 24, 100
Manipulação, 115, 117, 127, 196-198, 217-218, 310. *Veja também* Falsa personalização; Alterdirigido, Caráter.

Mann, Thomas, 179-180
Marx, Karl, 178, 319, 325, 357, 374
Materialismo, 298, 300, 368
Mayo, Elton, 340
McCarthy, Mary, 299n.
McKinley, William, 277, 280
McWilliams, Carey, 291
Mead, G. H., 316
Mead, Margaret, 69, 105n., 113n., 351n.
Means, Gardner C., 180
Meios de comunicação de massa: em período de declínio incipiente, 84-86; e criança, 114-115, 119; e o grupo cômpar, 84-86, 145, 147; e comunicações modernas, 149; em período de crescimento transicional, 153-162; e alterdirigido, 162-170, 175-176, 226; liberdade do grupo cômpar de, 173-174; e treinamento de consumidor (comida), 209-210; e sexo, 215; e cultura popular, 218-246; e política, 243, 244, 250, 252, 255, 257, 260, 265, 268, 273; e tolerância, 258, 260--261; pressões sobre, 260--261; crítica da, 266, 361; atitudes alterdirigidas para com, 267; hierarquia da, 267-268; poder de mudar, 274; como tutores de consumo, 360-361; contribuições à autonomia, 361
Mercado infantil, 162-165, 372-374
Merton, Robert K., 142n., 253n., 262n., 267n., 313n., 369
Metas, escolha das, 69-70, 104-108, 112; traditivo-dirigidas, 77-82; introdirigidas, 79-80, 82, 104, 138, 141, 143, 156-157, 158, 166-167, 181, 190-191, 243, 320; mudanças nas, 154-155, 156-159, 217; em literatura, 158-161, 217-218; alterdirigidas, 144, 194, 204, 223, 305, 358, 364-365; do ho-

mem de negócio alterdirigido, 199-200; e incerteza moderna, 204-206, 376

Meyerson, Martin and Mary, 237

Mill, John Stuart, 107, 281, 310, 325-326, 328

Mills, C. Wright, 83-84, 142n., 296

Mito, 126, 151-153, 158, 165-167

Mobilidade social, 104, 107, 109, 193, 205, 217, 300, 354

Moral, 129, 194, 203, 338

Movimento Granger, 240, 277

Mudança de gosto, 360, 369-370

Mulheres como líderes de opiniões, 145, 182; e comida, 209-213; e sexo, 215-216, 328; na literatura contemporânea, 220-221; roupa de, 225, direito das, 243; como trabalhadoras, 333, 334-336, 341; privatização forçada das, 335, 341, 350-353, 357; como vendedoras, 342.

Murphy, Gardner, 80n.

Música, 141-143, 174, 186, 221-224, 262. *Veja também* Jazz.

N

Negro Worker, The, 160

Negros, 96, 98, 114, 176, 206-244, 265, 342; e aprendizagem, 153; e Booker T. Washington, 160; e política, 235; tolerância branca do, 329, 350; privatização dos, 349, 354-355

Neotradicionalistas, 349, 350

Newsweek, 110

New York Daily News, 262

New York Herald Tribune, 255

New York Times, 156, 218

New Yorker, The, 87

Notestein, Frank W., 72n., 78

O

Orwell, George, 164

P

Padrões de consumo, 83-84, 138; introdirigidos, 182-190; alterdirigidos, 218 257-259, 297-298, 360-361. *Veja também* Comida; Lazer; Grupo compar.

Pais, 60, 101, 102-121, 135-136, 200. *Veja também* Caráter; Família; Passatempos (Hobbies)

Peabody, Rev. Endicott, 189

Personalidade, 68, 93, 110, 223n., 262. *Veja também* Caráter alterdirigido.

Pesquisa de mercado, 163-165, 200, 261, 373

Planejadores urbanos, 253, 349, 377

Pluralismo cultural, 354, 355

Poder, imagens do: e caráter, 233; através da imprensa e do rádio, 260; e grupos de veto, 275-276, 280, 291-294, 310; caráter amorfo do, 232, 276, 284, 286-287, 292; e líderes industriais, 278, 281-282; e indiferentes, 284; da classe dirigente nos E.U.A., 286-295; dos oficiais do exército, 289; estadual e nacional, 291; no futuro E.U.A., 292; imagens estudantis do, 305. *Veja também* Dirigente, Classe; Grupos de veto.

Polanyi, Carl, 179n.

Política: método de análise, 231-233; no século XIX; 241-243; incompreensibilidade da, 244-245; e formação de caráter, 346; Grupos de veto, 282-286; indiferente, estilo político do: em sociedade traditivo-dirigida, 233-234, 238-239; novo estilo, 236-239, 253, 258-

-259, 262, 284, 314;
moralizador, estilo político do, 240, 249, 250, 255, 257, 265-273, 275-278, 280, 284, 286;
indignado, 245-249, 250, 261, 263, 269-273, 286;
entusiasta, 247;
inside-dopester, estilo político do, 249-256, 257, 264, 269-273, 284, 294, 310, 376; *Veja também* Tolerância.

População, fases de crescimento: descrição, 71-74; e estrutura de caráter, 72, 95-96, 312; em Atenas, 90; e casas, 132; nos E.U.A., 176; e trabalho e divertimento adulto, 193-106; e política, 246-249;
crescimento potencial superior, 72, 74-75, 77--78, 102-104, 131, 176--177; de tribos de índios, 301-302; e tipos de caráter, 313, 317;
crescimento transicional, 72-73, 77-81, 102-109, 118-119, 131, 153, 156-159, 192-193; e sexo, 213;
declínio incipiente, 71-74, 81-82, 109-110; e caráter alterdiretivo, 81-88, 115; e urbanização, 83-84; e mobilidade social, 106, 132m., 139; e padrão de vida, 138; e os meios de comunicação de massa, 149; profissões de serviços, 194; mudança em metas, 194, 318; e lazer, 208-209, 213; e abundância, 210; e taxa de natalidade, 213; e política, 249

Privado (privacy), caráter, da criança, 108, 113, 115, 120, 141, 160-162, 174, 347, 358, 373; do adulto, 189, 239, 244, 321, 258

Privatização forçada 334-335, 337-338, 341, 346-365, 376

Professores, 102, 121-124

Profissões de serviço, 84, 193, 200, 244

Propaganda, 145, 163, 164, 299, 344, 373

Propriedade, 180, 200-201, 208-209

Pueblo, índios, 296-298, 302--304

Puritana (protestante), ética, 79, 81, 105, 107, 143, 158, 180, 186, 190, 225, 254n., 357

R

Rádio, 163, 168, 210. *Veja também* Meios de comunicação de massa.

Rand, Ayn, 224

Ranuf, Svend, 91, 247n.

Realismo: e, divertimento, 126; em ficção, 158, 221; em estórias em quadrinhos, 168; em estórias de criança, 171-172; em política, 253

"Rebelião de Willy Kepper", 219-220

Rebeldes, 122, 124, 151-153, 163, 188, 312

Recreadores, 141-143, 163, 357, 359, 361-362

Reforma, A, 70, 79, 107, 213

Relações industriais, 128-129, 177, 190, 200

Religião, revivalismo evangélico, 187, 249. *Veja também* Igreja católica; Puritana, ética.

Renascença, 70, 77, 79, 105, 213

Riesman, Evelyn T., 150n.

Ritual, 304, 358, 377

Roosevelt, Franklin D., 260, 279-280, 282

Roupa, 225

Ruesch, Jurgen, 83n.

Rússia, 81, 181, 251-252, 255, 292, 321

S

Sachs, Hans, 339n.
Samish, Artie, 290-291
Santayana, George, 68
Sartre, Jean Paul, 320, 325
Saturday Evening Post, 119n.
Schachtel, Ernest, 150n.
Scientific American, 269
Sexo, 103, 114n., 133, 140, 172; introdirigido e, 213; alterdirigido, 214-216, 328, 350-351; como área de competição, 216; atitudes para com, 304; diferença entre sexos, 350-353
Simmel, Georg, 192, 203
Sinceridade, 258, 262-265
Sindicato de trabalhadores, 178, 244, 283, 285-286, 287
Sistema de distribuição, 204, 211, 342-345, 357, 358. *Veja também* Consumo.
Slocombe, Lorna, 219
Smiles, Samuel, 158, 217
Socialização do gosto, 126- -127, 136, 138-141, 163
Solidão, 134, 223, 226, 358, 378
Spaulding, Sheila, 91n.
Spectator, The, 87
Status, 77, 201, 213, 216, 251, 267, 269, 299. *Veja também* Classe.
Sullivan, Harry Stack, 94n.
Superego, 94n., 108, 316
Super-homem, 148, 163, 165, 169

T

Tawney, R. H., 109, 179-180
Televisão *Veja* Meios de comunicação de massa.
Temperamento, 137, 219, 303, 305
Temple, Willard, 219
Thomas, W. I., 94, 130, 153
Thoreau, Henry David, 345
Time, 110, 214
Tipo anômico, 311, 313-317, 328, 345

Tocqueville, Alexis de, 84, 88, 179, 208, 231, 271, 275, 289, 296, 305, 376
Tolerância, 128, 138, 220, 232; em políticas, 258, 260- -261, 262-263, 269, 270-273, 276; entre grupos de veto, 283-284; e autonomia, 329- -330; do alterdirigido, 305, 350. *Veja também* Sinceridade.
Tolstoi, Leo, 87, 251-252, 267
Tootle the Engine (Flauteio a Locomotiva, 171-185).
Trabalho: significado do, para o introdirigido, 178-181, 201, 277, 321-324, 333; em sociedade alterdirigida, 195- -198, 201-202, 208-209; misturado à diversão, 217- -219, 331-332; na literatura moderna, 219-220; definições culturais do, 331-334; personalização do, 335; automatização do, 340-345; e depressão, 358-359
Trabalhador de escritório, 84, 334-337, 339-340, 341
Traditivo-dirigido, caráter, 72; definição, 75-77; papel dos pais e, 102-104, 106; comunicação entre, 151; e o camponês, 153; e padrão de vida, 154; na América, 176; trabalho e divertimento, 182; e orientação do indivíduo, 217; desajustados, 312; e autonomia, 317. *Veja também* Mito; População.
Treinamento de consumidor, 139-140, 162-164, 170, 217
Trilling, Lionel, 114, 160n., 367
Truman, Harry S., 259-260, 271
Twain, Mark, 163n., 300-301, 349

U

Urbanização, 83-84, 159, 249

V

Veblen, Thorstein, 111, 184, 221, 278, 297, 319
Velie, Lester, 291n.
Vilões, 165, 169
Vincent, E. L., 171n.

W

Warner, W. Lloyd, 213, 216
Warshow, Robert, 223
Washington, Booker T., 160
Washington, George, 159
We Happy Few, 222
Weber, Max, 82, 104, 158, 190, 313
West, Patricia Salter, 367

White, Antonia, 122
White, William Allen, 196
Williams, Dr. William Carlos, 345
Wilson, Woodrow, 240, 280
Wittfogel, Karl, 90n.
Wolfe, Katherine H., 11, 148n.
Wolfenstein, Martha, 212

Y

Young, G. M., 216n.

Z

Znaniecki, Florian, 154
Zuñi. *Veja* Pueblo.

COLEÇÃO DEBATES

1. *A Personagem de Ficção*, Antonio Candido e outros.
2. *Informação, Linguagem, Comunicação*, Décio Pignatari.
3. *Balanço da Bossa e Outras Bossas*, Augusto de Campos.
4. *Obra Aberta*, Umberto Eco.
5. *Sexo e Temperamento*, Margaret Mead.
6. *Fim do Povo Judeu?*, Georges Friedmann.
7. *Texto/Contexto*, Anatol Rosenfeld.
8. *O Sentido e a Máscara*, Gerd A. Bornheim.
9. *Problemas da Física Moderna*, W. Heisenberg, E. Schrödinger, M. Born e P. Auger.
10. *Distúrbios Emocionais e Anti-Semitismo*, N. W. Ackerman e M. Jahoda.
11. *Barroco Mineiro*, Lourival Gomes Machado.
12. *Kafka: Pró e Contra*, Günther Anders.
13. *Nova História e Novo Mundo*, Frédéric Mauro.
14. *As Estruturas Narrativas*, Tzvetan Todorov.
15. *Sociologia do Esporte*, Georges Magnane.
16. *A Arte no Horizonte do Provável*, Haroldo de Campos.
17. *O Dorso do Tigre*, Benedito Nunes.
18. *Quadro da Arquitetura no Brasil*, Nestor Goulart Reis Filho.
19. *Apocalípticos e Integrados*, Umberto Eco.
20. *Babel & Antibabel*, Paulo Rónai.
21. *Planejamento no Brasil*, Betty Mindlin Lafer.
22. *Lingüística. Poética. Cinema*, Roman Jakobson.
23. *LSD*, John Cashman.
24. *Crítica e Verdade*, Roland Barthes.
25. *Raça e Ciência I*, Juan Comas e outros.
26. *Shazam!*, Álvaro de Moya.
27. *Artes Plásticas na Semana de 22*, Aracy Amaral.
28. *História e Ideologia*, Francisco Iglésias.

29. *Peru: da Oligarquia Econômica à Militar*, Arnaldo Pedroso d'Horta.
30. *Pequena Estética*, Max Bense.
31. *O Socialismo Utópico*, Martin Buber.
32. *A Tragédia Grega*, Albin Lesky.
33. *Filosofia em Nova Chave*, Susanne K. Langer.
34. *Tradição, Ciência do Povo*, Luís da Câmara Cascudo.
35. *O Lúdico e as Projeções do Mundo Barroco*, Affonso Ávila.
36. *Sartre*, Gerd A. Bornheim.
37. *Planejamento Urbano*, Le Corbusier.
38. *A Religião e o Surgimento do Capitalismo*, R. H. Tawney.
39. *A Poética de Maiakóvski*, Boris Schnaiderman.
40. *O Visível e o Invisível*, M. Merleau-Ponty.
41. *A Multidão Solitária*, David Riesman.
42. *Maiakóvski e o Teatro de Vanguarda*, A. M. Ripellino.
43. *A Grande Esperança do Século XX*, J. Fourastié.
44. *Contracomunicação*, Décio Pignatari.
45. *Unissexo*, Charles E. Winick.
46. *A Arte de Agora, Agora*, Herbert Read.
47. *Bauhaus: Novarquitetura*, Walter Gropius.
48. *Signos em Rotação*, Octavio Paz.
49. *A Escritura e a Diferença*, Jacques Derrida.
50. *Linguagem e Mito*, Ernst Cassirer.
51. *As Formas do Falso*, Walnice Nogueira Galvão.
52. *Mito e Realidade*, Mircea Eliade.
53. *O Trabalho em Migalhas*, Georges Friedmann.
54. *A Significação no Cinema*, Christian Metz.
55. *A Música Hoje*, Pierre Boulez.
56. *Raça e Ciência II*, L. C. Dunn e outros.
57. *Figuras*, Gérard Genette.
58. *Rumos de uma Cultura Tecnológica*, Abraham Moles.
59. *A Linguagem do Espaço e do Tempo*, Hugh M. Lacey.
60. *Formalismo e Futurismo*, Krystyna Pomorska.
61. *O Crisântemo e a Espada*, Ruth Benedict.
62. *Estética e História*, Bernard Berenson.
63. *Morada Paulista*, Luís Saia.
64. *Entre o Passado e o Futuro*, Hannah Arendt.
65. *Política Científica*, Heitor G. de Souza, Darcy F. de Almeida e Carlos Costa Ribeiro.
66. *A Noite da Madrinha*, Sérgio Miceli.
67. *1822: Dimensões*, Carlos Guilherme Mota e outros.
68. *O Kitsch*, Abraham Moles.
69. *Estética e Filosofia*, Mikel Dufrenne.
70. *O Sistema dos Objetos*, Jean Baudrillard.
71. *A Arte na Era da Máquina*, Maxwell Fry.
72. *Teoria e Realidade*, Mario Bunge.
73. *A Nova Arte*, Gregory Battcock.
74. *O Cartaz*, Abraham Moles.
75. *A Prova de Gödel*, Ernest Nagel e James R. Newman.
76. *Psiquiatria e Antipsiquiatria*, David Cooper.
77. *A Caminho da Cidade*, Eunice Ribeiro Durhan.
78. *O Escorpião Encalacrado*, Davi Arrigucci Junior.
79. *O Caminho Crítico*, Northrop Frye.
80. *Economia Colonial*, J. R. Amaral Lapa.

81. *Falência da Crítica*, Leyla Perrone Moisés.
82. *Lazer e Cultura Popular*, Joffre Dumazedier.
83. *Os Signos e a Crítica*, Cesare Segre.
84. *Introdução à Semanálise*, Julia Kristeva.
85. *Crises da República*, Hannah Arendt.
86. *Fórmula e Fábula*, Willi Bolle.
87. *Saída, Voz e Lealdade*, Albert Hirschman.
88. *Repensando a Antropologia*, E. R. Leach.
89. *Fenomenologia e Estruturalismo*, Andrea Bonomi.
90. *Limites do Crescimento*, Donella H. Meadows e outros (Clube de Roma).
91. *Manicômios, Prisões e Conventos*, Erving Goffman.
92. *Maneirismo: o Mundo como Labirinto*, Gustav R. Hocke.
93. *Semiótica e Literatura*, Décio Pignatari.
94. *Cozinhas, etc.*, Carlos A. C. Lemos.
95. *As Religiões dos Oprimidos*, Vittorio Lanternari.
96. *Os Três Estabelecimentos Humanos*, Le Corbusier.
97. *As Palavras sob as Palavras*, Jean Starobinski.
98. *Introdução à Literatura Fantástica*, Tzvetan Todorov.
99. *Significado nas Artes Visuais*, Erwin Panofsky.
100. *Vila Rica*, Sylvio de Vasconcellos.
101. *Tributação Indireta nas Economias em Desenvolvimento*, John. F. Due.
102. *Metáfora e Montagem*, Modesto Carone.
103. *Repertório*, Michel Butor.
104. *Valise de Cronópio*, Julio Cortázar.
105. *A Metáfora Crítica*, João Alexandre Barbosa.
106. *Mundo, Homem, Arte em Crise*, Mário Pedrosa.
107. *Ensaios Críticos e Filosóficos*, Ramón Xirau.
108. *Do Brasil à América*, Frédéric Mauro.
109. *O Jazz, do Rag ao Rock*, Joachim E. Berendt.
110. *Etc... Etc... (Um Livro 100% Brasileiro)*, Blaise Cendrars.
111. *Território da Arquitetura*, Vittorio Gregotti.
112. *A Crise Mundial da Educação*, Philip H. Coombs.
113. *Teoria e Projeto na Primeira Era da Máquina*, Reyner Banham.
114. *O Substantivo e o Adjetivo*, Jorge Wilheim.
115. *A Estrutura das Revoluções Científicas*, Thomas S. Kuhn.
116. *A Bela Época do Cinema Brasileiro*, Vicente de Paula Araújo.
117. *Crise Regional e Planejamento*, Amélia Cohn.
118. *O Sistema Político Brasileiro*, Celso Lafer.
119. *Êxtase Religioso*, Ioan Lewis.
120. *Pureza e Perigo*, Mary Douglas.
121. *História, Corpo do Tempo*, José Honório Rodrigues.
122. *Escrito sobre um Corpo*, Severo Sarduy.
123. *Linguagem e Cinema*, Christian Metz.
124. *O Discurso Engenhoso*, Antonio José Saraiva.
125. *Psicanalisar*, Serge Leclaire.
126. *Magistrados e Feiticeiros na França do Século XVII*, Robert Mandrou.
127. *O Teatro e sua Realidade*, Bernard Dort.
128. *A Cabala e seu Simbolismo*, Gershom G. Scholem.
129. *Sintaxe e Semântica na Gramática Transformacional*, A. Bonomi e G. Usberti.
130. *Conjunções e Disjunções*, Octavio Paz.
131. *Escritos sobre a História*, Fernand Braudel.

132. *Escritos*, Jacques Lacan.
133. *De Anita ao Museu*, Paulo Mendes de Almeida.
134. *A Operação do Texto*, Haroldo de Campos.
135. *Arquitetura, Industrialização e Desenvolvimento*, Paulo J. V. Bruna.
136. *Poesia-Experiência*, Mario Faustino.
137. *Os Novos Realistas*, Pierre Restany.
138. *Semiologia do Teatro*, J. Guinsburg e J. Teixeira Coelho Netto.
139. *Arte-Educação no Brasil*, Ana Mae T. B. Barbosa.
140. *Borges: uma Poética da Leitura*, Emir Rodríguez Monegal.
141. *O Fim de uma Tradição*, Robert W. Shirley.
142. *Sétima Arte: um Culto Moderno*, Ismail Xavier.
143. *A Estética do Objetivo*, Aldo Tagliaferri.
144. *A Construção do Sentido na Arquitetura*, J. Teixeira Coelho Netto.
145. *A Gramática do Decameron*, Tzvetan Todorov.
146. *Escravidão, Reforma e Imperialismo*, Richard Graham.
147. *História do Surrealismo*, Maurice Nadeau.
148. *Poder e Legitimidade*, José Eduardo Faria.
149. *Práxis do Cinema*, Noel Burch.
150. *As Estruturas e o Tempo*, Cesare Segre.
151. *A Poética do Silêncio*, Modesto Carone.
152. *Planejamento e Bem-Estar Social*, Henrique Rattner.
153. *Teatro Moderno*, Anatol Rosenfeld.
154. *Desenvolvimento e Construção Nacional*, S. N. Eisenstadt.
155. *Uma Literatura nos Trópicos*, Silviano Santiago.
156. *Cobra de Vidro*, Sérgio Buarque de Holanda.
157. *Testando o Leviathan*, Antonia Fernanda Pacca de Almeida Wright.
158. *Do Diálogo e do Dialógico*, Martin Buber.
159. *Ensaios Lingüísticos*, Louis Hjelmslev.
160. *O Realismo Maravilhoso*, Irlemar Chiampi.
161. *Tentativas de Mitologia*, Sérgio Buarque de Holanda.
162. *Semiótica Russa*, Boris Schnaiderman.
163. *Salões, Circos e Cinema de São Paulo*, Vicente de Paula Araújo.
164. *Sociologia Empírica do Lazer*, Joffre Dumazedier.
165. *Física e Filosofia*, Mario Bunge.
166. *O Teatro Ontem e Hoje*, Célia Berrettini.
167. *O Futurismo Italiano*, Aurora F. Bernardini (org.).
168. *Semiótica, Informação e Comunicação*, J. Teixeira Coelho Netto.
169. *Lacan: Operadores da Leitura*, Américo Vallejo e Ligia Cadermatori Magalhães.
170. *Dos Murais de Portinari aos Espaços de Brasília*, Mário Pedrosa.
171. *O Lírico e o Trágico em Leopardi*, Helena Parente Cunha.
172. *A Criança e a FEBEM*, Marlene Guirado.
173. *Arquitetura Italiana em São Paulo*, Anita Salmoni e Emma Debenedetti.
174. *Feitura das Artes*, José Neistein.
175. *Oficina: do Teatro ao Te-Ato*, Armando Sérgio da Silva.
176. *Conversas com Igor Stravinski*, Robert Craft.
177. *Arte como Medida*, Sheila Leirner.
178. *Nzinga: Resistência Africana ao Colonialismo Português*, Roy Glasgow.
179. *O Mito e o Herói no Moderno Teatro Brasileiro*, Anatol Rosenfeld.
180. *A Industrialização do Algodão em São Paulo*, Maria Regina de M. Ciparrone Mello.
181. *Poesia com Coisas*, Marta Peixoto.
182. *Hierarquia e Riqueza na Sociedade Burguesa*, Adeline Daumard.

183. *Natureza e Sentido da Improvisação Teatral*, Sandra Chacra.
184. *O Pensamento Psicológico*, Anatol Rosenfeld.
185. *Mouros, Franceses e Judeus*, Luís da Câmara Cascudo.
186. *Tecnologia, Planejamento e Desenvolvimento Autônomo*, Francisco R. Sagasti.
187. *Mário Zanini e seu Tempo*, Alice Brill.
188. *O Brasil e a Crise Mundial*, Celso Lafer.
189. *Jogos Teatrais*, Ingrid Dormien Koudela.
190. *A Cidade e o Arquiteto*, Leonardo Benevolo.
191. *Visão Filosófica do Mundo*, Max Scheler.
192. *Stanislavski e o Teatro de Arte de Moscou*, J. Guinsburg.
193. *O Teatro Épico*, Anatol Rosenfeld.
194. *O Socialismo Religioso dos Essênios: a Comunidade de Qumran*, W. J. Tyloch.
195. *Poesia e Música*, Antônio Manuel e outros.
196. *A Narrativa de Hugo de Carvalho Ramos*, Albertina Vicentini.
197. *Vida e História*, José Honório Rodrigues.
198. *As Ilusões da Modernidade*, João Alexandre Barbosa.
199. *Exercício Findo*, Décio de Almeida Prado.
200. *Marcel Duchamp: Engenheiro do Tempo Perdido*, Pierre Cabanne.
201. *Uma Consciência Feminista: Rosario Castellanos*, Beth Miller.
202. *Neolítico: Arte Moderna*, Ana Claudia de Oliveira.
203. *Sobre Comunidade*, Martin Buber.
204. *O Heterotexto Pessoano*, José Augusto Seabra.
205. *O que é uma Universidade?*, Luiz Jean Lauand.
206. *A Arte da Performance*, Jorge Glusberg.
207. *O Menino na Literatura Brasileira*, Vânia Maria Resende.
208. *Do Anti-Sionismo ao Anti-Semitismo*, Léon Poliakov.
209. *Da Arte e da Linguagem*, Alice Brill.
210. *A Linguagem da Sedução*, Ciro Marcondes Filho (org.).
211. *O Teatro Brasileiro Moderno*, Décio de Almeida Prado.
212. *Qorpo-Santo: Surrealismo ou Absurdo?*, Eudinyr Fraga.
213. *Conhecimento, Linguagem, Ideologia*, Marcelo Dascal.
214. *A Voragem do Olhar*, Regina Lúcia Pontieri.
215. *Notas para uma Definição de Cultura*, T. S. Eliot.
216. *Guimarães Rosa: as Paragens Mágicas*, Irene J. Gilberto Simões.
217. *A Música Hoje 2*, Pierre Boulez.
218. *Borges & Guimarães*, Vera Mascarenhas de Campos.
219. *Performance como Linguagem*, Renato Cohen.
220. *Walter Benjamin – a História de uma Amizade*, Gershon Scholem.
221. *A Linguagem Liberada*, Kathrin Holzermayr Rosenfeld.
222. *Colômbia Espelho América*, Edvaldo Pereira Lima.
223. *Tutaméia: Engenho e Arte*, Vera Novis.
224. *Por que Arte?*, Gregory Battcock.
225. *Escritura Urbana*, Eduardo de Oliveira Elias.
226. *Analogia do Dissimilar*, Irene A. Machado.
227. *Jazz ao Vivo*, Carlos Calado.
228. *O Poético: Magia e Iluminação*, Álvaro Cardoso Gomes.
229. *Dewey: Filosofia e Experiência Democrática*, Maria Nazaré de Camargo Pacheco Amaral.
230. *Grupo Macunaíma: Carnavalização e Mito*, David George.
231. *O Bom Fim do Shtetl: Moacyr Scliar*, Gilda Salem Szklo.
232. *Aldo Bonadei: o Percurso de um Pintor*, Lisbeth Rebollo Gonçalves.

233. *O Bildungsroman Feminino: Quatro Exemplos Brasileiros*, Cristina Ferreira Pinto.
234. *Romantismo e Messianismo*, Michel Löwy.
235. *Do Simbólico ao Virtual*, Jorge Lucio de Campos.
236. *O Jazz como Espetáculo*, Carlos Calado.
237. *Arte e seu Tempo*, Sheila Leirner.
238. *O Super-Homem de Massa*, Umberto Eco.
239. *Artigos Musicais*, Livio Tragtenberg.
240. *Borges e a Cabala*, Saúl Sosnowski.
241. *Bunraku: um Teatro de Bonecos*, Sakae M. Ciroux e Tae Suzuki.
242. *De Berlim a Jerusalém*, Gershom Scholem.
243. *Os Arquivos Imperfeitos*, Fausto Colombo.
244. *No Reino da Desigualdade*, Maria Lúcia de Souza B. Pupo.
245. *Comics da Imigração na América*, John J. Appel e Selma Appel.
246. *A Arte do Ator*, Richard Boleslavski.
247. *Metalinguagem & Outras Metas*, Haroldo de Campos.
248. *Um Vôo Brechtiano*, Ingrid Dormien Koudela (org.).
249. *Correspondência*, Walter Benjamin e Gershom Scholem.
250. *A Ironia e o Irônico*, D. C. Muecke.
251. *Autoritarismo e Eros*, Vilma Figueiredo.
252. *Ensaios*, Alan Dundes.
253. *Caymmi: Uma Utopia de Lugar*, Antonio Risério.
254. *Texto/Contexto II*, Anatol Rosenfeld.
255. *História da Literatura Alemã*, Anatol Rosenfeld.
256. *Prismas do Teatro*, Anatol Rosenfeld.
257. *Letras Germânicas*, Anatol Rosenfeld.
258. *Negro, Macumba e Futebol*, Anatol Rosenfeld.
259. *Thomas Mann*, Anatol Rosenfeld.
260. *Letras e Leituras*, Anatol Rosenfeld.
261. *Teatro de Anchieta a Alencar*, Décio de Almeida Prado.
262. *Um Jato na Contramão: Buñuel no México*, Eduardo Peñuela Cañizal (org.).
263. *Com Toda Liberdade*, Isaiah Berlin.
264. *Indústria Cultural: A Agonia de um Conceito*, Paulo Puterman.
265. *O Golem, Benjamin, Buber e Outros Justos: Judaica I*, Gershom Scholem.
266. *O Nome de Deus, a Teoria da Linguagem, e Outros Estudos de Cabala e Mística: Judaica II*, Gershom Scholem.
267. *A Cena em Sombras*, Leda Maria Martins.

IMPRESSÃO:
BARTIRA GRÁFICA E EDITORA S/A
(011) 458 - 0255